Menschenwürde in der Bioethik

Springer

Berlin
Heidelberg
New York
Hongkong
London
Mailand
Paris
Tokio

Nikolaus Knoepffler

Menschenwürde
in der Bioethik

 Springer

Professor Dr. Nikolaus Knoepffler
Friedrich-Schiller-Universität Jena
Fakultät für Sozial- und Verhaltenswissenschaften
Lehrstuhl für Angewandte Ethik
Zwätzengasse 12
07743 Jena
nikolaus.knoepffler@uni-jena.de
http://www.ethik.uni-jena.de

ISBN 3-540-21455-0 Springer-Verlag Berlin Heidelberg New York

Bibliografische Information Der Deutschen Bibliothek
Die Deutsche Bibliothek verzeichnet diese Publikation in der Deutschen Nationalbibliografie; detaillierte bibliografische Daten sind im Internet über <http://dnb.ddb.de> abrufbar.

Springer-Verlag ist ein Unternehmen von Springer Science+Business Media

springer.de

© Springer-Verlag Berlin Heidelberg 2004
Printed in Germany

Umschlaggestaltung: Erich Kirchner, Heidelberg

SPIN 10998335   64/3130-5 4 3 2 1 0 – Gedruckt auf säurefreiem Papier

Vorwort

Was bedeutet „Menschenwürde"? Wie lässt sie sich begründen? Wem kommt sie zu? Wie lässt sich dieses Prinzip gesellschaftlich durchsetzen und auf welche bioethischen Konfliktfälle, insbesondere Konfliktfälle am Lebensanfang, Lebensende und im Rahmen gentechnischer Eingriffe am Menschen lässt es sich anwenden? Dies sind die Fragen, die hinter der vorliegenden Untersuchung stehen.

Diese Arbeit wäre ohne die Förderung durch die Deutsche Forschungsgemeinschaft (DFG) und das interdisziplinäre Münchener Ethikinstitut Technik-Theologie-Naturwissenschaften (TTN) nicht möglich gewesen. Ganz besonders möchte ich dem langjährigen Vorsitzenden des Instituts Professor Dr. Dr. h.c. Trutz Rendtorff danken. Er hat das Projekt „Menschenwürde als regulatives Prinzip in der Bioethik" initiiert und über die ganze Projektdauer hinweg wertvolle Anregungen gegeben. Ich übernahm im Rahmen des Projekts die Aufgabe, eine interdisziplinäre Arbeitsgruppe zu bilden und vor dem Hintergrund der Diskussionen dieser Arbeitsgruppe selbstständig forschend die vorliegende Studie zu erstellen. Allen Mitwirkenden im Arbeitskreis dieses Projekts danke ich für wichtige Impulse und Verbesserungsvorschläge. Ein besonderer Dank gilt dabei Prof. Dr. Jürgen Simon. Er hat die Arbeit als Promotionsprojekt des Fachbereichs für Wirtschaft- und Sozialwissenschaften der Universität Lüneburg angenommen und über den ganzen Zeitraum begleitet. Ich danke auch Prof. Dr. Dr. Carlos Romeo Casabona, der als Zweitgutachter wichtige Hinweise gegeben hat.

Eine große Hilfe bei der Forschungstätigkeit war mir auch der Aufenthalt an der Georgetown University, Washington DC, und dem dortigen Kennedy-Institut im Winter/Frühjahr 2002, gefördert durch den Deutschen Akademischen Austauschdienst. Mein Dank gilt darüber hinaus den Vorstandsmitgliedern des seit November 2002 bestehenden Ethikzentrums der Friedrich-Schiller-Universität Jena für weiterführende Diskussionen und meinen Mitarbeiterinnen und Mitarbeitern am Lehrstuhl für Angewandte Ethik. Sie haben durch wertvolle Hinweise die Untersuchung verbessert.

Die Ethikbank Eisenberg, das Unternehmen Novartis und das Institut TTN haben die Drucklegung finanziell unterstützt. Auch ihnen sei herzlich gedankt.

Ich widme diese Untersuchung meinem Vater Herbert Knoepffler. Er verstarb an amyotrophischer Lateralsklerose (Lou Gehrig's disease). Diese Krankheit spielt im Zusammenhang mit der Frage nach aktiver Sterbehilfe und für die Frage der Stammzellforschung eine prominente Rolle.

Jena, 1. April 2004
Nikolaus Knoepffler

Inhaltsverzeichnis

Hinführung

In den letzten Jahrzehnten haben wir eine beispiellose Revolution in den Berei-
chen Medizin und Biotechnologie erlebt. Besonders am Anfang und Ende
menschlichen Lebens und im Bereich der Genetik sind einschneidende Ereignisse
zu beobachten, und zwar nicht nur auf naturwissenschaftlichem Gebiet, sondern
auch in den moralischen und rechtlichen Bewertungen.

Innerhalb von 60 Jahren entdeckten Wissenschaftler nicht nur die menschliche
DNA und ihre Struktur, sondern entzifferten die gesamte Abfolge des menschlichen Genoms. Täglich wächst das Wissen darüber, welche Gensequenzen allein
oder im Zusammenwirken mit anderen Gensequenzen oder Umweltbedingungen
ursächlich für Krankheitsdispositionen, aber auch Veranlagungen zu bestimmten
Fähigkeiten sind. Auf der Ebene der Mikroorganismen, Pflanzen und Tiere sind
Eingriffe in die Keimbahn teilweise bereits „Routine". Beim Menschen sind erste
somatische Gentherapien bei Krankheiten des Immunsystems erfolgreich. Es gibt
aber auch erste durch gentherapeutische Forschung verursachte Todesfälle. Die
Herstellung transgener Lebewesen nimmt rasch zu. Im Jahr 1996 wurde mit dem
Schaf Dolly erstmals ein Säugetier geklont. 2003 entdeckte das Team von Schöler,
dass embryonale Mausstammzellen wieder zu Geschlechtszellen werden können
(Hübner u. a. 2003).

Damit sind wir bereits im Bereich medizinethischer Konfliktfälle am Lebensanfang. Medizinisch stellt besonders die Geburt des ersten Kindes nach künstlicher
Befruchtung in vitro (In-vitro-Fertilisation, international abgekürzt als IVF) im
Jahr 1978 eine reproduktionstechnische Revolution dar. Erstmals gelang es, ein
menschliches Lebewesen außerhalb des Mutterleibs zu erzeugen. Diese Technik
war die Voraussetzung für weitere biomedizinische Möglichkeiten: die Stamm-
zellforschung an menschlichen Zellen, die aus Blastozysten, also menschlichen
Keimen etwa vier bis sechs Tage nach der Empfängnis, gewonnen werden; das
Klonen von Menschen und die Untersuchung einzelner Zellen menschlicher
Keime außerhalb des Mutterleibs, die so genannte Präimplantationsdiagnostik.
Diese Untersuchung kann optisch unter dem Mikroskop oder durch eine geneti-
sche Diagnostik (Preimplantation genetic diagnosis, international abgekürzt als
PGD) erfolgen.

Ethisch und rechtlich ist von großer Bedeutung, dass die jahrtausendelang in
Europa moralisch allgemein geächtete und rechtlich verbotene Abtreibung (bei der
Ausnahme strenger medizinischer Indikation) in den meisten Ländern mittlerweile
rechtlich unter bestimmten Auflagen zulässig ist oder zumindest straffrei bleibt.
Dies war eine wesentliche Voraussetzung dafür, dass bestimmte Wege überhaupt
beschritten werden konnten. So öffnet diese Regelung einem anderen Umgang mit

menschlichen Keimen, Embryonen und Föten den Weg, beispielsweise bei der verbrauchenden Forschung an menschlichen Keimen, aus deren Blastozysten Stammzellen gewonnen werden, bei der Verwerfung menschlicher Keime nach einer Präimplantationsdiagnostik, aber auch in dem Feld vorgeburtlicher genetischer Untersuchungen, also vor allem der Pränataldiagnostik verbunden mit Schwangerschaftsabbrüchen infolge eines unerwünschten Befundes. Sie ist auch eine Voraussetzung dafür, dass beispielsweise der italienische Reproduktionsmediziner Antinori viele Abtreibungen in unterschiedlichen Entwicklungsstadien billigend in Kauf nehmen will, um die Geburt eines menschlichen Klons zu erreichen.

Aber auch das Lebensende und die Intensivmedizin sind in einer revolutionären Phase, nicht nur medizinisch, sondern gerade auch medizinethisch. Im Dezember 1967 fand die erste Herztransplantation statt. Im darauf folgenden Jahr kam das Harvard-Komitee zu einer neuen Bestimmung des Todeszeitpunkts. Bereits der vollständige Hirntod genügt, um einen Menschen als tot anzusehen. Diese weltweit mit wenigen Ausnahmen übernommene Überzeugung war ebenfalls eine wesentliche Voraussetzung zur Entwicklung der modernen Transplantationsmedizin. Gleichzeitig erweiterte der technische Fortschritt intensivmedizinische Möglichkeiten. So konnten Ärzte des Erlanger Klinikums im Oktober 1992 die Körperfunktionen einer schwangeren Frau, die nach einem schweren Autounfall hirntot war, aufrechterhalten, um das Ungeborene zu retten. Erst der Spontanabort beendete diese Bemühungen, die medizinethisch heftig umstritten waren. In den USA wurde wenige Monate später in einem ähnlichen Fall bei fortgeschrittener Schwangerschaft jedoch ein gesundes Kind von seiner hirntoten Mutter entbunden, nachdem die Ärzte dreieinhalb Monate ihre Körperfunktionen aufrechterhalten hatten.

Die Diskussion um Todesdefinitionen sowie die neuen intensivmedizinischen Möglichkeiten verstärkten auch die Frage nach der aktiven Sterbehilfe. Im Februar 1993 erlaubte das Oberste Gericht des Vereinigten Königreichs von Großbritannien und Nordirland die Nahrungseinstellung für einen irreversibel komatösen, aber nur teilhirntoten Mann. Für diejenigen, nach deren Meinung ein Teilhirntoter nicht mehr ein Mensch ist, sondern nur noch der Leichnam eines Menschen, ist dies keine Frage im Rahmen der Sterbehilfe. Begründet wurde diese Maßnahme jedoch durch das Gericht u. a. damit, dass die Qualität seines Lebens einen solchen Schritt zulasse und wichtiger sei als die abstrakte Forderung nach der Heiligkeit des Lebens. Das Gericht ging also davon aus, dass dieser Mann noch am Leben war. Es hat damit in seiner Begründung die Brücke zur aktiven Sterbehilfe geschlagen, auch wenn der Behandlungsabbruch, selbst unter der Annahme, dass der Teilhirntote als Sterbender und nicht als Toter zählt, auch als passive bzw. indirekte Sterbehilfe verstanden werden könnte. Ausdrücklich haben in den Jahren 2000 und 2002 mit den Niederlanden und Belgien erstmals zwei Länder in Europa per Gesetz die aktive Tötung sterbender Menschen erlaubt, wenn entsprechende Schutzbestimmungen eingehalten werden, die u. a. die Freiwilligkeit garantieren sollen.

Die Problemkreise „Lebensanfang", „Lebensende", „gentechnische Eingriffe" und damit verbundene Konfliktfälle stellen uns vor entscheidende bioethische

Fragen. Allgemein gesellschaftlich akzeptierte Antworten auf diese Fragen sind jedoch ebenso wenig vorhanden wie ein ethischer Konsens darüber, in welcher Weise die anstehenden Probleme gelöst werden können.

Diese Situation erfordert eine Neubesinnung. Das Ziel der Studie besteht darin aufzuweisen, dass das Prinzip der Menschenwürde bei aller Pluralität von Grund- und Einzelüberzeugungen in der Gesellschaft für die Frage nach dem Umgang mit derartigen bioethischen Konfliktfällen ein tragfähiges Prinzip abgibt, und zu zeigen, in welcher Weise die Menschenwürde als Prinzip im moralischen und rechtlichen Sinne zur Lösung bioethischer Konfliktfälle trotz deren Verschiedenartigkeit beitragen kann. Dies soll exemplarisch für Konfliktfälle am Lebensanfang und Lebensende sowie für gentechnische Eingriffe am Menschen durchgeführt werden.

Leitend werden dabei die beiden Gedanken sein, dass die Achtung des Prinzips der Menschenwürde Vorrangstellung vor der Beachtung der rein wissenschaftlichen, technischen und wirtschaftlichen Rationalitäten hat und dass „jeder Mensch durch seine Lebensführung mit dem Leben anderer, mit dem gemeinsamen Leben, mit der Gesellschaft verbunden ist" (Rendtorff 1990, 14). Dabei ist der überindividuelle Zusammenhang individueller Lebensführung dadurch gegeben, dass jedes Handeln weiträumige Auswirkungen auf die Mitwelt hat (Synchronizität) und sich auf künftige Generationen erstreckt (Diachronizität).

Vor diesem Hintergrund sind mehrere Probleme zu lösen: Liest man die einschlägigen Verweise auf die Menschenwürde genau, zeigen sich zum einen allgemeine Probleme, zum anderen spezielle Probleme, wenn dieses Prinzip auf konkrete bioethische Konfliktfälle angewendet werden soll (vgl. Knoepffler 2001a):

Die erste Frage, die sich unmittelbar stellt, lautet: Was bedeutet eigentlich der Begriff „Menschenwürde"? Diese Frage, in der Fachsprache semantisches Problem genannt, bekommt ihre Brisanz durch grundsätzliche Anfragen. So vertritt in der gegenwärtigen bioethischen Diskussion beispielsweise Hoerster (2002, 28) die Position, Menschenwürde sei eine „argumentativ nichts sagende Leerformel". Und Birnbacher behauptet:

„Der Begriff der Menschenwürde ist mit dem Leerformelverdacht in ganz besonderer Weise konfrontiert. Denn gerade bei diesem – in der deutschen moralischen und politischen Debatte besonders häufig bemühten – Begriff steht das Pathos, mit dem er gemeinhin invoziert wird, in einem umgekehrten Verhältnis zu seiner inhaltlichen Festgelegtheit. Nicht zuletzt dadurch haftet dem Begriff etwas Theologisches an. Wie bei der Rede über Gott treten auch bei der Rede über Menschenwürde die deskriptiven gegenüber den expressiven und appellativen Bedeutungskomponenten in den Hintergrund" (Birnbacher 2004, 249).

Sollte man darum den Begriff aus der Diskussion herausnehmen, wie einige Ethiker immer wieder fordern? Oder spiegelt nicht gerade dieser Begriff eine wesentliche Überzeugung wieder, die sich mit dem ehemaligen Staatsminister Julian Nida-Rümelin in die Worte fassen lässt:

„Die normative Orientierung an menschlicher Würde, am Respekt vor dem einzelnen menschlichen Individuum sehe ich als den (humanistischen) Kern des Ethos an, das eine Demokratie trägt oder besser tragen sollte" (Nida-Rümelin 2002, 406)?

Wenn das so ist, dann besteht eine wesentliche Aufgabe darin, den Begriff „Menschenwürde" so zu bestimmen, dass er tatsächlich „tragfähig" ist.[1] Lässt sich dies zeigen, dann ergibt sich sofort eine weitere Frage: Wie lässt sich begründen, dass jemandem die so verstandene Menschenwürde zukommt? Gerade im Rahmen der Begründungsproblematik schleichen sich leicht Fehlschlüsse ein. So lässt sich Menschenwürde nicht einfach dadurch begründen, dass man von dem biologischen Faktum des Menschenseins darauf schließt, dass dem Menschen Menschenwürde zukommt. Gerade diese normative Forderung ist eigens zu begründen. Die eigentliche Frage ist nämlich, warum wir überhaupt Menschen Würde zuerkennen. Ebenfalls würde einen Fehlschluss begehen, wer aus dem rechtlichen Faktum des Artikel 1 Grundgesetz meint, begründen zu können, warum das Menschenwürdeprinzip auch moralisch gelten solle, denn auch Gesetze, sogar Verfassungsprinzipien können so gewählt sein, dass sie zu einem späteren Zeitpunkt als moralisch verwerflich gebrandmarkt werden. Sie bedürfen also selbst wieder einer vorrechtlichen, eben ethischen Begründung. Das klassische Beispiel aus der Antike ist das Gesetz Kreons, das verbietet, gefallene Feinde zu bestatten. Antigone, seine Nichte, bestattet dennoch ihren gefallenen Bruder, der auf der Gegenseite gekämpft hat. Sie begründet dies damit, dass den Göttern, die eine derartige Bestattung verlangen, mehr zu gehorchen ist als den Menschen, und nimmt dafür in Kauf, zum Tode verurteilt zu werden. Ein modernes Beispiel für staatliche Gesetze und Dekrete, deren Immoralität gemäß den meisten ethischen Ansätzen feststeht, sind die Nürnberger Rassengesetze und die Beneš-Dekrete. Einen autoritativen Fehlschluss würde begehen, wer aus dem Faktum, dass derzeit große Autoritäten, z. B. der Papst oder hochrangige Politiker, das Prinzip der Menschenwürde vertreten, schlösse, dass dieses Prinzip Gültigkeit haben müsse, denn Autoritäten haben geirrt und werden irren. So hat beispielsweise Papst Innozenz III. einen Dankgottesdienst für die Eroberung von Konstantinopel 1204 gefeiert, bei der an der einheimischen Bevölkerung größte Gräuel verübt wurden, Papst Johannes Paul II. hat sich für diese Eroberung entschuldigt.

Die dritte Frage lautet: Wer ist der Adressat der Würde? Ist Würde ausschließlich Würde von Menschen oder kommt eine mit der Menschenwürde im normativen Anspruch gleiche Würde auch anderen Lebewesen zu? Kommt diese Würde allen oder nur einigen Menschen zu? Dieses Problem, in der Fachsprache Extensionsproblem genannt, steht im Hintergrund von Singers Speziesismusvorwurf. Nach seiner Überzeugung würden Vertreter des Würdeprinzips im exklusiven Sinn, also Würde ausschließlich auf die Spezies Homo sapiens bezogen, in ethisch nicht vertretbarer Weise die Menschen vor anderen Arten von Lebewesen auszeichnen.

Die vierte Frage lautet: Angenommen, wir haben einen Begriff von Menschenwürde gefunden, der konsensfähig ist, angenommen wir haben auch das Begründungs- und Extensionsproblem gelöst, wie ist dann gesellschaftlich das Prinzip der

---

[1] An dieser Stelle, an der die Semantik der Menschenwürde noch nicht geklärt ist, muss dennoch ein Vorgriff gemacht werden: Ich verstehe Menschenwürde nicht in der Weise, dass sich aus diesem Begriff analytisch der Imperativ des Schutzes und der Achtung von Menschenwürde ergibt.

Menschenwürde durchsetzbar, beispielsweise in den konkreten Problemfällen der Biotechnologie und Medizin? Diese Frage nach gesellschaftlicher Durchsetzbarkeit von Normen wird Implementationsproblem genannt.

Auf einer anderen Ebene bewegt sich die Anwendungsproblematik. Hier geht es nicht mehr um begriffliche Klärung, Begründung, Extension oder Implementation von Menschenwürde, sondern darum wie dieses Prinzip gebraucht werden kann, um für konkrete Konfliktfälle zu Lösungen zu gelangen. Gerade bei diesen Konfliktfällen ist zu klären, inwieweit das Prinzip der Menschenwürde eine Entscheidungshilfe bietet. So berufen sich beispielsweise beim Konfliktfall „Präimplantationsdiagnostik" sowohl Befürworter als auch Gegner auf das Prinzip der Menschenwürde.

Durch die Problemstellung und Zielsetzung ist die Vorgehensweise bereits nahe gelegt. Im ersten Kapitel geht es um die Frage, *ob* das Prinzip der Menschenwürde als Prinzip für den bioethischen Diskurs fungieren kann. Zu diesem Zweck stelle ich den faktischen Gebrauch in internationalen Konventionen und dem deutschen Grundgesetz dar. Dabei sind die vier erstgenannten Problemstellungen (das semantische Problem, das Begründungs-, das Extensions- und das Implementationsproblem) zu berücksichtigen.

Im zweiten Kapitel werden diese vier Problemstellungen ausführlich behandelt. Dabei steht am Anfang die Frage im Mittelpunkt, ob es eine Bedeutung von Menschenwürde gibt, die einerseits durch den faktischen Gebrauch gedeckt ist und andererseits so gefasst ist, dass er als gemeinsames Prinzip für Menschen unterschiedlicher Überzeugungen in unseren pluralistischen Gesellschaften Geltung haben kann. Bei der Begründung der Menschenwürde greife ich auf drei prominente Begründungen zurück: auf die derzeitige christlich-theologische, auf die kantische und auf eine Begründung, die der amerikanische Philosoph Alan Gewirth entworfen hat. Daran schließt sich sowohl für Lebensanfang als auch Lebensende die Untersuchung der Frage an, wer als Mensch im moralischen Sinn zu verstehen ist. Die Antwort auf diese Frage verhilft zur Lösung der Problematik, wem Menschenwürde zukommt. Lässt sich diese Frage nicht eindeutig beantworten, sind im Blick auf diese Extensionsproblematik gerade für den Lebensanfang und das Lebensende zentrale Grundentscheidungen zu treffen. Aus diesen ergeben sich alternative Lösungswege. Auf die Implementationsproblematik wird anschließend kurz eingegangen und eine aus der Ökonomie entliehene Strategie empfohlen. Das Kapitel endet mit einer kurzen Übersicht, inwiefern das Prinzip der Menschenwürde, in der Weise, wie es verstanden, begründet, adressiert und implementiert werden kann, konkrete, unterschiedliche Konfliktfälle in eine Struktur zu bringen vermag.

In den folgenden drei Kapiteln zu diesen Konfliktfällen nämlich Konfliktfällen am Lebensanfang (3. Kapitel), Konfliktfällen am Lebensende (4. Kapitel) und Konfliktfällen bei gentechnischen Eingriffen (5. Kapitel) führe ich diese Strukturierung durch und zeige so auf, welche Lösungen oder alternativen Lösungswege sich vor dem Hintergrund des Prinzips der Menschenwürde für diese konkreten Konfliktfälle ergeben. Es geht in diesen drei Kapiteln also um die Lösung der Anwendungsproblematik.

Freilich kann sich sofort die Frage stellen, wie es überhaupt möglich ist, unterschiedliche bioethische Konfliktfälle wie beispielsweise den Konfliktfall „Präimplantationsdiagnostik" und den Konfliktfall „gerechte Verteilung von Organen" gemeinsam vor dem Hintergrund des Prinzips der Menschenwürde zu bearbeiten. Die Einteilung in die drei Problemkreise, Konfliktfälle am Lebensanfang, am Lebensende und bei gentechnischen Eingriffen am Menschen gibt bereits einen Hinweis, wie sich diese Frage beantworten lässt. Das Prinzip der Menschenwürde wird in unterschiedlichen situationsgebundenen Konflikten gebraucht, deren gemeinsames Band gerade darin besteht, dass sie durch dieses Prinzip in eine Struktur gebracht werden und dieses Prinzip in den unterschiedlichen Konfliktfällen bedeutungsgleich bleibt. Dagegen lässt dieses Prinzip gerade nicht zu, Konfliktfälle am Lebensanfang mit Konfliktfällen am Lebensende in eine Wichtigkeitshierarchie zu bringen (vgl. dazu 2.5).[2]

Grundlegendes Ziel der gesamten Untersuchung ist es, für unsere Gesellschaft zu brennenden Fragen eine Entscheidungshilfe vorzulegen, also öffentlich wirksam zu werden. Res publicae aguntur! Es geht um die Gestaltung gesellschaftlich hochwichtiger „Sachen".

---

[2] In dieser Arbeit werden auch von Theologen und Juristen geäußerten Überzeugungen mit philosophischem Instrumentarium auf ihre argumentative Kraft hin geprüft und für den Fortgang der Untersuchung, soweit dies sinnvoll ist, fruchtbar gemacht. Dies hat seinen Grund darin, dass sie in den Diskussionen um das Prinzip der Menschenwürde und seine Bedeutung für bioethische Konfliktfälle sowohl Theologie als auch Rechtswissenschaften einen wichtigen gesellschaftlichen Einfluss ausüben.

1 Menschenwürde – faktischer Gebrauch, bleibende Problematik

Die Pluralität in den westlichen Gesellschaften hat neue Freiheitsspielräume eröffnet wie beispielsweise die Religionsfreiheit und die Redefreiheit. Andererseits wird es dadurch schwieriger, konkrete rechtliche Entscheidungen zu treffen, die möglichst viele Bürgerinnen und Bürger als guten Kompromiss akzeptieren können. Diese Schwierigkeit wird dadurch überdeutlich, dass in manchen Fällen rechtliche Vorschriften sogar Mitgliedern einer Religionsgemeinschaft verbieten, ihren religiösen Vorschriften zu folgen. So gilt das allgemeine Verbot der rituellen Beschneidung des weiblichen Genitales auch für Anhänger bestimmter Naturreligionen, für die dies ein wichtiger religiöser Akt ist. Kinder von Eltern, die den Zeugen Jehovas angehören, erhalten gegen deren Willen und religiöse Überzeugungen Fremdbluttransfusionen, wenn nach Meinung der behandelnden Ärzte nur auf diese Weise das Leben der Kinder gerettet werden kann. In anderen Fällen tolerieren pluralistische Gesellschaften zwar religiöse Überzeugungen, aber ohne die den religiösen Überzeugungen entsprechenden Gesetze für *alle* Mitglieder dieser Gesellschaft verbindlich zu machen. So ist beispielsweise für viele römisch-katholische Christen eine Abtreibung in fast allen Fällen ein schweres sittliches Vergehen. Nach ihrer Überzeugung sollte sie auch strafrechtlich geahndet werden, da nur auf diese Weise die Ungeborenen in angemessener Weise geschützt seien. Dennoch gibt es beispielsweise im vorwiegend römisch-katholischen Österreich eine liberale Abtreibungsgesetzgebung. Das führt zu heftigen Auseinandersetzungen zwischen den Verfechtern eines Verbots der Abtreibung und den Befürwortern einer liberalen Lösung.

Die rasanten naturwissenschaftlichen, medizinischen und gesellschaftlichen Entwicklungen haben die Notwendigkeit entstehen lassen, für konkrete bioethische Konfliktfälle zu rechtlichen Regelungen zu kommen. Sollen entsprechende Entscheidungen nicht nach reinen Mehrheitsgesichtspunkten und Opportunitätsgründen fallen, sondern in gewisser Weise die moralischen Überzeugungen der jeweiligen pluralistischen Gesellschaft abbilden, so wird die Suche nach einem gemeinsamen Band zwischen den unterschiedlichen weltanschaulichen Basisüberzeugungen dringlich. Lassen sich durch diese Regelungen die moralischen Überzeugungen nicht adäquat abbilden, so ist nach rechtlichen Regelungen zu suchen, die verschiedene Entscheidungsoptionen zulassen.

Ich folge in der Suche nach einem gemeinsamen Band Überlegungen von John Rawls (1996, 2000) und behaupte, dass wir nur dann zu möglichen gesellschaftsfähigen Kompromissen kommen können, wenn wir auf einer mittleren Ebene versuchen, eine Art bürgerlichen Grundkonsens über das leitende Prinzip herzustellen. Rawls spricht hier vom „overlapping consensus". Ein derartiges, unterschiedliche Basisüberzeugungen übergreifendes Prinzip könnte die Menschenwürde darstellen, die gesellschaftlich in den letzten 60 Jahren eine große internationale Bedeutung und Anerkennung gefunden hat, aber schon zuvor eine weitreichende Traditionsgeschichte nachweisen kann. Diese wird im westlichen Kulturkreis mit der Aufklärung und hier insbesondere der Philosophie Immanuel Kants verbunden, im östlichen Kulturkreis insbesondere mit dem bereits im vierten Jahrhundert vor Christus lehrenden chinesischen Philosophen Menzius. Darum ist in einem ersten Schritt zu klären, inwieweit hierbei der Gebrauch das Prinzip der Menschenwürde als Prinzip von Verfassungen und internationalen Konventionen hilfreich sein kann.

1.1 Menschenwürde in der deutschen Verfassung und in internationalen Übereinkommen

Der normative Begriff der Menschenwürde nimmt in der deutschen Verfassung und wichtigen internationalen Übereinkommen eine prominente Stellung ein und wirkt damit auch rechtlich normorientierend.

Der Art. 1 des Grundgesetzes der Bundesrepublik Deutschland lautet:

„(1) Die Würde des Menschen ist unantastbar. Sie zu achten und zu schützen ist Verpflichtung aller staatlichen Gewalt.

(2) Das Deutsche Volk bekennt sich darum zu unverletzlichen und unveräußerlichen Menschenrechten als Grundlage jeder menschlichen Gemeinschaft, des Friedens und der Gerechtigkeit in der Welt.

(3) Die nachfolgenden Grundrechte binden Gesetzgebung, vollziehende Gewalt und Rechtsprechung als unmittelbar geltendes Recht."

Das Prinzip der Menschenwürde ist darüber hinaus in mehreren Verfassungen anderer Länder von großer Bedeutung (vgl. Balzer/Rippe/Schaber 1998, 21, Anm. 1), neben der deutschen, auf die weiter unten einzugehen ist, beispielsweise in Europa in den Verfassungen von Griechenland, Irland, Italien, Portugal, der Schweiz, Schweden und Spanien. In Israels Grundgesetz ist der Schutz von Menschenwürde verankert. Und in Südafrikas neuer Verfassung erklärt der Artikel 1, dass die Republik Südafrika auf gewisse Werte gegründet ist. Als erster Wert wird dabei die Menschenwürde genannt. Im Zusammenhang mit dem ersten, sechsten, achten und vierzehnten Amendment zur Verfassung der USA, in der dieser Begriff nicht vorkommt, wird der Begriff „Menschenwürde" vom Supreme Court verwendet.

Aber nicht nur die Verfassung einzelner Staaten, sondern sogar die Charta der Vereinten Nationen aus dem Jahr 1945 gibt der Menschenwürde eine prinzipielle Position, denn sie beginnt mit den Worten:

„Wir die Völker der Vereinten Nationen, fest entschlossen, künftige Geschlechter vor der Geißel des Krieges zu bewahren, die zweimal zu unseren Lebzeiten unsagbares Leid über die Menschheit gebracht hat, unseren Glauben an die Grundrechte des Menschen, an Würde und Wert der menschlichen Persönlichkeit, an die Gleichberechtigung von Mann und Frau sowie von allen Nationen, ob groß oder klein, erneut zu bekräftigen, Bedingungen zu schaffen, unter denen Gerechtigkeit und die Achtung vor den Verpflichtungen aus Verträgen und anderen Quellen des Völkerrechts gewahrt werden können, den sozialen Fortschritt und einen besseren Lebensstandard in größerer Freiheit zu fördern, ... haben beschlossen, in unserem Bemühen um die Erreichung dieser Ziele zusammenzuwirken."

Und die Allgemeine Erklärung der Menschenrechte der Vereinten Nationen aus dem Jahre 1948 hält in ihrem ersten Artikel fest:

„Alle Menschen sind frei und gleich an Würde und Rechten geboren. Sie sind mit Vernunft und Gewissen begabt und sollen einander im Geiste der Geschwisterlichkeit begegnen."

Diese Texte werden bis in die Gegenwart hinein in internationalen Deklarationen als Referenzpunkt genommen und bestätigt. An zwei Beispielen sei die weltweite Bedeutung der Menschenwürde als Prinzip deutlich gemacht: In der „African [Banjul] Charter on Human and Peoples' Rights" aus dem Jahr 1986 wird von der Unverletzlichkeit menschlicher Lebewesen gesprochen und die Achtung des Lebensrechts und der Integrität der Personen verlangt.[3] Und die „Beijing Declaration" aus dem Jahr 1995 unterstreicht die Verpflichtung gleicher Rechte und inhärenter Menschenwürde von Frauen und Männern.[4]

Auch für die Biologie und Medizin wird dieser Begriff in internationalen Übereinkommen der Gegenwart verwendet. Die „Allgemeine Erklärung bezüglich des menschlichen Genoms und der Menschenrechte" der UNESCO aus dem Jahre 1997 betont die durch das menschliche Genom verbürgte fundamentale Einheit aller Mitglieder der menschlichen Familie und die Achtung ihrer Menschenwürde und ihrer Verschiedenheit. Sie spricht in einem symbolischen Sinn vom Genom als „Erbe der Menschheit" und fordert zur Achtung der Menschenwürde und der Menschenrechte der Einzelnen auf, unabhängig von ihren genetischen Veranlagungen. Gerade die Reduktion des Einzelnen auf seine Genetik wird ausdrücklich abgelehnt. Vor dem Hintergrund dieser Überzeugungen werden wichtige bioethische Normen aufgestellt: Das Klonen wird abgelehnt.[5] Sogar ausdrücklich findet

---

[3] "Article 4:
Human beings are inviolable. Every human being shall be entitled to respect for his life and the integrity of his person. No one may be arbitrarily deprived of this right.
Article 5:
Every individual shall have the right to the respect of the dignity inherent in a human being and to the recognition of his legal status. All forms of exploitation and degradation of man particularly slavery, slave trade, torture, cruel, inhuman or degrading punishment and treatment shall be prohibited ..."

[4] "*We reaffirm our commitment to:* 8. The equal rights and inherent human dignity of women and men ..."

[5] "Article 1:
The human genome underlies the fundamental unity of all members of the human family, as well as the recognition of their inherent dignity and diversity. In a symbolic sense, it is the heritage of humanity.
Article 2:
Everyone has a right to respect for their dignity and for their rights regardless of their genetic characteristics.
That dignity makes it imperative not to reduce individuals to their genetic characteristics

sich der Begriff „Menschenwürde" im Titel eines 1997 vom Europarat formulierten Übereinkommens. Er lautet: „Übereinkommen zum Schutz der Menschenrechte und der Menschenwürde im Hinblick auf die Anwendung von Biologie und Medizin: Übereinkommen über Menschenrechte und Biomedizin" und beginnt in Artikel 1 (Gegenstand und Ziel der Konvention) mit den Worten:

„Die Vertragsparteien dieses Übereinkommens schützen die Würde und die Identität aller menschlichen Lebewesen und gewährleisten jedermann ohne Diskriminierung die Wahrung seiner Integrität sowie seiner sonstigen Grundrechte und Grundfreiheiten im Hinblick auf die Anwendung von Biologie und Medizin."

Im Zusatzprotokoll über das Verbot des Klonens von menschlichen Lebewesen aus dem Jahr 1998 wird der Begriff der Menschenwürde auf einen konkreten bioethischen Konfliktfall, den des Klonens von menschlichen Lebewesen, angewendet und näher expliziert:

„... in der Erwägung, dass jedoch die Instrumentalisierung menschlicher Lebewesen durch die bewusste Erzeugung genetisch identischer menschlicher Lebewesen gegen die Menschenwürde verstößt und somit einen Missbrauch von Biologie und Medizin darstellt; ..." (Bundesministerium der Justiz 1998, 41).

Auch in weltweit gültigen ärztlichen Konventionen ist das Prinzip der Menschenwürde an prominenter Stelle verankert. Das berühmteste Beispiel ist die Helsinki-Deklaration des Weltärztebundes aus dem Jahr 1964, die im Jahr 2000 in Edinburgh erneut revidiert und in dieser revidierten Fassung zugleich bestätigt wurde.[6] Der Abschnitt „B. Allgemeine Grundsätze für jede Art von medizinischer Forschung" beginnt:

„10. Bei der medizinischen Forschung am Menschen ist es die Pflicht des Arztes, das Leben, die Gesundheit, die Privatsphäre und die Würde der Versuchsperson zu schützen."

Die Dokumente verdeutlichen, dass „Menschenwürde" eine weitgehend weltweite Bedeutung hat und damit einen übergreifenden Konsens in einer mehr und mehr säkularisierten Welt darstellt (vgl. Rawls 2002, 20).

1.2 Menschenwürde als Konstitutionsprinzip

Die behandelten internationalen Texte geben der Menschenwürde eine prinzipielle Stellung, aber sie definieren „Menschenwürde" nicht. Weder in der Charta der Vereinten Nationen noch in der Erklärung der Menschenrechte noch in weiteren internationalen Konventionen findet sich eine Definition. Wohl auch deswegen besteht in der israelischen Diskussion des Begriffs der Menschenwürde keine Klarheit darüber, ob beispielsweise die Geiselnahme von Libanesen als „Tausch-

---

and to respect their uniqueness and diversity. ...
Article 11:
Practices which are contrary to human dignity, such as reproductive cloning of human beings, shall not be permitted ..."

[6] Der Weltärztebund hat auf seiner Generalversammlung in Washington 2002 zu § 29 eine erläuternde Fußnote ergänzt. Insofern ist die Fassung von Edinburgh mit dieser Ergänzung der derzeit verbindliche Text.

mittel" für im Libanon vermisste israelische Soldaten rechtens ist oder nicht (vgl. Kretzmer 2002, 171ff).

Auch im Blick auf das bundesdeutsche Grundgesetz gibt es bis heute einen Streit, was der Begriff der Menschenwürde bedeutet, wie die Kritik Böckenfördes (2003) am Kommentar Herdegens (2003) sehr deutlich gezeigt hat. Dabei ist eine Unterscheidung zu treffen. Einerseits lässt sich fragen, was Menschenwürde im Kontext der Verfassung normlogisch bedeutet. Andererseits lässt sich fragen, was Menschenwürde inhaltlich bedeutet. Die prinzipielle Stellung der Menschenwürde im Grundgesetz als Art. 1 Abs. 1 Satz 1 zeigt normlogisch an, was das Bundesverfassungsgericht ausdrücklich bestätigt hat: Die Menschenwürde ist „oberster Wert" und „tragendes Konstitutionsprinzip" (z. B. BVerfGE 6, 32/36/41; 30, 173/193). Was bedeutet das?

„Stünde der Satz von der Unantastbarkeit der Menschenwürde nicht am Anfang einer normativen Verfassungsordnung, wäre er ein rein deskriptiver Satz, der nichts als die sprachliche Fassung eines Menschenbildes enthielte. Als Anfangssatz des Grundgesetzes muss er deshalb als dessen Menschenbild formulierender Basissatz verstanden werden, der zwar in einem normativen Zusammenhang steht und in diesem Zusammenhang durchaus rechtlich relevant ist, aber nicht den Status eines Rechtssatzes hat, der unmittelbar Rechte und Pflichten begründen könnte" (Gröschner 1995, 45f).

Die Menschenwürde selbst ist damit zumindest, was Art. 1 Abs. 1 Satz 1 GG angeht, Fundament, nicht selbst ein Recht unter Rechten. Sie ist vielmehr Rechtsgrund. Sehr klar hat dies Enders (1997, 502f), in gewissem Sinn Gröschners Überlegungen weiterführend, dargelegt:

„Mit der Menschenwürde des Art. 1 Abs. 1 Satz 1 GG ist das abstrakte Vermögen des Menschen anerkannt, als das Subjekt, das er schon vorstaatlich ist, auch *Rechtssubjekt*, Subjekt möglicher Rechte sein zu können, ist mithin anerkannt, dass er ein *Recht auf Rechte* hat. Anders gesprochen setzt Art. 1 [Abs. 1 Satz 1 GG] damit die *Rechtsfähigkeit des Menschen als Menschen*."

Wie Gröschner und Enders herausgearbeitet haben, ist Menschenwürde als Konstitutionsprinzip damit also gerade nicht materialer Geltungsgrund, „sei es nun in Gestalt des materiellen Hauptgrundrechts oder sei es – überzeugender – als wertausfüllender Interpretationsmaßstab" (Enders 1997, 503). Sie ist vielmehr ein nicht rechtlich vollziehbares Grundprinzip, das den weiteren normativen Festsetzungen der Verfassung nichts hinzufügt, sondern vielmehr deren Fundament darstellt. Juristisch ist deshalb der Begriff „Konstitutionsprinzip" in doppelter Weise treffend. Menschenwürde ist Fundament des Grundgesetzes als Verfassung (Konstitution).[7] Es ersetzt – verfassungsgeschichtlich betrachtet – den Art. 1 der Weimarer Verfassung.

---

[7] Dies ist eine andere Deutung als die lange Zeit herrschende, die sich beispielsweise ausdrücklich bei Luhmann (1999 [1965], 74) findet: „Dennoch besteht kein vernünftiger Grund an der Juridifizierbarkeit des grundrechtlichen Würde-Schutzes zu zweifeln oder die Würde des Menschen zwar als normativen Leitgedanken, nicht aber als Grundrecht anzusehen." Ob dies auch eine andere Deutung als die Herdegens (2003, Rdnr. 18), der – im Fettdruck – von einer „materiellen Grundierung" spricht, ist, lässt sich schwer beurteilen. Herdegen kommt nämlich ähnlich wie Gröschner und Enders zur Überzeugung: „Eine Deduktion von Grundrechten aus der Menschenwürde oder deren ‚Präzisierung'

Die dem Art. 1 Abs. 1 Satz 1 GG folgende Präskription der Achtung und des Schutzes ist von daher in dem Sinn zu verstehen, „wie sich die staatliche Gewalt gegenüber dem im ersten Satz genannten Faktum zu verhalten hat" (Gröschner 1995, 47). Die folgenden Grundrechte können dann als positive Entfaltung dessen verstanden werden, worin die Achtung der überpositiven Menschenwürde als Konstitutionsprinzip besteht, denn die spezifische Achtung der Menschenwürde besteht allgemein darin, „Bedingungen zu schaffen, die eine möglichst vollkommene Entfaltung der würdekonstitutiven Fähigkeiten ermöglichen" (Gröschner 1995, 47; vgl. Baumgartner u. a. 1997, 188). Darum fährt Artikel 2 fort:

„(1) Jeder hat das Recht auf freie Entfaltung seiner Persönlichkeit, soweit er nicht die Rechte anderer verletzt und nicht gegen die verfassungsmäßige Ordnung und gegen das Sittengesetz verstößt.

(2) Jeder hat das Recht auf Leben und körperliche Unversehrtheit. Die Freiheit der Person ist unverletzlich. In diese Rechte darf nur auf Grund eines Gesetzes eingegriffen werden."

Die nachfolgenden Artikel kann man als weitere Entfaltung der Achtung der Menschenwürde verstehen, beispielsweise die in Artikel 2 erwähnten Menschenrechte, das Recht auf freie Entfaltung der Persönlichkeit vor dem Hintergrund der Pflicht, das Recht anderer auf ihre jeweilige Persönlichkeitsentfaltung zu achten, ebenso wie das Recht auf Leben. Die Menschenwürde steht nämlich in einem engen Zusammenhang mit den Menschenrechten. Dies „zeigt der kausale Anschluss, den Art. 1 GG für das Bekenntnis zu den Menschenrechten gefunden hat: Weil die Menschenwürde für unantastbar zu erachten ist, bekennt sich das Deutsche Volk zu Menschenrechten" (Enders 1997, 171).

Alle staatliche Gewalt ist verpflichtet, die Menschenwürde, Leben und körperliche Unversehrtheit zu schützen. Der Staat hat sich also „nicht nur selbst aller Übergriffe in die grundrechtlichen Freiheitsbereiche zu enthalten, sondern darüber hinaus Vorsorge zu treffen, wenn jene grundrechtlichen Schutzgüter der Art. 1 und 2 GG von Dritten bedroht werden" (Schreiber u. a. 1995, 252f).

Für bioethische Fragen sind dabei besonders von Bedeutung:

- das Recht auf Leben und körperliche Unversehrtheit (Art. 2 GG) und die damit verbundene Pflicht zum Schutz menschlichen Lebens und zur Hilfeleistung;
- das Recht auf Selbstbestimmung (freie Entfaltung der Persönlichkeit, Freiheit der Person) (Art. 2 GG) und die damit verbundene Pflicht zum Schutz menschlicher Freiheit;
- das Recht auf Gleichheit (Art. 3 GG) und die damit verbundene Pflicht, Ungleichheiten zu beseitigen;
- das Recht auf Glaubens- und Gewissensfreiheit (Art. 4 GG) und die damit verbundene Pflicht, Glaubens- und Gewissensentscheidungen zu respektieren (in Verbindung mit Art. 2 GG);
- das Recht auf Forschungsfreiheit (Art. 5 GG) und die damit verbundene Pflicht, Forschung zu ermöglichen.

---

durch einzelne Grundrechte überspannen den materiellen Gehalt der Menschenwürdegarantie und verkennen den Eigenwert der verfassungsrechtlichen Verbürgung von Freiheits- und Gleichheitsrechten" (ebd., 12).

Wenn Grundrechte miteinander in Konflikt geraten, kann dieser Konflikt nicht notwendigerweise mit Bezug auf das Menschenwürdeprinzip gelöst werden, da dieses auf einer anderen Ebene verortet ist. Dennoch gibt es gewisse Hinweise: Das Bundesverfassungsgericht beschränkt sich nämlich nicht auf die Rechtsdimension (Menschenwürde im Sinn einer Unterstützung der Selbstbestimmung, „human dignity as empowerment" [Beyleveld/Brownsword 2001]), sondern bringt auch ausdrücklich die Pflichtdimension der Menschenwürde (im Sinne einer Beschränkung der Selbstbestimmung, „human dignity as constraint") ins Spiel:

> „Eine Verfassung, welche die Würde des Menschen in den Mittelpunkt des Wertsystems stellt, kann bei der Ordnung zwischenmenschlicher Beziehungen grundsätzlich niemandem Rechte an der Person eines anderen einräumen, die nicht zugleich pflichtgebunden sind und die Menschenwürde des anderen respektieren" (BVerfGE 24, 119/144).

Die rechtlichen Überlegungen haben gezeigt, dass das Prinzip der Menschenwürde als Konstitutionsprinzip weder ein Grundsatz noch eine Regel im juristischen Sinne ist. Man kann also nicht unter das Prinzip der Menschenwürde subsumieren. Es ist als objektives Prinzip auch kein Verfassungsprinzip im Sinne eines Optimierungsgebots wie z. B. das Prinzip, die Umwelt so gut wie möglich zu schützen, sondern Prinzip von Rechten, beispielsweise des Grundrechts auf Leben und von Prinzipien, beispielsweise des Prinzips der Rechtsstaatlichkeit. Zusammenfassend lässt sich mit Simon (2000, 230) festhalten:

> „Der Begriff Menschenwürde in seiner mangelnden, nämlich an der Vieldeutigkeit des Allgemein-Menschlichen krankenden Bestimmtheit und die ihm gegenüber sich zwangsläufig – und trotz gegenteiliger Beteuerungen – einstellende Ratlosigkeit bilden gemeinsam den Hintergrund eines einheitlichen Menschenwürdekonzepts, welches sich in verschiedenen Menschenwürdekonzeptionen ausdifferenziert' (Alexy 1994, 322). Es handelt sich insgesamt um einen offenen und unbestimmten Begriff, der jedoch den Mittelpunkt der grundgesetzlichen Ordnung bildet: Im Mittelpunkt der grundgesetzlichen Ordnung stehen Wert und Würde der Person, die in freier Selbstbestimmung als Glied einer freien Gesellschaft wirkt (BVerfGE, NJW 1984, S. 419 (421)). Die Offenheit von zentralen Wertungsbegriffen gegenüber außerrechtlichen Anschauungen macht die Verfassung durchlässig für gesellschaftlich-kulturelle Entwicklungen, die sich auch jenseits konkreter Verfassungsänderungen niederschlagen und die Rechtswirklichkeit und die Rechtsordnung miteinander versöhnen. In diesem Sinne bildet die Menschenwürde ein Rahmenkonzept, das verschiedene Regelungsgehalte in sich aufnehmen kann (Hailer/Ritschl 1996, 91 (99)). So lässt sich das anthropozentrische Würdeverständnis in gewissem Rahmen auf Grund der Bedeutungsverschiebungen des Menschenbildes korrigieren. Der konkrete Inhalt ist durch Auslegung zu ermitteln. Die Berücksichtigung eines nach Sinn und Zweck gewandelten Verfassungsverständnisses entspricht der vom deutschen Bundesverfassungsgericht favorisierten objektiven Auslegungsmethode, die den subjektiven Gehalt zugunsten eines objektivierten, zeitgemäßen Verfassungsinhalts relativiert (BVerfGE 11, 126 (130))."

1.3 Das Konstitutionsprinzip als regulatives Prinzip

Das Konstitutionsprinzip der Menschenwürde kann auch als regulatives Prinzip bezeichnet werden, wie Rendtorff (2000) vorgeschlagen hat:

> „Menschenwürde fungiert als regulatives Prinzip im Verhältnis zwischen Forschung und Anwendungszielen. Die Anwendungsziele werden unter dem Regiment der Menschenwür-

de reguliert, d.h. die Handlungsregeln werden an diesem Prinzip gemessen und von ihm so diszipliniert, dass die Ziele im Rahmen des ärztlichen Handelns zu verantworten sind. Und Entsprechendes gilt für die Forschungen, die an den bestimmten, ihrerseits begrenzten Anwendungszielen auszurichten sind."

Die Funktion des Menschenwürdeprinzips kann darum nicht darin bestehen, konkrete Handlungsanweisungen vorzugeben, sondern darin (vgl. Homann 1996, 38), das Fundament verschiedener Einzelbestimmungen empirischer und normativer Art abzugeben und so als Regulativ für die ethische Reflexion zu dienen. Entscheidungen sollten vor dem Hintergrund dieses Prinzips geschehen, das aber nicht für die konkrete Handlungsebene direkt relevant sein muss.[8] Anselm (2000, 226) nennt Menschenwürde, angewendet auf spezifische Konfliktfälle, deshalb auch eine „Orientierungsnorm" und fasst den Sinngehalt von „regulativ" in folgender Weise zusammen:

„Menschenwürde repräsentiert kein eigenes inhaltliches Konzept, sie stellt vielmehr die Chiffre[9] dar für die Präsenz der Ethik überhaupt in den Debatten, die den biomedizinischen Fortschritt, aber auch die Fragen der Gesellschaftsgestaltung allgemein betreffen. ... Das bedeutet aber zugleich, dass der Rekurs auf die Menschenwürde als Kriterium nicht das Ende, sondern vielmehr den *Anfang* des ethischen Diskurses bildet und erklärt dabei auch, warum die Menschenwürde nicht dazu geeignet ist, konkrete Handlungsanweisungen bereitzustellen. ... Die regulative Funktion der Menschenwürde bestünde dann gerade darin, als Fluchtpunkt für die *verschiedenen* ethischen Konzeptionen zu dienen und die Festlegung auf ein bestimmtes Interpretations- und Bewertungsmodell zu vermeiden" (ebd., 223f).

„Regulativ" bedeutet damit, dass dieses Prinzip nicht konkreter „Gegenstand" des Handelns ist. Ähnlich wie in der juristischen Diskussion, lässt sich auch in der ethischen Diskussion dieses Prinzip nicht in dem Sinn verstehen, dass aus ihm einfach Lösungen deduziert werden können.

Wie kann dann aber ein derartig unbestimmtes Prinzip überhaupt praktisch werden? Diese Frage lässt sich am besten vor dem Hintergrund von Überlegungen lösen, die Hare (1972) entwickelt und Rendtorff (1990, 131ff) weitergeführt hat. Basis ihrer Überlegungen ist die Überzeugung, dass Prinzipien keine abstrakte normative Geltung haben, sondern in einer Wechselbeziehung zur konkreten Lebensführung stehen. Prinzipien werden aus der Lebensführung gewonnen und durch die Lebensführung in ihrem normativen Gehalt konkretisiert und mitgestaltet. Umgekehrt wirken Prinzipien auf die Lebenspraxis von Menschen und ihre Entscheidungsfindungen ein. Menschen lernen in ihrer Lebensführung Prinzipien und sie lernen diese Prinzipien situativ angemessen zu gebrauchen. Es besteht also

---

[8] Der Begriff „regulativ" ist dabei nicht mit Kants Begriff von „regulativ" zu verwechseln, wie er ihn im Rahmen seiner Rede von regulativen Ideen verwendet, deren Funktion darin besteht, die Regel anzugeben, eine systematische Einheit nach allgemeinen Gesetzen zu suchen (vgl. Kant 1968 [1781/1787], B 672).

[9] Der Begriff „Chiffre", den Anselm hier verwendet wird in der evangelisch-theologischen Tradition manchmal auch auf Gott angewendet. So wie der Begriff „Gott" inhaltlich nicht präzise zu füllen ist, ist auch der Begriff „Menschenwürde" inhaltlich offen. So wie „Gott" aber für die Wirklichkeit schlechthin steht, so steht „Menschenwürde" für das entscheidende Prinzip schlechthin.

eine „dynamische Relation" (Rendtorff 1990, 131) zwischen Prinzip, Handelndem und Situation:

„Das Lernen einer Tätigkeit ist immer zugleich das Lernen eines Prinzips, nach dem eine Tätigkeit ausgeführt werden soll; es ist niemals bloß das Lernen einer einzelnen, individuellen Handlung; man lernt, Handlungen einer bestimmten Art in einer bestimmten Art von Situationen auszuführen. Doch die individuelle Handlung ist damit nicht schon gelernt. Sie ist Sache einer besonderen Entscheidung, die im Verhältnis zu den allgemeinen Prinzipien selbständig vollzogen werden muss" (Rendtorff 1990, 131).

Ein eher triviales Beispiel aus der Medizin mag dies verdeutlichen. Das hier gewählte Prinzip hat noch nichts mit ethischen Prinzipien zu tun, sondern ist vielmehr ein medizinisches Handlungsprinzip, nämlich das Prinzip, sich vor einer Operation nach gewissen Reglements zu desinfizieren. Wenn ein Arzt erstmals dieses Prinzip lernt, so lernt er nicht, wie viel Desinfektionsmittel ganz exakt nötig ist; dies muss er selbst entscheiden. Er lernt also ein Prinzip, aber wie genau diesem Prinzip Rechnung getragen wird, das bleibt immer noch seine Entscheidung. Umgekehrt beeinflusst seine Entscheidung in gewisser Weise das Reglement. Wenn relativ viele Ärzte sich in einer bestimmten Weise desinfizieren, so bilden sich von daher Standards, in die „Neulinge" hineinwachsen. Die dynamische Relation zwischen dem Prinzip der Desinfektion und der Entscheidung des Arztes, wie er dieses Prinzip in concreto anwendet, wäre noch nicht zureichend beschrieben, ohne dass die konkrete Situation deutlicher nuanciert ist. Man stelle sich vor, dass ein Arzt zu einer Notoperation gerufen wird, bei der keine Zeit zu verlieren ist. In diesem Fall wird er das Prinzip der Desinfektion in situativ angemessener Weise interpretieren. Er wird also nur rasch Desinfektionsmittel gebrauchen und das übliche Ritual drastisch verkürzen. Ist kein Mittel zur Hand und die Beschaffung zeitlich nicht möglich, wird er auf die Anwendung des Prinzips verzichten müssen, da grundlegendere Prinzipien, z. B. das Prinzip, menschliches Leben zu retten, gerade durch die Befolgung dieses Prinzips verletzt würden, dem es eigentlich dienen sollte. Was der Arzt bezüglich dieses Prinzips lernt, ist also einerseits ein „Wie" der Handhabung, andererseits in spezifischen Situationen der Abwägung sogar das „Ob".

Menschenwürde ist mit „trivialen" Prinzipien insofern nicht vergleichbar, als gerade das „Ob" außer Frage steht. Es hat universelle Gültigkeit. Dagegen schließt seine unbedingte Geltung wie bei genannten Prinzipien ein, dass das „Wie", die Anwendung, zu lernen ist. Auch dieses Prinzip steht in einem dynamischen Verhältnis zum Handelnden und zur Situation, freilich, um das Ganze noch einmal zu erschweren, in dem spezifischen Sinn des Metaprinzips.

Was bedeutet das? Das Prinzip der Menschenwürde steht in einer Wechselwirkung mit den Entscheidungen der Akteure. Es wird einerseits in konkreten Entscheidungen und Handlungen mitvollzogen und in diesem Sinn gelernt. Andererseits legen die konkreten Entscheidungen und Handlungen dieses Prinzip aus. Sie interpretieren es und vermitteln sowie gestalten auf diese Weise seine Bedeutung. Diese Vermittlung und Gestaltung der Bedeutung ist dabei nicht als eine Aushöhlung des Gehalts und der absoluten Geltung des Prinzips der Menschenwürde misszuverstehen, sondern entspricht der hier vertretenen Grundüberzeugung, dass gerade das Prinzip der Menschenwürde eine besondere Plastizität beinhaltet. Es entfaltet sich die in ihm enthaltene Bedeutung, die vom Prinzip allein, abstrakt genommen, so nicht aussagbar ist.

Das Prinzip der Menschenwürde ist darum auch nicht mit einzelnen Grundrechten gleichzusetzen. Menschenwürde ist nicht die einfache Summe der genannten Rechte und der mit ihnen implizit gegebenen Pflichten, sondern vielmehr, wie oben ausgeführt, deren Grund. Das lässt sich leicht daran zeigen, dass in praktisch allen ethischen Ansätzen alle Grundrechte unter bestimmten Umständen eingeschränkt oder sogar aufgehoben werden können, z. B. im Fall der Notwehr. Auch das Recht folgt diesem weitgehenden ethischen Konsens. So heißt es beispielsweise im Grundgesetz lapidar im Blick auf das Recht auf freie Entfaltung der Persönlichkeit und das Recht auf Leben: „In diese Rechte darf nur auf Grund eines Gesetzes eingegriffen werden" (Art. 2 Abs. 2 GG). Die unbedingte Menschenwürde dagegen ist keinen Bedingungen (z. B. bestimmten Einschränkungen durch Gesetze) unterworfen, weil sie als Grund der Menschenrechte auf einer anderen Ebene verortet ist. Sie kann nicht abgesprochen werden. Vielmehr kommt sie zu oder nicht.

Das Prinzip der Menschenwürde ist also im Unterschied zu Prinzipien im Sinne der Menschenrechte ein Prinzip besonderen Typs. Es ist das Prinzip „hinter" den Prinzipien, sozusagen der Schlussstein des ethischen Prinzipiengebäudes. Klaus Dicke (2002, 115) spricht deshalb davon, dass Würde das fundamentale Prinzip ist, in dessen Licht alle politischen und rechtlichen Entscheidungen – und ich möchte ergänzen: alle ethischen Entscheidungen – zu treffen sind.

Darum besteht der zentrale Unterschied zu Rechtsprinzipien wie den Menschenrechten darin, dass derartige Prinzipien relativ auf dieses Prinzip hin sind, während das Menschenwürdeprinzip gerade unbedingt gilt und nicht mehr relativiert werden kann.

1.4 Das bleibende inhaltliche semantische Problem

Gerade die wichtige Einsicht, dass das Prinzip der Menschenwürde als Konstitutionsprinzip bzw. regulatives Prinzip zu verstehen ist und damit inhaltlich in gewisser Weise unbestimmt bleibt, darf dennoch nicht dazu führen, dass Menschenwürde zu einer Leerformel wird (Simon 2000, 230):

„Dabei darf die Menschenwürde aber nicht zu einer ‚Leerformel' verkümmern, mit der jede Maßnahme gerechtfertigt oder für unzulässig erklärt werden kann, d. h. ihr Inhalt muss ‚sensibel' gehalten werden, um ihrer Rolle als Regulativ gerecht zu werden: ‚Menschenwürde ist Norm und Aufgabe, Anspruch und Wirklichkeit, Geltungsgrund für die lebende Verfassung und immer neues Ergebnis jeder gelebten Verfassung' (Häberle 1995, § 20 Rz. 100)."

Nun lässt sich in der deutschen Rechtsauslegung deutlich eine inhaltliche Bestimmung feststellen, und zwar insbesondere durch den Rekurs auf die kantische Selbstzweckformel: „Handle so, dass du die Menschheit sowohl in deiner Person als in der Person eines jeden andern jederzeit zugleich als Zweck, niemals bloß als Mittel brauchst" (Kant 1968 [1785], 428), also die unbedingte Sollensforderung, auf eine vollständige Instrumentalisierung der eigenen sowie einer anderen Person zu verzichten. Ausdrücklich findet sich dieser Begriff in der Interpretation des Grundgesetzes durch das deutsche Bundesverfassungsgericht. Das Bundesverfassungsgericht expliziert das Prinzip der Menschenwürde nämlich durch den Satz „der Mensch muss immer Zweck an sich bleiben", der uneingeschränkt für alle Rechtsgebiete Geltung hat; „denn die unverlierbare Würde des Menschen als Person besteht gerade darin, dass er als selbstverantwortliche Person anerkannt wird" (BVerfGE 45, 187/228). Das Prinzip der Menschenwürde verbiete es, „den Menschen zum bloßen Objekt des Staates zu machen oder ihn einer Behandlung auszusetzen, die seine Subjektqualität prinzipiell in Frage stellt" (BVerfGE 50, 166/175; 87, 209/228). Dabei wurde betont, dass mit der Menschenwürde der soziale Wert- und Achtungsanspruch gemeint sei, der dem Menschen auf Grund seines Menschseins zukommt (vgl. BVerfGE 87, 209/228 und 45, 187/228 und Honnefelder 1996, 340f mit Bezug auf BVerfGE 5, 85; 35, 402 und 48, 127).

Allerdings sind diese Ausführungen im formalen Sinn nicht ganz treffend, denn es wird nicht zwischen dem Prinzip der Menschenwürde im indikativischen Sinn und der Achtung und dem Schutz dieser Würde als Sollensforderung, also im Sinn eines Imperativs, unterschieden.

Aber auch die Selbstzweckformel als inhaltliche Auslegung des Menschenwürdeprinzips ist problematisch: Nehmen wir ein Beispiel von Hoerster (2002, 15):

„In einem See droht ein Kind zu ertrinken. Es kann nur dadurch gerettet werden, dass A und/oder B, die gemeinsam am Ufer stehen, in einem vor Anker liegenden Motorboot auf den See hinausfahren. B, dem das Boot gehört, will jedoch nicht fahren und auch sein Boot zur Lebensrettung des Kindes nicht zur Verfügung stellen. Darf A ihm unter Anwendung von Gewalt den Schlüssel für das Boot wegnehmen und das Kind retten? Jeder, der diese Frage mit ‚Ja' beantwortet, kann die Instrumentalisierung eines Menschen nicht mehr unter allen Umständen missbilligen ...''

Wer sich hier für die Gewaltanwendung ausspricht, unterscheidet zwischen ethisch legitimen und ethisch illegitimen Instrumentalisierungen. Daraus ergeben sich nach Hoerster (2002, 18) gravierende Konsequenzen:

„Die Verletzung der Menschenwürde ist nunmehr nicht mehr gleichbedeutend mit der Instrumentalisierung eines Menschen, sondern mit der *ethisch illegitimen* Instrumentalisierung eines Menschen. Das aber hat zur Folge: Das Menschenwürdeprinzip bietet für sich genommen gar keinen Maßstab mehr für legitimes Verhalten, sondern setzt für seine Anwendung ein normatives Werturteil darüber, was legitim ist, voraus."

Vor diesem Hintergrund eines vorgängigen normativen Werturteils wird verständlich, warum das Bundesverwaltungsgericht in seinem Urteil vom 15.12.1981 und der Katechismus der Katholischen Kirche (Nr. 2354) sogar das freiwillige Auftreten von Frauen in einer Peep-Show als Verletzung der Menschenwürde dieser Frauen bezeichnet hat.[10] Auch die aktive Sterbehilfe an freiwillig darum

---

[10] Es findet sich die Problematik auch in anderen Staaten. So hat in Frankreich der Fall der kleinwüchsigen Menschen Aufsehen erregt. Diese waren für das so genanntes „Zwergenwerfen" angestellt und kämpften vor Gericht darum, dass diese Art der Unterhaltung weiter zulässig bleiben solle, andernfalls würden sie ihre Arbeit verlieren. Analog zur deutschen Entscheidung wurde auch in Frankreich das Zwergenwerfen mit dem Verweis auf die Menschenwürde abgelehnt (vgl. Beyleveld/Brownsword 2001, 25ff). Interessanterweise hat das Bundesverwaltungsgericht in einem späteren Urteil 1990 sein Verbot der

bittenden Sterbenden wird beispielsweise von der Katholischen Kirche mit der Begründung abgelehnt, sie stelle einen Verstoß gegen die Menschenwürde dar (Katechismus der Katholischen Kirche, Nr. 2277).

1.5 Das bleibende Begründungsproblem

Beschränken wir uns auf zwei prominente Beispiele für die Begründungsproblematik der Menschenwürde: Wie bereits geschrieben, beginnt der Artikel 1 der Allgemeinen Menschenrechtserklärung der Vereinten Nationen mit den Worten: „Alle Menschen sind frei und gleich an Würde und Rechten geboren" ("All human beings are born free and equal in dignity and rights"). In der ursprünglichen Fassung hatte es noch geheißen: „Alle Menschen sind von Natur aus gleich frei und gleich geboren" ("All human beings are by nature free and equal"). Damit hätte sie sich in eine Tradition von Naturrechtslehren gestellt, die beispielsweise Einfluss auf den ersten Artikel der Virginia Bill of Rights hatte, wonach alle Menschen als von Natur aus gleichermaßen frei und unabhängig verstanden wurden. Die erste Fassung wurde jedoch von den chinesischen Delegierten abgelehnt, weil sie nach ihrer Meinung zu deutlich von der Aufklärung und der Naturrechtslehre beeinflusst gewesen sei.

Dicke (2002, 117) hat darauf hingewiesen, dass dies eine Entscheidung von sehr großer Tragweite gewesen ist. An die Stelle von Naturrechtslehren tritt eine in der Präambel vorangestellte geschichtliche Perspektive, nämlich die Erfahrungen zweier Weltkriege und der mit ihnen verbundenen Grausamkeiten, die als gemeinsame Wertegrundlage zu einer Achtung der menschlichen Existenz führten. Damit trugen sie nach Dicke dem Rechnung, dass der antimetaphysische Historismus und der Positivismus des 19. Jahrhunderts eine bis dahin weitgehend geltende Überzeugung aufgelöst hatten, dass die Naturrechtslehren von einer unwandelbaren und ewigen Natur des Menschen Menschenrechte begründen können.

So verzichteten die Verfasser der Erklärung auf eine naturrechtliche Argumentation, die nach den vorausgehenden philosophischen Entwicklungen so nicht mehr konsensfähig war. Auch verzichteten sie darauf, philosophisch und theologisch besetzte Begriffe wie den Begriff der Person zu verwenden. Der Satz: „Sie sind mit Vernunft und Gewissen begabt" ist eine Feststellung und wird nicht als Begründung formuliert. Er begründet nicht, warum alle Menschen frei und gleich in Würde und Rechten geboren sind, sondern ist als Hinweis zu verstehen, warum Menschen in einem Geist der Geschwisterlichkeit miteinander umgehen sollen. Von daher wird verständlich, warum Menschen mit einer schweren geistigen Behinderung nicht ausgeschlossen sind, denn Vernunft und Gewissen begründen nicht die Menschenwürde, sondern charakterisieren den „normalen" Menschen.

Peep-Show nicht mehr mit der Verletzung der Menschenwürde begründet, sondern mit dem moralischen Urteil der Öffentlichkeit (vgl. Klein 2002, 158).

Auch das Grundgesetz der Bundesrepublik Deutschland ist in dieser Hinsicht begründungsfrei. Es konstatiert die Unantastbarkeit der Menschenwürde, verzichtet dabei auf jeglichen Verweis auf ein Naturrecht oder andere Begründungsmodelle, und fährt dann gleich fort, die Achtung und den Schutz dieser Menschenwürde als Verpflichtung aller staatlichen Gewalt zu formulieren. Gröschner (1995, 27f) erläutert dies mit Bezug auf die US-amerikanische Unabhängigkeitserklärung und Äußerungen im Parlamentarischen Rat bei der Ausarbeitung des Grundgesetzes in folgender Weise:

„Die amerikanische Unabhängigkeitserklärung vom 4. Juli 1776 hat das Bekenntnis zu unveräußerlichen Freiheitsrechten bekanntlich mit dem Satz eingeleitet: 'We hold these truths to be selfevident' – in zeitgenössischer Übersetzung: ‚Wir halten diese Wahrheiten für ausgemacht', in wahrheitskritischer aktueller Paraphrase: ‚Wir setzen dies als selbstverständliche und deshalb nicht weiter begründungsbedürftige Prämisse voraus'. Nimmt man nun die dezidierte Äußerung eines so wohl abgewogen formulierenden Abgeordneten wie die des späteren Bundespräsidenten Theodor Heuss hinzu, die ‚Würde des Menschen' stehe in seinem Vorschlag als ‚nicht interpretierte These', dann findet man mit ‚These' genau den Befund bezeichnet, den die Autoren der amerikanischen Unabhängigkeitserklärung mit 'We hold ...' zum Ausdruck gebracht haben: es wird weder auf etwas außerhalb der Rechtsordnung schlicht Vorfindliches verwiesen noch auf etwas durch die Rechtsordnung erst Normiertes, sondern es wird eine basale Setzung vorgenommen, die unveränderlich ist, solange das Grundgesetz gilt, und auf die sich die jeweilige Rechtsordnung als Konstitutionsprinzip bezieht."

Eine Begründungsfreiheit mag juristisch in Ordnung gehen, philosophisch und auch theologisch ist der Verzicht auf eine Begründungsleistung jedoch nicht annehmbar.

1.6 Das bleibende Extensionsproblem

Gerade im Blick auf bioethische Konfliktfälle ist die Extensionsproblematik von besonderer Bedeutung: Wir finden keine Antwort auf die Frage, ob dieses Prinzip inklusiv (Menschen, aber eventuell auch andere Lebewesen) oder exklusiv (ausschließlich Menschen) zu verstehen ist. Semantisch zeigt der Begriff „Menschenwürde" an, dass es einfach um den Menschen geht. Die weitere Fragestellung, ob auch nicht-menschlichen Lebewesen eine vergleichbare Würde zukommen kann, scheint für die Mütter und Väter der Konventionen nicht im Blick gewesen zu sein.

Was die Frage angeht, ob auch menschliche Lebewesen, die nicht, noch nicht oder niemals Bewusstseinsvollzüge zeigen können, unter den in den internationalen und nationalen Texten gebrauchten Begriff „Mensch" fallen, geht aus den Texten selbst nicht hervor. Über Keime, Embryonen und Föten oder menschliche Organismen, die hirntot oder anenzephal oder in sonstiger Weise schwer geschädigt sind, ist nichts gesagt.

Nehmen wir wieder die beiden prominenten Beispiele, die Allgemeine Menschenrechtserklärung der Vereinten Nationen und das bundesdeutsche Grundgesetz. Beide Texte gehen davon aus, dass allen Menschen Menschenwürde mit dem Zeitpunkt der Geburt zukommt. Zum Beginn des vorgeburtlichen Lebens äußert sich die Erklärung der Vereinten Nationen nicht. Es wäre ein Fehlschluss, wollte man aus dem „frei und gleich in Würde geboren" ableiten, dass Ungeborene dann keine Menschenwürde hätten. Es ist nichts über sie gesagt.

Auch die bundesdeutsche Verfassung ist in dieser Frage nicht eindeutig. Der zuständige Hauptausschuss des Parlamentarischen Rats hatte nämlich genau die Frage vorliegen, ob auch das ungeborene menschliche Leben in den Artikel 2 des Grundgesetzes mit einbezogen werden, also sein Lebensrecht statuiert werden sollte (und damit in gewisser Weise auch seine Würde). Der Abgeordnete Seebohm, der die Aufnahme des ungeborenen Lebens in Art. 2 Abs. 2 GG beantragt hatte, war bereit, diesen Antrag zurückzuziehen, als es den Anschein hatte, dass der Ausschuss seiner Interpretation folgen und das ungeborene Leben als miteingeschlossen verstehen würde. Daraufhin erklärte der Abgeordnete Greve:

„Ich muss ausdrücklich zu Protokoll geben, dass zum mindesten, was mich angeht, ich unter dem Recht auf Leben nicht auch das Recht auf das keimende Leben verstehe. Ich darf auch für meine Freunde, zum mindesten in ihrer sehr großen Mehrzahl, eine Erklärung gleichen Inhaltes abgeben, um protokollarisch festzuhalten, dass der Hauptausschuss des Parlamentarischen Rates in seiner Gesamtheit nicht auf dem vom Herrn Kollegen Dr. Seebohm soeben zum Ausdruck gebrachten Standpunkt steht" (hier zitiert nach BVerfGE 39, 1 [39]).

Daraufhin stellte Seebohm seinen Antrag erneut: Mit 11 zu 7 Stimmen entschied sich der Hauptausschuss des Parlamentarischen Rats gegen eine Aufnahme. Dennoch beurteilt das Bundesverfassungsgericht (BVerfGE 39, 1 [38-40]), da bei der dritten Lesung am 8. Mai 1949 der von den Abgeordneten Seebohm und Weber geäußerten Überzeugung, dass Art. 2 Abs. 2 GG auch das keimende Leben mit einbeziehe, nicht widersprochen wurde, in folgender Weise:

„Die Entstehungsgeschichte des Art. 2 Abs. 2 Satz 1 GG legt es somit nahe, dass die Formulierung ‚jeder hat das Recht auf Leben' auch das ‚keimende' Leben einschließen sollte. Jedenfalls kann aus den Materialien noch weniger für die gegenteilige Ansicht abgeleitet werden" (BVerfGE 39, 1 [40]).

Diese Interpretation ist jedoch logisch vor dem Hintergrund der Entstehungsgeschichte der Abstimmung, insbesondere der Äußerung des Abgeordneten Greve, schwerlich zu halten. Die Auffassung, die Aufnahme des Lebensrechts des ungeborenen Lebens in das Grundgesetz sei deshalb abgelehnt worden, weil man einstimmig der Meinung gewesen sei, das ungeborene menschliche Leben sei bereits einbezogen, ist nicht nachvollziehbar:

„ein Antrag, x zu beschließen, der nur und genau deshalb gestellt wurde, weil man x erkennbar für noch nicht einhellig beschlossen hielt, sei deshalb abgelehnt worden, weil man x für schon einhellig beschlossen hielt" (Merkel 2002b, 31).

Da es aber ein logischer Fehlschluss wäre, nun auf das Gegenteil zu schließen, also darauf, dass das ungeborene Leben ausgeschlossen sei, bleibt festzuhalten, was auch das Bundesverfassungsgericht als Möglichkeit einräumt: Der Text gibt aus sich heraus keine Antwort. Damit ist auch klar, dass jede Antwort, die auf die Frage gegeben wird, ob beispielsweise auch ungeborene menschliche Lebewesen mit einbezogen sind, keinen Anhalt mehr am Text des Grundgesetzes hat, sondern bereits eine Deutung darstellt. Dies sei ausdrücklich gesagt, da gerade im Zusammenhang mit den Fragen von Stammzellforschung und Präimplantationsdiagnostik immer wieder so getan wird, als hätte das Grundgesetz die Frage nach der Extension der Menschenwürde bereits beantwortet.[11]

Auf Grund dieser Unklarheit wurde 1975 eine Entscheidung des Bundesverfassungsgerichts im Rahmen der Diskussion um die juristische Bewertung der Abtreibung nötig. Das Gericht urteilte in folgender Weise:

„Wo menschliches Leben existiert, kommt ihm Menschenwürde zu; es ist nicht entscheidend, ob der Träger sich dieser Würde bewusst ist und sie selbst zu wahren weiß. Die von Anfang an im menschlichen Sein angelegten potenziellen Fähigkeiten genügen, um die Menschenwürde zu begründen" (BVerfGE 39, 1 [41]).

Der Gebrauch des Begriffs „Leben" im Ausdruck „wo menschliches Leben existiert, kommt ihm Menschenwürde zu" ist an sich medizinisch-anthropologisch ungenau, denn menschliches Leben sind sowohl jede Körperzelle als auch die Keimzellen für sich allein. Was das Bundesverfassungsgericht eigentlich sagen will, ist: „wo ein menschliches Lebewesen existiert, kommt ihm Menschenwürde zu". Für die Frage der Extension der Menschenwürde ist dagegen von Bedeutung, dass in diesem Urteil ausdrücklich auch menschliche Lebewesen vor der Geburt unter die Menschenwürde fallen, freilich nicht notwendig von dem Vereinigungsprozess von Ei- und Samenzelle an. Es findet sich nämlich eine wichtige, oft überlesene Erläuterung des Ausdrucks „existiert", und zwar im gleichen Urteil kurz vor der gerade zitierten Stelle:

„b) Bei der Auslegung des Art. 2 Abs. 2 Satz 1 GG ist auszugehen von seinem Wortlaut: ‚Jeder hat das Recht auf Leben ...'. Leben im Sinne der geschichtlichen Existenz eines menschlichen Individuums besteht nach gesicherter biologisch-physiologischer Erkenntnis jedenfalls vom 14. Tag nach der Empfängnis (Nidation, Individuation) an. Der damit begonnene Entwicklungsprozess ist ein kontinuierlicher Vorgang, der keine scharfen Einschnitte aufweist und eine genaue Abgrenzung der verschiedenen Entwicklungsstufen des menschlichen Lebens nicht zulässt" (BVerfGE 39, 1 [37]).

Es wäre nun ein kategorialer Fehler, wenn man aus einer Annahme gesicherter biologisch-physiologischer Erkenntnis eine Aussage philosophischer Anthropologie machen würde, und es wäre ein naturalistischer Fehlschluss, wenn man unmittelbar aus biologisch-physiologischen Erkenntnissen normative Schlüsse ziehen würde. Diese Fehler sollte man dem Bundesverfassungsgericht jedoch nicht vorwerfen. Es begründet nämlich durch den Rekurs auf das Potentialitätsargument in Verbindung mit dem Kontinuumsargument, warum die biologisch-physiologischen Erkenntnisse philosophisch-anthropologisch von Bedeutung sind. Und es geht, ohne dies ausdrücklich zu machen, von der normativen Voraussetzung aus, dass jedem menschlichen Lebewesen, dem Menschenwürde zukommt, eine Achtung und ein Schutz seiner Menschenwürde zu leisten ist.

Damit kann man als erstes Ergebnis festhalten, dass das Bundesverfassungsgericht das Extensionsproblem in der Weise löst, allen Menschen komme ab der Nidation Menschenwürde zu. In ihrem Urteil von 1993 (BVerfGE 88, [203])

---

[11] Zudem soll in dieser ethischen Studie ein ebenfalls oft übersehenes Faktum angemerkt werden. Zwar steht der Artikel 1 des Grundgesetzes rechtlich in Deutschland unter einer Ewigkeitsgarantie (sofern nicht eine neue Verfassung geschaffen würde), aber für die Deutungen dieses Textes gilt dies nicht, selbst dann nicht, wenn sie das Bundesverfassungsgericht gibt.

haben die Verfassungsrichter erneut bestätigt, dass ihr Urteil sich nur auf den Zeitpunkt ab der Nidation bezieht, zugleich haben sie den Zeitpunkt „Empfängnis" in ihren Überlegungen erwähnt, aber ausdrücklich *keine* Entscheidung getroffen, ob bereits zu diesem Zeitpunkt dem menschlichen Keim Menschenwürde zukommt:

„a) Menschenwürde kommt schon dem ungeborenen menschlichen Leben zu, nicht erst dem menschlichen Leben nach der Geburt oder bei ausgebildeter Personalität (vgl. bereits § 10 I 1 ALR: ‚Die allgemeinen Rechte der Menschheit gebühren auch den noch ungeborenen Kindern, schon von der Zeit ihrer Empfängnis.'). Es bedarf im vorliegenden Verfahren keiner Entscheidung, ob, wie es Erkenntnisse der medizinischen Anthropologie nahe legen, menschliches Leben bereits mit der Vereinigung von Ei und Samenzelle entsteht. Gegenstand der angegriffenen Vorschriften ist die Abtreibung, vor allem die strafrechtliche Regelung; entscheidungserheblich ist daher nur der Zeitraum der Schwangerschaft. Dieser reicht nach den – von den Antragstellern unbeanstandeten und verfassungsrechtlich unbedenklichen – Bestimmungen des Strafgesetzbuches vom Abschluss der Einnistung des befruchteten Eis in der Gebärmutter (Nidation; vgl. § 218 Abs. 1 Satz 2 StGB in der Fassung des Art. 13 Nr. 1 SFHG) bis zum Beginn der Geburt (vgl. § 217 StGB und dazu BGHSt 32, 194 ff.). Jedenfalls in der so bestimmten Zeit der Schwangerschaft handelt es sich bei dem Ungeborenen um individuelles, in seiner genetischen Identität und damit in seiner Einmaligkeit und Unverwechselbarkeit bereits festgelegtes, nicht mehr teilbares Leben, das im Prozess des Wachsens und Sich-Entfaltens sich nicht erst zum Menschen, sondern als Mensch entwickelt (vgl. BVerfGE 39, 1 [37]). Wie immer die verschiedenen Phasen des vorgeburtlichen Lebensprozesses unter biologischen, philosophischen, auch theologischen Gesichtspunkten gedeutet werden mögen und in der Geschichte beurteilt worden sind, es handelt sich jedenfalls um unabdingbare Stufen der Entwicklung eines individuellen Menschseins. Wo menschliches Leben existiert, kommt ihm Menschenwürde zu (vgl. BVerfGE 39, 1 [41])" (BVerfGE 88, [251f]).

Hier wird nun ausdrücklich „menschliches Leben" in dem Sinn bestimmt, dass es um individuelles, in seiner genetischen Identität bestimmtes menschliches Leben geht, das sich als Mensch entwickelt. Im Kontext der Aussagen des Urteils von 1975 lässt sich vermuten, dass das Bundesverfassungsgericht vor diesem Hintergrund medizinisch-anthropologischer Erkenntnisse – die allerdings medizinisch-anthropologisch bis heute umstritten sind – zu dem Urteil gekommen wäre, auch menschlichem Leben komme von der Befruchtung an Menschenwürde zu. Faktisch jedoch hat das Bundesverfassungsgericht sich dazu nicht geäußert, da, wie gerade zitiert, im selben Urteil ausdrücklich festgehalten wird, dass in diesem Urteil entscheidungserheblich nur der Zeitpunkt der Schwangerschaft, also der Zeitpunkt nach der Nidation ist.

Dies hat auch Jutta Limbach, langjährige Präsidentin des Bundesverfassungsgerichts, in ihrer Eröffnungsrede des Kongresses „Medizin und Gewissen" ausdrücklich festgehalten:

„Beide Urteile [von 1975 und von 1993] gestatten keine Aussage darüber, wie das Bundesverfassungsgericht den Grundrechtsstatus eines in-vitro gezeugten Embryos beurteilen wird; denn beide Entscheidungen bezogen sich auf die Zeugung herkömmlicher Art. Man kann allenfalls Vermutungen anstellen, wie das Gericht im Falle einer extrakorporalen Befruchtung entscheiden wird, sollte es eines Tages über die Verfassungsmäßigkeit der Präimplantationsdiagnostik oder der Stammzellforschung zu therapeutischen Zwecken an in-vitro befruchteten Embryonen ohne Entwicklungschancen zu urteilen haben."[12]

Doch selbst wenn wir ein einschlägiges Urteil des Bundesverfassungsgerichts hätten, also ein Urteil auf rechtlicher Ebene, so wäre ethisch zu klären, ob die vorgeschlagenen Begründungen für die Lösung der Extensionsproblematik hinreichend sind.

Darüber hinaus sagen weder die Menschenrechtserklärung der Vereinten Nationen noch das Grundgesetz etwas über Grenzfälle aus. So ist nicht klar, ob beispielsweise ein anenzephal geborenes menschliches Lebewesen, also ein menschliches Lebewesen, das kein Großhirn besitzt, noch als Mensch im Sinne dieser Texte zu verstehen ist, ihm also ebenfalls Menschenwürde zukommt. Auch Grenzfälle am Lebensende, wie beispielsweise der Grenzfall hirntoter menschlicher Lebewesen, sind hier nicht geklärt. So vertritt z. B. Herdegen in einem renommierten Kommentarwerk zum Grundgesetz (Maunz/Dürig 1951ff) gegen die herrschende Meinung die These:

„Der Würdeschutz zu Lebzeiten endet mit dem Absterben des Menschen als lebender Organismus, also mit dem *Herztod*. ‚Erst' hirntote Menschen sind todgeweihte Personen und noch keine Leichname. Dies hindert aber für die Zwecke der Organentnahme nicht ein Transplantationsregime im Einklang mit dem erklärten Willen der Sterbenden" (Herdegen 2003, Rdnr. 52).

Diese Äußerungen zeigen: Die Extensionsproblematik kann weder für Konfliktfälle am Lebensanfang noch für Konfliktfälle am Lebensende als gelöst angesehen werden.

1.7 Das bleibende Implementationsproblem

Eine weitere wichtige Frage lautet, wie das Prinzip der Menschenwürde implementiert, also gesellschaftlich durchgesetzt werden kann. Geht man von der Bedeutung des Begriffs im Grundgesetz aus, dann stehen derzeit Verletzungen der mit der Menschenwürde verbundenen Grundrechte in den meisten Fällen unter Strafe. Eine wichtige Ausnahme hierzu ist beispielsweise in Deutschland die nicht strafrechtlich verfolgte, rechtswidrige Abtreibung. Eine Begründung, warum diese Abtreibung nicht strafrechtlich verfolgt werden sollte, lautet beispielsweise in der Fassung des Minderheitsvotums des Nationalen Ethikrats (2003, 81f):

„Richtig ist, dass sich die Sanktionen je nach den besonderen Umständen der einzelnen Entwicklungsphasen unterscheiden und insbesondere während der Schwangerschaft auf die einmalige körperliche Verbindung zwischen dem Leben der Schwangeren und dem ihres Kindes Rücksicht nehmen. Das Lebensrecht des Ungeborenen kann deshalb nicht gegen die Lebensinteressen der Frau durchgesetzt werden."

Anders gesagt: In diesem Fall lässt sich das Prinzip der Menschenwürde, jedenfalls soweit es in der Konsequenz das Lebensrecht des Kindes betrifft, nicht implementieren. Freilich könnte man gegen diese Argumentation fragen, wieso

---

[12] http://www.medizinundgewissen.de/limbachrede.html. Auch Herdegen (2003, Rdnr. 59) bestätigt diesen Sachverhalt in seinem Kommentar.

denn dann Sanktionen bei Schwangerschaftsabbrüchen nach der gesetzlich vorgegebenen Frist von zwölf Wochen möglich sind. Dennoch verdeutlicht dieses Beispiel, wie wichtig es ist, sich zumindest kurz dem Implementationsproblem als
systematischer Fragestellung zu widmen.

2 Lösungsmöglichkeiten der vier Problematiken und ein Ergebnis

Das geltende Recht hat einen wichtigen Hinweis gegeben, in welcher Weise Menschenwürde formal zu gebrauchen ist, nämlich als Konstitutionsprinzip bzw. regulatives Prinzip. Es beantwortet jedoch nicht die Fragen nach der inhaltlichen Bedeutung, Begründung, Extension und Implementation der Menschenwürde. Deshalb bilden diese Fragen einen wichtigen Teil der weiteren Untersuchung.

2.1 Ein gemeinsamer semantischer Kern

Beginnen wir mit der inhaltlichen semantischen Problematik: Der Begriff „Menschenwürde" setzt sich aus zwei Substantiven zusammen, dem Begriff „Mensch" und dem Begriff „Würde". Der Begriff „Mensch" ist nicht eindeutig: Biologisch ist Mensch, wer zur Gattung „Homo" gehört, wer also nach dem Aussterben der übrigen Hominiden artspezifisch ein entwicklungsfähiges Genom der Unterart Homo sapiens sapiens besitzt. Dabei ist der Begriff der Gattung nicht klar bestimmt, da „sich bisher kein objektives Kriterium für die Abgrenzung von Gattungen hat finden lassen (und wahrscheinlich auch nicht finden lässt)" (Lexikon der Biologie 2001, 171). Es ist in der Biologie und ihren Teildisziplinen weder klar, wie Gattungen voneinander genau unterschieden werden können, noch ist klar, „wie genau die Zugehörigkeit eines Individuums zu einer Spezies bestimmt werden kann" (Damschen/Schönecker 2002b, 204). Zudem ist bereits biologisch umstritten, ob ein entwicklungsfähiges Genom allein genügt, um von einem Menschen im biologischen Sinn sprechen zu können, oder ob noch andere Bedingungen erfüllt sein müssen. So versagt bei manchen entwicklungsfähigen menschlichen Genomen die Strukturierung, sodass ein tumorähnliches Gebilde entsteht, das nicht als Mensch gilt. Hier beginnt bereits die Debatte um das Extensionsproblem, die sich auch ontologisch fortsetzt: Ontologisch, also bei der Frage, was eigentlich der Mensch ist, wann Menschsein beginnt und aufhört, also wann ein Mensch anfängt und wann wir nicht mehr von einem Menschen sprechen können, sondern beispielsweise nur noch von dem Leichnam eines Menschen, gehen die Deutungen auseinander. Dies wurde bereits im Blick auf die internationalen Konventionen und auch das Grundgesetz angedeutet und zeigt vor allem die ausführliche philosophische und theologische Diskussion der letzten 2500 Jahre. Moralisch, also bei der Frage, wie Menschen behandelt werden sollen, fallen Bewertungen ebenfalls unterschiedlich aus.

Auch der Begriff „Würde" und die Adjektive „würdig" bzw. „würdevoll" können in mehrfacher Weise verwendet werden. Ein wichtiger Gebrauch des Würdebegriffs besteht darin, Würde nicht als unbedingt und damit relativ zu einer Güterabwägung zu verstehen (vgl. die Beispiele in Balzer/Rippe/Schaber 1998, 18f; Wildfeuer 2002 31ff; Seifert 2003, 80f und Jaber 2003, 35ff):

- die ästhetische Würde: Wir bezeichnen Berge, Kathedralen oder Eichen, aber beispielsweise auch den Leichnam von Menschen auf Grund ihrer Gravität als würdevoll in dem Sinn, dass sie es verdienen, für wertvoll gehalten zu werden und nicht jedem beliebigen Zweck dienen dürfen.
- die soziale und verliehene Würde: Wir reden von Würdenträgern (lateinisch dignitates), beispielsweise der Würde des Bischofs, insofern die ausgeübte soziale Rolle als würdevoll anerkannt wird, und leiten daraus Ansprüche ab: Ansprüche an die Achtung der sozialen Rolle dieser Würdenträger und ebenso Ansprüche an die Träger der sozialen Rolle, sich gemäß der Rolle zu verhalten.
- die expressive Würde: Wir nennen das Verhalten eines Menschen würdevoll, wenn das gezeigte Verhalten unter schwierigen Umständen seiner sozialen Rolle entspricht und in diesem Sinn verdienstvoll ist.
- die moralische Würde: Wir nennen das Verhalten eines Menschen würdevoll, wenn das gezeigte Verhalten den moralischen Standards unserer Gesellschaft entspricht und deshalb anerkennenswert ist.
- die gattungsbezogene Würde: Ein weiterer Gebrauch von „Würde" besteht darin, die Würde des Menschen im gattungsbezogenen Sinn zu verstehen. Nach Birnbacher wäre die Würde des Menschen als Gattungswesen eine Würde, „in jenem schwachen Sinn, in dem wir auch dem menschlichen Leichnam ‚Würde' zusprechen" (Birnbacher 2001, 400). Diese gattungsbezogene Würde wird nicht dadurch verletzt, dass Rechte irgendeines Individuums missachtet werden, sondern dass im Blick auf die Gattung Mensch „eine Norm der Gattungs- und Wesensangemessenheit" (Birnbacher 1990, 269) verletzt wird.

Von diesem Gebrauch von Würde und Menschenwürde im Sinne einer „Würdigkeit" ist derjenige Begriff „Menschenwürde" zu unterscheiden, wie er im faktischen Gebrauch der Konventionen und des Grundgesetzes vorgestellt wurde.

2.1.1 Grundlegende Bestimmung

Hochrangige internationale Konventionen, das Grundgesetz und prominente Konzeptionen gehen davon aus, dass dem konkreten, individuellen Menschen eine *unbedingte* Würde zukommt. Dabei impliziert diese unbedingte Würde nicht notwendig eine metaphysische Wesenskonzeption des Menschen, sondern ist ein für unterschiedliche Begründungen deutungsoffener Begriff. Im Sinne einer unterschiedliche weltanschauliche Positionen übergreifenden Bedeutung drückt das Adjektiv „unbedingt" aus: „Menschenwürde" kommt einzelnen menschlichen Individuen auf Grund ihres Menschseins in dem Sinn zu, dass es eben gerade nicht eine zufällige (kontingente) Würde ist, die einem Menschen auch wieder *abgesprochen* werden kann.

Was aber kann bedeutungsmäßig als Würde verstanden werden, die uns als Menschen zukommt und die wir nicht mehr verlieren können? Was kann mit einer Menschenwürde gemeint sein, die beispielsweise das bundesdeutsche Grundgesetz für unantastbar erklärt und unter eine Ewigkeitsgarantie stellt? Ein entscheidender Hinweis zum Verständnis dieser unverlierbaren und unantastbaren Menschenwürde lässt sich aus der Genese der Menschenrechtserklärung der Vereinten Nationen ablesen.

Johannes Morsink (1993, 357-405; vgl. Dicke 2002, 115) hat gezeigt, dass diese Erklärung Artikel für Artikel in der Kontraposition zu den Grausamkeiten der Nationalsozialisten besteht, denen mehr als 20 Millionen Menschen zum Opfer fielen.[13]

Die Grundlage dieser Grausamkeiten bildeten zwei Prinzipien:

1. Du bist nichts, dein Volk ist alles.
2. Die arische Rasse ist besonders kostbar, andere Rassen sind minderwertig oder sind gar zu vernichten.

Himmler hat beispielsweise in einer Rede am 4. Oktober 1943, die im Konzentrationslager Flossenbürg dokumentiert ist (abgedruckt in Krieger 1980, 338), die Konsequenzen dieser Position so formuliert:

„Wie es den Russen geht, wie es den Tschechen geht, ist mir total gleichgültig. Das, was in den Völkern an gutem Blut unserer Art vorhanden ist, werden wir uns holen, indem wir ihnen, wenn notwendig, die Kinder rauben und sie bei uns großziehen. Ob die anderen Völker in Wohlstand leben oder ob sie verrecken vor Hunger, das interessiert mich nur so weit, als wir sie als Sklaven für unsere Kultur brauchen, anders interessiert mich das nicht. Ob bei dem Bau eines Panzergrabens 10000 russische Weiber an Entkräftung umfallen oder nicht, interessiert mich nur insoweit, als der Panzergraben für Deutschland fertig wird."

Das unmenschliche Verhalten der Nationalsozialisten gegenüber der jüdischen Bevölkerung (Ausrottung), der slawischen Bevölkerung (rücksichtslose Versklavung) und der eigenen Bevölkerung (Zerstörung individueller Selbstbestimmung) demonstrierte die Wirkung der nationalsozialistischen Grundprinzipien. Deshalb negierten die Charta der Vereinten Nationen, die Menschenrechtserklärung der Vereinten Nationen und das bundesdeutsche Grundgesetz diese zwei vom Nationalsozialismus propagierten Prinzipien und setzten an ihre Stelle positiv das Prinzip der Menschenwürde. Es lässt sich in folgender Weise entfalten:

1. *Prinzip der Menschenwürde als Prinzip einer grundsätzlichen Subjektstellung, d. h. der Einzelne darf nicht für das Volk oder sonstige Ziele (z. B. Glücksmaximierung der größtmöglichen Zahl) aufgeopfert werden.*
2. *Prinzip der Menschenwürde als Prinzip einer grundsätzlichen Gleichheit aller Menschen[14], wonach jeder Mensch jedem Menschen, egal welcher Rasse und Hautfarbe, welcher religiösen oder weltanschaulichen Überzeugung, egal ob Frau oder Mann, egal ob leistungsfähig oder nicht, die Anerkennung als gleichen schuldet.*

---

[13] Ich danke Axel Azzola, Staatssekretär a. D., der mir den Kern dieser Gedanken nahe gebracht hat.

[14] Das Prinzip der Gattungsgleichheit ist nicht mit der birnbacherschen „Gattungsbezogenheit" und auch nicht mit dem naturwissenschaftlich-biologischen Gattungsbegriff zu verwechseln.

Das Prinzip der Menschenwürde kann deshalb unter einer Ewigkeitsgarantie stehen, weil in der Tat die Preisgabe der grundsätzlichen Subjektstellung und Gleichheit aller Menschen die Preisgabe der Werteordnung bedeuten würde, die sich in der Verfassung ausdrückt. Gerade indem das Prinzip der Menschenwürde in diesem Sinn kein eigenständiges materielles Recht ist, sondern den fundamentalen Rahmen liefert, kann es ewige Gültigkeit beanspruchen. Das Prinzip der Menschenwürde bildet kein eigenständiges subjektives Recht aus, weil alle Rechtsverletzungen, auf die dieses Prinzip materiell bezogen werden könnte, auch ohne diese Norm eine Verletzung von Grundrechten darstellen würde. Die Kategorisierung in Menschenwürde als Unterstützungsprinzip von Selbstbestimmung (Rechtedimension) bzw. Menschenwürde als Beschränkungsprinzip von Selbstbestimmung (Pflichtendimension) ist dann eine nicht mehr zutreffende Unterscheidung. Rechte und Pflichten haben das Prinzip der Menschenwürde zum Fundament, auf dem sie basieren, mit dem sie aber gerade nicht identisch sind.

Die Achtung und der Schutz der Menschenwürde bestehen nach dem Gesagten bedeutungsmäßig darin, dass die grundsätzliche Subjektstellung und die grundsätzliche Gleichheit jedes Menschen geachtet und geschützt werden.[15] Von daher wird auch verständlich, warum eine so verstandene Menschenwürde nicht angetastet werden kann oder verletzbar ist. Dies bestätigt auch ein Urteil des Bundesverfassungsgerichts:

„Selbst durch unwürdiges Verhalten geht [die Menschenwürde] nicht verloren. Sie kann keinem Menschen genommen werden. Verletzbar ist aber der Achtungsanspruch, der sich aus ihr ergibt" (BVerfGE 87, 207/228).

Zudem gilt:

„Die Unantastbarkeit [der Menschenwürde] lässt einer Rechtfertigung für Eingriffe durch die bei anderen bekannten verfassungsimmanenten Schranken im Sinne einer Güterabwägung keinen Raum. Der Schutz der Menschenwürde gilt ‚absolut ohne die Möglichkeit eines Güterausgleichs' (BVerfGE 75, 369/380)" (Herdegen 2003, Rdnr. 69, vgl. Geddert-Steinacher 1990, 83).

Dieser Satz ist in zweifacher Hinsicht zu erläutern: Was die Frage nach dem Verständnis von der nicht möglichen Güterabwägung verbunden mit dem Problem der daraus resultierenden Folgenindifferenz angeht (vgl. Neumann 1998, 154), so impliziert ein so verstandenes Menschenwürdeprinzip, dass man beispielsweise nicht einen Menschen opfern darf, um zehn Menschen zu retten:

„Die Zugehörigkeit zur eigenen Spezies ... begründet nicht, warum wir jeder einzelnen Person eine Anerkennung schulden, die es uns verbietet, diese Person dem Interesse der Spezies zu opfern. Dieses Verbot folgt nicht schon daraus, dass der Wert des Menschen größer ist als der jedes anderen Lebewesens, sondern daraus, dass er überhaupt inkommensurabel ist, auch im Verhältnis zu allen anderen Menschen. Darum sprechen wir auch nicht von einem Wert des Menschen, sondern von seiner Würde. Mag der Wert von zehn Menschenleben größer sein als der eines einzigen, die Würde von zehn Menschen bedeutet

---

[15] Eine völlige andere Konzeption lautet: „Menschenwürde ist etwas, das verletzt wird, wenn eine Person erniedrigt wird. Und entsprechend gilt: Wenn wir einem Menschen Würde zusprechen, sprechen wir ihm das moralische Recht zu, nicht erniedrigt zu werden. Dabei wird eine Person dann erniedrigt, wenn sie nicht mehr in der Lage ist, sich selbst zu achten" (Balzer/Rippe/Schaber 1998, 31). Vgl. in ähnlicher Weise wie diese argumentierend Margalit (1999) und Nida-Rümelin (2002).

nicht mehr als die eines einzigen Menschen. Personen sind überhaupt nicht addierbar. Sie bilden miteinander ein Beziehungssystem, das jeder Person im Verhältnis zu allen anderen einen einmaligen Platz anweist" (Spaemann 1996, 195f).

Die Literatur kennt hierzu mehrere Fallbeispiele, die unter der Voraussetzung des Menschenwürdeprinzips dilemmatisch sind. Würde allerdings die Folgenindifferenz des Menschenwürdeprinzips auch Unterlassungshandlungen wie im Gesundheitswesen mit einschließen, dann freilich wären auch alle diese Situationen dilemmatisch, denn Einsparungen können dazu dienen, dass an anderer Stelle Lebensrisiken vermindert werden, beispielsweise durch einen Ausbau der Infrastruktur, sodass weniger tödliche Unfälle passieren. Wird dieser Gedankengang konsequent zu Ende gedacht, so dürfte es überhaupt keine Handlung mehr geben, die nicht dilemmatisch wäre, denn jede Handlung impliziert Unterlassungen, die unter Umständen lebensrettend hätten wirken können. Dass wir nicht Geld für Nahrungsmittel spenden bis auf das Geld, was wir selbst zum reinen Überleben brauchen, wäre in diesem Fall ebenfalls eine dilemmatische Entscheidung, vielleicht sogar noch mehr, nämlich ein Vergehen gegen das Menschenwürdeprinzip. Nimmt man allerdings ernst, dass das Prinzip der Menschenwürde gerade nicht als ein Prinzip zu verstehen ist, aus dem sich konkrete Handlungsanleitungen deduzieren lassen, dann ist der entscheidende Punkt: Handlungen müssen so vollzogen sein, dass bestimmte Maßnahmen nicht als Missachtung des grundsätzlichen Subjektstatus und der grundsätzlichen Gleichheit verstanden werden.

Die zweite Frage nach der Möglichkeit einer Abstufung des Menschenwürdeschutzes lässt sich vor dem Hintergrund der Bestimmung sehr einfach beantworten. Es ist rein begrifflich nicht möglich, grundsätzliche Gleichheit und grundsätzlichen Subjektstatus abzustufen. Insofern kann es auch keine unterschiedliche Qualität eines Würdeanspruchs geben (vgl. Beyleveld 2000, 65ff). Wenn es aber keine unterschiedliche Qualität eines Würdeanspruchs geben kann, dann ist auch eine Abstufung des Menschenwürdeschutzes nicht nachvollziehbar. Gerade in der Diskussion um Konfliktfälle am Lebensanfang wird dies von besonderer Bedeutung sein: Es geht dann nämlich nicht um abgestufte Menschenwürdeansprüche, sondern um die Frage: Kommt der Zygote, der Blastozyste oder anderen Frühformen menschlicher Lebensgestalt Menschenwürde zu oder nicht.[16] Stattdessen unterschiedliche Menschenwürdekonzepte zu unterstellen, also den Frühformen einen anderen Begriff von Menschenwürde zuzuweisen und von daher unterschiedliche Menschenwürdeansprüche zu begründen (z. B. Birnbacher 2004, 264ff), unterstellt eine andere Bedeutung von Menschenwürde. Dies kann eine Gegenüberstellung des Menschenwürdeprinzips mit dem Prinzip des Lebensrechts und des Schutzes menschlichen Lebens nochmals verdeutlichen.

---

[16] Darum ist Herdegens (2003, Rdnr. 65) These von einer „*unterschiedlichen Qualität des Würdeanspruchs* von Zygote, Blastozyste oder anderen Frühformen und dem geborenen Menschen andererseits" einfach falsch. Aber auch Böckenfördes (2003) Kritik an Herdegen trifft gerade diesen Punkt nicht, da Böckenförde bereits das Extensionsproblem in seinem Sinn (und im Sinn der alten Kommentierung durch Dürig [1951ff, Rdnr. 24]) entschieden hat und von dieser umstrittenen Voraussetzung (voller Schutz für Zygote und Blastozyste) her kritisiert.

2.1.2 Menschenwürde, Lebensrecht und Lebensschutz

Gerade in bioethischen Konfliktfällen ist es nötig, zwischen dem unbedingt geltenden Prinzip der Menschenwürde, dem Menschenrecht auf Leben und dem im Verhältnis zum Lebensrecht schwächeren Prinzip des Lebensschutzes zu unterscheiden.

Wenn die Anerkennung der Menschenwürde als Anerkennung grundsätzlicher Subjektstellung des Einzelnen und grundsätzlicher Gleichheit aller Menschen verstanden wird, so konstituiert dieses Prinzip ein Menschenrecht auf Leben des einzelnen menschlichen Subjekts, denn die Vernichtung des Lebens eines Menschen zerstört damit gerade seine grundsätzliche Subjektstellung. Das Bundesverfassungsgericht hat in seinem Urteil von 1975 zur Ablehnung der Fristenregelung erklärt:

„a) Die ausdrückliche Aufnahme des an sich selbstverständlichen Rechts auf Leben in das Grundgesetz – anders als etwa in der Weimarer Verfassung – erklärt sich hauptsächlich als Reaktion auf die ‚Vernichtung lebensunwerten Lebens‘, auf ‚Endlösung‘ und ‚Liquidierung‘, die vom nationalsozialistischen Regime als staatliche Maßnahmen durchgeführt wurden. Art. 2 Abs. 2 Satz 1 GG enthält ebenso wie die Abschaffung der Todesstrafe durch Art. 102 GG ‚ein Bekenntnis zum grundsätzlichen Wert des Menschenlebens und zu einer Staatsauffassung, die sich in betontem Gegensatz zu den Anschauungen eines politischen Regimes stellt, dem das einzelne Leben wenig bedeutete und das deshalb mit dem angemaßten Recht über Leben und Tod des Bürgers schrankenlosen Missbrauch trieb‘“ (BVerfGE 39,1 [37]).

Das Prinzip der Menschenwürde konstituiert ebenfalls einen Lebensschutz menschlichen Lebens, selbst wenn dieses Leben noch nicht „Mensch“ ist. Wer beispielsweise in vitro vor einer künstlichen Befruchtung menschliche Ei- oder Samenzellen in einer Weise manipulieren würde, dass dadurch der später geborene Mensch schwer geschädigt ist, würde damit dessen Gleichheitschancen und in schwerwiegenden Fällen dessen Subjektstellung und damit seine Würde missachten. Andererseits bedeutet diese Implikation gerade nicht, dass keine Ei- und Samenzellen vor einer Befruchtung zerstört werden dürfen. Hier kann das Prinzip keine Anwendung finden, da es keinen zukünftigen Menschen geben wird, dessen Würde missachtet werden könnte.[17]

Wenn gesagt wird, dass die Menschenwürde das Lebensrecht als objektives Recht konstituiert, so darf dies nicht in dem Sinn verstanden werden, als würde die Menschenwürde damit subjektive Rechtsansprüche im Sinne von Optimierungsgeboten konstituieren. Dies lässt sich in Folgendem sehr deutlich machen. Während das Prinzip der Menschenwürde unbedingte Geltung einfordert, kann in das Recht auf Leben eingegriffen werden: Wenn beispielsweise fünf lebensbedrohlich erkrankte Patienten das letzte verfügbare Intensivbett in einer Klinik benötigen, so hilft der Rekurs auf das Menschenrecht auf Leben für die Entscheidung hier nicht weiter. Es kommen andere Kriterien ins Spiel. Die konkrete Entscheidung fällt vor dem Hintergrund des ärztlichen Berufsethos und der entsprechenden Praxis. Dadurch wird zwar nicht das objektive Recht auf Leben,

---

[17] Vgl. allerdings die Diskussion um das Potentialitätsargument (2.3.2.2).

aber das subjektive Lebensrecht in eine Prinzipienabwägung mit anderen Prinzipien gestellt. Franzen (2003, 92f) erläutert diesen Sachverhalt in folgender Weise:
„Ich beleuchte das Gesagte noch mit zwei recht künstlichen Begriffen, dem der ‚Nicht-
Lexikalität' und dem der ‚Quantitativität'. In einem alphabetischen Lexikon hat jedes
Stichwort seine genaue Stelle. Und zwar kommt nicht nur ‚Abraham' immer vor ‚Zylinder',
sondern auch ‚Nachtdienst' immer vor ‚Nachtmarsch'. In beiden Fällen haben wir einen
eindeutigen Algorithmus zur Verfügung, nur müssen wir ihn im zweiten Fall mehrfach
anwenden. Die Welt des menschlichen Strebens und Wertens ist nicht derart wohlgeordnet.
Das ist im Grunde völlig trivial. Jemand hört am liebsten Bach, Mozart und Schubert, aber
manchmal ist ihm auch eher nach Rockmusik. D. h. Bach, Mozart, Schubert kommen bei
ihm – sozusagen prima facie – weit vor Rockmusik, aber manchmal ist es umgekehrt. Die
Rangfolge ist hier eben nicht-lexikalisch ... Und im Bereich der Moral? Auch hier kann es
sich im Prinzip nicht radikal anders verhalten – jedenfalls dann nicht, wenn es zutrifft, dass
das Ethische keine von menschlichem Trachten und Streben abgelöste Existenz hat. Das
bedeutet ... keineswegs, dass alle Werte gleich viel wert wären und alle Normen und
Prinzipien gleiches Gewicht hätten. Nein, es gibt sehr wohl Rangfolgen und Hierarchien,
aber deren Ordnung ist nicht-lexikografisch. D. h. etwas, das zunächst und zumeist sehr
hoch rangiert, kann auch einmal tiefer zu stehen kommen."
   Freilich ist die Änderung in der Rangfolge hierbei im Unterschied zur Musik
keine Frage des Geschmacks, sondern eine Frage der konkreten fallbezogenen
Umstände. Genau hierin liegt der Unterschied zum Prinzip der Menschenwürde.
Dieses Prinzip ist eben ein Konstitutionsprinzip in dem Sinn, dass es das Funda-
ment bildet und in dem Sinn ein Metaprinzip für die konkreteren ethischen
Prinzipien darstellt.[18] Derartige Einwände verfehlen die eigentliche Bedeutung des
Prinzips, indem sie es materialiter interpretieren und mit dem Recht auf Leben und
körperliche Unversehrtheit verwechseln, die zwar grundsätzlich als objektive
Rechte durch das Menschenwürdeprinzip konstituiert sind, aber eben als subjektive Rechte Abwägungen zulassen (müssen).
   Von daher lässt sich nun verstehen, was damit gemeint ist, wenn Menschenwürde Anerkennung (recognition), so die Präambel der Menschenrechtserklärung,
verlangt, und wenn, so das bundesdeutsche Grundgesetz, das Prinzip der Menschenwürde unter einer Ewigkeitsgarantie steht: *Anerkennung der Menschenwürde als Anerkennung grundsätzlicher Subjektstellung des Einzelnen und
Anerkennung der grundsätzlichen Gleichheit aller Menschen ist ein Konstitutionsprinzip bzw. ein regulatives Prinzip. Als fundamentales Prinzip konstituiert die
Menschenwürde objektive Grundrechte. Sie ist aber gerade nicht ein Prinzip, aus
dem sich die Lösung in Konflikt geratener subjektiver Rechte ableiten lässt. Es
entscheidet sie nämlich nicht durch konkrete Normierung aus sich heraus. Die
Normen basieren auf dem Prinzip der Menschenwürde, indikativisch verstanden,
aber werden aus dem Prinzip die Menschenwürde, normativ verstanden, nicht
unmittelbar deduziert.* Diese Bedeutung der Menschenwürde wird für die weiteren
Überlegungen zu Grunde gelegt.

---

[18] Das so bestimmte Prinzip der Menschenwürde kann deshalb auch leicht missbraucht
werden. Mit Berufung auf dieses Prinzip können Präferenzordnungen implementiert
werden, die sich nicht notwendig aus diesem Prinzip ergeben, was aber gerade verdeckt
bleibt. Das kann sogar soweit gehen, dass Entscheidungssituationen anders bewertet
werden, obwohl sie objektiv dieselben Ergebnisse zeigen (vgl. dazu Schrader 2002).

2.2 Begründungsstrategien

„Vor dem Hintergrund der Erfahrung nazistischer Barbarei wird die Notwendigkeit gesehen, mit dem Prinzip der Menschenwürde ein Zusammenleben unter den Menschen zu gewährleisten, das den Einzelnen Grundrechte gewährt und sie den Einzelnen Staatsinteressen vorordnet: Die Menschenwürde darf nicht zum Wohl des Staates verletzt werden; es darf nicht ein Mensch geopfert werden, um das Gemeinwohl zu maximieren. Systematisch lässt sich dafür als Begründung erschließen, dass zwischenmenschliche Beziehungen nur unter dem Regiment dieses Prinzips als Mittelpunkt des Wertesystems [strukturiert werden]" (BVerfGE 24, 119/124).

Lässt sich zeigen, dass dieser systematische Grundgedanke, den das Bundesverfassungsgericht äußert, so begründet werden kann, dass das Prinzip der Menschenwürde tatsächlich als Prinzip im Rahmen eines „übergreifenden Konsenses" gelten kann? Wie die weltweiten Erklärungen gezeigt haben, wird dieses Prinzip in der Tat „übergreifend" gebraucht.

Dies hängt wohl auch damit zusammen, dass nicht nur die westliche Tradition den mit dem Prinzip der Menschenwürde ausgesagten semantischen Gehalt kennt. Bereits in der chinesischen Tradition findet sich ein mit der unbedingten Menschenwürde vergleichbarer Begriff.

Der Philosoph Menzius (4. Jahrhundert vor Christus), nach Konfuzius und Laotse der wohl bedeutendste chinesische Denker, „formuliert ein klares Konzept menschlicher Würde. Danach hat ‚der Himmel' jedem Menschen seinen eigenen inneren Wert verliehen. Er besteht vor allem in der unauslöschlichen Befähigung zur Menschlichkeit. Im Gegensatz zu Titeln und Ämtern kann einem dieser ‚himmlische Rang' von niemand ... genommen werden" (Paul 2001, 153f). Diese Würde besitzt also „einen Geltungsgrund, den keine menschliche Herrschaft aufzuheben vermag" (Höffe 2002, 124). Menzius weist nach Höffe auch darauf hin, dass das Prinzip der Menschenwürde eine institutionelle Bedeutung hat. Es ist auch für staatliches Handeln leitend.

Die Äußerungen im Buch Mengzi reichen aber wohl nicht als elaborierte Begründung dieser Würdekonzeption aus. Sie zeigen aber die transkulturelle Dimension des Begriffs unbedingter Menschenwürde. Aus anderen Kulturkreisen sind ebenfalls keine ausführlichen Begründungsstrategien bekannt. Von daher liegt es nahe, das Begründungsproblem mit Rückgriff auf die westliche Tradition anzugehen.

In den pluralistischen Gesellschaften abendländischer Tradition spielen dabei zwei Begründungen der Menschenwürde eine prominente Rolle: die christlich-theologische und die kantische. In der theologischen Diskussion hat das Prinzip der Menschenwürde seine heutige Bedeutung spätestens mit der Erklärung zur Religionsfreiheit des 2. Vatikanischen Konzils bekommen. In der säkularen Philosophie hat dieses Prinzip durch Kant seine klassische, bis heute vielfach rezipierte Bedeutung erhalten. In Anlehnung an Gewirth und Beyleveld soll als dritte Konzeption eine möglichst weltanschaulich neutrale Begründung ebenfalls berücksichtigt werden.

2.2.1 Die gegenwärtige christlich-theologische Konzeption

Nach gemeinsamer Überzeugung der großen christlichen Konfessionen begründet die Gottebenbildlichkeit des Menschen seine Würde. Gemeinsam haben die christlichen deutschen Kirchenleitungen ihre Position in vier Schritten entfaltet.[19]

Im ersten Schritt wird der Mensch und nur der Mensch als Bild Gottes auf Grund seines Wesens bestimmt. Dabei wird in einem zweiten Schritt präzisiert, dass dies auf jedes Mitglied der Gattung Mensch ab der Vereinigung von Ei- und Samenzelle zutrifft. In einem dritten Schritt wird die theologische Dimension ausgeführt und von der ontologischen zur moralischen Qualifizierung übergegangen: Gott will jeden einzelnen Menschen. Dadurch hat jeder Mensch einen Eigenwert. Hier wird theologisch die Rechtsdimension eingebracht. Im vierten Schritt wird die moralische Qualifizierung weiter entwickelt: Der Mensch hat nicht nur einen Eigenwert, sondern ist als Gegenüber Gottes berufen, der in Beziehung zu Gott leben soll.

Im weiteren Text wird dann ausdrücklich von „Gottebenbildlichkeit bzw. Würde des Menschen" (Kirchenamt der Evangelischen Kirche in Deutschland/Sekretariat der Deutschen Bischofskonferenz 1990, 41) gesprochen und die Würde als „unbedingt" qualifiziert. Daraus werden dann Folgerungen gezogen:

„Wert und Würde des Menschen bestimmen sich letztlich nicht aus seinen Funktionen, Leistungen, Verdiensten oder auf Grund bestimmter Eigenschaften, schon gar nicht nach individuellem oder sozialem Nutzen und Interesse.

Die Person hat einen Vorrang vor Sachen, somit vor Institutionen, wirtschaftlichen Prozessen, Interessen u. a.. Menschen dürfen deshalb für andere Menschen nie nur Mittel zum Zweck sein.

Menschen dürfen nicht in dem Sinn über das Leben anderer Menschen – und ihr eigenes Leben – verfügen, dass sie sich zu Herren über Leben oder Tod machen" (ebd., 42).

Gerade die Gedanken der Unbedingtheit und Unverlierbarkeit der Menschenwürde sind theologiegeschichtlich eine ganz neue Entwicklung. Zwar gehen christliche Theologen bereits in der patristischen Epoche davon aus, dass der Mensch auf Grund seiner Gottebenbildlichkeit inhärente Menschenwürde besitzt, aber diese Würde impliziert keine Menschenrechte im modernen Sinne, denn sie bezieht sich nur auf den Menschen, insofern er als Geistwesen für die Wirklichkeit Gottes offen ist und sein Leben im Rahmen der Standesordnung, in die er gestellt ist, sittlich verantworten kann. Sklaverei beispielsweise bleibt politisch zulässig. Bei Thomas von Aquin (1224/25-1274) findet sich auch bereits die Aussage, dass der Mensch von Natur aus als Selbstzweck existiert: „prout scilicet homo est naturaliter liber et propter seipsum existens" (Thomas von Aquin 1951ff [1267ff] II-II, 2 ad 3). Freilich ist diese Selbstzwecklichkeit, die mit Würde identifiziert wird, *verlierbar*. Einen guten Menschen zu töten, ist darum zwar eine intrinsisch, d. h. in sich, schlechte Handlung, einen schlechten Menschen zu töten dagegen ein gutes Werk:

---

[19] Vgl. Kirchenamt der Evangelischen Kirche in Deutschland/Sekretariat der Deutschen Bischofskonferenz 1990, 39f. In ähnlicher Weise argumentiert beispielsweise das 2. Vatikanische Konzil (vgl. z. B. Gaudium et Spes) und die Enzyklika Papst Johannes Pauls II. „Evangelium Vitae".

„obwohl es in sich schlecht ist, einen Menschen, der in seiner Würde bleibt, zu töten, kann es dennoch gut sein, einen sündigen Menschen zu töten, sie es gut sein kann, ein wildes Tier zu töten: Schlimmer nämlich ist ein schechter Mensch als ein wildes Tier, und er schadet mehr" (Thomas von Aquin 1951ff [1267ff] II-II, 2 ad 3).[20]

Die menschliche Würde ist nur gegeben, solange der Mensch auf Grund der Vernunft an den Ideen des Guten und Wahren partizipiert und sich so als Ebenbild Gottes erweist. Diese Überzeugung hatte für die römisch-katholische Kirche trotz vielfältiger theologischer Reflexionen, man denke nur an De las Casas, bis zum 2. Vatikanischen Konzil Geltung. Die Würde galt weiterhin als verlierbar. Grundrechte wie die Religionsfreiheit wurden abgelehnt. Noch Pius XII. sagte in seiner Ansprache vom 6.12.1953:

„Was der Wahrheit und sittlichen Norm nicht entspricht, hat objektiv kein Recht, weder auf Existenz noch auf Propaganda, noch auf Handeln" (hier zitiert nach: Brechter u. a. 1967, 715f).

Man könnte hier zwar entschuldigend sagen, dass Pius nicht von „wer", sondern von „was" spricht, doch ist dann zu fragen, was es bedeutet, dass dieses „Was" objektiv kein Recht auf Handeln haben solle. Erst in der bezeichnenderweise den Namen „Dignitatis humanae personae" (Würde der menschlichen Person) tragenden Erklärung über die Religionsfreiheit kam es am 7. Dezember 1965 auf dem 2. Vatikanischen Konzil zur offiziellen Anerkennung der Religionsfreiheit durch die römisch-katholische Kirche.

Zudem ist die theologische Begründung der Menschenwürde mit der Gottebenbildlichkeit deutungsoffen. Besonders nach römisch-katholischer, aber oft auch anglikanischer Ansicht wird die Menschenwürde schöpfungstheologisch mit der Einschaffung einer unsterblichen Seele durch Gott begründet. Weil die Seele Vernunft und Gewissen verbürgt, begründet die Beseelung die Menschenwürde. Über den Zeitpunkt und damit die Extension ist freilich noch nichts gesagt.

Dazu kommt ein weiteres theologisches Problem: Obwohl eine Reihe von biblischen Schriften voraussetzt, dass die Gottebenbildlichkeit auch nach dem Sündenfall besteht (z. B. Gen 9), wird an anderen Stellen die Gottebenbildlichkeit mit Jesus Christus allein verbunden (Phil 2). Dieses Schwanken führte auch zu unterschiedlichen theologischen Auffassungen darüber, ob die Ebenbildlichkeit des Menschen mit Gott auf Grund der Erbsünde weiterhin besteht, denn die Erbsünde führt zur „Knechtschaft unter der Gewalt dessen, der danach, die Herrschaft des Todes innehatte, das heißt des Teufels" (Hebr 2,14; vgl. Denzinger/Hünermann 2001, Nr. 1511). Die Reformatoren sprechen sogar von der durch die Erbsünde vollkommen verdorbenen menschlichen Natur, sodass die Freiheit des Menschen, auf Gott zu vertrauen und an ihn zu glauben, zunichte gemacht sei. Allerdings lässt sich die schöpfungstheologische Begründung gnadentheologisch dadurch absichern, dass auch der sündige Mensch als von der Gnade Gottes umfangen gedacht wird. Der Mensch wird verstanden als „das Ereignis der freien, vergebenden Selbstmitteilung Gottes" (Rahner 1999, 116). Damit trägt theologisch die gnadentheologische Verteidigungsstrategie die eigentliche Last, was die

---

[20] Im Original: "quamvis hominem in sua dignitate manentem occidere sit secundum se malum, tamen hominem peccatorem occidere potest bonum, sicut occidere bestiam: peior enim est malus homo quam bestia, et plus nocet".

Frage der Gottebenbildlichkeit betrifft. Nur die Erlösungstat Christi stellt die Gott-ebenbildlichkeit wieder her, freilich nach christlicher Überzeugung in der Weise, dass der gerechtfertigte Mensch zugleich Sünder bleibt, zumindest in der Weise eines fomes peccati, eines Zunders zur Sünde. Anselm (2000, 222; vgl. Anselm 1999) hat darauf hingewiesen, dass „gerade im Protestantismus stets auch das Bewusstsein tradiert worden [ist], dass dem Menschen aus sich selbst heraus, auf Grund irgendwelcher Eigenschaften oder Fähigkeiten grundsätzlich keine eigene, intrinsische Würde eigne, sondern dass ihm alle Würde allein von außen, durch Gottes Handeln zukomme". Er expliziert dies in „drei grundlegenden Determinan-ten:

- Menschliches Leben ist immer fragiles, bedrohtes und fehlerhaftes Leben.
- Die Würde des Menschen basiert nicht auf bestimmten, substanziellen Eigenschaf-ten, sondern wird ihm unabhängig von seinen Wesenseigenschaften in kommunika-tiven Bezügen zugesprochen, verbal und nonverbal. Allerdings setzt der Zuspruch der Würde stets das Vorhandensein eines Gegenübers voraus.[21]
- Analog zum Gnadenzuspruch in der Taufe ist eine einmal zugesprochene Würde unbegrenzt gültig. Auch relational zugeschriebene Würde ist nicht einfach beliebig wieder entziehbar" (Anselm 2000, 224f).

Diese theologische Begründung überwindet nicht nur das innertheologische Problem der Sündigkeit, sondern ist für die Frage nach den Grenzfällen menschli-chen Lebens bei weitem wirkungsvoller, denn wenn es nicht auf die Eigenschaften oder Fähigkeiten ankommt, dann lässt sich auch ohne die Annahme einer Beseelung im Zusammenhang mit dem Befruchtungsprozess zumindest vorstellen, dass auch menschliche Keime, Embryonen und Föten sowie Komatöse von der Recht-fertigungsgnade umfangen sind, also Gott ihnen von sich aus ohne jede Leistung ihrerseits menschliche Würde zuspricht. Allerdings hätte dies zur Konsequenz, dass auch diese menschlichen Lebewesen als tauffähig verstanden werden müssten.

Das eigentliche Problem, das aus einer derartigen Annahme entspringt, lautet jedoch: Wenn es nicht auf Eigenschaften ankommt, warum spricht Gott dann nicht auch allen anderen Geschöpfen eine vergleichbare Würde zu?

Die gnadentheologische Verteidigungsstrategie ist von daher bundestheolo-gisch und ekklesiologisch zu ergänzen. Gott schließt aus freier Prärogative einen Bund mit allen Menschen, weil es unter den Menschen einige gibt, die fähig sind, seine Liebe zu erwidern. Dieser Bund Gottes würde darum auch alle Lebewesen umfassen können, die diesen Menschen ähnlich zur Gottesliebe fähig sind.

Warum umfasst dann dieser Bund alle Menschen? Er umfasst alle Menschen, weil die Menschen gemeinsam die göttliche Gemeinde sind, die Ekklesia, die von Gott Gerufenen. Auf Grund dieser Gemeinschaft sind auch die menschlichen

---

[21] Vgl. dazu auch den evangelischen Theologen Trutz Rendtorff 2000: „Die Würde des Menschen ist nicht in einem biologischen Zustand oder einer ontologischen Verfassung des Daseins begründet. ‚Menschenwürde' ist eine ethische und rechtliche Kategorie, die aus Gründen der praktischen ethischen Vernunft auf dem Grunde tragender moralischer Grundüberzeugungen eine je aktuelle Verpflichtung zur Anerkennung und eine allgemei-ne Regel des Zusprechens der Menschenwürde zum Inhalt hat und mit einer elementaren gegenseitigen Verbindlichkeit ausgestattet ist."

Lebewesen mit eingeschlossen, die wegen ihrer schweren geistigen Behinderung nicht in der Lage sind, von sich aus im gehaltvollen Sinn zu handeln.

Freilich ist auch in diesem Zusammenhang nicht genau bestimmt, was „alle Menschen" bedeutet. So folgt, was ungeborene menschliche Lebewesen angeht, beispielsweise das moderne Judentum dem bereits von der Septuaginta, der um 250 v. Chr. entstandenen griechischen Übersetzung des Alten Testaments, vorgezeichneten Weg: Der Begriff „jeder Mensch" bezieht sich nicht auf den ungeformten ungeborenen menschlichen Organismus (Ex 21,22f). Die theologischen Begründungsstrategien lösen also gerade nicht aus theologischen Gründen das Extensionsproblem. Sie machen aber eines deutlich: Gott ist der Handelnde, sei es als Schöpfer, sei es als Erlöser, sei es als derjenige, der den Bund anbietet. Darum ist die derart begründete Menschenwürde immer als eine Würde zu denken, die von Gott herkommt und an seinem Willen ihr Maß zu nehmen hat. Letztlich ist der Mensch als Eigentum Gottes zu verstehen, freilich im Sinn, dass er nicht Sklave ist, sondern Freund (Joh 15,15). Dies wird für die einzelnen Konfliktfälle von erheblicher Bedeutung sein, da Selbstbestimmung, theologisch gesprochen, immer auch bedeutet, dass Gottes Willen die Richtschnur jeder Selbstbestimmung ist. Selbstbestimmung bedeutet zugleich ein „Durch-Gott-Bestimmtsein". Autonomie und Theonomie fallen in eins. Gerade im Zusammenhang mit der Frage der Extension und im Zusammenhang mit der Diskussion der Sterbehilfe wird uns dieses Thema weiter beschäftigen.

Was die Bedeutung des Begriffs „Menschenwürde" angeht, ist dieses theologische Verständnis mit der eingangs erarbeiteten Bedeutung teilidentisch. Dem Menschen wird grundsätzlicher Subjektstatus und grundsätzliche Gleichheit zugebilligt, aber es gehört auch konstitutiv zu seiner Würde, „Eigentum" Gottes zu sein.

2.2.2 Kants Konzeption und ihr philosophiegeschichtlicher Hintergrund

Bis heute ist aus der säkularen Philosophie besonders die kantische Bestimmung der Menschenwürde ein wichtiger Referenzpunkt. Sie kommt nämlich im Unterschied zu den theologischen Begründungsstrategien mit einigen wenigen Annahmen aus.

Diese Konzeption ist vor dem Hintergrund philosophiegeschichtlicher Traditionsstränge entstanden, insbesondere naturrechtlicher Konzeptionen von Cicero bis Pufendorf und Wolff, aber auch der Konzeption eines Manetti und Pico della Mirandola (vgl. zum Folgenden Wildfeuer 2002, 40ff und Gröschner 1995, 29ff).

Cicero (106-43 v. Chr.) verbindet erstmals in der westlichen Tradition begrifflich den Gedanken der Würde mit der allgemeinen Menschennatur (vgl. De Officiis I, 106). Damit ist sie nicht mehr auf eine bestimmte Gruppe von Menschen eingeschränkt, sondern gilt für alle Menschen unabhängig von ihrer konkreten Verfasstheit.[22]

Der Gedanke der Würde wird zudem mit sich daraus ergebenden Pflichten verbunden. Der Mensch hat gemäß seiner Bestimmung zu leben:

„Und wir werden auch, wenn wir berücksichtigen wollen, welche Exzellenz und welche Würde in unserer Natur (in natura [nostra] excellentia et dignitas) ist, einsehen, wie schändlich es ist, sich in Ausschweifung zu vergnügen und vollkommen verweichlicht zu leben" (I, 106).

Diese naturrechtliche Linie findet einen Höhepunkt in der Ausformung bei Pufendorf (1632-1694) und Wolff (1679-1754). Pufendorf verbindet dabei den Gedanken der Menschennatur mit ihrer Auszeichnung durch die unsterbliche Seele:

„Dadurch also leuchtet die Würde des Menschen vor allen Tieren am meisten hervor, dass eben dieser mit der edelsten Seele ausgestattet ist, die sowohl mit einem herausragenden Licht Dinge zu erkennen und zu entscheiden als auch mit einer außergewöhnlichen Beweglichkeit eben diese zu begehren oder zurückzuweisen vermag" (De iure naturae et gentium libri octo I, 3, 1).

Es ist die unsterbliche Seele, die verbürgt, dass dem Menschen Menschenwürde zukommt. Dieser Gedanke findet seinen Widerhall bis in die jüngste Zeit, wenn beispielsweise die Beseelung mit einer Geistseele als entscheidendes Kriterium für Personsein verstanden wird (vgl. Johannes Paul II. 1995, Nr. 60).

Wolff, dessen Einfluss auf das kantische Denken von eminenter Bedeutung ist, verbindet pufendorfsche Gedanken mit dem für seine Metaphysik sehr wichtigen Konzept der perfectio (Vollkommenheit): Die perfectio essentialis (Wesensvollkommenheit) ist dabei mit der dignitas hominis naturalis (von Natur aus gegebenen Menschenwürde) identisch, während die perfectio accidentalis (zufällige Vollkommenheit) sich nur in den konkreten Lebensumständen verwirklicht.

Diese Unterscheidung zwischen perfectio essentialis und perfectio accidentalis verbleibt, wie gerade „essentialis" zeigt, im Schema des Substanzdenkens, sodass hier genauso wie für die übrigen Naturrechtslehren gilt:

„Als Substanz ist der Mensch zunächst er selbst. Das aber bedeutet, dass die soziale Natur des Menschen erst nachträglich hinzugedacht werden kann ... Was radikaler helfen könnte, wäre die Umbesinnung in den Grundfragen. Die neuzeitliche Wissenschaft hat im Grunde seit langem die Prämissen der ontologischen Metaphysik gesprengt. Der Funktionsbegriff impliziert eine Umkehrung der Denkvoraussetzungen des Substanzbegriffs, nämlich eine Ausrichtung der menschlichen Vernunft (und damit letztlich: des menschlichen Selbstverständnisses) auf das, was anders sein könnte. Der Sinn des Identischen liegt nicht mehr im In-sich-selbst-Ruhen, sondern in seiner Kraft, andere Möglichkeiten zu ordnen" (Luhmann 1999, 58-60).

Luhmann schlägt von daher eine Konzeption der Menschenwürde vor, bei der die Würde erneut als verlierbar verstanden wird:

„Würde muss konstituiert werden. Sie ist das Ergebnis schwieriger, auf generelle Systeminteressen der Persönlichkeit bezogener, teils bewusster, teils unbewusster Darstellungs-

---

[22] "Intellegendum etiam est duabus quasi nos a natura indutos esse personis; quarum una communis est ex eo quod omnes participes sumus rationis praestantiaeque eius qua antecellimus bestiis, a qua omne honestum decorumque trahitur et ex qua ratio inveniendi officii exquiritur, altera autem quae proprie singulis est tributa" (De officiis, I 107).

leistungen und in gleichem Maße Ergebnis ständiger sozialer Kooperation, die ebenfalls bewusst oder unbewusst, latent oder durchschauend – niemals aber in Form offener Kommunikation, weil das ein Darstellungsfehler wäre – praktiziert werden kann. Sie ist eines der empfindlichsten menschlichen Güter, weil sie so stark generalisiert ist, dass alle Einzelheiten den ganzen Menschen betreffen. Eine einzige Entgleisung, eine einzige Indiskretion kann sie radikal zerstören. Sie ist also alles andere als unantastbar" (Luhmann 1999, 68f).

Was Luhmann hier kritisiert und die Alternative, die er vorschlägt, hat eine Traditionslinie, die bis zur Renaissance, insbesondere bis Giannozo Manetti (1396-1459) und Pico della Mirandola (1463-1494) zurückreicht. Manetti drückt in „De dignitate et excellentia hominis" die Überzeugung aus, dass der Mensch durch seinen Geist und seine bewundernswerten Gaben eine ausgezeichnete Würde habe. In seiner Schrift „De hominis dignitate" entwickelt Pico eine besonders von der menschlichen Freiheit getragene Menschenwürdekonzeption. Dabei lässt er Gott als den Schöpfer des Menschen mit folgenden Worten den Menschen ansprechen:

„,,Keinen bestimmten Platz habe ich dir zugewiesen, auch keine bestimmte äußere Erscheinung und auch nicht irgendeine besondere Gabe habe ich dir verliehen, Adam, damit du den Platz, das Aussehen und alle die Gaben, die du dir selber wünschst, nach deinem eigenen Willen und Entschluss erhalten und besitzen kannst. Die fest umrissene Natur der übrigen Geschöpfe entfaltet sich nur innerhalb der von mir vorgeschriebenen Gesetze. Du wirst von allen Einschränkungen frei nach deinem eigenen freien Willen, dem ich dich überlassen habe, dir selbst deine Natur bestimmen. In die Mitte der Welt habe ich dich gestellt, damit du von da aus bequemer alles ringsum betrachten kannst, was es auf der Erde gibt. Weder als einen Himmlischen noch als einen Irdischen habe ich dich geschaffen und weder sterblich noch unsterblich dich gemacht, damit du wie ein Former und Bildner (plastes et fictor) deiner selbst nach eigenem Belieben und aus eigener Macht zu der Gestalt dich ausbilden kannst, die du bevorzugst. Du kannst nach unten hin ins Tierische entarten (degenerare), du kannst aus eigenem Willen wiedergeboren werden (regenerari) nach oben in das Göttliche.'" (De hominis dignitate, 8).

Der Rekurs auf die Begriff „degenerare" und „regenerari" zeigt freilich, dass auch bei Pico eine Wertmatrix zu spüren ist. Die Freiheit des Menschen hat an einer vorgegebenen Ordnung Maß zu nehmen, will der Mensch nicht entarten, sondern seiner Art entsprechen. Er kann seine Natur bestimmen, aber zugleich hat diese Natur in gewisser Weise eine vorgegebene Bestimmung „nach oben in das Göttliche".

Gröschner (1995, 32) trifft insoweit die Intention Picos, als er die menschliche Freiheit als „Entwurfsvermögen" bestimmt. Er geht aber einen Schritt über Pico hinaus und spricht hier von einer Konzeption der Menschenwürde als Entwurfsvermögen (vgl. 33). Dieses Entwurfsvermögen wird von Gröschner mit der Menschenwürde identisch gesetzt und als indikativisch unantastbar verstanden. Menschenwürde ist da, wenn das Entwurfsvermögen, egal wie es ausgeübt wird, vorhanden ist. Damit unterscheidet sich diese Konzeption von der Luhmanns. Bei Luhmann wird die Würde erst durch das Entwurfsvermögen konstituiert und bei Nicht-Gebrauch oder Missbrauch dieses Vermögens oder bei Verletzung im sozialen Kontext angetastet.

Diese Interpretationen sind nicht identisch mit der kantischen Semantik und Begründung von Menschenwürde, obwohl Kant beide Traditionsstränge verbindet. Vor dem Hintergrund seiner die wolffsche Schulmetaphysik zertrümmernden Transzendentalphilosophie werden sie nämlich zugleich umgestaltet, ohne dabei eine Richtung zu nehmen wie bei Luhmann. Kants Verständnis der Menschenwürde ist weder naturrechtlich zu nennen noch im Sinne Picos und Gröschners einfachhin „Entwurfsvermögen" oder im Sinne Luhmanns ein „Kooperationsergebnis". Vielmehr wird die Menschenwürde von einer nicht mehr im klassischen Sinn naturrechtlich gedachten Vernunft her verstanden, die zugleich mehr und weniger als „Entwurfsvermögen" im Sinne Picos ist. So schreibt Kant zwar:

„Es bleibt uns also, um dem Menschen im System der lebenden Natur seine Klasse anzuweisen und so ihn zu charakterisieren, nichts übrig als: dass er einen Charakter hat, den er sich selbst schafft, indem er vermögend ist, sich nach seinen von ihm selbst genommenen Zwecken zu perfektionieren; wodurch er als mit Vernunftfähigkeit begabtes Tier (*animal rationabile*) aus sich selbst ein vernünftiges Tier (*animal rationale*) machen kann;..." (Kant 1968 [1798], 321).

Er fährt aber dann fort, diese Perfektionierung gerade nicht wie Pico individuell, sondern gattungsmäßig zu verstehen, als „Perfektionierung des Menschen durch fortschreitende Kultur" (ebd., 322). Kants Grundgedanke lautet nämlich:

„Nun haben wir nur eine einzige Art Wesen in der Welt, deren Kausalität teleologisch, d. i. auf Zwecke gerichtet, und doch zugleich so beschaffen ist, dass das Gesetz, nach welchem sie sich Zwecke zu bestimmen haben, von ihnen selbst als unbedingt und von Naturbedingungen unabhängig, an sich aber als notwendig vorgestellt wird. Das Wesen dieser Art ist der Mensch, aber als Noumenon betrachtet; das einzige Naturwesen, an welchem wir doch ein übersinnliches Vermögen (die *Freiheit*) und sogar das Gesetz der Kausalität samt dem Objekt derselben, welches es sich als höchsten Zweck vorsetzen kann (das höchste Gut in der Welt), von Seiten seiner eigenen erkennen können.

Von dem Menschen nun (und so jedem vernünftigen Wesen in der Welt), als einem moralischen Wesen, kann nicht weiter gefragt werden, wozu (quem in finem) er existiere. Sein Dasein hat den höchsten Zweck selbst in sich, dem, so viel er vermag, er die ganze Natur unterwerfen kann, wenigstens welchem zuwider er sich keinem Einflusse der Natur unterworfen halten darf. – Wenn nun Dinge der Welt, als ihrer Existenz nach abhängige Wesen, einer nach Zwecken handelnden obersten Ursache bedürfen, so ist der Mensch der Schöpfung Endzweck; denn ohne diesen wäre die Kette der einander untergeordneten Zwecke nicht vollständig gegründet; und nur im Menschen, aber auch in diesem nur als Subjekt der Moralität, ist die unbedingte Gesetzgebung in Ansehung der Zwecke anzutreffen, welche ihn also allein fähig macht, ein Endzweck zu sein, dem die ganze Natur teleologisch untergeordnet ist" (Kant 1968 [1790], 435f).

Der eigentliche Wert des Menschen besteht darin als Vernunftwesen „Subjekt der Moralität" und gerade so Endzweck der Schöpfung zu sein. Im Bereich des Sollens hat der Mensch die Befähigung, sich selbst ein moralisches Gesetz zu geben, das analog zu den Naturgesetzen im Bereich des Seienden gedacht ist. Darin liegt der entscheidende Punkt. Die Fähigkeit des Menschen, sich selbst ein Gesetz zu geben, ist nicht individuell zu denken, sondern überindividuell. Es ist eine Fähigkeit aller moralfähiger Lebewesen, und das Resultat ist ebenfalls überindividuell: der kategorische Imperativ. Er gilt nämlich gerade für alle moralfähigen Lebewesen an allen Orten zu allen Zeiten, und alle moralfähigen Lebewesen kommen mit Notwendigkeit aus sich heraus (griechisch: autos) zu diesem kategorischen Imperativ als grundlegendem moralischen Gesetz (griechisch: nomos). Diese Autonomie, diese Selbstgesetzgebung hat Kant bereits in seinem ersten großen moralphilosophischen Werk, der Grundlegung der Metaphysik der Sitten in folgender Weise bestimmt:

„Autonomie des Willens ist die Beschaffenheit des Willens, dadurch derselbe ihm selbst (unabhängig von aller Beschaffenheit der Gegenstände des Wollens) ein Gesetz ist. Das Prinzip der Autonomie ist also: nicht anders zu wählen als so, dass die Maximen seiner Wahl in demselben Wollen zugleich als allgemeines Gesetz mitbegriffen sind" (Kant 1968 [1785], 440).

Autonomie ist also bei Kant in keiner Weise mit dem zu verwechseln, was in der modernen Medizinethik, beispielsweise bei Beauchamp/Childress (2001), unter Autonomie verstanden wird. Autonomie als Selbstgesetzgebung ist etwas völlig anderes als Selbstbestimmung im modernen Sinn, denn Selbstgesetzgebung meint gerade nicht ein individuell-persönliches Bestimmen des eigenen Schicksals, sondern eine Normierung des eigenen Handelns nach einem moralischen Gesetz, das für alle moralfähigen Lebewesen in gleicher Weise gilt. Auf Grund dieses Begriffs von Autonomie ergibt sich nach Kant:

„*Autonomie* ist also der Grund der Würde der menschlichen und jeder vernünftigen Natur" (Kant 1968 [1785], 436).[23]

Was besagt dabei „Würde"?

„Nun sage ich: der Mensch und überhaupt jedes vernünftige Wesen existiert als Zweck an sich selbst, nicht bloß als Mittel zum beliebigen Gebrauche für diesen oder jenen Willen, sondern muss in allen seinen sowohl auf sich selbst, als auch auf andere vernünftige Wesen gerichteten Handlungen jederzeit zugleich als Zweck betrachtet werden. ... Die Wesen, deren Dasein zwar nicht auf unserm Willen, sondern der Natur beruht, haben dennoch, wenn sie vernunftlose Wesen sind, nur einen relativen Wert, als Mittel, und heißen daher Sachen, dagegen vernünftige Wesen Personen genannt werden, weil ihre Natur sie schon als Zwecke an sich selbst, d. i. als etwas, das nicht bloß als Mittel gebraucht werden darf, auszeichnet, mithin so fern alle Willkür einschränkt (und ein Gegenstand der Achtung ist)" (Kant 1968 [1785], 428f).

Was dabei „absoluter Wert" bedeutet, hat Kant erklärt:

„Im Reiche der Zwecke hat alles entweder einen *Preis* oder eine *Würde*. Was einen Preis hat, an dessen Stelle kann auch etwas anderes als *Äquivalent* gesetzt werden; was dagegen über allen Preis erhaben ist, mithin kein Äquivalent verstattet, das hat Würde. Was sich auf die allgemeinen menschlichen Neigungen und Bedürfnisse bezieht, hat einen *Marktpreis*; das, was, auch ohne ein Bedürfnis vorauszusetzen, einem gewissen Geschmack, d. i. einem Wohlgefallen am bloßen zwecklosen Spiel unserer Gemütskräfte, gemäß ist, einen *Aktionspreis*; das aber, was die Bedingung ausmacht, unter der allein etwas Zweck an sich selbst sein kann, hat nicht bloß einen relativen Wert, d. i. einen Preis, sondern einen innern Wert, d. i. *Würde*" (Kant 1968 [1785] 434f).

---

[23] Vgl. auch: „Die praktische Notwendigkeit nach diesem Prinzip zu handeln, d. i. die Pflicht, beruht gar nicht auf Gefühlen, Antrieben und Neigungen, sondern bloß auf dem Verhältnisse vernünftiger Wesen zu einander, in welchem der Wille eines vernünftigen Wesens jederzeit zugleich als *gesetzgebend* betrachtet werden muss, weil es sie sonst nicht als *Zweck an sich selbst* denken könnte. Die Vernunft bezieht also jede Maxime des Willens als allgemein gesetzgebend auf jeden anderen Willen und auch auf jede Handlung gegen sich selbst und dies zwar nicht um irgend eines anderen Bewegungsgrundes oder künftigen Vorteils willen, sondern aus der Idee der *Würde* eines vernünftigen Wesens, das keinem Gesetz gehorcht als dem, das es zugleich selbst gibt" (Kant 1968 [1785], 434).

Der Mensch als Selbstzweck hat keinen Preis. Er ist damit keiner Güterabwägung unterworfen und darf darum nicht *vollständig* instrumentalisiert („nicht bloß als Mittel")werden. Dennoch dürfen wir natürlich Menschen als Mittel gebrauchen, z. B. nach dem Weg fragen, also als Ersatz für eine Straßenkarte hernehmen. Wir dürfen den Menschen nur eben nicht vollständig gebrauchen, also beispielsweise wie einen unbrauchbar gewordenen Stadtplan wegwerfen.

Wenn ein Mensch nicht vollständig instrumentalisiert werden darf, dann ist es nicht möglich, ihn mit Geld aufzuwiegen oder mit irgendwelchen anderen Gütern. Dennoch gibt es Situationen, in denen wir zu Entscheidungen gezwungen werden, die Menschen das Leben kosten, beispielsweise wenn der Arzt nur einen von zwei Patienten operieren kann. Der Grund für die Entscheidung darf nach Kant nur eben nicht eine Kalkulation nach Zwecken sein, die einen der beiden vollständig instrumentalisiert.

Auf Grund dieser Wertigkeit des Menschen folgert Kant:

„Der praktische Imperativ wird also folgender sein: Handle so, dass du die Menschheit sowohl in deiner Person als in der Person eines jeden andern jederzeit zugleich als Zweck, niemals bloß als Mittel brauchst" (Kant 1968 [1785], 428f).

Zur Moralität gehört nach Kant auch die reziproke Achtung. Dies hat Kant in seiner „Metaphysik der Sitten" ausgeführt:

„Gleichwie [der Mensch] also sich selbst für keinen Preis weggeben kann (welches der Pflicht der Selbstschätzung widerstreiten würde), so kann er auch nicht der eben so notwendigen Selbstschätzung anderer als Menschen entgegen handeln, d. i. er ist verbunden, die Würde der Menschheit an jedem anderen Menschen praktisch anzuerkennen, mithin ruht auf ihm eine Pflicht, die sich auf die anderen Menschen notwendig zu erzeigende Achtung bezieht" (Kant 1968 [1797], 462).

Diese Forderung enthält überraschenderweise den Begriff „Menschheit". Wie ist dies zu verstehen? Einen ersten Hinweis geben Kants weitere Ausführungen:

„Die Menschheit selbst ist eine Würde; denn der Mensch kann von keinem Menschen (weder von Anderen noch sogar von sich selbst) bloß als Mittel, sondern muss jederzeit zugleich als Zweck gebraucht werden, und darin besteht eben seine Würde (die Persönlichkeit), dadurch er sich über alle andere Weltwesen, die nicht Menschen sind und doch gebraucht werden können, mithin über alle Sachen erhebt" (Kant 1968 [1797], 462).

Nach Enders (1997, 200) meint Kant damit „zwar *alle* Menschen als Gesamtheit der zur Gattung ‚Mensch' Gehörigen, aber doch nur nach ihrer – einem *jeden* je für sich gleichermaßen eigenen – höheren Bestimmung". Und dies bedeutet, dass die Menschheit auf Grund ihrer Bestimmung zur Moralität als solche Zweck an sich selbst ist (vgl. Enders 1997, 201; Braun 2000, 72f; vgl. Rawls 2000, 208ff). Die Geschichte lässt

„von sich hoffen, dass, wenn sie das Spiel der Freiheit des menschlichen Willens im *Großen* betrachtet, sie den regelmäßigen Gang derselben entdecken könne; und dass auf die Art, was an einzelnen Subjekten verwickelt und regellos in die Augen fällt, an der ganzen Gattung doch als eine stetig fortgehende, obgleich langsame Entwicklung der ursprünglichen Anlagen derselben werde erkannt werden können" (Kant 1968 [1784], 17).

Der Einzelne partizipiert an der Selbstzwecklichkeit der Menschheit dadurch, dass er ein moralisches Wesen ist und damit an diesem großen Menschheitsziel eines Reichs der Zwecke als Gesetzgeber mitwirken *kann*:

„Nun ist die Moralität die Bedingung, unter der allein ein vernünftiges Wesen Zweck an sich selbst sein kann, weil nur durch sie es möglich ist, ein gesetzgebendes Glied im Reich der Zwecke zu sein. Also ist Sittlichkeit und die Menschheit, so fern sie derselben fähig ist, dasjenige, was allein Würde hat" (Kant 1968 [1785], 435).

Mit der wichtigen Einschränkung „so fern sie derselben fähig ist" legt Kant sich nicht fest, ob Menschen, die nicht die Fähigkeit, sittlich zu handeln, in wachem Zustand zeigen können, z. B. Kleinkindern oder Menschen mit schwerer geistiger Behinderung, Menschenwürde zukommt. Allerdings gibt es eine Stelle, die für die Frage nach der Extension der Menschenwürde in der Diskussion eine große Bedeutung hat. Sie lautet:

„Denn da das Erzeugte eine Person ist, und es unmöglich ist, sich von der Erzeugung eines mit Freiheit begabten Wesens durch eine physische Operation einen Begriff zu machen: so ist es eine in praktischer Hinsicht ganz richtige und auch notwendige Idee, den Akt der Zeugung als einen solchen anzusehen, wodurch wir eine Person ohne ihre Einwilligung auf die Welt gesetzt, und eigenmächtig in sie herübergebracht haben; für welche Tat auf den Eltern nun auch eine Verbindlichkeit haftet, sie, so viel in ihren Kräften ist, mit diesem ihrem Zustande zufrieden zu machen. – Sie können ihr Kind nicht gleichsam als ihr Gemächsel (denn ein solches kann kein mit Freiheit begabtes Wesen sein) und als ihr Eigentum zerstören oder es auch nur dem Zufall überlassen, weil an ihm nicht bloß ein Weltwesen, sondern auch ein Weltbürger in einen Zustand herüber zogen, der ihnen nun auch nach Rechtsbegriffen nicht gleichgültig sein kann" (Kant 1968 [1797], 280f).

Die Deutung dieses Textes ist umstritten. Nach Starck (2002, 1069f) muss man diese Stelle im Zusammenhang mit weiteren Passagen lesen, insbesondere mit einer persönlichen Notiz Kants:

„Wenn man aus der Natur des erwachsenen Menschen auf dessen ewige Dauer schließen kann, so muss auch der neugeborene Mensch eben dieses hoffen lassen. Also auch der Embryo ..." (Kant, Reflexion Nr. 4239, in: AA XVII, 473, hier zitiert nach Starck, 1070).

Starck schließt daraus, dass also bereits der menschliche Keim im Sinne des gerade gezeugten menschlichen Lebewesens nach Kant als Person zu verstehen ist. Allerdings ließen sich diese Stellen auch anders deuten, denn die gerade zitierte Passage lautet vollständig:

„Wenn man aus der Natur des erwachsenen Menschen auf dessen ewige Dauer schließen kann, so muss auch der neugeborene Mensch eben dieses hoffen lassen. Also auch der Embryo, das *ovulum*, das *ovulum* vom *ovulo*. Dieser Anspruch auf die Ewigkeit kann nicht von der zufälligen Verbindung mit dem Körper abhängen; denn diejenige Vollkommenheit, die nicht ohne Verbindung mit körperlichen Dingen entspringen kann, kann auch nicht ohne dieselbe fortdauern. Also haben die menschlichen Seelen ein geistiges Leben auch vor dem Körper gehabt; also kann das tierische Leben nicht über ihr ewiges Schicksal entscheiden" (Reflexion Nr. 4239, in: Kant 2003 [AA XVII], 473).

Die gerade zitierte Reflexion könnte nicht normativ zu verstehen sein, sondern im Sinne einer Aussage zum Leib-Seele-Problem: Nicht nur erwachsene Menschen, sondern bereits Neugeborene und selbst Ungeborene und noch nicht einmal Gezeugte dürfen auf eine ewige Existenz hoffen. Gerade aber die Überzeugung der Existenz einer Seele vor der Entstehung des Embryos und damit die Überzeugung einer sehr an Platon erinnernden Lösung des Leib-Seele-Problems im Sinne der Annahme eine Präexistenz der Seele, dürfte vor dem Hintergrund der Probleme, die eine solche Lösung mit sich bringt, nicht dienlich sein, um Kant für bestimmte Positionen zum Lebensanfang zu vereinnahmen.

Ebenfalls kann obige Stelle aus der Metaphysik der Sitten nicht als Aussage über die Extension der Menschenwürde verstanden werden, sondern als eine Aus-

sage, dass mit der Zeugung eine Verantwortung entsteht, sodass das später geborene Kind seinen Eltern nicht gleichgültig sein kann oder gar ihr Besitz wäre. Die
Pointe von Kants Gedanken wäre dann, dass derjenige, der ein Kind zeugt, für
dieses Kind verantwortlich ist und sich dieser Verantwortung nicht entziehen
kann. Von daher kann Kant auch Menschen, die mit Missbildungen geboren
werden „Bastarde" nennen und von „Missgeburten (die man doch unmöglich für
Zwecke der Natur halten kann)" (Kant 1968 [1790], 423) sprechen und ihnen
damit die Moralfähigkeit und so auch wohl die Menschenwürde grundsätzlich
absprechen. Ob man also davon sprechen kann, dass nach Kant bereits ein
menschlicher Keim Subjekt einer moralisch-praktischen Vernunft ist? Es genügt
nicht, mit der oben zitierten Kantstelle eine präexistente Seele anzunehmen,
zusätzlich muss man annehmen, dass die Beseelung mit der Befruchtung stattfindet. Außerdem muss man den Kontext der Entstehung der kantischen Menschen-
würdeüberlegungen als nicht entscheidend verstehen:

„Während Kant die Menschenwürde primär in der Autonomie der moralischen Selbstgesetzgebung fundiert sah und die prototypischen Verletzungen der Menschenwürde für ihn
Akte der Fremdbestimmung und Verdinglichung wie Versklavung und Menschenhandel
waren, wird der Begriff im Kontext der neueren Bioethik zunehmend auf Phasen und
Formen des Menschseins angewandt, in denen von Autonomie und Selbstbestimmung
keine Rede sein kann" (Birnbacher 2004, 250).

Allerdings ist es nicht ausgeschlossen, dass Kant dem menschlichen Keim
Menschenwürde zuerkannt hätte, weil er ihn sich als mit einer präexistenten Seele
beseelt denken könnte. Vom Gesamtsystem her bliebe er dann ebenfalls seinem
eigenen Ansatz treu: Die Autonomie als Fähigkeit der Selbstgesetzgebung ist
gerade nicht empirisch aufweisbar. Dies hat Kant auch im Blick auf alle Menschen, also gerade auch die geborenen, ausgesprochen::

„Der Mensch im System der Natur (homo phaenomenon, animal rationale) ist ein Wesen
von geringer Bedeutung und hat mit den übrigen Tieren als Erzeugnissen des Bodens einen
gemeinen Wert (pretium vulgare). Selbst, dass er vor diesen den Verstand voraus hat und
sich selbst Zwecke setzen kann, das gibt ihm doch nur einen äußeren Wert seiner Brauch-
barkeit (pretium usus), nämlich eines Menschen vor dem anderen, d. i. ein Preis, als einer
Ware, in dem Verkehr mit diesen Tieren als Sachen, wo er doch noch einen niedrigeren
Wert hat, als das allgemeine Tauschmittel, das Geld, dessen Wert daher ausgezeichnet
(pretium eminens) genannt wird. Allein der Mensch, als Person betrachtet, d. i. als Subjekt
einer moralisch-praktischen Vernunft, ist über allen Preis erhaben; denn als ein solcher
(homo noumenon) ist er nicht bloß als Mittel zu anderer ihren, ja selbst seinen eigenen
Zwecken, sondern als Zweck an sich selbst zu schätzen, d. i. er besitzt eine Würde (einen
absoluten innern Wert), wodurch er allen andern vernünftigen Weltwesen Achtung für ihn
abnötigt, sich mit jedem anderen dieser Art messen und auf den Fuß der Gleichheit
schätzen kann. Die Menschheit in seiner Person ist das Objekt der Achtung, die er von
jedem anderen Menschen fordern kann; deren er aber auch sich nicht verlustig machen
muss" (Kant 1968 [1797], 435).[24]

---

[24] Vgl. auch: „Dass aber eines Menschen Existenz an sich einen Wert habe, welcher bloß
lebt (und in dieser Absicht noch so sehr geschäftig ist), um zu genießen, sogar er dabei
anderen, die alle eben sowohl nur aufs Genießen ausgehen, als Mittel dazu aufs Beste be-
förderlich wäre und zwar darum, weil er durch Sympathie alles Vergnügen mitgenösse,
das wird sich die Vernunft nie überreden lassen. Nur durch das, was er tut ohne Rück-

Aus dem Ganzen ergibt sich, dass Kant zwar eindeutig davon ausgeht, dass den Menschen Menschenwürde zukommt, aber gerade nicht das Extensionsproblem *löst*, weder in der einen noch in der anderen Weise.

Als Gesamtergebnis bleibt festzuhalten: Ähnlich der christlich-theologischen Konzeption lässt sich der oben (2.1.1) bestimmte semantische Gehalt der Menschenwürde auch bei Kant wieder finden. Der Mensch ist prinzipiell Subjekt moralisch-praktischer Vernunft und als solcher grundsätzlich Gleicher mit allen Menschen. Er ist Selbstzweck und darf nicht vollständig verbraucht werden. Das Extensionsproblem ist dabei nicht gelöst worden.

2.2.3 Eine Begründungsstrategie in Anlehnung an Gewirth

Gewirth und in Anlehnung an ihn Beyleveld/Brownsword haben vor dem Hintergrund der kantischen Überlegungen eine noch weniger voraussetzungsreiche Begründung von Menschenrechten und Menschenwürde versucht, die ich im Sinne der semantischen Bestimmung der Menschenwürde zuspitze und weiterdenke. Ausgangspunkt ist die Annahme, dass unterschiedliche moralische Ansätze eine wichtige Übereinstimmung teilen. Bentham beispielsweise empfiehlt, so zu *handeln*, dass die Glücksbilanz maximiert wird. Kierkegaard empfiehlt, so zu *handeln*, dass wir Gottes Geboten Folge leisten. Nietzsche fordert dazu auf, so zu *handeln*, dass es den Idealen des Übermenschen entspricht. Das gemeinsame Band aller Ansätze ist die Befähigung, in einem gehaltvollen Sinn zu handeln (Gewirth 1998, 94). Diese Befähigung, in einem gehaltvollen Sinn zu handeln, ist nicht an einen religiösen oder philosophischen Ethikansatz gebunden, sondern geht allen diesen voraus.

Der Begriff des Handelns ist philosophisch vielfältig und in unterschiedlicher Weise diskutiert worden (z. B. Beckermann 1985, Runggaldier 1996). Dennoch lassen sich zwei konstitutive Charakteristika eines moralischen Handlungsbegriffs ausmachen, Freiheit und Intentionalität. Freiheit ist dabei in dem Sinn zu verstehen, dass Handelnde ein Entwurfvermögen besitzen und ihr Verhalten kontrollieren können, d. h. dass sie bei Kenntnis der relevanten Umstände wählen können, was sie tun. Wählen zu können, was man tut, setzt also voraus, dass man nicht vollständig Instrument des Willens anderer ist. Intentionalität besagt damit, dass die Handelnden mit ihrem Handeln ein Ziel anstreben, das einerseits zum Handeln stimuliert, andererseits aber auch dem Entwurfvermögen des Handelnden entspringen kann. Die Intentionalität im gehaltvollen Sinn kann dabei mehrstufig sein. Handelnde können das Ziel haben, ein bestimmtes Ziel nicht zu haben. (vgl. Frankfurt 1988). Ein derartig gehaltvoller Begriff von Intentionalität schließt aus, bereits dann von moralisch relevanten Handlungen zu sprechen, wenn beispielsweise eine Grille zirpt. Vielmehr setzen moralische Handlungen im Vollsinn des

---

sicht auf Genuss in voller Freiheit und unabhängig von dem, was ihm die Natur auch leidend verschaffen könnte, gibt er seinem Dasein als der Existenz einer Person einen absoluten Wert; und die Glückseligkeit ist mit der ganzen Fülle ihrer Annehmlichkeit bei weitem nicht ein unbedingtes Gut" (Kant 1968 [1790], 208f).

Wortes das Entwurfvermögen und die Fähigkeit zur Distanzierung von eigenen Wünschen voraus.

Wie lässt sich von diesem übergreifenden Ausgangspunkt her die gegenseitige Achtung von Menschenwürde begründen?[25] Beginnen wir damit zu erläutern, was es bedeutet, dass jemand handelt. Wenn ich handeln möchte, dann beabsichtige ich, etwas auf Grund eines Ziels zu tun, das ich freiwillig gewählt habe. Es lässt sich also der Satz aufstellen:

(1) Ich beabsichtige (= Intention, Entwurfvermögen), X zu tun auf Grund eines Ziels Z, das ich freiwillig gewählt habe.

Da Z für mich etwas ist, das ich freiwillig gewählt habe, hat Z für mich einen hinreichenden Wert, um mein Handeln zu bewirken. Als zweiter Satz ergibt sich damit:

(2) Z ist gut, wobei „gut" hier nur bedeutet, dass ich Z genug Wert beimesse, um es anzustreben.

Um aber überhaupt in dieser Weise handeln zu können, müssen die notwendigen Bedingungen des Handelns gegeben sein. Dies sind allgemeine notwendige Bedingungen für Handeln im gehaltvollen Sinn, ganz grundsätzlich meine Subjektstellung und der Anspruch, grundsätzlich gleich behandelt zu werden. Dieser Anspruch impliziert nicht, dass ich in allen Fällen gleich behandelt werden muss, um handeln zu können. Vielmehr geht es um die grundsätzliche Gleichstellung, die beispielsweise Sklaverei ausschließt, also dass nicht mehr ich handele, sondern der Herr durch mich handelt. Darum lautet der dritte Satz:

(3) Es gibt allgemeine notwendige Bedingungen für Handlungen in einem gehaltvollen Sinn.

Wenn ich also Z erreichen möchte, dann benötige ich diese allgemeinen notwendigen Bedingungen für Handlungen in einem gehaltvollen Sinn. Es ergibt sich also als vierter Satz:

(4) Ich muss die allgemeinen, notwendigen Bedingungen haben, um Z erreichen zu können, was auch immer Z sein würde.

Daraus ergibt sich folgerichtig, dass es in meinem Interesse ist, dass andere Handelnde nicht gegen meinen Willen diese meine allgemeinen notwendigen Bedingungen „verletzen", also meine Subjektstellung verletzen oder meinen Anspruch, grundsätzlich gleich behandelt zu werden. Vielmehr ist es mein Interesse, dass sie sogar diese allgemeinen Bedingungen sichern helfen, wenn ich dies möchte. Würde mein Interesse von den anderen nicht berücksichtigt, dann würde man mir die allgemeinen notwendigen Bedingungen des Handelns einschränken oder sogar entziehen. Das „Muss" aus (4) als praktisch vorschreibendes Erfordernis impliziert damit zwar nicht logisch, aber pragmatisch die Anerkennung meiner Menschenwürde, die oben ja als Prinzip der Achtung meiner

---

[25] Ich entwickle dieses Argument in Anlehnung an den Ansatz von Gewirth (1978, insbesondere 1998), der allerdings nicht auf die Menschenwürde abhebt, und Beyleveld/Brownsword (2001), die auch ausdrücklich die Menschenwürde thematisieren. Eine ausführliche Analyse und Verteidigung der gewirthschen Argumentation gegen mögliche Einwände findet sich bei Beyleveld (1991).

Subjektstellung und Achtung der fundamentalen Gleichheit der Menschen entfaltet wurde. Damit lautet der fünfte Satz:

(5) Ich habe als Handelnder pragmatisch Anspruch auf die Anerkennung meiner Menschenwürde.

Bestreitet man diesen Satz, dann behauptet man, dass andere mir diese notwendigen Bedingungen entziehen dürften. Man würde mir absprechen, Handelnder in einem gehaltvollen Sinn sein zu dürfen. Dies hätte die irrationale Konsequenz der pragmatischen Selbstwidersprüchlichkeit, denn dann hätte ein so Handelnder zugleich zugestanden, dass auch ihm die notwendigen Bedingungen des Handelnkönnens in einem gehaltvollen Sinn entzogen werden könnten; denn es gilt logisch: Wenn ein bestimmtes Prädikat P zu einem bestimmten Subjekt S gehört, weil dieses Subjekt eine allgemeine Qualität Q besitzt, dann muss dieses Prädikat zu jedem Subjekt gehören, das die Qualität Q besitzt. Von daher ergibt sich rational aus dem auf uns als Menschen angewandten Begriff des Handelns:

(6) Alle Handelnden haben pragmatisch den Anspruch auf die Anerkennung ihrer Menschenwürde.

Daraus folgt:

(7) Handle so, dass in deinem Handeln die Menschenwürde aller Handelnden (dich eingeschlossen) anerkannt ist!

Diese rationale Begründung der Menschenwürde erklärt auch, warum die nationalsozialistischen Prinzipien nicht nur als menschenverachtende Akte empfunden werden, sondern zudem irrational, weil selbstwidersprüchlich sind. Im Falle des Nicht-mehr-der-Stärkere-Seins führt die Anwendung dieser Prinzipien dazu, dass die eigenen notwendigen Handlungsbedingungen nicht mehr durch den dann Stärkeren geachtet werden, sofern er zumindest in bestimmten Fällen diese Prinzipien nun gegen die Unterlegenen anwendet.[26]

Wie aber ist im Rahmen dieser Konzeption das Extensionsproblem zu lösen? Was gilt im Blick auf menschliche Keime, Embryonen und Föten? Wie sieht es mit Menschen aus, die geistig schwerst behindert sind? Was bedeutet diese Konzeption für Komatöse? Gewirth selbst hat im Blick auf Menschen mit schwerer geistiger Behinderung ausdrücklich die grundsätzliche Gleichheit konstatiert, ohne dies aber näher zu begründen.[27] Das von ihm im Blick auf

---

[26] Im gleichen Jahr 1945, in dem die Charta der Vereinten Nationen verabschiedet wurde, fand nach der bereits erfolgten bedingungslosen Kapitulation Deutschlands eine weitere fundamentale Menschenrechtsverletzung statt: die größte Vertreibung in der europäischen Geschichte. Etwa vier Millionen Polen und mehr als zwölf Millionen Deutsche verloren bei der so genannten Westverschiebung Polens ihre Heimat. An die zwei Millionen Deutsche verloren dabei ihr Leben, darunter kleine Kinder, denen man nun wirklich keinerlei Unrechtstaten zuschreiben konnte. Was die Deutschen anging, so wurde nun noch einmal in gewisser Weise den nationalsozialistischen Prinzipien gehuldigt: Nur waren jetzt die Deutschen das Volk, das als minderwertig, sogar als vernichtenswert galt, sodass „Rache" an den Deutschen auch nach der Kapitulation akzeptiert wurde. Nun trugen nicht mehr die Juden Sterne, sondern jetzt wurde beispielsweise in der damaligen Tschechoslowakei jeder kenntlich gemacht, der der deutschen Volksgruppe angehörte.

[27] Vgl. Gewirth 1992, 25f.

spezifische Rechte in Anschlag gebrachte Prinzip der Proportionalität bezieht er zu Recht nicht auf das Prinzip der Menschenwürde im Sinne der (kontrafaktischen) Anerkenntnis von grundsätzlicher Gleichheit und grundsätzlichem Subjektstatus von Menschen mit schwerer geistiger Behinderung, denn grundsätzliche Gleichheit und grundsätzliche Subjektstatus schließen, wie bereits oben gezeigt, begrifflich die Möglichkeit von Proportionalitätserwägungen aus: Entweder kommt jemand grundsätzlicher Subjektstatus und grundsätzliche Gleichheit zu oder nicht.

Die Begründung der Menschenwürde in Anlehnung an Gewirth ist offen für weitergehende weltanschaulich gebundene Begründungen, seien sie theologischer oder philosophischer Art. Sie begründet die Anerkenntnis der Menschenwürde in der Perspektive der Handelnden und hat von daher eine pragmatische Spitze. Sie steht aber vor ähnlichen Problemen wie die theologischen Begründungsstrategien und die kantische Konzeption: Das Extensionsproblem ist nicht zufrieden stellend gelöst.

2.2.4 Konvergenz und Differenz der Konzeptionen und die grundlegende Entscheidungsstruktur

Die heutige christlich-theologische, die kantische und die rationale Konzeption der Menschenwürde konvergieren darin, dass die Würde des Menschen so verstanden wird, dass diese Würde unbedingte Achtung erfordert. Daraus entspringen fundamentale Rechte und Pflichten. Die Konvergenz für biomedizinische Fragen entspricht weitgehend den auch in der bundesdeutschen Verfassung als Entfaltung des Menschenwürdeprinzips aufgestellten Grundrechten und Pflichten. Allerdings ist das Selbstbestimmungsrecht religiös und kantisch enger gefasst. Nach theologischer Überzeugung sind die göttliche Berufung und damit der Wille Gottes grundlegender Maßstab menschlicher Selbstbestimmung. Die Maxime würde frei formuliert lauten:

Handle so, dass du die Menschheit sowohl in deiner Person, als in der Person eines jeden andern jederzeit zugleich als Bild Gottes, niemals bloß als Mittel brauchst, und wähle nicht anders als so, dass die Maximen deiner Wahl in demselben Wollen zugleich als Erfüllung des göttlichen Gesetzes mitbegriffen sind!

Kantisch lautet die bereits zitierte Maxime, praktisch als säkulare Fassung:

Handle so, dass du die Menschheit sowohl in deiner Person, als in der Person eines jeden andern jederzeit zugleich als Zweck, niemals bloß als Mittel brauchst und wähle nicht anders als so, dass die Maximen deiner Wahl in demselben Wollen zugleich als allgemeines Gesetz mitbegriffen sind!

Gewirth weitergedacht, könnte man formulieren:

Handle so, dass in deinem Handeln die Menschenwürde, der grundsätzliche Subjektstatus und die grundsätzliche Gleichheit aller Handelnden (dich eingeschlossen) anerkannt ist!

Bei dieser weitgehend konvergierenden semantischen Deutung ist freilich zu differenzieren: Die theologische Deutung geht über den semantischen Kernbestand hinaus: Als Ebenbild Gottes ist der Mensch zugleich Gottes Eigentum. Dieses Eigentumsverhältnis bestimmt sein Würde mit und führt in bestimmten bioethischen Konfliktfällen zu einer unterschiedlichen Bewertung, wie noch zu zeigen ist.

Die kantische Semantik und die Semantik des Ansatzes bei Gewirth lassen sich beide in der Weise verstehen, dass sie mit der obigen Bestimmung von Menschenwürde gut vereinbar sind: Anerkennung der Menschenwürde als Anerkennung der Selbstzwecklichkeit (Kant) bzw. des handelnden Entwurfvermögens (Gewirth) ist als Anerkennung des grundsätzlichen Subjektstatus und der grundsätzlichen Gleichheit auslegbar. Allerdings mit einem Unterschied, der freilich nicht prinzipieller Natur ist: Die Grenzen menschlicher Selbstbestimmung sind bei Kant nicht wie bei Gewirth, Beyleveld/Brownsword die notwendigen Handlungsbedingungen anderer Handelnder, sondern der kategorische Imperativ, also „dass die Maximen der Wahl in demselben Wollen zugleich als allgemeines Gesetz mit begriffen sind" (Kant 1968 [1785], 440). Dieser Unterschied ist nicht prinzipieller Natur, weil die Semantik, die sich aus dem Ansatz von Gewirth und in Anlehnung daran von Beyleveld/Brownsword erschließt für eine semantische Deutung in kantischer Richtung offen ist, also diese nicht ausschließt.

Was das Begründungsproblem angeht, so ist entscheidender Ausgangspunkt der theologischen Überlegungen die Überzeugung, dass der Mensch von Gott als sein Ebenbild geschaffen, auserwählt, erlöst und berufen ist. Der Mensch ist Subjekt einer moralischen praktischen Vernunft, die ihm von Gott zur Erfüllung seiner Bestimmung geschenkt ist. Allerdings wird theologisch bis heute das Zusammenwirken von göttlicher Gnade und menschlicher praktischer Vernunft unterschiedlich interpretiert.

Entscheidender Ausgangspunkt der kantischen Überlegungen ist seine Überzeugung vom Menschen als Subjekt einer moralisch-praktischen Vernunft. Der Mensch als ein solches Subjekt kann auf Grund seiner Freiheit in die Sinnenwelt eingreifen und selbst einen neuen Anfang in der Kausalkette der Ereignisse setzen. Es ist die menschliche Moralfähigkeit, die sich als Autonomie auslegt, die auf der Ebene der Moral ein allgemeines Gesetz verwirklicht und gerade darin die Würde des Menschen erweist.

In der Konzeption von Gewirth ist der entscheidende Punkt die Überzeugung, dass wir als Handelnde dafür notwendige Bedingungen benötigen und uns nicht im streng logischen Sinn, aber pragmatisch selbstwidersprüchlich verhalten, wenn wir einander diese Bedingungen nicht zugestehen. Im Unterschied zur theologischen Begründung setzt sie keinen Gottesglauben voraus. Im Unterschied zur kantischen Konzeption ist sie auch mit einem kompatibilistischen Freiheitsbegriff vereinbar. Dies bedeutet, dass es nach Gewirth selbst dann sinnvoll bleibt, Menschenwürde anzuerkennen, wenn die Annahme wahr wäre, dass die physische Welt kausal geschlossen ist.

Im Blick auf die Extensionsproblematik war bereits klar geworden, dass diese durch die Begründung allein nicht zu lösen ist. Vielmehr benötigt die Lösung dieser Frage in allen drei Konzeptionen zusätzlicher eigenständiger Überlegungen. Erst wenn in dieser Hinsicht weitergehende Klarheit erreicht ist, lässt sich das Implementationsproblem angehen, also die Frage beantworten, warum der Einzelne, selbst wenn er verbal zustimmt, in der Praxis dem Prinzip gemäß handeln wird und nicht defektiert, also zu seinen eigenen Gunsten das Prinzip verletzt.

2.3 Die Extensionsproblematik: Positionen und Argumente

Die unterschiedlichen Begründungen haben verdeutlicht, dass das Prinzip der Menschenwürde keinen Kategorienfehler impliziert, also gerade nicht einen Gebrauch von „Mensch" in einem nichtmoralischen Sinn – sozusagen unter der Hand – zu einem Gebrauch von „Mensch" in einem moralischen Sinn ändert. Vielmehr gilt: Wenn wir jemanden als in einem gehaltvollen Sinn Handelnden identifizieren, dann hat er auch einen Anspruch auf Anerkenntnis seiner Menschenwürde.

Allerdings stellt sich dann für die bioethischen Konfliktfelder am Lebensanfang und Lebensende eine entscheidende Frage: Wer gilt als Mensch in diesem Sinn? Sind auch die menschlichen Keime eingeschlossen? Wie steht es mit ungeborenen Embryonen und Föten? Wie verhält es sich mit Menschen mit schwerer geistiger Behinderung bzw. sehr gravierenden Hirnschädigungen? Wie mit Komatösen? Ab wann ist ein Mensch kein Mensch mehr, sondern ein menschlicher Leichnam? Und wie steht es mit im biologischen Sinne nichtmenschlichen Lebewesen, die beispielsweise in der Medizin als Forschungsobjekte verwendet werden? Als mögliche Lösungen kommen in Frage:
1. Allen Menschen kommt von einem Zeitpunkt t bis zu einem Zeitpunkt t' Menschenwürde zu.
2. Einigen Menschen kommt von einem Zeitpunkt t bis zu einem Zeitpunkt t' Menschenwürde zu.
3. Keinem Menschen kommt Menschenwürde zu.

Dabei kann in diesem Zusammenhang bioethischer Konfliktfälle im Bereich der Biomedizin die Frage offen bleiben, ob es auch andere Lebewesen geben könnte, denen eine unbedingte Würde im Sinne grundsätzlicher Gleichheit und prinzipiellen Subjektstatus zukommt (vgl. dazu Busch u. a. 2002, 30ff). Bei der Bestimmung „von einem Zeitpunkt t bis zu einem Zeitpunkt t'" bleibt in dieser abstrakten Angabe bewusst offen, was dies konkret bedeutet, denn die konkreten Ausdrücke „Zeugung", „Tod" oder „biologische Existenz" sind gerade nicht eindeutig, sondern deutungsoffen. Darauf ist später ausführlich einzugehen.

2.3.1 Lebensanfang

Wenn nicht das biologische Menschsein dafür konstitutiv ist, dass Menschenwürde anzuerkennen ist, dann stellt sich mit Notwendigkeit die Frage, wer als Adressat einer Anerkenntnis der Menschenwürde zu identifizieren ist: Sollen nur individuelle Menschen, die im gehaltvollen Sinn handeln können, geschützt werden? Kommt jedem Menschen vom entwicklungsfähigen menschlichen Genom bis zum Komatösen Menschenwürde zu?

Nach Singer (1993, 60) wäre dies klarer Speziesismus, denn nach seiner Überzeugung gehören bestimmte nicht-menschliche Tiere, ungeborene und neugeborene Kinder und Menschen mit geistiger Behinderung in dieselbe Kategorie. Menschliche Keime gelten als interesselos und gehören damit sogar zu einer inferioren Kategorie von nicht-leidensfähigen Lebewesen.

Singers These ist dabei nicht mit einem noch radikaleren empirischen Einwand gegen das Menschenwürdeprinzip zu verwechseln, den Schopenhauer bereits mehr als ein Jahrhundert vor Singer formuliert hat: Der Würdebegriff erscheint ihm auf ein so beschränktes und hinfälliges Wesen wie den Menschen so nicht anwendbar zu sein. Wer dem Menschen eine solche Würde zuspricht, wird, so sein Vorwurf, lebenspraktisch enttäuscht (Schopenhauer 1947 [1851], 215f). Jedoch begeht Schopenhauer mit seiner Begründung einen Kategorienfehler. Er versucht, empirisch in Frage zu stellen, was von den Autoren dem Menschen auf der prinzipiellen Ebene zugesprochen wurde. In kantischer Terminologie ausgedrückt: Schopenhauer verwechselt den homo phaenomenon, dem Kant selbst geringen Wert zumisst („pretium vulgare"), mit dem homo noumenon, der allein Grund der Anerkenntnis von Menschenwürde ist.

Dagegen lässt sich Singers Einwand nicht in dieser Weise widerlegen, denn er weist auf die fundamentale Frage hin, warum Menschenwürde jedem Mitglied der Spezies Mensch zukommen soll. Für den Lebensanfang heißt dies konkret: Ab wann ist ein menschliches Leben in der Weise zu achten, dass sein grundsätzlicher Subjektstatus und seine grundsätzliche Gleichheit anerkannt wird, anders ausgedrückt: Ab wann ist ein menschliches Leben als Mensch im moralischen Sinn zu verstehen? Diese Frage ist eine *ethische* Frage mit höchster Relevanz für jeden Rechtsstaat (vgl. Schweidler 2003, 25). Sie ist freilich ohne Kenntnis der biologischen Vorgänge am Lebensanfang nicht zu beantworten (vgl. zum Folgenden Drews 1993, Moore 1996, Knoepffler 1999a, 43-58 und 2003, 243-247).

2.3.1.1 Biologische Grunddaten

Bereits *vor* der Befruchtung läuft ein systematischer und strukturierter kontinuierlicher Prozess ab, der je nachdem, ob eine Befruchtung stattfindet, auf die eine oder andere Weise systematisch und strukturiert weitergeht. Dennoch gibt es eine zentrale Weichenstellung in diesem Prozess: Kommt es zur Befruchtung oder nicht? In beiden Fällen geht der Prozess, zumindest was die Eizelle angeht, in strukturierter und systematischer Weise weiter. Kommt es zu keiner Befruchtung und damit natürlich auch zu keiner Implantation, geht die Eizelle nach 24 Stunden und das Corpus luteum am Ende des Zyklus zugrunde. Auch dieser Prozess des Zugrundegehens geschieht systematisch und strukturiert.

Wenn es zur Befruchtung kommen soll, werden natürlicherweise (in vivo) mindestens 20 Millionen Samenzellen in die Scheide ejakuliert (vgl. Moore 1996, 30). Dieser Prozess lässt sich künstlicherweise (in vitro) ebenfalls bewerkstelligen. Man schätzt, dass die Samenzellen etwa fünf bis 68 Minuten nach dem Coitus die

Eizelle erreichen. Auch dieser Prozess läuft trotz aller Unwägbarkeiten in einer relativ systematischen und strukturierten Weise ab.

Wenn eine Samenzelle eindringt (so genannte Imprägnation), verschmelzen die Membranen der Samen- und der Eizelle. Dadurch wird die Eizellmembran für die übrigen Samenzellen nicht mehr durchlässig. Bereits zu diesem frühen Zeitpunkt ist die Entscheidung gefallen, ob der spätere Keim, Embryo und Fötus weiblich oder männlich sein wird, da die Samenzelle entweder ein X- oder ein Y-Chromosom hat. Nach der Imprägnation wird die Eizelle aktiviert, die zweite in der Metaphase angehaltene Reifeteilung zu vollenden und danach einen der beiden haploiden Chromosomensätze mit dem zweiten Polkörper auszustoßen. Dabei steigen die Stoffwechselleistungen an und es bilden sich aus dem haploiden Zellkern der Samenzelle und dem haploiden Kern der Eizelle die so genannten Vorkerne, fachsprachlich auch Pronuclei genannt, die bei der IVF nach etwa zwölf bis achtzehn Stunden identifiziert werden können. Die Eizelle ist zu diesem Zeitpunkt noch nicht im strengen Sinn befruchtet. Man spricht von einer imprägnierten Eizelle bzw. imprägnierten Oozyte (Damschen/Schönecker 2002b, 192).

In der nächsten Phase, der Vereinigung der Vorkerne von Ei- und Samenzelle, durchlaufen beide Vorkerne eine DNA-Synthese-Phase. Beide Vorkerne enthalten je 23 Chromosomen. Sie reduplizieren sich in den nächsten achtzehn bis zwanzig Stunden getrennt voneinander. Dadurch sind sie für die Konjugation vorbereitet. Die Kerne nähern sich, ihre Membranen lösen sich auf und ihre reduplizierten Chromosomen ordnen sich auf einer gemeinsamen Spindel an. Dabei versorgt die Samenzelle die Eizelle mit notwendigen Enzymen, ohne die kein Aufbau der gemeinsamen Äquatorialebene möglich wäre. Dieses Entwicklungsstadium wird als Zygote bezeichnet.

Insgesamt dauert die Vorbereitungsphase einige Tage, die Befruchtung im Sinne der Vereinigung der Vorkerne selbst etwa 24 Stunden. Befruchtung ist also kein Augenblicksereignis, sondern vollzieht sich als kontinuierlicher Prozess.

Wann kann die Befruchtung als abgeschlossen bezeichnet werden, da in der Realität ein zäsurenloser Prozess vonstatten geht? Der vermutlich biologisch signifikante Zeitpunkt ist dann gegeben, wenn sich der normale, diploide menschliche Chromosomensatz, das einmalige, neu kombinierte und entwicklungsfähige Programm ausgebildet hat. Dieses bildet sich aber noch nicht mit der Vereinigung der Vorkerne aus, denn nach der Bildung eines gemeinsamen Kernes durch die beiden Vorkerne von Samen- und Eizelle kommt es nicht zu einer Vereinigung des genetischen Materials, sondern beide Genome bleiben während der ersten beiden Zellteilungen innerhalb eines Zellkerns deutlich voneinander nachweisbar. Während im Zweizellstadium der sich neu bildende menschliche Organismus gegenüber der mütterlichen Eizelle noch ein unverändertes Muster zeigt, also nur mütterliche mRNA am Werk zu sein scheint, beginnt er im Vierzellstadium, etwa am vierten Tag, mit der Entwicklung eigener Genprodukte. Dies ist ein wichtiger Zeitpunkt, weil nun erstmals das neue Genom, also mütterliche *und* väterliche Gene, die Genexpression bewirken (vgl. Quante 2001, 63ff). Während sich die Zellen teilen, setzt sich in vivo der Transport des Keims durch den Eileiter fort. Dabei bleiben im Vier- und Achtzellstadium alle Zellen wohl zumindest in der Weise totipotent, dass sich jede einzelne Zelle in jede beliebige Körper- und

Keimzelle ausdifferenzieren kann. Dagegen ist umstritten, ob jede einzelne Zelle für sich allein noch in der Lage ist, sich zu einem vollständigen Menschen zu entwickeln, da im Unterschied zu Kaninchen- oder Schafszellen Mäusezellen diese Fähigkeit bereits in einem frühen Stadium verloren haben dürften; freilich sind für solche frühen menschlichen Zellen derartige Experimente nicht dokumentiert. In dieser Phase kommt es zu entscheidenden biologischen Veränderungen. Unter dem Einfluss eines Hormons zieht sich das Zellgebilde zusammen („compaction"). Die äußeren Zellen umschließen die inneren, die dicht und stärker als die äußeren aneinander haften. Die Mehrlingsfähigkeit bleibt in diesem Stadium erhalten. Auch wenn also die einzelne Zelle nicht mehr in der Weise totipotent sein sollte, dass sich aus ihr ein vollständiger Mensch entwickeln kann, so ist auf jeden Fall eine „Gruppe" dazu noch in der Lage. Dennoch ist diese naturwissenschaftliche These für die Frage nach der genetischen Präimplantationsdiagnostik (PGD) von großer Bedeutung. Sollte eine einzelne Zelle tatsächlich nicht mehr totipotent sein, so würde die PGD an ihr nicht mehr als Verbrauch eines Keims gelten können.

Nach dem Achtzellstadium spricht man von der Morula. Sie ist noch von der Zona pellucida umgeben und deshalb nicht größer als die ursprüngliche Eizelle. In diesem Vielzellstadium etwa drei bis vier Tage nach der Ovulation lässt sich nicht mehr für jede einzelne Zelle eine Totipotenz nachweisen. Der menschliche Keim wird dabei als freie Blastozyste bezeichnet.

In der Gebärmutterhöhle hält sich die Morula als freie Blastozyste bis etwa zum sechsten Tag auf. Dabei bildet sich, wenn die Zahl der Zellen auf 32 bis 58 angewachsen ist, die Blastozystenhöhle aus. Die einzelnen Zellen, Blastomeren genannt, differenzieren sich zu Embryoblastzellen, aus denen sich später der Embryo entwickelt, und umhüllenden Trophoblastzellen, die später zusammen mit mütterlichen Zellen die Plazenta bilden und sozusagen als Nahrung (griechisch: trophä) dienen. Sowohl die Embryoblastzellen als auch die Trophoblastzellen sind genidentisch. Darum ist ja die Technik der Chorionzottenbiopsie, der Entnahme von Zellen aus der Plazenta, in der Humangenetik überhaupt möglich.

Die Embryoblasten sind hierbei diejenigen Zellen, die bei der Stammzellforschung verwendet werden. Theoretisch wäre es denkbar, einzelne, nicht mehr totipotente, sondern in diesem Stadium nur mehr pluripotente Blastomeren (Zellen, die sich noch in die unterschiedlichsten Gewebe entwickeln können, aber als einzelne nicht mehr zu einem Individuum) zu gewinnen und die Restblastozyste zu implantieren. Praktisch wird die Blastozyste jedoch für die Stammzellforschung verbraucht, denn eine nur partielle Entnahme und eine Implantation der Restblastozyste würden gegen jede medizinische Vernunft verstoßen. Eine Schädigung der Restblastozyste zu diesem Zeitpunkt ist nämlich nicht auszuschließen.

Mittels der Klonierungstechnik, fachwissenschaftlich dem somatischen Zellkerntransfer, hat eine südkoreanische Forschergruppe das Blastozystenstadim 2004 auch auf einem methodisch neuen Weg erreicht. Hier wurde, sehr vereinfachend gesagt, eine erwachsene menschliche Zelle – jeder Mensch hat etwa 10.000mal soviel Zellen, wie es Menschen auf dieser Erde gibt – in eine totipotente Zelle „zurückverwandelt". Dies geschah dadurch, dass eine Eizelle entkernt und in diese entkernte Eizelle die chemisch behandelte erwachsene Zelle eingefügt wurde. Den südkoreanischen Forschern gelang es, diese Zelle zu einer Blastozyste zu kultivieren und aus der Blastozyste eine Stammzelllinie zu etablieren (vgl. Hwang u. a. 2004).

In der Embryologie[28] wird die Phase, in der ein erster Kontakt zur mütterlichen Schleimhaut erfolgt, als Stadium 4 definiert. Die Blastozyste heftet sich etwa am fünften oder sechsten Tag nach dem Eisprung an der mütterlichen Uterusschleimhaut an. Der Embryoblast mit einem „Kern" von etwa sechs weiterhin zumindest in ihrer Gesamtheit noch totipotenten Zellen wandert zur Anheftungsstelle und dringt ganz in die Schleimhaut ein. Die Phase der Implantation beginnt, wenn die freie Blastozyste kollabiert und sich im Bindegewebe, dem Interstitium, einnistet (interstitielle Implantation). Am Ende der ersten Schwangerschaftswoche ist der Embryoblast eingenistet. Die Blastozystenhöhle bläst sich auf (Expansion), so dass die Blastozyste kugelförmig wird. Die Trophoblastzellen haben mit mütterlichen Zellen eine Verbindung aufgebaut, sodass der uteroplazentale Blutkreislauf beginnen kann. Dies ist etwa um den zwölften Tag der Fall.

Dieses Stadium ist biologisch von großer Bedeutung. Nach Nüsslein-Volhard (2001), die hier die herrschende Meinung wiedergibt[29], wird zwar genetisch nichts Neues hinzugefügt, aber Positionseffekte der mütterlichen Schleimhaut bewirken die korrekte Ausrichtung des Embryoblasts. Ohne diese korrekte Ausrichtung geht der menschliche Keim zugrunde. Der menschliche Keim[30] ist überhaupt erst lebensfähig, wenn diese Strukturierung gelingt. Das Genom ist also, logisch gesprochen, notwendige, aber nicht hinreichende Bedingung für die menschliche Entwicklungsfähigkeit. Auch die Positionseffekte der mütterlichen Schleimhaut sind notwendige Bedingungen für die weitere Entwicklungsfähigkeit. Gegen diese herrschende Meinung vertritt Denker (2002, 2003a und b) die These, dass die

---

[28] Der Begriff „Embryologie" umfasst im Unterschied zur medizinischen Terminologie des Keims auch die Entwicklung des Keims hin zum Embryo, die eigentliche Embryogenese.

[29] „Die hohe Regulationsfähigkeit, die frühe Säugetierembryonen während der Furchung und Blastozystenbildung zeigen, hatte in der zweiten Hälfte des 20. Jahrhunderts die Mehrzahl der Untersuchung zu der Vermutung veranlasst, dass es hier keine für die Entwicklung relevanten Vorinformationen bezüglich der Achsenbildung aus der Oogenese oder von der Zygote geben könne. Dies wurde zur dominierenden Anschauung" (Denker 2003a, 50f).

[30] Ich gebrauche für die Stadien bis zur Einnistung den Begriff „Keim", für die Stadien bis zum Abschluss der Organogenese den Begriff „Embryo" und für die späteren Stadien den Begriff „Fötus". Dieser Sprachgebrauch ist in der Humangenetik üblich. Im deutschen Recht würde auch der Keim als Embryo bezeichnet werden (vgl. ESchG, §8: „Als Embryo im Sinne dieses Gesetzes gilt bereits die befruchtete, entwicklungsfähige menschliche Eizelle vom Zeitpunkt der Kernverschmelzung an, ferner jede einem Embryo entnommene totipotente Zelle, die sich bei Vorliegen der dafür erforderlichen weiteren Voraussetzungen zu teilen und zu einem Individuum zu entwickeln vermag."). Hintergrund meines Sprachgebrauchs ist eine psychologische Problematik: Bürgerinnen und Bürger, die nicht juristisch, medizinisch oder naturwissenschaftlich geschult sind, stellen sich oftmals unter „Embryo" einen bereits ausgebildeten Fötus vor. Durch die sprachliche Unterscheidung wird die Entwicklungsdynamik auch begrifflich sichtbarer.

Achsenentwicklung sich auch bei Säugetieren einschließlich des Menschen ähnlich wie bei Amphibien verhält.

„Wahrscheinlich schon während der Oogenese wird eine animal-vegetative (A-V) Achse festgelegt, die zwar bei diesen dotterarmen Eiern morphologisch zunächst nicht erkennbar ist, aber bei der Eireifung anhand der Polkörperbildung (animaler Pol) deutlich wird" (Denker 2003a, 53).

Für eine bereits im Keim angelegte Achsenentwicklung spricht nach Denker auch, „dass die Blastozysten der Maus entgegen früheren Annahmen bilateral symmetrisch gebaut sind" (ebd., 53). Würde diese Entwicklung analog zu den Amphibien vor sich gehen, „ginge von dem Gewebe, das sich bei der Bildung der Gastrula einstülpt, ein Reiz aus. Die Zellen, die sich auf der späteren Rückenseite des Embryos einstülpen, können die darüberliegenden Zellen dazu veranlassen, sich zu den wichtigsten Teilen der Körperlängsachse und den mit ihr zusammenhängenden Organen zu differenzieren"[31]. Dann wäre die notwendige Bedingung für die Weiterentwicklung das Einstülpen. Hindert man die Zellen daran, sich einzustülpen, bleibt der Keim zwar am Leben, aber er differenziert sich nicht mehr aus. Geht dieser Entwicklungsvorgang schief, gibt es keine weitere Entwicklung. Die Blastozyste geht dann mit der nächsten Monatsblutung ab. Die Verlustquote ist verhältnismäßig hoch.

Nach der Einnistung bildet sich der Primitivstreifen aus. Das Stadium, in dem noch eine Zwillingsbildung möglich ist, geht damit bis auf die Möglichkeit zu Siamesischen Zwillingen zu Ende. Die Organogenese beginnt. Etwa um den 28. Tag sind die Hirnbläschen, die späteren Augen, Ohr-Plakode, Schlundbögen, Herz-, Lungen- und Leberknospe, Leibeshöhle, Darm und Kloakenmembran unterscheidbar, und die primitiven Großhirnhemisphären lassen sich erkennen. Das Herz beginnt zu schlagen. Der Entwicklungsabschnitt von der fünften bis zur achten Woche ist die Embryonalperiode, in der die großen Organsysteme neben dem Herzkreislauf- und dem Nervensystem entstehen und Knochen, Muskeln, der Magen-Darm-Kanal, Leber, Lungen und Nieren angelegt werden. Gegen Anfang der sechsten Woche beginnt die deutlich erkennbare Entwicklung von Rückenmark und Gehirn aus der Neuralplatte.

Nach zehn Wochen, was der 12. Schwangerschaftswoche entspricht (Schwangerschaftswochen werden nach der letzten Menstruation gezählt), ist die Organogenese abgeschlossen. Der menschliche Organismus wird ab dieser Zeit in der Medizin als „Fötus" bezeichnet.

Die weiteren Monate dienen der Weiterentwicklung und Reifung im Mutterleib. Die ersten Phasen, die insbesondere für die Diskussion um Konfliktfälle am Lebensanfang von Bedeutung sind, lassen sich in folgender Weise in einen kurzen Überblick bringen:

---

[31] Microsoft Encarta 2002 (CD-Rom), Artikel „Embryonalentwicklung".

Zeit	Name des Stadiums	Erläuterungen	Abbildung[1]
ab 0	Befruchtungsanfang	Eine Samenzelle dringt mit dem Kopf durch die Hüllen der Eizelle.	
12 bis 18h	Vorkernstadium	In der Eizelle befinden sich die beiden Kerne von Ei- und Samenzelle noch getrennt voneinander.	
20 bis 30h	Vereinigung der Vorkerne	Das Erbgut der beiden Zellkerne vereinigt sich.	
ca. 30h	Zygotenbildung	Mit der ersten Zellteilung bildet sich die Zygote.	
ca. 48h	Achtzellstadium	Es ist ein Keim von etwa acht Zellen entstanden.	
3. Tag	Morulabildung	Es ist eine Kugel von mehr als 16 Zellen entstanden, die so genannte Morula.	
4. Tag	Blastozystenbildung	Die Morula entwickelt sich in die äußere Zellschicht, den Trophoblasten, und einen Zellhaufen im Inneren der Blastozyste, der den eigentlichen Keim darstellt und Embryoblast heißt.	
5. bis 14. Tag	Implantationsphase und Keimscheibenbildung (Gastrula)	Die Blastozyste lagert sich an der Schleimhaut der Gebärmutter an. Der Embryoblast flacht ab und bildet eine Scheibe, den Primitivstreifen aus zwei Zellreihen, durch den erstmals die Körperachse bestimmt wird.	
nach ca. 10 Wochen (= 12. SSW p. m.)	Abschluss der Organogenese und Gesichtsprofilierung	Die grundlegenden Organe sind angelegt. Das Gesicht ist als „menschliches" gut zu erkennen.	

---

[32] Die Verwendung der Abbildungen der Microsoft Encarta 1997/2002 (CD-Rom) ist durch Microsoft (s. Richtlinien der Encarta) genehmigt.

2.3.1.2 Deutungen dieses Befunds und zentrale Argumente

Der biologische Befund entscheidet nicht die Frage, ab wann wir es überhaupt mit einem menschlichen Organismus zu tun haben, dem grundsätzlicher Subjektstatus und grundsätzliche Gleichheit, also Menschenwürde zukommt. Dies wird gerade daran deutlich, dass in der Auseinandersetzung mit klassischen Argumenten im Zusammenhang nach der Frage, wem Menschenwürde zukommt, dieser Befund unterschiedlich interpretiert wird. Dabei sei nochmals ausdrücklich darauf hingewiesen, dass diese Argumente dazu dienen sollen, die Extension der Menschenwürde dadurch zu bestimmen, dass Menschen im moralischen Sinn als solche identifiziert werden. Diese Argumente gehen dabei bereits davon aus, dass das Prinzip der Menschenwürde als solches Geltung hat.

Als klassische Argumente können in diesem Zusammenhang die so genannten SKIP-Argumente gelten[33]:

S: das Speziesargument
K: das Kontinuumsargument
I: das Identitätsargument und
P: das Potentialitätsargument.

Dazu kommen noch vier weitere wichtige Argumente:

*   das semantische Argument
*   das Vorsichtsargument
*   das Argument der Schiefen Ebene
*   das gradualistische Argument.

Das Speziesargument

Dem gemäßigten, also nicht mehr nur exklusiv für Menschen gültigen Speziesargument liegt folgender Syllogismus zu Grunde (vgl. Schockenhoff 2002):

1. Jedem Mitglied der Spezies Mensch kommt Menschenwürde zu.
2. Jeder menschliche Keim ist Mitglied der Spezies Mensch.
3. Also kommt jedem menschlichen Keim Menschenwürde zu.

Die Schlussform ist gültig, doch die Prämissen sind problematisch. Die zweite Prämisse entscheidet bereits den offenen biologischen Befund. Diese Setzung des Lebensanfangs eines Menschen mit Vereinigung der Vorkerne, aber noch bevor mütterliches und väterliches Genom gemeinsam exprimieren, ergibt sich nicht mit Notwendigkeit. Außerdem ist, wie bereits oben gesagt, der Begriff der Gattung und der Zugehörigkeit eines Individuums zu einer Gattung und auch zu einer Spezies nicht klar. Aber angenommen, wir akzeptieren diese Prämisse, dann lautet der eigentliche Einwand: Die erste Prämisse setzt bereits voraus, was erst noch zu

---

[33] Vgl. zum Folgenden die Beiträge in Damschen/Schönecker 2002a und Höffe u. a. 2002, insbesondere Honnefelder 2002a und b, Hoerster 2002, Knoepffler 1999a, 59ff, 2002a und b sowie 2003, 247ff, Kummer 2002b, Merkel 2002b, 128ff, Quante 2002, 61ff, Rendtorff 2000, Vossenkuhl 2002. Ich danke Anne Siegetsleitner für wichtige Hinweise bei der Formalisierung der Argumente.

beweisen wäre. Sie beantwortet gerade nicht die Frage, warum denn jedem Mitglied der Spezies Mensch Menschenwürde zukommen solle.

Ein Ausweg bestünde darin, die weiteren gerade aufgezählten Argumente zu Hilfe zu nehmen, dann wäre die Spezieszugehörigkeit freilich nicht mehr der Grund, warum allen Menschen und menschlichen Keimen Menschenwürde zukommen würde, sondern nur noch ein Kriterium der Identifikation. Damschen/Schönecker (2002b, 203) haben dafür eine hilfreiche Erläuterung gegeben:

„Die Grundidee ... besteht darin, dass die biologische Spezieszugehörigkeit (ähnlich einem Tachometer) uns anzeigt, dass ein bestimmtes Wesen Würde$_M$ [= Menschenwürde] besitzt, weil immer dann, wenn biologische Spezieszugehörigkeit vorliegt, auch das Attribut Φ vorliegt (...), sodass die Spezieszugehörigkeit zwar die Würde$_M$ anzeigt, aber weder direkt noch indirekt verursacht (so wie der Tachometer die Geschwindigkeit anzeigt, aber nicht verursacht)."

In diesem Fall trägt aber nicht mehr das Speziesargument die Beweislast, sondern die genannten Argumente. Die zweite Strategie besteht darin, ein mit dem Speziesargument eng verbundenes Prinzip, das Prinzip der Gattungssolidarität zu ergänzen:

Satz 1a: Es gilt das Prinzip der Gattungssolidarität.

Warum aber soll dieses Prinzip gelten? Ein Argument dafür könnte sein, dass wir alle aus menschlichen Keimen entstanden sind und retrospektiv nicht gewollt haben können, dass wir als Keime getötet worden wären. Man könnte hier freilich den Gedanken weiterführen: Niemand von uns kann deshalb auch gewollt haben, dass seine Eltern verhütet hätten, sodass er bzw. sie nicht entstanden wäre, oder dass seine Eltern sexuell enthaltsam gelebt hätten usw., wenn tatsächlich allein das Speziesargument in Verbindung mit der Gattungssolidarität die Beweislast tragen würde. Sollten also von daher Verhütung oder zölibatäre Lebensweise verboten werden?

Ein stärkeres Argument geht darum von der Rechtsgemeinschaft aus. Der zentrale Gedanke lautet: Jede Inanspruchnahme der Definitionsgewalt darüber, wer zum Kreis der von ihm zu respektierenden menschlichen Wesen gehört, ist gleichbedeutend „mit der Ermächtigung eines letztlich willkürlich zusammengesetzten Kreises seiner Bürger, das aus diesem Kreis ausgeschlossene menschliche Leben daraufhin zu beurteilen, ob und inwieweit seien Zulassung zu diesem ausgewählten Zirkeln den Interessen der bereits zu ihm Gehörigen dient oder nicht" (Schweidler 2003, 25). Also gibt es „eine staatliche Verpflichtung zum ungeteilten Respekt vor der Würde" (ebd., 24) aller menschlichen Lebewesen einschließlich menschlicher Keime.

Diese Argumentation ist nicht nur für die Frage des Lebensanfangs, sondern auch für die Fragen nach dem Umgang mit Menschen mit schwerer geistiger Behinderung und das Lebensende von großer Bedeutung. Sie trifft eine wesentliche Intention, aus der heraus die Menschenwürde in die internationalen und nationalen Dokumente Eingang gefunden hat. Ein Kriterium, warum der Nationalsozialismus als menschenverachtend zu bewerten ist, liegt gerade darin, dass hier zwischen „Menschen", „Untermenschen" und „Geziefer" unterschieden wurde, Darum verdeutlicht das Argument in gewisser Weise den semantischen Kern des Menschenwürdebegriffs.

Allerdings verdeutlicht sie ihn nur in gewisser Weise, denn es kommt zu einer entscheidenden Verschiebung: Die Menschenverachtung im Nationalsozialismus hatte nichts mit den Fragen nach Lebensanfang und Lebensende zu tun. Gerade das Euthanasieprogramm richtete sich nicht gegen Menschen am Lebensende, sondern gegen Menschen, die man als Belastung für die Gesellschaft loswerden wollte. Darum bleibt die Frage, ob nicht im Blick auf Lebensanfang (wie auch später auf Lebensende) auch die Eigenschaften menschlicher Lebewesen eine Rolle zu spielen haben. Diese Problematik zeigt sich deutlicher in einer weiteren Erläuterung dieses Arguments. Schweidler sagt ausdrücklich:

„Für die Beantwortung der Frage, wie ein Handelnder mit unbeseeltem menschlichen Leben umgehen darf, kommt es zuletzt nicht auf den humanen Status solchen Lebens, sondern auf den *dieses Handelnden* an" (ebd., 24).

Genau dies macht die Problematik aus. Müsste dann nicht bereits das menschliche Leben, das noch nicht menschliches Lebewesen geworden ist, aber auf dem Weg dazu ist, beispielsweise im Vorgang des Geschlechtsakts, ebenfalls mit einbezogen, also auch Verhütung verboten werden? Erneut zeigt sich das Problem der Unschärfe des menschlichen Lebensanfangs. Wird diese Unschärfe vom humanen Status des menschlichen Lebens am Lebensanfang abgelöst, dann fehlt letztlich das Identifikationskriterium für die Extensionalität der Menschenwürde.

Wird es darüber gelöst, dass zumindest ein lebendiger menschlicher Organismus vorhanden sein muss, tauchen wieder die vielfältigen Probleme des Lebensanfangs auf.

Dazu kommt, dass Solidaritätspflichten gestuft sind:

„Für Solidarität mit einem Embryo, der etwa wegen eines schwersten genetischen Defekts nur wenige Wochen alt werden könnte, der sich aus seinem biologischen Status quo nicht herausentwickeln, der also niemals erlebens- und damit um seiner selbst willen moralisch berücksichtigungsfähig werden könnte, gäbe es keinen Anlass" (Merkel 2002b, 143).

Deshalb wird auch bei einer In-vitro-Behandlung von der Implantation von menschlichen Keimen abgesehen, wenn morphologische Veränderungen, beispielsweise eine Triploidie, mittels einer optischen Präimplantationsdiagnostik festgestellt werden kann (vgl. Claussen 2001, 397). Zwar kann in manchen Fällen der überzählige dritte Vorkern wieder abgestoßen werden, der menschliche Keim also wieder lebensfähig sein, aber die Wahrscheinlichkeit hierfür ist zu gering, als das das Risiko einer unnötigen Implantation eingegangen wird. Darum reicht das Argument einer auch von der Rechtsgemeinschaft her begründeten Gattungssolidarität nicht aus, um das Speziesargument hinreichend zu stützen.

Das Kontinuumsargument

Das Kontinuumsargument basiert auf folgendem Syllogismus:
1. Jedem Menschen, der aktual bestimmte Eigenschaften Φ, z. B. Vernunftfähigkeit, hat, kommt Menschenwürde zu.
2. Wenn jedem Menschen, der aktual die Eigenschaften Φ hat, Menschenwürde zukommt, dann kommt auch jedem menschlichen Lebewesen, das sich mit einer bestimmten Wahrscheinlichkeit zu einem oder mehreren Menschen entwickelt, der Φ hat bzw. die Φ haben, Menschenwürde zu.

3. Jeder menschliche Keim ist ein menschliches Lebewesen, das sich kontinuierlich (ohne moralrelevante Einschnitte) mit einer bestimmten Wahrscheinlichkeit zu einem oder mehreren Menschen entwickeln wird, der Φ hat bzw. die Φ haben.

4. Also kommt bereits jedem menschlichen Keim Menschenwürde zu.

Auch hier ist die Schlussform gültig. Auch die erste Prämisse ist im Rahmen der Annahme des Menschenwürdeprinzips nicht kontrovers. Das eigentliche Problem stellt die zweite Prämisse dar. Wie gezeigt, beginnt bereits vor der Befruchtung ein humanspezifischer kontinuierlicher und irreversibler Prozess. Man kann ihn freilich künstlich, beispielsweise mit einem Kondom, stoppen – das aber gilt für alle Phasen dieses Prozesses. Auch der Prozess von dem Stadium der Vorkerne zur Bildung der Zygote ist ein kontinuierlicher und irreversibler Prozess, in dem es keine prozessualen Sprünge gibt. Dasselbe gilt für die Phase der Ausbildung gemeinsamer Genexpression, der Ausbildung von Embryoblast und Trophoblast sowie für den Implantationsprozess und den Abschluss der Möglichkeit einer Zwillingsbildung. Eine Ausnahme stellt hierbei freilich die IVF dar, weil hier nur durch einen menschlichen Eingriff der Keim den begonnenen Prozess im mütterlichen Uterus fortsetzen kann. Ansonsten ist er von sich aus nicht lebensfähig. Gerade dieser letzte Fall zeigt aber deutlich, dass das Kontinuumsargument hier allein nicht weiterführt.

Aber auch in allen übrigen Fällen erklärt der kontinuierliche Prozess gerade nicht, was zu beweisen wäre, nämlich warum es ab einem gewissen Zeitpunkt innerhalb dieses kontinuierlichen und irreversiblen Prozesses keine moralrelevanten Einschnitte mehr gibt.

Wäre dies nur in dem Sinn gemeint, dass kein biologischer Einschnitt in einem kontinuierlichen Prozess moralisch relevant sein kann, „weil man aus einem deskriptiven Prädikat kein normatives ableiten kann" (Damschen/Schönecker 2002b, 212), dann „handelt es sich nur um die Anwendung von Humes Gesetz" (ebd., 212). Humes Gesetz würde negativ zeigen, dass deskriptive Prädikate, in diesem Fall der Rückgriff auf biologische Daten, die moralische Frage, in diesem Fall die Frage nach dem moralischen Status des Embryos, nicht entscheiden kann. Es sagt gerade nicht positiv, in welcher Hinsicht diese Daten moralrelevant sein können.

Es verwundert darum nicht, dass in der neueren Diskussion dieses Arguments sowohl Befürworter (Honnefelder 2002b) als auch Gegner (Kaufmann 2002) auf andere Argumente, vornehmlich auf das Identitäts-, das Potentialitäts- und das semantische Argument abheben.

Das Identitätsargument

Das Identitätsargument lautet in seiner Grundfassung:

1. Jedem Menschen, der aktual bestimmte Eigenschaften Φ hat, kommt Menschenwürde zu.
2. Jeder menschliche Keim ist in moralrelevanter Hinsicht identisch mit einem Menschen, der Φ hat.
3. Also kommt jedem menschlichen Keim Menschenwürde zu.

Da Prämisse 1 unumstritten und der Schluss gültig ist, stellt Prämisse 2 das eigentliche Problem dar. Durch die Hinzufügung „in moralrelevanter Hinsicht" ist zwar in dieser Prämisse vermieden, dass der Begriff „identisch" im Sinne von Leibniz missverstanden, also vollständige Identität verlangt sein könnte, aber damit stellt sich sofort die Frage: Was gewährleistet die Identität in moralrelevanter Hinsicht?

Wer mit der Individualität und Einzigartigkeit des menschlichen Genoms argumentiert, also mit der genetischen Identität, erreicht das Gegenteil dessen, was er erreichen will. Es ist technisch möglich, den menschlichen Keim in vitro zu teilen, also genidentische Zwillinge zu schaffen. Man könnte dann einen Keim verbrauchen, ohne den Verlust des einzigartigen Genoms (in diesem Fall schon nicht mehr einzigartig) zu bewirken. Honnefelder (1996, 346) stellt prägnant fest:

„Auch die Einmaligkeit dieser Verbindung [des Genoms] ist noch nicht identisch mit der Einmaligkeit der Person. Sonst könnten eineiige Zwillinge nicht zwei unverwechselbare Personen sein. Das individuelle Genom gibt zwar die naturalen Entfaltungspotentiale des einzelnen Subjekts vor, doch sind nur wenige Merkmale dadurch eindeutig und unveränderbar festgelegt."

Dazu kommt, dass es unsinnig wäre, das so genannte einzigartige Genom zu schützen, das in allen unseren Körperzellen billionenfach vorhanden ist, denn ansonsten müsste eine abgeschilferte Darmepithelzelle geschützt und aufgehoben werden. Es ist also gerade nicht das Genom, das zum Beweis taugen kann, sondern die mit diesem Genom unterstellten aktuellen oder potentiellen Eigenschaften Φ. Zum Potentialitätsargument kommen wir später. Hier interessiert uns die Frage, ob bereits der menschliche Keim die aktuellen Eigenschaften Φ haben kann, die einen Anspruch auf Anerkenntnis von Menschenwürde implizieren.

Es gibt nun in der philosophischen und theologischen Tradition ein Argument, das die Identität gerade nicht biologisch am Genom festmacht, sondern die moralrelevante Identität ontologisch in einer menschlichen Seele verortet. Dabei wird angenommen, dass diese Seele beim Befruchtungsvorgang hinzutritt, sei es, indem sie von Gott eingegossen wird, sei es, indem sie sich selbst bildet. So argumentiert beispielsweise Demel (1994, 233; vgl. auch Seifert 2003, 56 und Hölscher 1999):

„Ab der Keimverschmelzung gilt daher: ‚der Mensch entwickelt sich *als* Mensch und nicht *zum* Menschen.' Und dieser kontinuierliche Entwicklungsgang kann weder allein durch den genetischen Code noch durch den Einfluss der Umwelt noch durch beide zusammen erfolgen, sondern ist entscheidend auf ein übergeordnetes Lebensprinzip, auf eine ‚oberste Steuerungsinstanz' angewiesen, die man Geist oder Seele nennen kann. Denn das genetische Programm kann nicht etwas tun, sondern sich nur entfalten."

Das Identitätsargument nimmt dann die Form an:

1. Jedem Mensch, der aktual bestimmte Eigenschaften Φ hat, kommt Menschenwürde zu.

2. Jedem Menschen, der beseelt ist, hat aktual die Eigenschaften Φ.[34]

---

[34] In bestimmten Deutungen des Hylemorphismus von Aristoteles wird bestritten, dass die Geistseele substantiell als immaterielle Entität zu denken ist. Dann kann nicht im Rahmen des Identitätsarguments, sondern nur im Rahmen des Potentialitätsarguments argumentiert werden. Allerdings geht z. B. Thomas von Aquin von einer anima separata als

3. Jeder menschliche Keim ist beseelt.
4. Also kommt jedem menschlichen Keim Menschenwürde zu.

In dieser Konstruktion des Identitätsarguments sind die Prämissen 2 und 3 umstritten, also überhaupt die Annahme einer Geistseele (Prämisse 2) und darüber hinaus der Zeitpunkt der Beseelung (Prämisse 3).

Die Annahme eines interaktionistischen Substanzendualismus geht auf Platon zurück, hat in Descartes ihre klassische Form erreicht[35] und wird bis heute etwa in folgender Fassung vertreten: Zwei Substanzen, der Geist (Seele) und der Körper, interagieren miteinander. Diese beiden Substanzen sind von völlig verschiedener Art, sodass der Geist auch ohne Körper weiter bestehen kann. Der Geist ist nämlich eine rein mentale, nichtmaterielle, unsterbliche Substanz.[36] Die Geistseele verbürgt die Eigenschaften Φ, beispielsweise Vernunftfähigkeit, Selbstbewusstsein oder Wünsche zweiter Ordnung, also Wünsche, die sich auf Wünsche erster Ordnung beziehen, die Möglichkeit, Versprechen zu geben, Interessen und Präferenzen zu haben usw.; denn dies alles sind Eigenschaften des Geistes, der in dieser Theorie mit der Geistseele identisch ist. Dagegen ist der Körper rein physisch, materiell und räumlich ausgedehnt (res extensa), sodass die Geistseele, nicht der Körper das Menschsein auch in einem moralisch gehaltvollen Sinn verbürgt.

Der interaktionistische Substanzendualismus ist allerdings nur eine unter mehreren Theorien zur Lösung des Leib-Seele-Problems und ist in der systematischen Diskussion mit ernst zu nehmenden Einwänden konfrontiert (vgl. ausführlich Knoepffler 1999a, 60ff [teils wörtlich]; Beckermann 2001; Brüntrup 1996). So steht das Grundprinzip des Dualismus, nämlich dass mentale Entitäten kausal in der physischen Welt wirksam sind, mit dem Prinzip, das methodisch für die Naturwissenschaften gilt, in Konflikt, nämlich dass die physische Welt kausal lückenlos geschlossen ist. Die lückenlose kausale Geschlossenheit der physischen Welt hat dabei die kausale Wirkungslosigkeit mentaler Entitäten zur Folge.

Ein weiteres Argument gegen einen interaktionistischen Dualismus ergibt sich aus einem Problem, das sich aus der physikalischen Annahme der Energieerhal-

---

Prinzip der Individualität und Unsterblichkeit nach dem Tod aus. Auf diese Weise nimmt sein Hylemorphismus substanzendualistische Form an.

[35] Seifert (2003, 55) zitiert als Vertreter des Dualismus auch aus Kants Vorlesungen über die Metaphysik (Pölitz, PM 201f): „Ich erkenne aber von der Seele: 1) dass sie eine Substanz sei; oder: Ich bin eine Substanz. Das Ich bedeutet das Subjekt, sofern es kein Prädikat von einem andern Ding ist. Was kein Prädikat von einem anderen Ding ist, ist eine Substanz."

[36] Für den römisch-katholischen Christen hat diese Annahme insofern eine große Bedeutung, da beispielsweise das Konzil im französischen Vienne im Jahr 1312 dogmatisiert, dass „die Substanz der vernunft- bzw. verstandesbegabten Seele wahrhaftig und durch sich die Form des menschlichen Leibes ist" (zitiert nach Denzinger/Hünermann 1991, Nr. 902). Und der geltende Katechismus der Katholischen Kirche (1993, Nr. 366) hält fest: „Die Kirche lehrt, dass jede Geistseele unmittelbar von Gott geschaffen ist – sie wird nicht von den Eltern ‚hervorgebracht' – und dass sie unsterblich ist: sie geht nicht zugrunde, wenn sie sich im Tod vom Leibe trennt, und sie wird sich bei der Auferstehung von neuem mit dem Leib vereinen".

tung ergibt. Wenn der Energieerhaltungssatz gilt, kann der physischen Welt keine Energie zugeführt werden. Wie aber soll dann eine psychophysische Wechselwirkung gedacht werden, in der ein immaterieller Geist der physikalischen Welt Energie zuführen kann?

Vor allem aber spricht der folgende Einwand gegen den interaktionistischen Dualismus. Solange das Gehirn normal funktioniert, sind auch die mentalen Prozesse normal, erleidet das Gehirn einen Schaden, so gibt es je nach Region auch eine schwere oder minder schwere Veränderung im Verhalten des Geschädigten. Auch scheinen das Verhalten und die mentalen Vollzüge eindeutig vom Entwicklungsstadium des betreffenden Gehirns abzuhängen. Wie Forschungen an Kindern gezeigt haben, entscheiden vor allem die Erfahrungen der ersten drei Jahre darüber, in welcher Weise sich die synaptischen Verbindungen ausbilden. Kurz nach der Geburt stellt das Gehirn eine unendliche Anzahl von neuronalen Verbindungen her, von denen im ersten Jahr nur diejenigen, die den Verhältnissen angepasst sind, bestehen bleiben, die übrigen gehen zugrunde. Je weniger ein Kind stimuliert wird, umso weniger Verbindungen bleiben bestehen, sodass das Gehirn derartiger Kinder weniger entwickelt ist als das Gehirn gleichaltriger, aber oft stimulierter Kinder. Auch Gefühle sind sehr stark von den frühen Erfahrungen abhängig, da sich je nach Art der Erfahrung bestimmte synaptische Verbindungen aus-, andere zurückbilden. Auch das Nachlassen von mentalen Fähigkeiten im Alter oder durch Krankheiten wie Morbus Alzheimer korrespondiert mit Veränderungen im Gehirn. Das Phänomen psychosomatischer Krankheiten spricht ebenfalls gegen eine Trennung in zwei distinkte Substanzen, von denen die eine, die Geistseele, von den körperlichen Vorgängen „unberührt" bleibt.

Als Gegenargument wird von Vertretern des Substanzendualismus die Dualität der menschlichen Erfahrung ins Feld geführt, wonach wir uns einerseits als körperliche Lebewesen, andererseits aber auch als Lebewesen erleben, die fühlen, empfinden und Wünsche haben. Vertreter einer substanzendualistischen Position betonen auch aus diesem Grund, dass man sich das Problem auf folgende Weise vorstellen sollte: Der Geist ist in einem Körper, der ihm als Ausdrucksmedium dient. Wenn sich dieses Ausdrucksmedium verändert, kann sich der Geist natürlich nur gemäß dieser veränderten Struktur zeigen. Sind die Strukturveränderungen zu groß, ergibt sich beispielsweise das Bild eines Menschen, dessen Geist krank zu sein scheint. In Wirklichkeit jedoch ist, so ihre Überzeugung, nicht der Geist krank, sondern sein Ausdrucksmedium Körper. Diese Situation ist bildhaft mit einem Pianisten vergleichbar, der auf einem Klavier spielt. Auch wenn der Pianist selbst fehlerfrei spielt, können doch falsche Töne aus dem Klavier kommen, wenn dieses verstimmt ist. Im Unterschied zum Pianisten aber, der das Klavier wieder in Ordnung bringen könnte, fehlt dem Geist (außer es gibt eine Therapie) die Fähigkeit, ein durch Krankheit zerstörtes Gehirn zu heilen. In den frühen Entwicklungsstadien, also beispielsweise ab der Vereinigung der Vorkerne von Ei- und Samenzelle, könnte in diesem Vorstellungsmodell eine Geistseele bereits gegenwärtig sein. Nur ihr Ausdrucksmedium wäre noch in einem so anfänglichen Stadium, dass sich diese immaterielle Geistseele noch nicht ausdrücken könnte. Vor dem Hintergrund eines solchen Modells ist es dann beispielsweise nicht haltbar zu sagen:

„Die Achtung der Menschenwürde ist dort angebracht, wo die Voraussetzungen erfüllt sind, dass ein menschliches Wesen entwürdigt werde, ihm seine Selbstachtung genommen werden kann. Daher lässt sich das Kriterium der Menschenwürde nicht auf Embryonen ausweiten. Die Selbstachtung eines menschlichen Embryos lässt sich nicht beschädigen" (Nida-Rümelin 2002, 407).

Unabhängig davon, dass diese Voraussetzung für die Anerkenntnis von Menschenwürde nach dem oben Gesagten (vgl. 2.1.1) nicht zureicht, ist im Rahmen des Substanzendualismus selbst die hier gestellte Bedingung der Selbstachtung für den menschlichen Keim postulierbar. Allerdings bleibt als entscheidende Frage, ob nach dem oben Gesagten ein derartiges Vorstellungsmodell anzunehmen ist.

Dazu kommt das Problem des Zeitpunkts. Gegen die Annahme einer Beseelung während des Befruchtungsvorgangs (Simultanbeseelung) lautet der schwerwiegendste Einwand: Bis zum Vierzellstadium ist nur das mütterliche Erbgut aktiv und es bleibt bis zur Ausbildung des Primitivstreifens die Möglichkeit einer Mehrlingsbildung bestehen. Wenn man wie Quante (2002, 69), der freilich keinen interaktionistischen Substanzendualismus vertritt, als Kriterium deshalb annimmt:

„Der Lebensbeginn eines menschlichen Organismus ist das Einsetzen der Aktivität des individuellen Genoms dieses Organismus, welches normalerweise im Vier- bis Achtzellstadium (...) geschieht und der Beginn der Selbststeuerung dieses individuellen Lebensprozesses ist",

dann wird man zumindest davor keine Beseelung annehmen. Ansonsten wäre auch theoretisch möglich, dass die Seele durch den männlichen Samen (These des Traduzianismus, bevor man die Keimzellen entdeckte) oder die weibliche Eizelle „eingebracht" wird. Diese Position wird heute praktisch nicht mehr vertreten.

Damit bleibt die Frage: Warum sollte eine Beseelung bereits erfolgen, solange biologisch noch nicht darüber entschieden ist, ob es zu einer Zwillingsbildung kommt oder nicht? Es werden dagegen vor allem drei Gegeneinwände von Vertretern der Simultanbeseelung erhoben (vgl. Demel 1994, 236f, Seifert 2003, 67f):

Der erste Gegeneinwand lautet: Die Beseelung nimmt sozusagen diese biologische Entscheidung vorweg. Es sind also bereits zwei Seelen prospektiv bei einer späteren Zwillingsbildung „in" der totipotenten Zygote vorhanden. Dieser Einwand ist jedoch problematisch, wie Demel, eine Vertreterin der Simultanbeseelung selbst einräumt: Wären dann auch mehrere Seelen vorhanden, wenn man eine künstliche Zwillingsbildung, das Embryonensplitting, vornehmen würde? Und was würde dann im Blick auf die theoretische Möglichkeit eines somatischen Zellkerntransfers für die Anzahl der Seelen gelten?

Der zweite Gegeneinwand versteht die Zwillingsbildung als ungeschlechtliche Fortpflanzung. Im Moment der Bildung von Zwillingen wird eine neue Seele eingeschaffen. Dieser Einwand steht ebenfalls vor der Schwierigkeit, die frühe Beseelung des ursprünglichen Keims nicht begründet zu haben.

Der dritte Gegeneinwand, dass bei der Mehrlingsbildung eine neue Generation entstünde und die ursprüngliche Zygote aufhören würde zu existieren, birgt eine weitere Schwierigkeit. Im Rahmen der Theorie muss angenommen werden, dass die ursprüngliche Zygote bereits beseelt war und stirbt. Es muss also ein Sterben einer als personal verstandenen Zygote zu diesem frühen Zeitpunkt angenommen werden. Andernfalls wäre die grundlegende Annahme der Steuerungsinstanz verletzt.

Alle drei Gegeneinwände stehen vor allem vor einem Grundproblem: Wie ist in diesem Rahmen eine Chimärenbildung, d. h. die Bildung eines Individuums, das sich von zwei genetisch unterschiedlichen befruchteten Keimen herleitet, vorstellbar? Wie können zwei vorhandene Geistseelen gedacht werden, wenn die Chimäre eindeutig später ein Individuum ist und nicht zwei Individuen?

Sollte man hier erneut davon ausgehen, dass auch diese beiden Individuen bei der Chimärenbildung sterben, damit ein neues Individuum entstehen kann, so unterstreicht diese nicht leicht nachzuvollziehende Theorie eher die Anfrage, warum bereits zu diesem frühen Zeitpunkt eine Beseelung angenommen wird. Deshalb ist die Annahme einer Simultanbeseelung problematisch.

Thomas von Aquin beispielsweise ist von einer Sukzessivbeseelung ausgegangen, also davon, dass eine Beseelung mit einer Geistseele erst zu einem späteren Zeitpunkt geschehe. Die Annahme, dass Thomas mit Kenntnis des heutigen biologischen Befundes eine Simultanbeseelung vertreten würde (so Heaney 1992), entspricht nicht seiner Philosophie. Thomas geht vor dem Hintergrund seines naturwissenschaftlichen Wissens davon aus, dass im männlichen Samen - heute würde er vom entwicklungsfähigen Genom sprechen - eine „virtus formativa" (SG II, 2, cap. 86, no. 5), eine Gestalt gebende Kraft wirkt, die bei der Zeugung dafür sorgt, dass Körperwerdung (formatio corporis) geschieht, aber gerade nicht die Beseelung mit der letztlich Form gebenden Geistseele. Diese Beseelung kann erst erfolgen, wenn die körperliche Grundlage dafür vorhanden ist, das Gehirn:

„Jedoch lässt sich auch nicht sagen, im Samen [wir würden heute sagen: im entwicklungsfähigen Genom] sei von Anfang an eine ihrem Wesen vollendete Seele, deren Tätigkeit allerdings wegen des Fehlens der Organe nicht in Erscheinung träte. Denn da die Seele mit dem Körper als Form vereinigt wird, wird sie nur mit demjenigen Körper vereinigt, dessen Akt sie im eigentlichen Sinn ist. Nun ist ja die Seele ‚der Akt des organischen Körpers'. Vor der Entfaltung der Organe des Körpers ist demnach die Seele im Samen nicht aktuell enthalten, sondern nur der Potenz oder der Kraft nach" (SG II, 2, cap. 89, no. 3; vgl. SG II, 2, cap. 86).

Thomas gibt dafür zusätzlich folgende Gründe, die umformuliert nach unserem heutigen naturwissenschaftlichen Kenntnisstand lauten würden: ‚Hätte das entwicklungsfähige Genom sofort eine Seele, so hätte es bereits seine substantielle Form. Jede substantielle Erzeugung geht jedoch ihrer substantiellen Form voraus und folgt nicht auf sie. Wenn aber irgendwelche Veränderungen auf die substantielle Form folgen, dann sind sie nicht auf das Sein des Erzeugten, sondern auf dessen Gutsein hingeordnet. Demnach wäre die Zeugung des Lebewesens mit dem entwicklungsfähigen Genom abgeschlossen, alle folgenden Veränderungen aber würden nicht zur Zeugung gehören. Noch weitaus lächerlicher ist es jedoch, wenn das von der *vernünftigen* Seele gesagt wird: zum einen, weil es unmöglich ist, dass sie, um im entwicklungsfähigen Genom sein zu können, mit der Teilung des Körpers, z. B. in Embryo- und Trophoblast oder bei der Zwillingsbildung, geteilt würde; zum anderen, weil folgen würde, dass bei allen menschlichen Keimen, aus denen keine klinischen Schwangerschaften resultieren, die vernünftigen Seelen trotzdem gegeben seien.'[37]

Dante hat diese Position poetisch so formuliert:

„Öffne dich der Wahrheit, die zu dir kommt und wisse, dass kaum, dass sich im Fötus das Gehirn vollkommen gebildet hat, Gott, als erster Beweger und froh über eine solche Kunst der Natur, dem Fötus den neuen Geist einhaucht, von vollständiger Kraft, der, was er dort aktiv findet, in seine substanzielle Form aufnimmt und so eine einzige Seele bildet, die lebt und fühlt und auf sich selbst reflektiert."[38]

In heutigem Sprachgebrauch würde man sagen: Beseelung setzt eine körperliche Bedingung der Möglichkeit voraus, nach Dantes und Thomas Überzeugung die Gehirnbildung. Die Kombination von interaktionistischem Substanzendualismus und der Annahme einer Simultanbeseelung geht also von mehreren umstrittenen Voraussetzungen aus. Es wird die Existenz einer unkörperlichen Seele angenommen und es wird davon ausgegangen, dass die Beseelung bereits mit dem Befruchtungsvorgang geschieht.

Man kann nun versuchen, diesen Problemen dadurch zu entgehen, dass man auf einen Substanzbegriff ausweicht, der nicht an die Seelentheorie gebunden ist, sondern an einen bestimmten Begriff menschlicher Natur. Die ursprüngliche Prämisse 2: Jeder menschliche Keim ist in moralrelevanter Hinsicht identisch mit einem Menschen, der Φ hat, wird dann so begründet, dass der Keim bereits eine menschliche Substanz ist, die das aktive Entwicklungspotential hat, die moralrelevanten bestimmten Eigenschaften Φ auszubilden. Damit aber trägt nicht mehr die Identität die Begründungslast, sondern die aktive Potentialität.[39]

---

[37] „Hätte der Samen nämlich sofort nach der Abtrennung eine Seele, so hätte er bereits seine substantielle Form. Jede substantielle Erzeugung geht jedoch ihrer substantiellen Form voraus und folgt nicht auf sie. Wenn aber irgendwelche Veränderungen auf die substantielle Form folgen, dann sind sie nicht auf das Sein des Erzeugten, sondern auf dessen Gutsein hingeordnet. Demnach wäre die Zeugung des Lebewesens mit der Abtrennung des Samens abgeschlossen, alle folgenden Veränderungen aber würden nicht zur Zeugung gehören. Noch weitaus lächerlicher ist es jedoch, wenn das von der *vernünftigen* Seele gesagt wird: zum einen, weil es unmöglich ist, dass sie, um im abgetrennten Samen sein zu können, mit der Teilung des Körpers geteilt würde; zum anderen, weil folgen würde, dass bei allen Samenergüssen, aus denen keine Empfängnis folgt, die vernünftigen Seelen trotzdem sich vervielfachten" (SG II, 2, cap. 89, no. 4f).

[38] Dante 1979, Purg. XXV, 67-75, eigene Übersetzung. Im Original heißt es:
Apri alla verità che viene al petto;
e sappi che, sì tosto come al feto
l'articular del cerebro è perfetto,
lo motor primo a lui si volge lieto
sovra tant'arte di natura, e spira
spirito novo, di vertù repleto,
che ciò che trova attivo quivi, tira
in sua sustanzia, e fassi un' alma sola,
che vive e sente e sé in sé rigira."

[39] Hier wird nochmals der Unterschied zur thomanischen Position deutlich, nach der das entwicklungsfähige Genom nur passiv für die Beseelung mit einer Geistseele disponiert.

Das Potentialitätsargument

Das Potentialitätsargument in seiner üblichen Form lautet (vgl. Schöne-Seifert 2002, 170):

1. Jedem Menschen, der aktual bestimmte Eigenschaften Φ hat, kommt Menschenwürde zu.
2. Wenn jedem Menschen, der aktual bestimmte Eigenschaften Φ hat, Menschenwürde zukommt, dann kommt auch jedem Wesen, das *potentiell* Φ hat, Menschenwürde zu.
3. Jeder menschliche Keim ist ein Wesen, das *potentiell* Φ hat.
4. Jedem menschlichen Keim kommt also Menschenwürde zu.

In dieser Form ist das Potentialitätsargument aber zu ungenau, denn der Begriff der Potentialität hat eine mehrfache Bedeutung. Die Potentialität als logische Möglichkeit ist für die Fragestellung uninteressant, da es beispielsweise logisch möglich ist, dass Tuberkulosebakterien Raketen konstruieren.

Passive Potentialität im Unterschied zur aktiven Potentialität ist beispielsweise mit der Potentialität von menschlichem Leben in Form von Ei- und Samenzelle vor dem Befruchtungsvorgang oder in Form von somatischen Zellen vor dem Klonierungsprozess gegeben. Weder eine Eizelle noch eine Samenzelle noch eine ausdifferenzierte Körperzelle können aus sich heraus jedoch zu einem entwicklungsfähigen Keim werden. Sie sind nur notwendige, nicht aber hinreichende Bedingungen dafür, dass ein menschliches Lebewesen entstehen kann.

Davon zu unterscheiden ist die aktive Potentialität. Allerdings ist auch der Begriff der aktiven Potentialität mehrdeutig. Eine Weise, von aktiver Potentialität zu sprechen, besteht darin, sie in dem Sinn zu verstehen, dass es genügt, wenn ein bestimmter Prozess begonnen hat, der aus sich heraus erfolgreich verläuft und zu einem bestimmten Ergebnis führt, vorausgesetzt notwendige Hintergrundbedingungen sind gegeben. Angewendet auf unsere Fragestellung bedeutet dies, dass die aktive Potentialität zu einem Menschen mit aktuellen Eigenschaften Φ führt. Wir müssen dann freilich nicht nur bis zum menschlichen Keim zurückgehen, sondern sogar zu dem Moment, in dem der Befruchtungsprozess gestartet wird. Man müsste dann auch das entwicklungsfähige Vorkernstadium in seiner Potentialität in dieser Weise bewerten. Man könnte sogar denjenigen, der ein Kondom benutzt, als jemand verstehen, der „tamquam homicida habeatur [wie ein Mörder gelten soll]" (Caffarra 1989, 192), weil sozusagen in der Perspektive eines allwissenden Beobachters klar ist, welche Samenzelle „das Rennen macht".

Lässt sich dieses Problem beseitigen, wenn man das Argument mit aktiver Potentialität gradualistisch verfeinert? Man würde also Wahrscheinlichkeiten einführen und behaupten, wenn eine bestimmte Wahrscheinlichkeit für einen erfolgreich verlaufenden Prozess gegeben ist, dann, aber erst dann käme dem Keim oder Embryo oder Fötus Menschenwürde zu. Solange der Befruchtungsvorgang abliefe, sei die Wahrscheinlichkeit jedoch noch zu gering. Eine derartige Argumentation, die auf Wahrscheinlichkeiten rekurriert, lässt sich bereits durch ein einfaches Beispiel problematisieren. Um 1800 starb statistisch in Deutschland etwa jedes zweite Kind, bevor es das zweite Lebensjahr vollendete. Heute ist die Wahrscheinlichkeit bei weit über 90%, dass ein Neugeborenes zwei Jahre alt wird.

Es wäre also ein medizinischer Fortschritt denkbar, der die Wahrscheinlichkeiten so verändert, dass bereits für das Vorkernstadium eine höhere Wahrscheinlichkeit bestehen würde als sie heute für einen vier Tage alten Keim angenommen werden kann.

Das bedeutet aber, dass die Geltung des Arguments „aktive Potentialität" nicht von Wahrscheinlichkeiten abhängt, ob dieser Prozess erfolgreich ist, solange er nur überhaupt erfolgreich sein kann. So ist es im Rahmen dieses Arguments prinzipiell nicht erlaubt, einem Neugeborenen, das nur potentiell bestimmte Eigenschaften Φ hat, nicht Menschenwürde zuzuerkennen, obwohl auch ein Neugeborenes nur mit einer gewissen Wahrscheinlichkeit zu einem Menschen wird, der diese Eigenschaften aktual besitzt.

Gerade der Verweis auf den neugeborenen Menschen macht aber deutlich, dass „aktive Potentialität" noch eine andere Bedeutung haben kann, nämlich aktive Potentialität einer wirklichen organischen Einheit und nicht nur wie im Vorkernstadium als Konkretion zweier Entitäten (Eizelle und Samenzelle) oder gar am Anfang des Befruchtungsprozesses zweier distinkter Entitäten zu sein. Dieser Begriff von Potentialität ist eng mit der aristotelisch-thomistischen Ontologie verbunden und setzt eine Substanzontologie voraus: Erst mit Abschluss der Befruchtung ist eine neue Substanz, das menschliche Lebewesen, entstanden. „Substanzen jedoch haben zwar die Potenz zur Selbstentfaltung in sich, sind aber selbst immer aktuell" (Haeffner 2001), man könnte dafür auch sagen, sie haben eine dispositionelle Potentialität (vgl. Damschen/Schönecker 2002b, 226f). Eine dispositionelle Potentialität ist die grundsätzliche Fähigkeit, eine Fähigkeit auszubilden. Ein normaler menschlicher Keim nach Abschluss des Befruchtungsvorgangs ist ein neuer Organismus, der beispielsweise die dispositionelle Potentialität hat, die lateinische Sprache zu erlernen. Er hat bereits aktual diese dispositionelle Potentialität zu diesem frühen Zeitpunkt. Er ist also nicht aktual fähig, lateinisch zu sprechen, aber er hat die aktuale Fähigkeit, die dispositionelle Potentialität, diese Fähigkeit zu entsprechender Zeit auszubilden. Er hat von daher einen grundsätzlichen Subjektstatus, da er Subjekt aktualer Eigenschaften erster Stufe ist, also aktualer Eigenschaften, die für aktuale Eigenschaften zweiter Stufe wie die konkrete Fähigkeit, Latein zu beherrschen, disponieren. Genau darin unterscheidet er sich beispielsweise vom Vorkernstadium, bei dem die Vorkerne von Ei- und Samenzelle noch getrennt voneinander nachweisbar sind. Darin unterscheidet er sich auch von nichtmenschlichen Lebewesen, denen diese aktuale Fähigkeit abgeht. Das Potentialitätsargument nimmt dann folgende Form an:
1. Jedem Menschen, der aktual bestimmte Eigenschaften Φ hat, kommt Menschenwürde zu.
2. Jedem menschlichen Lebewesen, das aktual die dispositionelle Potentialität besitzt, bestimmte Eigenschaften Φ auszubilden, kommt Menschenwürde zu.
3. Jeder menschliche Keim ist ein menschliches Lebewesen, das aktual die dispositionelle Potentialität besitzt, bestimmte Eigenschaften Φ auszubilden.
4. Jedem menschlichen Keim kommt also Menschenwürde zu.
   Ein wichtiger Punkt zum Verständnis des Arguments lautet: Ab wann kann sinnvoll von einem menschlichen Lebewesen gesprochen werden, das aktual die dispositionelle Fähigkeit besitzt, bestimmte Eigenschaften Φ auszubilden? Genügt

bereits die Vereinigung der beiden Vorkerne ohne gemeinsame Genexpression? Oder ist das entwicklungsfähige Genom als menschliches Lebewesen zu verstehen, das als eine funktionelle sich selbst organisierende Einheit prinzipiell autopoietisch ist, also sich prinzipiell selbst entwickeln kann (vgl. z. B. Rager 1997, 2000) und deshalb jedem menschlichen Organismus in unterschiedlichen Lebensstadien prinzipiell gleichartig wäre? Kann dies aber gelten, wenn der überwiegende Teil dieses Organismus im Vorgang der Ausdifferenzierung in Embryoblast und Trophoblast als Trophoblast gerade nicht mehr mit dem später geborenen Menschen irgendetwas zu tun hat? Oder ist dieses entwicklungsfähige Genom zwar notwendige, aber gerade nicht hinreichende Bedingung eines sich zum geborenen Menschen entwickeln könnenden Organismus? Haben wir vielleicht erst dann ein menschliches Lebewesen im oben angenommenen Sinn, wenn das Struktur bildende Moment, die Positionseffekte der mütterlichen Schleimhaut, eingetreten sind, weil nach herrschender Meinung ohne diese Positionseffekte die Organisation eben gerade trotz des vollständigen genetischen Codes nicht vollständig und keine Zwillingsbildung mehr möglich wäre? Oder sind spätere Zeitpunkte anzunehmen?

Geht man von einer aristotelisch-thomistischen Ontologie aus, dann haben wir es zumindest nach Smith (1997) mit mehreren substantiellen Änderungen zu tun: Vor der Vereinigung von Ei- und Samenzelle haben wir mit Ei- und Samenzelle zwei distinkte Substanzen, nämlich lebendige menschliche Zellen. Im Vorkernstadium haben wir eine Konkretion dieser beiden Substanzen, die aber noch keine neue Substanz bilden. Es bildet sich im Laufe dieses Prozesses eine neue Substanz aus, die vorhanden ist, sobald väterliche und mütterliche Gene gemeinsam im neu gebildeten Genom die Genexpression bewirken. Im Zustand der Totipotenz ist der menschliche Organismus noch eine andere Substanz als in einem späteren Stadium. Wiederum ändert sich die Substanz, wenn die Unterscheidung in Embryoblast und Trophoblast vollzogen ist. Und das Ende der Möglichkeit einer Zwillingsbildung ist insofern von größter Bedeutung, als hier auch die Totipotenz von Zellverbänden ein Ende nimmt. Frühestens dann hat sich der menschliche Organismus zu einer Substanz verändert, die ontologisch „Mensch" genannt zu werden verdient. Wie bereits im Rahmen des Identitätsarguments mit Hilfe des Dantezitats verdeutlicht, gingen Aristoteles und Thomas von Aquin davon aus, dass der Zeitpunkt später liegt, nämlich erst mit dem Dazukommen der Geistseele (vgl. Pasnau 2002). Ihre Annahme lautete dabei modern gesprochen, dass die Ausbildung von Gehirnstrukturen notwendige Bedingung dafür ist, dass der menschliche Organismus zum Menschen wird. In diesem Sinn formuliert auch Oeing-Hanhoff mit Bezug auf Thomas von Aquin:

„Zwar kann man auch von jenem scholastischen Begriff des I[ndividuums] her, wonach ‚ein I. nicht angelegt und fähig ist, in vielen zu sein' (aliquid dicitur i. ex hoc, quod non est natum esse in multis), das Ende der Fähigkeit zur Mehrlingsbildung als ein wichtiges Stadium der Individuation eines sich entwickelnden Keimlings ansehen, wie es ja selbst in der jüngsten Rechtsprechung der BRD geschieht, aber im Sinne der gesamtscholastischen Lehre von den mit der spezifischen Wesensart gegebenen Graden der Individualität und von der Sukzessivbeseelung des Foetus ist es verfehlt und offenkundig falsch, einen menschlichen Keimling wegen Erreichung dieses Stadiums schon als Menschen anzusehen; denn – so erklärt Thomas von Aquin –: ‚Wenn [in der Entwicklung des Embryos noch] kein menschliches Sinneswesen vorliegt [und ohne aktuale Gehirnfunktionen kann es keine Sinnesempfindungen geben], ist kein Mensch (si non est animal, non est homo). Dementsprechend heißt es auch von der dem Menschenwesen eigenen Individuation: ‚Die der menschlichen Natur entsprechende Individuation ist die Personalität' (individuatio autem conveniens humanae naturae est personalitas), wobei die Personalität nach Thomas erst mit der zum Abschluss der Zeugung (Embryonalentwicklung) hervorgebrachten individuellen Vernunftsubstanz gegeben ist" (Oeing-Hanhoff 1976, 307, dort auch die Stellenbelege).

Vor diesem Hintergrund verwundert der Gebrauch des Begriffs „Individuum" bereits für den menschlichen Keim umso mehr (vgl. die Position des Minderheitenvotums in der Stellungnahme des Nationalen Ethikrats (2002, 28ff) zur Stammzellforschung) Nun lässt sich über die Bedeutung des Begriffs „Individuum" streiten. So sprechen manchen Naturwissenschaftler deshalb, weil bereits der menschliche Keim ein einheitliches biologisches System darstellt, davon, dass das menschliche Lebewesen im Frühstadium, also als menschlicher Keim ein Individuum ist, selbst wenn eine Zwillingsbildung noch möglich ist:

„Der Embryo lebt zu jeder Zeit als ein zu einer einheitlichen Leistung befähigtes System und stellt daher unter biologischen Gesichtspunkten eine in Raum und Zeit unverwechselbare Einheit dar, der wir zu Recht Individualität im biologischen Sinne (Individuum [b]) zuschreiben. Der Embryo ist vor der Zwillingsbildung ein Individuum [b] (Zustand A)" (Bodden-Heidrich u. a. 1997, 94).

Allerdings räumen sie zugleich ein:

„Nach der Zwillingsbildung (Zustand B) handelt es sich um zwei Individuen [b]. Der Übergang von Zustand A in den Zustand B kann systemtheoretisch als Bifurkation beschrieben werden; biologisch können wir ihn als Vermehrung bezeichnen" (ebd., 94).

Es lässt sich aber gegen diese Deutung fragen, ob nicht das ursprüngliche Individuum individualspezifisch etwas anderes ist als die Individuen nach der Bifurkation. Von daher wäre die entscheidende Frage gerade naturwissenschaftlich nicht lösbar, nämlich die ontologische Frage, ob das Seiende vor Ende der Teilungsmöglichkeit seinsmäßig mit dem Seienden identisch ist, nachdem diese Möglichkeit nicht mehr gegeben ist. Zumindest vor dem Hintergrund einer Position, die sich philosophisch an Aristoteles und Thomas von Aquin anlehnt, scheint dies nicht sinnvoll zu sein.

Zudem gilt bezüglich des Begriffs selbst: Individuum ist die Übersetzung des griechischen atomon, besagt also gerade nicht Ungeteiltheit, sondern Unteilbarkeit. Wenn aber aus einem entwicklungsfähigen Genom noch Zwillinge werden können, wenn umgekehrt in dem frühen Stadium zwei entwicklungsfähige Genome sich noch zu einem entwicklungsfähigen Genom vereinigen können, dann erscheint der Gebrauch von „Individuum" für das frühe Stadium zumindest problematisch, da „wir [auch heute noch] im üblichen Sprachgebrauch unter Individualität nicht nur *Ungeteiltheit*, sondern auch *Unteilbarkeit* verstehen" (Honnefelder 2002b, 72).[40] Und man muss wohl hinzufügen: Wohl nur in seltenen Fällen „Ungeteiltheit" damit verbindet.

Daraus ergibt sich, dass auch der Gebrauch des Potentialitätsarguments eine Setzung impliziert, in welchem Stadium dieser menschliche Organismus tatsäch-

---

[40] Interessanterweise lässt sich diese sprachliche Problematik auch in der betreffenden Positionsbeschreibung des Minderheitenvotums des Nationalen Ethikrats selbst nachweisen.

lich als ein- und dieselbe Substanz verstanden werden kann, die „Mensch" genannt zu werden verdient. Unbestritten hat die menschliche Morula eine aktive Potentialität, die sich von derjenigen geborener Menschen unterscheidet. So besteht hier die gerade genannte dispositionelle Potentialität zur Zwillingsbildung, die kein geborener Mensch in dieser Weise mehr besitzt. Die Möglichkeit des somatischen Zellkerntransfers (Klonens mit reproduktiver Zielsetzung), also die Möglichkeit der zeitversetzten Zwillingsbildung ist gerade nicht eine dispositionelle Potentialität, sondern eine passive Potentialität, die vieler zusätzlicher Bedingungen bedarf.

Darüber hinaus setzt sich das Potentialitätsargument unabhängig von dieser internen Problematik dem externen Vorwurf aus, auf eine ganz bestimmte Ontologie zurückzugreifen, die philosophisch und theologisch in Frage gestellt wird (vożl. Anselm u. a. 2002) und darum als Fundament einer allgemeinverbindlichen Moral problematisch ist (vgl. Schöne-Seifert 2002, 178).

Darüber hinaus entsteht ein wichtiges Problem, sobald die Befruchtung in vitro stattfindet. Warum kann man hier von einer aktiven Potentialität sprechen, bevor die Implantation in den Mutterleib stattfindet, denn dieser Moment ist zumindest notwendige Bedingung, damit die Entwicklungsfähigkeit des menschlichen Keims bestehen bleibt: Wenn der Keim nicht implantiert wird, kann er sich nicht weiterentwickeln.

Man muss also wiederum eine Setzung vornehmen, was „wesentliche" Bedingungen sind und welche Bedingungen trotz der Notwendigkeit ihres Gegebenseins als nicht wesentliche Hintergrundbedingungen zu gelten haben:

„Man stelle sich vor, Wesen von der Venus landen auf der Erde und sehen einen Waldbrand. Einer von ihnen sagt, ‚Ich weiß, was das verursacht hat – die Atmosphäre des verfluchten Planeten ist mit Sauerstoff gesättigt.' Diese Szene illustriert, dass das, was für den einen die Hintergrundbedingungen darstellt, sehr leicht für einen anderen die ‚Ursache' sein kann" (Putnam 1993, 184).

Noch problematischer ist unter der Voraussetzung des Potentialitätsarguments, wie dann die Menschenwürde von Menschen begründet werden kann, die gerade nicht die aktive Potentialität zur Vernunft- und Moralfähigkeit besitzen, beispielsweise Menschen mit schwerster geistiger Behinderung auf Grund einer genetischen Veränderung. Wenn das Potentialitätsargument also nur hinreichende Bedingung dafür ist, dass menschlichen Lebewesen, die diese aktive Potentialität besitzen, Menschenwürde zukommt, benötigen wir für Menschen mit schwerer geistiger Behinderung ein anderes Argument. Dann aber ist zu fragen, ob nicht dieses Argument das stärkere ist und damit das Potentialitätsargument unnötig werden lässt.

Semantische Argumente

Um diese Probleme zu vermeiden, greifen beispielsweise Spaemann und Honnefelder auf semantische Argumente zurück und versuchen dabei, die semantische Differenz von „etwas" und „jemand" fruchtbar zu machen. Der Rekonstruktionsversuch des Arguments von Spaemann (1996) enthält dabei eine Zweistufigkeit. Das Argument nimmt dann folgende Form an:

1. Stufe:
1. Was wir unter den Begriff „jemand" fassen, dem kommt Menschenwürde zu.
2. „Es gibt keinen gleitenden [semantischen] Übergang von ‚etwas' zu ‚jemand'"
   (Spaemann 1996, 264).
3. Menschen sind nicht etwas.
4. Menschen sind jemand.
2. Stufe:
5. Menschen werden am artspezifischen, individuellen Genom identifiziert.[41]
6. Menschliche Keime besitzen ein artspezifisches, individuelles Genom.
7. Also sind menschliche Keime jemand.
8. Also kommt menschlichen Keimen Menschenwürde zu.

Semantisch sind sowohl der Begriff „etwas" als auch der Begriff „jemand" nicht aufeinander rückführbar. Wir können nicht etwas auf jemand zurückführen oder umgekehrt. Doch damit ist das Problem gerade nicht gelöst, ansonsten würde man einen reinen Begriffsrealismus vertreten. Der biologische Befund zeigt im kontinuierlichen Befruchtungsprozess auf der biologischen Ebene gerade nicht an, wann wir hier mit Gewissheit von „etwas" und „jemand" sprechen können.[42] Es gibt eben gerade nicht einen Augenblick der Befruchtung, sondern es ist eine Entscheidung, ab wann der Begriff „jemand" und nicht mehr der Begriff „etwas" gebraucht wird. Selbst wenn man als Identifikationskriterium das artspezifische, entwicklungsfähige, individuelle Genom annimmt, wird man weitere Festlegungen treffen müssen, die sich nicht von selbst verstehen und die alle unter dem Verdacht einer gewissen Willkürlichkeit stehen: Ist bereits der aktive Zeugungsvorgang als Zeitpunkt anzunehmen, da damit in der Perspektive des allwissenden Gottes bereits dieses Genom festliegt? Oder genügt das Vorkernstadium, in dem das Genom, wenn auch noch getrennt festliegt? Oder sollte man die Phase annehmen, in der die Vorkerne sich vereinigen, aber väterliche und mütterliche Gene noch nicht gemeinsam exprimieren? Oder ist der Zeitpunkt erst mit der gemeinsamen Genexpression erreicht? Doch bereits die Annahme dieses Identifikationskriteriums ist umstritten. Warum soll dieses Genom verbürgen, dass wir menschliche Lebewesen in einem so frühen Stadium als „jemand" benennen? Starck (2002, 1070) sagt deshalb vereinfachend:

„Unabhängig von dieser Begründung ist die Sacheigenschaft eines menschlichen Keimlings auch deshalb ausgeschlossen, weil Person und Sache begrifflich einander ausschließen. Aus einer Sache kann niemals eine Person werden. Es ist die körperliche Vereinigung zweier Personen verschiedenen Geschlechts im Zeugungsakt, der eine dritte Person hervorzubringen vermag."

In diesem Zitat wird der semantische Fehlschluss überdeutlich. Aus der semantischen Nichtrückführbarkeit von Person („jemand") auf Sache („etwas") wird auf eine biologische Nichtrückführbarkeit geschlossen. Wenn man evolutionstheoretischen Annahmen folgt, dann sind gerade aus Dingen Lebewesen geworden. Nimmt man jedoch eine Beseelungstheorie an, dann ist der elterliche Zeugungsakt

---

[41] Die Identifikation einer Referenzmenge durch das Genom ist etwas anderes als die Begründung der Würde mittels des Genoms, die oben kritisiert wurde.

[42] Analog zeigt sich das Problem am Lebensende, wo auch ein Streit herrscht, wann „jemand" tot und das heißt nicht mehr „jemand" ist.

nur eine notwendige Bedingung der Beseelung, nicht eine hinreichende. Anders gesprochen: Die Seele verbürgt dass Jemandsein. Zudem muss dann erklärt werden, wie man beispielsweise das Vorkernstadium sprachlich kennzeichnet. Bezeichnet man diese Konkretion von Ei- und Samenzelle als Sache, dann entwickelt sich doch aus einer Sache ein „jemand". Ist sie aber keine Sache, was ist sie dann? Notwendigerweise ein jemand? Spaemann begründet also nicht, warum der menschliche Keim semantisch als jemand gekennzeichnet werden muss.

Honnefelders (1996, 2002a, 82ff) semantisches Argument ist mit dem Argument von Spaemann verwandt, aber dennoch viel differenzierter. Ich rekonstruiere es auf folgende Weise:

1. Stufe:

1. Wir gebrauchen „das Prädikat ‚Mensch' als einen sortalen Ausdruck, d. h. als einen (generellen) Terminus, mit dessen Hilfe wir etwas identifizieren, indem wir es zugleich charakterisieren" (Honnefelder 2002a, 82).

2. Sortale Ausdrücke „verweisen also auf einen in der Wirklichkeit vorgegebenen Bestand in Form einer natürlichen Art" (ebd., 83).

3. Also ist der Sortalausdruck „Mensch" nicht Sache sprachlicher Konvention, sondern meint ein Individuum natürlicher Art, das durch eine bestimmte Natur gekennzeichnet ist.

2. Stufe:

4. „Kennzeichen der mit dem Ausdruck ‚Mensch' bezeichneten Art ist es, ein Lebewesen zu sein, zu dessen Natur die Entwicklung der Fähigkeit gehört, sowohl körperliche Funktionen wie Gehen oder Stehen auszuführen als auch mentale wie die, um sich selbst zu wissen und vernünftig und frei zu handeln" (ebd., 83).

5. Menschliche Keime sind Lebewesen, zu deren Entwicklung die Ausbildung genannter Fähigkeiten gehört.

6. Also fallen menschliche Keime unter den Sortalausdruck „Mensch".

3. Stufe

7. Was wir deskriptiv unter den Sortalausdruck „Mensch" fassen, dem kommt normativ Menschenwürde zu.

8. Menschliche Keime fallen unter den Sortalausdruck „Mensch".

9. Also kommt menschlichen Keimen Menschenwürde zu.

Die erste Stufe des Arguments ist sprachphilosophisch im strengen Sinn und greift auf Überlegungen von Kripke (1980), Putnam (1975) und Wiggins (1980) zurück. Der entscheidende Punkt dabei ist, dass die natürlichen Arten aus ihrer Essenz heraus uns zwingen, sie als das zu identifizieren, was sie wesenhaft sind. Wiggins spricht hier von einer Art Rehabilitation des Aristotelischen Substanzbegriffs.

Allerdings beginnt hier die entscheidende Kritik: Es spielen die paradigmatischen Exemplare einer natürlichen Art die entscheidende Rolle. Was freilich als „paradigmatisch" zu gelten hat, ist eine Setzung nicht des Einzelnen, sondern der Sprechergemeinschaft. Die Referenz ist damit insofern indexikalisch, also gerade nicht vollständig ablösbar von der Sprechergemeinschaft, von Zeit und Ort. In den Worten Putnams (1993, 140):

„Den von Wiggins betonten Aspekt nenne ich den *Beitrag der Umwelt*. So wie ich es sehe, sind ‚Bedeutungen nicht im Kopf' – bei der Festlegung der Referenz spielen die konkrete Natur der Paradigmen eine Rolle und nicht bloß die Begriffe in unseren Köpfen. Ein anderer wichtiger Aspekt von Kripkes Theorie wie auch von meiner ist, dass die Referenz *gesellschaftlich* bestimmt wird. Es könnte sein, dass ein Muttersprachler einen Experten konsultieren muss, der die Natur von Gold besser kennt als der durchschnittliche Sprecher, um festzustellen, ob etwas wirklich Gold ist. Die Kette von historischen Übertragungen, welche in Kripkes Theorie der Referenz eines Eigennamens bewahrt, ist eine weitere Form von gesellschaftlicher Zusammenarbeit bei der Bestimmung von Referenz. Die Vorstellung, dass die Extensionen unserer Ausdrücke durch gemeinsame Praxis und nicht durch Begriffe in unseren individuellen Köpfen festgelegt werden, ist eine scharfe Abwendung davon, wie Bedeutung seit dem 17. Jahrhundert gesehen wurde."

Die Problematik der ersten Stufe des semantischen Arguments liegt darum darin, dass die Indexikalität und damit die Abhängigkeit der Bestimmung, was paradigmatische Exemplare sind, von der Umwelt, von Zeit und Ort einseitig in Richtung einer objektivierenden aristotelisch-thomistischen Substanzlehre aufgelöst wird. Das semantische Argument aus sich heraus ist gerade deutungsoffen, was die Frage des Lebensanfangs angeht. Satz 2 und 3 übersehen gerade, dass auch Sortalausdrücke von einer sprachlichen Konvention abhängen und auch die „Natur" durch gemeinsame Praxis und damit verbundene wissenschaftliche Erkenntnisse festgelegt wird. Dies lässt sich gerade mit Blick auf die Geschichte sehr gut belegen, in der Randfälle menschlicher Existenz oft als „monstra" bezeichnet und ihnen jedes Menschsein abgesprochen wurde. Noch im Grundgesetzkommentar von Dürig wird darauf eingegangen, allerdings mit Bezug auf neueste medizinische Erkenntnisse festgestellt:

„Beim ‚*monstrum*' liegt die Frage schwieriger. Nach der neuesten Erkenntnis der Medizin gibt es weder ‚monstra' noch ‚prodigia'. Andererseits sind ‚Molen' und ähnliche ‚Parasiten', obwohl sie von der Mutter ‚abstammen', sicherlich keiner Menschenwürde teilhaftig" (Dürig 1951ff, Rdnr 25)

Damit dürfte auch klarer werden, warum die zweite Stufe problematisch ist, denn bereits die erste Prämisse legt eine Bedeutung menschlicher Natur zu Grunde, die nicht allgemein geteilt wird. Es ist gerade umstritten, ob die Natur des Menschen in der besagten Entwicklungsfähigkeit liegt, so wie es auch umstritten wäre, würde man sie an einem entwicklungsfähigen menschlichen Genom sozusagen biologisch festmachen. Genauso ist umstritten, ob es andere Kriterien geben müsste, die menschliche Natur festzulegen und den sortalen Ausdruck „Mensch" zu gebrauchen, beispielsweise im Sinn Dantes bereits gewisse ausgebildete Hirnstrukturen und eine damit verbundene Beseelung. Gerade darum ging auch der Streit im Rahmen des Potentialitätsarguments. Solange wir in gemeinsamer Praxis dieses Problem nicht lösen können und sich die einschlägigen Spezialisten, beispielsweise Denker und Nüsslein-Volhard widersprechen, solange hilft das semantische Argument nicht weiter.

Darum kann auch die in sich stimmige dritte Stufe des Arguments nicht weiterhelfen. Die Konklusion (Satz 9) ergibt sich aus den Prämissen. Die 1. Prämisse (Satz 7) ist nicht zu bestreiten. Sie enthält keinen naturalistischen Fehlschluss, weil der Satz 7 bereits im Rahmen der Begründung von Menschenwürde normativ erschlossen wurde (Honnefelder selbst gibt eine Erläuterung, die ebenfalls jeden naturalistischen Fehlschluss ausschließt). Satz 8 ist die Konklusion der zweiten Stufe. Wenn die in der zweiten Stufe enthaltenen Prämissen wahr sind, dann ist auch dieser Satz wahr. Wie steht es also um die Wahrheit der Prämissen? Dies entscheidet sich gerade daran, ob man die zwei Vorentscheidungen des semantischen Arguments teilt: die ausschließliche Festlegung der Bedeutung des sortalen Ausdrucks durch die jeweilige natürliche Art und die Voraussetzung, in welcher Weise „Natur" beim sortalen Ausdruck „Mensch" Verwendung finden kann. Erneut wiederholt sich hier das Problem im Blick auf die Menschenwürde von Menschen mit schwerster geistiger Behinderung.

Das Vorsichtsargument

Das Vorsichtsargument lautet:
1. Jedem Menschen, der aktual bestimmte Eigenschaften Φ hat, kommt Menschenwürde zu.
2. Es ist strittig, ob jedem menschlichen Lebewesen, das aktual die dispositionelle Potentialität besitzt, bestimmte Eigenschaften Φ auszubilden, Menschenwürde zukommt.
3. Es ist strittig, ob und wenn ja, wann eine Beseelung stattfindet, deren Präsenz die Eigenschaften Φ aktualiter für alle beseelten Menschen verbürgt.
4. Wenn es um Menschenwürde geht, sollten wir die Extension der Mitglieder, denen diese Würde zukommt, möglichst groß halten.
5. Die Extension der Mitglieder, denen Menschenwürde zukommt, wird nur dann möglichst groß gehalten, wenn jedem Wesen, das aktual die dispositionelle Potentialität besitzt, bestimmte Eigenschaften Φ auszubilden, Menschenwürde zukommt.
6. Also kommt jedem menschlichen Keim Menschenwürde zu.

Das Argument räumt alle obigen Probleme mit den Argumenten ein. Es argumentiert damit, dass die Frage nach der Extension nicht entschieden, sondern strittig ist und legt als entscheidenden Maßstab die Vorsicht an. Wie lässt sich aber diese Vorsicht begründen? Was beispielsweise den Satz 3 angeht, so könnte man versuchen, das Vorsichtsargument in folgender Weise zur Geltung zu bringen (Knoepffler 2002): Eine dualistische Lösung des Leib-Seele-Problems zusammen mit der Zusatzannahme einer weitreichenden körperlichen Unabhängigkeit kann eine so signifikante Wahrscheinlichkeit, selbst wenn diese gering sein sollte, für sich beanspruchen, dass wir davon ausgehen sollten, menschlichen Keimen komme Menschenwürde zu.

Was die Wahrscheinlichkeit für den Dualismus angeht, haben wir es, modern gesprochen, mit einer Entscheidung unter Unsicherheit im engen Sinn zu tun, da es sich um eine finite Wahrscheinlichkeit p handelt. Die Zustände Z lauten dann:

Z_1: Dualismus ist wahr, mit $p(Z_1) = x$, wobei $0 < x < 1$

Z_2: Dualismus ist nicht wahr, mit $p(Z_2) = 1 - x$

Nur wer hier der Überzeugung ist, dass $p(Z_1)$ gegen Null geht, der wird den Satz 3 aus dem Vorsichtsargument ausschließen. Nun stellt sich das Problem aber schwieriger dar. Es genügt nicht die Annahme eines Dualismus, sondern wir benötigen noch die Zusatzannahme einer solchen Unabhängigkeit vom Körper, dass Menschenwürde gerade auch Menschen mit schwerster geistiger Behinderung zukommt. Diese Unabhängigkeit kann aber keine totale sein, weil wir ansonsten über eine Geisterwelt sprechen könnten und überhaupt keinen Anhaltspunkt mehr hätten.

Erneut haben wir Wahrscheinlichkeitswerte unter Unsicherheit zuzuordnen. Dabei gilt: Wer die Wahrscheinlichkeit für die Unabhängigkeit von Körper und Seele in praxi gegen Null gehen lässt, erhält eine Gesamtwahrscheinlichkeit, die gegen Null geht, und wird von daher eine so verstandene Beseelung ablehnen.

Würden wir zu Unrecht die Menschenwürde eines menschlichen Lebewesens, dem Menschenwürde zukommt, nicht achten, dann wäre dies ein sehr großes Vergehen. Andererseits könnte dadurch, dass zu Unrecht dort Menschenwürde geachtet und geschützt wird, wo gar keine Menschenwürde zu achten und zu schützen ist, ein großer Schaden angerichtet werden. Beispielsweise wäre ein Verzicht auf die Forschung an menschlichen Zellen, die aus der Blastozyste gewonnen werden, verwerflich, wenn dieser Menschenwürde zukommt. Kommt ihr aber keine Menschenwürde zu, dann bedeutet der Verzicht auf eine derartige Forschung zugleich, dass eventuell Therapien nicht entwickelt werden können, die schwerkranken Menschen helfen würden.

Ich schlage deshalb folgendes Vorsichtsargument vor (vgl. Knoepffler 1999a, 136f):
1. Jedem Mensch, der aktual bestimmte Eigenschaften Φ hat, kommt Menschenwürde zu.
2. Embryonen sind auf Grund der Ausbildung des Primitivstreifens unteilbar.
3. Die Unteilbarkeit ist ein qualitativ bedeutsamer Entwicklungsschritt, da ab diesem Zeitpunkt beispielsweise eine Beseelung annehmbar wäre und auch die aktive Potentialität eines spezifischen Individuums gegeben ist.
4. Es gilt ein gemäßigter Tutiorismus.[43]
5. Embryonen wird deshalb aus Vorsichtsgründen Menschenwürde zuerkannt.

Warum aber sollte der Zeitpunkt der Ausbildung des Primitivstreifens ein solches Gewicht bekommen? Man könnte antworten, dass das menschliche Lebewesen nach Abschluss der Ausdifferenzierung tatsächlich eine neue „Substanz" geworden ist, ein nicht mehr in mehrere Organismen teilbarer Organismus, bei dem wir aus Vorsichtsgründen davon ausgehen sollten, dass ihm Menschenwürde zukommt.

Freilich kann man diese Argumentation fundamental in Frage stellen, indem man die Argumentation mit „Substanzen", „Seele" oder „Individuation" bzw. „Unteilbarkeit" u. ä. für absurd hält (vgl. z. B. Harris 1990, 71, Gerhardt 2004a, 147ff). Man kann den gemäßigten Tutiorismus, der in dieser Form nicht pragmatisch ist, sondern mit Gründen argumentiert, auch in Frage stellen, wenn man überzeugt ist, dass mit der Vereinigung der männlichen und weiblichen Keimzel-

---

[43] Der Tutiorismus (von lateinisch tutior = sicherer) wählt im Unterschied zum Probabilismus (von lateinisch probabilis = wahrscheinlich) bzw. dem Probabiliorismus (von lateinisch probabilior = wahrscheinlicher) den sicheren Weg. Gemäßigt ist dieser Tutiorismus weil er nicht absolut sicher gehen will wie der strikte Tutiorismus.

len der Mensch als eigenständige Person mit eigenständigen Rechten gegeben ist.[44]

Dies hat beispielsweise für die Frage der Embryonenforschung, der Frühabtreibung, der PGD usw. entscheidende Folgen. Dazu lässt sich mit Karl Rahner (1967 [2002], 509) sagen:

„*Wenn* wirklich eine solche Person gegeben ist, dann ist sie so wenig indifferentes Sachobjekt beliebiger Experimente wie etwa zur Nazizeit KZ-Häftlinge es für ‚Menschenversuche' sein durften. Der Zweck heiligt das Mittel nicht: Man würde dem Menschen der Zukunft dienen wollen, indem man einen Menschen der Gegenwart würdelos vernutzt. Ein Mensch von einer Stunde Lebensdauer hat ebenso viel Recht auf die Integrität seiner Person wie ein Mensch mit einem Altern von neun Monaten oder von sechzig Jahren. Nun ist heute wohl die Voraussetzung der Überlegung nicht (mehr) sicher, ja unterliegt durchaus einem positiven Zweifel. ... Aus dem angemeldeten Zweifel, ob unmittelbar mit der Befruchtung schon substantiell ein Mensch gegeben sei, folgt natürlich nicht schon, dass ein Experiment mit befruchtetem Keimmaterial ein sittlich indifferentes Experiment mit einer bloßen ‚Sache' sei. Aber es wäre doch an sich denkbar, dass unter Voraussetzung eines ernsthaften, positiven Zweifels an dem wirklichen Menschsein des Experimentiermaterials Gründe für ein Experiment sprechen, die in einer vernünftigen Abwägung stärker sind als das unsichere Recht einer dem Zweifel unterliegenden Existenz eines Menschen.“

Dabei ist „ernster Zweifel“ hier nicht im Sinne von „größere Wahrscheinlichkeit“ zu verstehen, sondern im Sinne eines gemäßigten Tutiorismus. Das lässt sich mit folgendem Beispiel erläutern. Ein Mensch, der ernsthaft Zweifel daran hat, dass Tiere in ähnlicher Weise wie Menschen geachtet werden müssen, kann sowohl Tiere jagen als auch schlachten. Zweifelt er dagegen daran, ist aber unsicher, so sollte er beides nicht tun. Wie aber lassen sich derartige ernste Zweifel im Rahmen unserer Fragestellung begründen?

Das gradualistische Argument

Der Hauptgrund für derartige ernste Zweifel lautet in den Worten des „Board of Social Responsibility“, einer von der Church of England eingesetzten Kommission (Working Party 1996):

„Indem man das Prinzip annimmt, dass man durch Vorsicht in die Irre gehen kann, kann man nach den frühesten Wurzeln einer vernunftmäßigen, moralischen und religiösen Aktivität suchen. Man kann dann auf die ersten Augenblicke von Bewusstseinserfahrung schauen, die das Fundament für spätere vernünftige Gedanken bilden. Aus diesem Grund hat Bewusstsein eine moralische Bedeutung“ (vgl. ebd., 40f).

Hier wird als Hauptgrund genannt, dass man irren könne. Die dann ausgedrückte Position ist freilich selbst nur eine von mehreren möglichen Positionen, die im

---

[44] Man sollte dann jedoch die für den gemäßigten Tutiorismus formulierten Argumente ernst nehmen. Fundamental missverstanden ist die gesamte Argumentation mit Vorsichtsgründen freilich, wenn man ihre biologischen Gründe und philosophischen Argumente ignoriert und sie deshalb wie Eibach (2002, 186) kritisiert (kursiv im Original): „*Damit ist unverkennbar, dass der Beginn menschlichen Lebens und seiner Schutzwürdigkeit in erster Linie durch pragmatische Gesichtspunkte, wie die Forschungsinteressen, und nicht auf Grund biologischer Erkenntnisse und philosophischer und theologischer Überzeugungen bei der Nidation angesetzt wird.*“

Rahmen des Gradualismus vertreten werden. Darum ist es wichtig zu bestimmen, was unter Gradualismus in diesem Zusammenhang zu verstehen ist, nämlich ein Konzept anwachsenden Lebensschutzes:

„… ein Konzept des anwachsenden Lebensschutzes [wird] dem, was sich bei der Entwicklung des Embryos abspielt, besser gerecht als das kategorische Postulat, die befruchtete Eizelle sei ebenso wie ein Mensch zu behandeln" (Sacksofsky, 2001, 27[45], vgl. Blackburn 2001, 57ff).

Dieses gradualistische Argument lautet dabei in seiner Grundform:

1. Jedem Menschen, der aktual bestimmte Eigenschaften Φ hat, kommt Menschenwürde zu.
2. Menschliche Keime, Embryonen und Föten befinden sich noch nicht in diesem Entwicklungsstand.
3. Je nach Entwicklungsstand kommt dem menschlichen Organismus mehr oder weniger Lebensschutz, aber noch keine Menschenwürde zu.
4. Also kommt dem menschlichen Lebewesen erst ab einem bestimmten Entwicklungsstand Menschenwürde zu.

Die erste Prämisse soll wie in den übrigen Ansätzen als unumstritten akzeptiert werden. Die zweite Prämisse basiert auf der Überzeugung, dass menschliche Lebewesen sich als Organismen allmählich entwickeln (vgl. Knoepffler 1999a, 108ff) und der Einzelne geschichtliches Wesen ist und gerade seine Geschichte sein Sosein konstituiert. Beispielsweise wäre die Entität „Aristoteles", von der jede einzelne Phase (seine Kindheit, die Zeit in der Akademie, die Zeit als Lehrer Alexanders usw.) ein Teil ist, ein solches Lebewesen. Erst mit dem Abschluss seiner Entwicklung, erst mit dem Tod, ist dieser lebendige Organismus in seiner Ganzheit erkennbar, sind Anfang und Ende sowie alle übrigen Lebensphasen als solche beschreibbar. Ein derartiges Lebewesen wird gerade dadurch konstituiert, dass es in Relationen zu anderen Lebewesen steht. Ihr ist das „Mitsein" als Existential wesentlich (vgl. Heidegger 1979, 114-130). Das Beziehungsgeflecht

---

[45] Allerdings schreibt Sacksofsky (2001, 47), die Abtreibungen, wie obiges Zitat belegt, mit dem Gradualismus verteidigt, im Zusammenhang der Präimplantationsdiagnostik: „Unterstellt, es gäbe eine der Präimplantationsdiagnostik parallele Entscheidung für geborene Menschen, ist die Parallele zu den schlimmsten Verbrechen des nationalsozialistischen Regimes offensichtlich. Denn es geht der Sache nach um eine Entscheidung, einer Person das Lebensrecht auf Grund bestimmter Eigenschaften abzusprechen. Das Bild der Selektions-Rampe in Auschwitz drängt sich ebenso auf wie die an behinderten Menschen durchgeführten ‚Euthanasie-Programme'. Die Grundentscheidung, ob das Leben eines bestimmten Menschen ‚lebenswert' oder ‚lebensunwert' ist, wird anderen Menschen überlassen, die zudem ihr Urteil in Handlung, d. h. Tötung des ‚unwerten' Lebens umsetzen. Ein noch stärkeres ‚prinzipielles In-Frage-Stellen der Subjektqualität' eines Menschen ist nicht vorstellbar." Diese Aussage steht ihrem Gradualismus in der Abtreibungsfrage entgegen, da der Gradualismus gerade die Subjektqualität des Keims, um den es bei der Präimplantationsdiagnostik geht, bestreitet. Also gibt es gradualistisch argumentiert keine Parallele zum Umgang mit geborenen Menschen. Der Vergleich mit dem Nationalsozialismus ist zudem unsinnig, da hier ein Staatsprogramm zur Vernichtung „unwerten" Lebens lief, während es in der genetischen Präimplantationsdiagnostik um Einzelentscheidungen geht (doch dazu später mehr).

mit anderen menschlichen und sonstigen Lebewesen bestimmt das jeweilige Lebewesen in seinen jeweiligen Phasen und damit in seiner Ganzheit, und umgekehrt bestimmt das jeweilige Lebewesen durch sein in Beziehungstehen andere Lebewesen in ihren jeweiligen Phasen und damit ihrer Ganzheit. Das menschliche Lebewesen ist nach dieser Annahme ein einmaliges, konkretes Individuum, das sich in Geschichte ereignet und durch Geschichte ereignet wird. Auf diese Weise sind die Schwierigkeiten einer Ontologie, die von einer ungeschichtlich gedachten, durch keine Ereignisse berührten Substanz ausgeht, vermieden und es ist die Asymmetrie der von uns erfahrenen Zeit berücksichtigt, sodass ein Lebewesen nicht nur nach seinen einzelnen Phasen beurteilt werden kann. Ein Abbild auf der empirisch verifizierbaren Ebene bildet dafür die von der jeweiligen Lebensgeschichte abhängige Ausbildung der Gehirnstrukturen. Darum haben Zwillinge trotz praktisch identischen Genoms unterschiedliche Feinstrukturen im Gehirn.

Die dritte Prämisse ist unter der Annahme des Gradualismus korrekt. Aus einem abgestuften Lebensschutz ergibt sich mit Notwendigkeit, davon auszugehen, dass dem menschlichen Lebewesen keine Menschenwürde zukommt und es noch nicht vollen Lebensschutz genießt. Dies ergibt sich mit logischer Notwendigkeit aus dem Implikationsverhältnis, das zwischen Menschenwürde, Lebensrecht und Lebensschutz gilt. Wenn Menschenwürde ein Recht auf Leben und damit vollen Lebensschutz impliziert, bedeutet dies umgekehrt, dass im Falle des Nichtvorhandenseins eines vollen Lebensschutzes auch keine Menschenwürde gegeben sein kann, denn Menschenwürde ist unteilbar und kann nicht graduell anerkannt werden. Ansonsten würde man gerade den semantischen Kern der Menschenwürde bestreiten.

Von daher ergibt sich Satz 4 folgerichtig aus Satz 3 und ist als Konklusion ist korrekt. Das eigentliche Problem des Gradualismus liegt darin, dass die Grenzziehung, ab wann menschlichen Lebewesen Menschenwürde zukommt, gerade nicht gelöst ist, denn hier gibt es ganz unterschiedliche Vorschläge: Manche rekurrieren auf die Entwicklung von Hirnstrukturen, andere nennen die Geburt, andere wiederum erst das Erwachen von Bewusstsein. Es gibt keine klare Grenze, weil Vertreter eines Gradualismus sehr wohl wissen, dass ein Kind erst einige Monate nach der Geburt Bewusstsein entwickelt. Wann dieses höher entwickelte Tiere entwicklungsmäßig übertrifft, ist eine offene Frage. Wenige sind so radikal wie Peter Singer und lassen erst ab diesem nicht genau fixierbaren Zeitpunkt für Menschen einen höheren moralischen Status zu als für die meisten Tiere.

Betrachten wir beispielsweise den Vorschlag von Balzer/Rippe/Schaber (1998, 30): „Wir fühlen uns Kleinstkindern und Geistigbehinderten in besonderer Weise verbunden". Aus sozialpsychologischen Gründen sei darum allen Menschen ab ihrer Geburt die Menschenwürde zuzuerkennen. Doch warum haben sozialpsychologische Gründe in einer so wichtigen Frage Begründungskraft, zumal derartige Gründe sehr interpretationsoffen sind?

Darum ergibt sich ein entscheidendes Problem: Eine Menschenwürdeanerkenntnis, die gerade die grundsätzliche Gleichheit von aktualen Eigenschaften abhängig macht und damit Menschen auf Grund bestimmter fehlender Eigenschaften aus der Anerkenntnis von Menschenwürde ausschließt, verletzt gerade den eigentlich unumstrittenen Kern des Menschenwürdegedankens, nämlich die grundsätzliche Gleichheit mindestens aller geborenen Menschen, so wenigstens nach der Fassung in der Menschenrechtserklärung der Vereinten Nationen.

Das Argument der Schiefen Ebene

Es gibt verschiedene Argumente der Schiefen Ebene. In der formalisierten semantischen Fassung lautet ein zentrales Argument (vgl. Williams 1995b, 213 und Knoepffler 1999a, 124ff):

1. „Mensch" ist ein absoluter Begriff.
2. Ein absoluter Begriff lässt kein „mehr" oder „weniger" zu. Einem Menschen kommt entweder Menschenwürde zu oder nicht.
3. Die Entwicklung menschlicher Lebewesen ist ein gradueller Prozess.
4. Diese Entwicklung führt zu menschlichen Lebewesen, denen Menschenwürde zukommt.
5. Wenn diese Entwicklung mit einem menschlichen Lebewesen beginnt, dem keine Menschenwürde zukommt, dann muss es einen Entscheidungspunkt geben, von dem an einem menschlichen Lebewesen Menschenwürde zukommt.
6. Jeder Entscheidungspunkt ist willkürlich.
7. Es darf in einer wichtigen Frage keinen willkürlichen Entscheidungspunkt geben, um nicht auf eine schiefe Ebene zu kommen, die zu schrecklichen Resultaten führt.
8. Also muss einem menschlichen Lebewesen bereits am Beginn seiner Entwicklung Menschenwürde zukommen.

Das Argument postuliert, um eine willkürliche Entscheidung mit schrecklichen Konsequenzen auszuschließen, dass dem menschlichen Lebewesen von Anfang an Menschenwürde zukomme.

Allerdings lässt sich dieser Syllogismus aus mehreren Gründen in Frage stellen. Die semantische Prämisse, dass ein absoluter Begriff einen definiten, aber nicht willkürlichen Entscheidungspunkt fordert, kann mit folgendem Beispiel in Frage gestellt werden (vgl. Blackburn 2001, 64): Wir wählen eine bestimmte Geschwindigkeitsbegrenzung, z. B. 50 km/h, obwohl wir wissen, dass auch 49 km/h oder 51 km/h möglich wären. Wenn aber 49 km/h möglich wären, dann wohl auch 48 km/h. Ein einzelner Kilometer pro Stunde weniger verändert die Sicherheit nicht erheblich. Aber wir würden es nicht für vernünftig halten, um ganz sicher zu gehen, dass die Geschwindigkeitsbegrenzung bei 0 km/h festgelegt würde. Warum sollten wir nicht bezüglich des Menschen und der Zuerkenntnis von Menschenwürde ähnlich vorgehen?

Man könnte dagegen einwenden: Die Achtung des Prinzips der Menschenwürde durch eine willkürliche Setzung aus pragmatischen Gründen zu verletzen, ist nicht dasselbe wie die willkürliche, wenn auch pragmatisch sinnvolle Setzung von Geschwindigkeitsbegrenzungen. Dennoch verweist Blackburn auf einen wesentlichen Punkt, der gegen das Argument der Schiefen Ebene geltend zu machen ist. Wer aus Angst vor einer willkürlichen Setzung den Zeitpunkt möglichst weit nach vorn verschiebt, der beraubt sich wichtiger moralischer Optionen. Gerade weil der biologische Befund nicht eindeutig ist, muss alle Mühe darauf verwendet werden, die Grenzen dort zu ziehen, wo sie mit guten Gründen gezogen werden sollten,

Menschenwürde darum dann zu achten, wenn es gute Gründe gibt, sie zu achten, und davon auszugehen, dass dem Ungeborenen keine Menschenwürde zukommt, wenn es gute Gründe gibt, davon auszugehen, dass das Ungeborene noch nicht Mensch im moralischen Sinn ist. Was darum bestritten werden kann, ist die sechste Prämisse. Ist wirklich jeder Entscheidungspunkt willkürlich? Er ist es gerade nicht, aber die Entscheidung hängt von der Interpretation des biologischen Befunds vor dem Hintergrund der ontologischen und moralischen Basisüberzeugungen ab. Da der biologische Befund einen fließenden Prozess aufgewiesen hat, wird deutlich, dass bei jeder Deutung mit Notwendigkeit ein Moment von Willkür einfließen wird.

Nun könnte man versuchen, das Argument mit der Begründung zu verteidigen, dass man gerade in dem Fall, in dem es um einen so hohen Wert wie die Achtung von Menschenwürde geht, keinerlei Risiko eingehen und darum den Zeitpunkt der Achtung möglichst früh ansetzen sollte. Man bezahlt dieses Risiko, darauf wird später noch in den konkreten Konfliktfällen einzugehen sein, jedoch mit einem hohen Preis: Es werden Menschen, deren Menschenwürde keinem Zweifel ausgesetzt ist, dadurch in ihren Lebensmöglichkeiten schwer eingeschränkt, ja sie bezahlen eventuell mit ihrem Leben für diese Risikoaversion. Darum erscheint unter der Annahme eines Gradualismus die Position von Bernard Williams (1995a) sehr sinnvoll, den Zeitpunkt der Achtung früh zu wählen, aber eben noch nicht ganz am Anfang. Allerdings wird zu fragen sein, was es heißt, die Grenze früh zu ziehen.

Exkurs: Christlich-theologische Argumente

In der öffentlichen Debatte um bioethische Fragestellungen in Deutschland spielen die beiden großen Kirchen eine wichtige Rolle. Die Grundlinien ihrer Argumentation lauten (Johannes Paul II. 1995, Lutherisches Kirchenamt der VELKD 2001, Sekretariat der Deutschen Bischofskonferenz 2001):

1. Alle Menschen sind nach Gottes Bild geschaffen und durch Christi Erlösungstat gerechtfertigt.
2. „Weil Gott den Menschen nach seinem Bild geschaffen und gerechtfertigt hat, ist sein Leben heilig" (Sekretariat der Deutschen Bischofskonferenz 2001, 5).
3. Was heilig ist, dem kommt Würde zu.
4. „Weil ein menschlicher Embryo schon menschliches Leben ist, eignet ihm Würde" (Lutherisches Kirchenamt der VELKD 2001, 1).
5. „Ein menschliches Geschöpf ist von seiner Empfängnis an als Person zu achten und zu behandeln" (Johannes Paul II. 1995, Nr. 60, im Original kursiv).

Theologisch kann man fragen, woher das „von der Empfängnis an" gewusst wird, woher bei dem umstrittenen biologischen Befund so genau gewusst wird, was dies normativ bedeutet. Weder die Bibel noch die Tradition ist hier eindeutig. Beispielsweise interpretiert das Judentum, das mit den Christen das Alte Testament teilt, die einschlägigen Stellen in einer anderen Weise und versteht den menschlichen Keim quasi als „Wasser". Über Jahrhunderte hatte die römisch-katholische Kirche Frühabtreibungen nicht als homicida (Tötung eines Menschen) verstanden, weil der Zeitpunkt der Beseelung mit der Geistseele zu einem späteren

Zeitpunkt vermutet wurde (vgl. Jerouschek 2002). Erst im Zusammenhang mit neuen naturwissenschaftlichen Entdeckungen (der Eizelle) und der Dogmatisierung der unbefleckten Empfängnis Mariens legte Pius IX. die noch heute gültige Überzeugung fest; die evangelische Bischöfe Deutschlands haben sich derzeit dieser Position zumindest im Blick auf den menschlichen Keim in vitro weitgehend angeschlossen. Im Unterschied zu ihnen formuliert eine Gruppe renommierter evangelischer Theologen:

„Auch jede transempirische Zuschreibung, vor allem die Gottebenbildlichkeit oder die Menschenwürde, muss angeben, worauf sie sich beziehen soll. Wenn die Rede vom Menschen nicht leer bleiben soll, bedarf es empirischer Indikatoren. Dies können und müssen auch biologische Sachverhalte sein. Solche Indikatoren erzeugen Plausibilitäten, nicht mehr und nicht weniger. Die Alternative besteht also nicht zwischen der vermeintlich objektiven Grenzziehung bei der Kernverschmelzung und allen anderen scheinbar willkürlichen Limitierungen. Vielmehr ist nach plausiblen oder weniger plausiblen Indikatoren zu fragen, die den Menschen in seinen vielfältigen Bezügen erkennbar werden lassen. Dazu gehört gewiss mehr als nur ein diploider Chromosomensatz. Die Frage nach dem Status des Embryos wird also dann richtig gestellt, wenn darin nach guten Gründen gesucht wird, das zuvor im ethischen Diskurs Bestimmte empirisch anzubinden. Die Statusfrage ist ein unumgängliches Element im Geflecht des Problems, aber nicht dessen entscheidende Lösung. Diese Erkenntnis deckt sich mit der Zurückhaltung gegenüber der Normativität des rein Natürlichen, von der die evangelische Ethik in ihrer Geschichte weitgehend geprägt ist" (Anselm u. a. 2003 [2002], 202).

Teilt man ihre Ansicht, ist auch das Ergebnis folgerichtig:

„Dies öffnet die Möglichkeit zu einer grundsätzlichen Akzeptanz unterschiedlicher Positionen auf der verbindenden Basis des christlichen Ethos, für das der Respekt vor dem einzelnen, konkrethistorischen Individuum charakteristisch ist" (ebd., 205).

2.3.1.3 *Überblick zu den Positionen im Blick auf die Menschenwürde*

Position	Erläuterung
Position 1a	Annahme, dass Menschenwürde dem Keim ab der Befruchtung (dabei gibt es weitere Differenzierungen im Zeitpunkt) zukommt
Position 1b	Annahme aus Vorsichtsgründen, dass Menschenwürde dem Keim ab der Befruchtung zukommt
Position 2a	Annahme, dass Menschenwürde dem Embryo ab der Nidation zukommt
Position 2b	Annahme aus Vorsichtsgründen, dass Menschenwürde dem Embryo ab der Nidation zukommt
Position 3a	Annahme, dass dem Embryo bzw. Fötus Menschenwürde zu einem späteren Zeitpunkt, spätestens aber bis zur Geburt zukommt
Position 3b	Annahme aus Vorsichtsgründen, dass dem Embryo bzw. Fötus Menschenwürde ab einem späteren Zeitpunkt, spätestens aber bis zur Geburt zukommt
Position 4	Annahme, dass dem Geborenen zu einem bestimmten Zeitpunkt nach der Geburt Menschenwürde zukommt

2.3.2 Lebensende

Es ist eine allgemein geteilte Überzeugung, dass ein Leichnam nicht mehr denselben moralischen Status genießt wie der lebende Mensch. Ein Leichnam hat keinen Subjektstatus mehr. Er wird auch nicht grundsätzlich gleich behandelt wie lebende Menschen. Deshalb kommt ihm auch keine Menschenwürde im oben definierten Sinn zu. Im Rahmen der Extensionsproblematik ist es deshalb sehr wichtig zu bestimmen, ab wann wir einen Menschen als verstorben ansehen sollten, also ab wann einem Menschen deshalb keine Menschenwürde mehr zukommt, weil er von uns als „tot" verstanden wird, also gerade nicht mehr im moralischen Sinn Mensch ist. Die Beantwortung dieser Frage hat weitreichende Konsequenzen, vor allem für das Verständnis der Transplantationsmedizin. Ist beispielsweise die Entnahme von Organen Hirntoter in Deutschland als erlaubte Entnahme von Organen Sterbender mit deren Einwilligung, so z. B. Herdegen (2003, Rdnr. 52), also als eine aktive Sterbehilfe bei Freiwilligkeit mit altruistischer Zielsetzung zu verstehen oder ist diese Entnahme von Organen als Entnahme von Organen aus verstorbenen Menschen, die zu ihren Lebzeiten dieser Entnahme zugestimmt haben zu deuten, wie es z. B. die Bundesärztekammer, die meisten Juristen und die Kirchenleitungen tun?

2.3.2.1 Der medizinische Befund

Wann ist ein Mensch tot? Die Antwort auf diese Frage setzt eine Kenntnis des grundsätzlichen medizinischen Befunds voraus, wie das Leben von Menschen – zumindest auf dieser Erde – endet (vgl. im Folgenden Oduncu 1998, 43ff). Dabei sollte man sich allerdings bewusst machen, dass ebenso wie für den Lebensanfang für das Lebensende gilt: Empirische Daten können niemals reine Begriffsprobleme klären. Anders formuliert: Die Entscheidung, ob ein Mensch tot ist, hängt immer davon ab, wie zuvor „Tod" definiert wurde.

Wie wir gesehen haben, stellt sich der Anfang des Menschen nicht als Augenblicksereignis, sondern als ein Prozess dar. Ähnliches gilt für das Lebensende. Auch das Lebensende ist normalerweise, abgesehen beispielsweise von Fällen wie einer Bombenexplosion oder einem Flugzeugabsturz, ein Prozess. Einigt man sich darauf, den Tod als Zustand zu bezeichnen, in dem ein bis dato existierendes Lebewesen sämtliche charakteristische Eigenschaften des Lebendigen irreversibel verloren hat und als Gesamtorganismus nicht mehr funktioniert, dann ist empirisch zu entdecken: Bevor der Tod eintritt, sterben in der Regel einzelne Organe, Zellen und Teile von Zellen ab. So ist beispielsweise noch einige Minuten, nachdem das Herz zu schlagen aufgehört hat, ein minimales EKG aufzeichenbar. Noch drei Stunden danach reagieren die Pupillen auf bestimmte Tropfen mit Kontraktion und Muskelbewegungen sind feststellbar. Noch funktionstüchtige Hauttransplantate sind bis zu 24 Stunden nach dem Herztod zu gewinnen. Medizinisch ist darum der genaue Todeszeitpunkt nur gemäß vorher festgelegten Parametern festzustellen.

Ein Beispiel kann einerseits die Prozesshaftigkeit des Lebensendes verdeutlichen und zugleich den Unterschied zwischen dem Lebensende als Gesamtorganismus und dem Tod des ganzen Organismus illustrieren. In Bangkok wurde in den 30er Jahren ein Mann durch Kopfabschlagen öffentlich hingerichtet. Eine Aufnahme zeigt, dass das Herz des Geköpften noch schlägt. Er ist also medizinisch-naturwissenschaftlich als Gesamtorganismus als tot zu bezeichnen, obwohl noch nicht der ganze Organismus tot ist, beispielsweise die meisten Organe noch funktionieren.

Der Ganzhirntod kann mit heutigen medizinischen Möglichkeiten mit ähnlicher Sicherheit festgestellt werden wie der Ganzhirntod des Geköpften, selbst wenn das Herz und andere Organe noch maschinell funktionstüchtig gehalten werden.

In einem ersten Schritt ist dabei die akute Hirnschädigung nachzuweisen. Dabei sind es vornehmlich zwei Gründe, die den Ganzhirntod verursachen (nach Oduncu 1998, 43f):

1. Primäre Hirnschädigung: Der Druck im Gehirnschädel übersteigt den arteriellen Blutdruck, wodurch die Hirndurchblutung zum Stillstand kommt.
2. Sekundäre Hirnschädigung: Die Sauerstoffversorgung des Gehirns wird für eine bestimmten Zeitraum unterbrochen. Nach ca. 3-8 Minuten ist die Großhirnrinde irreversibel geschädigt, nach weiteren 5-10 Minuten stirbt auch der Hirnstamm ab.

Der Ganzhirntod wird in einem zweiten Schritt durch klinische Symptome, nämlich eine Hirnstammareflexie und Apnoe, bestätigt (vgl. Stellungnahme des Wissenschaftlichen Beirats der Bundesärztekammer 1997, 4).

Der entscheidende Unterschied zum komatösen Patienten besteht im Nachweis der Irreversibilität des Prozesses. Dieser dritte Schritt, der Irreversibilitätsnachweis, kann bei einer primären Hirnschädigung durch eine maximal 72stündige Beobachtungszeit und ergänzende Befunde wie Null-Linien-EEG, und alternativ zerebralem Zirkulationsstillstand abgesichert werden. Wie wissenschaftliche Experimente gezeigt haben, gehen spontane Bewegungen von Fingern oder Armen Hirntoter, die vor allem in den ersten 24 Stunden nach Eintreten des Ganzhirntodes vorkommen, vom Rückenmark aus.

Die moralisch entscheidende Frage lautet vor dem Hintergrund dieses Befunds: Ist der Ganzhirntod des Menschen bereits der Tod des Menschen? Kann man mit Oduncu (2001, 240) den Ganzhirntod als „innere Enthauptung" des Menschen deuten, wie das obige Beispiel nahe legen würde?

2.3.2.2 Deutungen dieses Befunds

Drei Deutungen dieses Befunds lassen sich hier unterscheiden, die Hypothese, dass ein Mensch erst tot ist, wenn auch die integrative vegetative Selbststeuerung irreversibel verloren ist (nicht zu verwechseln mit einer überholten Herztodhypothese[46], im Folgenden nach seinem derzeit renommiertesten Vertreter Shewmon-Todeshypothese genannt), die Ganzhirntodhypothese und die Teilhirntodhypothese. Das Todeskonzept, das 1995 durch die Conference of Medical Royal

---

[46] So lebte z. B. Barney Clark, dessen eigenes Herz und Kreislaufsystem zu diesem Zeitpunkt irreversibel zerstört war, vier Monate ohne Herz an einer Maschine und in dieser Zeit lachte, sprach und aß er.

Colleges ausgearbeitet wurde und bereits den vollständigen Ausfall des Hirnstamms zum Todeskriterium macht, ist nicht sinnvoll, da es Fälle von Patienten
gibt, die „durch elektrische Stimulation der Formatio reticularis oberhalb der
Verletzung ihr Bewusstsein erlangen" (Shewmon 2003, 302). Dieses als „totales
Locked-In-Syndrom" (Spittler 1999) bezeichnete Krankheitsbild mag in relativ
kurzer Zeit zu einem völligen Zusammenbruch auch der höheren Hirnfunktionen
führen, ist aber damit gerade nicht mit diesem Zusammenbruch gleichzusetzen,
denn der „baldige Eintritt des Todes gehört zur Phase des Sterbens und damit zum
Leben eines Organismus und darf nicht mit dem Todesereignis identifiziert
werden" (Quante 2002, 147).

Die Shewmon-Todeshypothese

Shewmon geht davon aus, dass ein Mensch erst nach Beendigung aller Vitalfunktionen, nach dem irreversiblen Verlust der integrativen vegetativen Selbststeuerung und aller mentalen Funktionen tot ist.

Das grundlegende Argument lautet:

1. „Wir definieren den Tod als das permanente Aufhören des Funktionierens des
   Organismus als ganzem ..." (Bernat u. a. 1981, 390, hier zitiert nach Shewmon
   2003, 300).
2. Bewusstlosigkeit *per se*, selbst im Falle ihrer Irreversibilität, ist ontologisch
   eine kognitive Behinderung, nicht Tod" (Shewmon, 2003, 300).
3. „Wenn ein lebendiger Körper vorhanden ist, dann ist dieser *ipso facto* eine
   lebendige menschliche Person" (ebd., 300).
4. Also kommt nur menschlichen Körpern, die nicht mehr lebendig sind, keine
   Menschenwürde zu.

Befürworter dieses Arguments führen unter anderem als Begründung an, dass
es beispielsweise in den letzten Jahren zweimal vorgekommen ist, dass sich trotz
des Ganzhirntods der schwangeren Mütter die ungeborenen Kinder weiterentwi-
ckelt haben. Das „Erlanger Baby" überlebte nicht, in den USA dagegen überlebte
das Baby der hirntoten Trisha Marshall, die in der 17. Schwangerschaftswoche in
die Klinik eingewiesen wurde und 105 Tage an der Maschine organisch so
erhalten worden war, dass ein gesundes Baby zur Welt gebracht werden konnte
(Singer 1998, 16f). Auch in der Filderklinik konnte die Schwangerschaft einer
hirntoten Frau so lange aufrechterhalten werden, bis ein Kaiserschnitt zur erfolg-
reichen Geburt führte. Das Kind geht mittlerweile in den Kindergarten. Vor dem
Hintergrund solcher Ereignisse wird das Ganzhirntodkriterium angezweifelt oder
bestritten (Bavastro u. a. 1995, 36). Zudem können Befürworter der Shewmon-
Todeshypothese des Todes mittlerweile darauf verweisen, dass mehr als hundert
Fälle dokumentiert sind, bei denen das Ganzhirntodkriterium zutraf, die aber eine
„Überlebensdauer" von mehr als einer Woche hatten (Shewmon 2003, 304ff).
Bereits 1986 veröffentlichten japanische Ärzte eine Untersuchung, in der sie
nachwiesen, dass hirntote Patienten durchschnittlich 23 Tage lebten, wenn man
ihnen durch Tropfinfusion ein antidiuretisches Hormon zuführte (Singer 1998,
36). Damit war widerlegt, dass der Ganzhirntod binnen weniger Tage mit Notwendigkeit zur Desintegration des übrigen Organismus führt. Besonders spektakulär

ist der Fall eines Jungen, dessen Eltern sich nach der Ganzhirntoddiagnose weigerten, ihn von den Maschinen nehmen zu lassen. Sie pflegen ihn seit Jahren und der Junge vollzieht die typischen körperlichen Wachstumsprozesse. Freilich ist er in keiner Weise ansprechbar. Er ähnelt einem Komatösen nur mit dem Unterschied des Ausfalls aller Hirnfunktionen. Damit aber bewegen wir uns in der Überlebenszeit des verbliebenen Organismus ohne Ganzhirnfunktion in die Nähe von medizinischen Grenzfällen, bei denen nicht das ganze Gehirn, sondern nur das Großhirn ausgefallen bzw. nicht vorhanden ist und die Betroffenen in einem irreversiblen Koma (als persistierendes vegetatives Stadium) liegen oder anenzephale Kinder geboren werden (Wogrolly 2002).[47]

Gegen dieses Argument wird geltend gemacht, dass es sich in diesen Fällen gerade nicht um die Integration des ganzen Menschen, sondern nur noch um eine Teilintegration handelt:

„Neben der Integration der Körperorgane muss man beim Menschen auch die Integration des Körpers mit seinem Gehirn betrachten. ... Die wechselseitige Abstimmung von Atmung, Kreislauf, sympatischer Aktivierung und parasympatischer Ruhe-Einstellung mit der unser Handeln ermöglichenden Muskelaktivität erfolgt über das Gehirn und die zentrale vegetative und hormonelle Regelung. Die Betrachtung der Integration der Körperorgane mit dem Gehirn ist also in einem entscheidenden Maße unvollständig. Sie verleitet zu der fehlerhaften Schlussfolgerung einer Integriertheit des Gesamtorganismus" (Spittler 2003, 320f).

Zur Stützung des Arguments für die Todesbestimmung im Sinne Shewmons ist jedoch die Entstehungsgeschichte der Ganzhirntodhypothese von Bedeutung. Besonders bezeichnend ist dabei die Offenheit, mit der sich das „Ad-hoc-Komitee der Harvard Medical School zur Untersuchung der Definition des Hirntodes" geäußert hat:

„Unser Hauptziel besteht darin, das irreversible Koma als neues Kriterium des Todes zu definieren. Eine Definition ist aus zwei Gründen nötig: (1) Fortschritte bei Wiederbelebungs- und unterstützenden Maßnahmen haben zu verstärkten Anstrengungen geführt, Schwerstverletzte zu retten. Manchmal haben diese Anstrengungen nur zum Teil Erfolg und führen zu einem Individuum, dessen Herz weiterhin schlägt, dessen Gehirn aber irreversibel geschädigt ist. Die Belastung ist groß für Patienten, die ihre geistigen Fähigkeiten für immer verloren haben, für ihre Familien, für die Krankenhäuser und für Menschen, die die Betten dieser komatösen Patienten brauchen würden. (2) Veraltete Kriterien für die Definition des Todes können zu einer Kontroverse bei der Beschaffung von Organen für die Transplantation führen" (hier zitiert nach Singer 1978, 30).

Hier wird in Richtung einer Todesdefinition für irreversibel Komatöse gedacht, bei der zugleich von „komatösen Patienten" geredet wird. Es wird von der Belastung dieser Patienten gesprochen, was nur dann eine sinnvolle Redeweise ist, wenn diese Patienten noch als lebendig verstanden werden. Leichen kann man nicht belasten. Gerade irreversibel Komatöse, die nicht hirntot sind, werden nicht

---

[47] Die Shewmon-Todeshypothese als Tod eines funktionierenden Organismus ist nicht mit der Totaltodhypothese zu verwechseln, wonach wirklich alle Zellen des Körpers tot sein müssten. Darum treffen die Einwände, z. B. bei Oduncu (1998, 178f) und Knoepffler (2000a, 121f), Shewmons Hypothese so nicht. Sie ist in dieser Weise auch nicht identisch mit einer Organtodhypothese oder einer Gewebetodhypothese oder einer Zelltodhypothese (vgl. zu dieser Terminologie Oduncu 2001, 230).

als Leichen verstanden. Damit kann aber nicht fehlendes Bewusstsein das eigentliche Kriterium sein, was für die zweite Prämisse zu beweisen war.[48]

Deshalb schließen Befürworter der Shewmon-Todeshypothese des Todes, dass es sich bei denjenigen, bei denen ein irreversibler Ausfall aller Gehirnfunktionen festgestellt wird, die aber noch eine in gewissem Sinn integrative vegetative Selbststeuerung haben, nicht um Tote handelt, sondern um Sterbende. Wer von der Menschenwürde ausgeht, kann unter der Voraussetzung dieses Kriteriums gar nicht anders, als davon auszugehen, dass diesen Menschen Menschenwürde zukommt, und er hat einen besonderen Schutz dieser Menschen, deren Leben als besonders brüchig und gefährdet gilt, zu verlangen (vgl. Anselm 1999, 126f).

Dabei kann man diese Position aus zwei Gründen vertreten, einerseits aus Vorsichtsgründen mit ähnlichen Argumenten wie oben im Rahmen des Lebensanfangs formuliert oder aus einer Überzeugung, die ebenfalls bereits im Rahmen des Lebensanfangs von Bedeutung war, nämlich der Annahme einer Beseelung. Shewmon geht dabei von der Überzeugung aus, dass die Seele den Leib erst nach dem Tod des gesamten Organismus und nicht nur des Gehirns verlässt (vgl. Shewmon 2003, 299).

Doch selbst wer die Annahme einer Beseelung teilt, ist auf den von Shewmon angegebenen Zeitpunkt nicht festgelegt. Es gibt nämlich gute Gründe, seine Hypothese in Frage zu stellen.

Die Ganzhirntodhypothese

Der Ganzhirntod wird nach den „Richtlinien zur Feststellung des Hirntodes" (Wissenschaftlicher Beirat der Bundesärztekammer 1998, 49) als „Zustand der irreversibel erloschenen Gesamtfunktion des Großhirns, des Kleinhirns und des Hirnstamms" definiert.

Die Ganzhirntodhypothese geht davon aus, dass mit dem Tod des ganzen Gehirns auch der Mensch gestorben ist. Dabei ist unbestritten, dass der irreversible Verlust aller Gesamtfunktionen des Gehirns und damit aller mentalen Funktionen das definitive Ende aller Möglichkeiten zu einem handlungsfähigen Leben bedeutet. Die eigentliche Argumentation lautet aber folgendermaßen:

1. „[Der Ganzhirntod] ist ein Zustand vegetativer Lebendigkeit, dem schon die typisch animalischen Lebenszeichen der Empfindung und Wahrnehmung und der sinnvoll der Umgebung antwortenden Bewegung fehlen. Natürlich fehlen erst recht alle Zeichen der typisch menschlichen Lebendigkeit, die man in der Hemmung des Handlungsimpulses und die Ausfüllung des dadurch entstandenen Freiraums durch erkennende und überlegende Tätigkeit, die sich sprachlich ausdrückt, erkennt" (Haeffner 1996, 812).

2. „Das Subjekt, das ein Verhältnis des Habens zu diesem Leben und zu diesem Leib haben könnte, ist verschwunden, da es eine Zentrierung in irgendeiner Form des Innewerdens und der Steuerung der eigenen Zustände und Handlun-

---

[48] Fairerweise sollte allerdings erwähnt werden, dass bereits vor den Überlegungen der Harvard-Kommission Veröffentlichungen das klinische Zustandsbild beschrieben, das heute den Ganzhirntod ausmacht (vgl. Mollaret/Goulon 1959).

gen nicht nur faktisch nicht gibt, sondern gar nicht mehr geben kann" (Haeffner 1996, 812).

3. „Mit dem Hirntod ist naturwissenschaftlich-medizinisch der Tod des Menschen festgestellt", da Mensch eben als Lebewesen zu verstehen ist, dem zumindest ein Subjektstatus (zumindest aktiv potentiell) als notwendige Lebensbedingung gegeben sein muss.[49]

4. Also kommt dem Ganzhirntoten keine Menschenwürde zu.

Die erste Prämisse enthält eine Beschreibung des Zustands. Sie kann sich auf medizinische Untersuchungen berufen:

„Im Hirntod ist zwar der (übrige) Körper noch organinteraktiv integriert – ein noch überlebender Körper. Im entscheidenden Bereich seiner organismischen Gesamtfunktion, der zentralen Integration seiner inneren Organe mit seiner Reaktions- und Handlungsfähigkeit, ist der Mensch desintegriert – nicht mehr ein lebendiger Mensch" (Spittler 2003, 321).

Darum kann auch der Wissenschaftliche Beirat der Bundesärztekammer (1993, 2177) formulieren: „Denn der vollständige und endgültige Ausfall des gesamten Gehirns bedeutet biologisch den Verlust der Selbst-Tätigkeit als Funktionseinheit, als Ganzes (Spontaneität des Organismus) ...", und 1997 konstatieren: „Mit dem Hirntod ist naturwissenschaftlich-medizinisch der Tod des Menschen festgestellt" (hier zitiert nach Oduncu 1998, 41). Oder in den Worten von Quante (2002, 132):

„Der irreversible Ausfall des Hirns als Ganzem ist ab dem Zeitpunkt, an dem dieses Organ die Integrationsleistung übernommen hat, das Ende des integrierenden Lebensprozesses und damit der Tod des menschlichen Organismus."

In beiden Fällen wird wie auch in der zweiten Prämisse die Irreversibilität betont: Im Unterschied zu Komatösen ist jedes Erwachen, also eine Reversibilität[50] des Prozesses und damit eine Persistenz, ein Sich-Durchhalten des Subjekts durch eine Phase des Nichtbewusstseins ausgeschlossen, im Unterschied zu den eingeschränkten mentalen Funktionen von Debilen gibt es keinerlei mentale Funktionen. Von daher ergibt sich die Konklusion unter Annahme der Prämissen zwingend.

Diese Position ist jedoch letztlich eine tutioristische Position. Aus Vorsichtsgründen wird die Grenze beim Ganzhirntod als Todeszeitpunkt festgelegt, obwohl ein selbst minimaler Subjektstatus bereits dann verloren ist, wenn nur das Großhirn, eventuell bestimmte Areale dieses Großhirns, irreversibel geschädigt sind. Dagegen zu argumentieren gelingt nur unter Zuhilfenahme eines logischen und zugleich medizinischen Fehlers wie beispielsweise durch Schlake und Roosen:

„[Es] zeigt die aktuelle Forschung, dass auch die zu Unrecht als ‚niedrig' angesehenen Hirnregionen wie Hirnstamm und Kleinhirn durch vielfältige Verschaltungen an diesen

---

[49] Die Aussage von Pius XII. aus dem Jahr 1957, „Es bleibt dem Arzt und besonders dem Anästhesisten überlassen, eine klare und genaue Definition von ‚Tod' und ‚Todeszeitpunkt' bei einem bewusstlosen Patienten zu geben" (hier zitiert nach Singer 1998, 34f), hat nur vor diesem Hintergrund einer nicht mehr rein medizinisch-naturwissenschaftlichen Bestimmung des Menschen ihre Bedeutung. Darum ist es auch nicht inkonsequent, wenn Ethiker sich mit den Fragen von Lebensanfang und –ende beschäftigen.

[50] Quante (2002, 130f) lehnt den „Rekurs auf die Irreversibilitätsbedingungen in der Definition des Todes als irreführend" ab, da er eine andere Todesdefinition gelten lässt, weil er den medizinisch-naturwissenschaftlichen Befund anders deutet.

Prozessen beteiligt sind. Sicherlich unzutreffend ist eine schematische Gleichsetzung des als ,Bewusstsein' bezeichneten Komplexes spezifisch menschlicher Funktionen mit dem Großhirn (Neocortex). Bewusstsein stellt eine integrative Leistung des gesamten Gehirns dar – womit die Rechtmäßigkeit des Ganzhirntodkriteriums unterstrichen wird" (Schlake/Roosen 1995; hier zitiert nach Oduncu 2001, 208).

Dieses Argument ist logisch fehlerhaft, weil Schlake und Roosen eine notwendige mit einer hinreichenden Bedingung verwechseln. Sie verlangen, dass das Großhirn hinreichende Bedingung für Bewusstseinsvollzüge sei, was dieses nicht ist, was aber auch nicht nötig ist. Das Großhirn ist nämlich eine notwendige Bedingung für Bewusstseinsvollzüge: ohne Großhirntätigkeit keine Bewusstseinsvollzüge. Darum genügt bereits das irreversible Fehlen von Großhirntätigkeit, damit nur noch vegetatives menschliches Leben vorhanden ist. Zudem ist das Argument medizinisch fehlerhaft, da das Locked-in-Syndrom gerade darauf hinweist, dass es ohne Hirnstammtätigkeit Bewusstseinsvollzüge geben kann.

Die Teilhirntodhypothese

Darum vertreten nicht wenige Autoren die Teilhirntodhypothese (vgl. z. B. Veatch 2000). Das Grundargument folgt dabei der Linie des Arguments der Ganzhirntodhypothese:
1. Der Teilhirntod ist ein Zustand vegetativer Lebendigkeit, bei der alle Zeichen typisch menschlicher Lebendigkeit fehlen.
2. Das menschliche Subjekt ist irreversibel nicht mehr da.
3. Wer als Subjekt irreversibel nicht mehr da ist, dem kommt keine Menschenwürde zu.
4. Also kommt dem Teilhirntoten keine Menschenwürde zu.

Ein Beispiel für teilhirntote menschliche Lebewesen sind Kinder, die anenzephal, also ohne Großhirn, geboren werden, und überhaupt Menschen, bei denen z. B. auf Grund eines Kollapses nur noch das Stammhirn arbeitet. Nur der Hirnstamm ist intakt. Nach der Ganzhirntodhypothese würden solche Menschen als im irreversiblen Koma bzw. im Zustand dauernder Bewusstlosigkeit liegend verstanden werden. Dagegen würden sie nach der Teilhirntodhypothese als tot gelten, denn Menschen, deren Großhirn vollständig ausgefallen ist, sind empirisch gesehen zu keinen menschlichen Vollzügen mehr fähig, nicht einmal ansatzmäßig.

Dies hat große Auswirkungen, wie ein Beispiel aus dem Royal Children's Hospital in Melbourne deutlich macht. Dort lagen zeitgleich ein Kind, dessen Großhirn durch einen katastrophalen Kollaps abgestorben war, und ein Kind, dessen Herz nicht mehr funktionierte:
„Es gab also in einem Bett ein Kind, das bis auf sein absterbendes Herz völlig normal war, und im Nachbarbett ein Kind mit abgestorbener Hirnrinde, aber einem normalen Herzen. Zufällig hatten beide Kinder dieselbe Blutgruppe, und somit hätte das Herz des Kindes, dessen Hirnrindenfunktion endgültig ausgefallen war, dem mit der Kardiomyopathie [der Herzkrankheit] übertragen werden können" (Shann 1991, 28, hier zitiert nach Singer 1998, 46).

Die Eltern des teilhirntoten Kindes wären zu einer Transplantation bereit gewesen, doch australisches Recht verbot dies, weil das teilhirntote Kind eben nicht als tot, sondern als sterbend verstanden wurde. Beide Kinder waren dann binnen kurzer Zeit auch nach den Buchstaben des Gesetzes tot. In Deutschland wäre dies nicht anders gewesen. Auch den Eltern des anenzephal geborenen Babys Theresa, die dessen Organe spenden wollten, damit die Geburt dieses Kindes einen sichtbaren Sinn erfüllen würde, durfte von den Ärzten nicht nachgegeben werden. Versteht man allerdings Anenzephale als tot, dann könnten auch Teilhirntote wie Karen Ann Quinlan und Nancy Cruzan, die sich auf Grund des Ausfalls wichtiger Hirnareale in einem persistierenden vegetativen Zustand befanden, als tot angesehen werden. Wo aber ist dann die Grenze?

Damit stellt sich in ähnlicher Weise wie bei der Frage des Lebensbeginns die Frage der Grenzziehung in aller Deutlichkeit. Im Unterschied zum Lebensanfang geht es freilich, dies ist eine wichtige Asymmetrie, nicht um menschliche Lebewesen am Anfang ihrer Entwicklung, sondern um menschliche Lebewesen, deren Entwicklung eine irreversible Wendung genommen hat.

Aus der Befürchtung, dass entweder die Shewmon-Todeshypothese oder die Ganzhirntodhypothese die einzige Grenzziehung darstellt, die eine willkürliche Teilhirntodbestimmung vermeidet, wird die Teilhirntodhypothese oft abgelehnt. Für die Position der Bundesärztekammer beispielsweise spricht dann also nur noch ein tutoristisches Argument, um einen Menschen, dessen Kleinhirn und Hirnstamm noch funktioniert, nicht als tot zu verstehen (Steigleder 1995, Schöne-Seifert 1995 und 1996). Argumentiert man aus Vorsichtsgründen gegen die Teilhirntodhypothese, dann setzt man sich folgendem Einwand aus: Unter der Voraussetzung, dass der Teilhirntote mit einer ähnliche geringen Wahrscheinlichkeit wie der Ganzhirntote als noch lebend zu verstehen ist, wäre es sinnvoll, das Hirntodkriterium zu modifizieren und bereits den Hirntod mit Ausfall des Großhirns zu konstatieren, denn der Tutorismus hat einen hohen Preis, wie obiges Beispiel der beiden Kinder verdeutlicht hat.

2.3.2.3 Überblick zu den Positionen im Blick auf die Menschenwürde

Wendet man diese Positionen auf die Frage nach der Menschenwürde an, so gilt:

Hypothese	Erläuterung
Shewmon-Todeshypothese	Keine Menschenwürde nach Absterben des ganzen Organismus
Shewmon-Todeshypothese (tutoristisch)	Keine Menschenwürde nach Absterben des ganzen Organismus aus Vorsichtsgründen
Ganzhirntodhypothese (immer gemäßigt tutoristisch)	Keine Menschenwürde nach Absterben des ganzen Hirns aus Vorsichtsgründen
Teilhirntodhypothese	Bestimmung des Todes, wenn Bewusstsein irreversibel nicht mehr möglich ist

2.4 Implementationsproblematik und Entscheidungsverfahren

Bei allen Unschärfen und Fragen im Blick auf die Anerkenntnis von Menschenwürde am Lebensanfang und -ende, hat sich in der Begründung des Menschenwürdeprinzips gezeigt, dass dieses Prinzip im Interesse aller Menschen ist. Es ist ein fundamental menschendienliches Prinzip. Durch die gegenseitige Achtung der Menschenwürde und der mit ihr verbundenen Grundrechte können die Einzelnen ihre Handlungsfähigkeit sichern und damit ihr Leben gestalten. Dies aber sind Grundbedingungen menschlicher Existenz, sodass auch in pluralistischen Gesellschaften davon ausgegangen werden kann, dass das Prinzip der Menschenwürde ein Prinzip darstellt, dem praktisch alle zustimmen können. Als ein solches, unterschiedliche Grundüberzeugungen übergreifendes Prinzip erfüllt es damit eine wesentliche Voraussetzung für eine langfristigen Implementation.

Gerade für Konfliktfälle, in denen Überzeugungen auseinander gehen, sind darüber hinaus faire Lösungen gefragt. Faire Lösungen sind dann gegeben, wenn vergleichbare Fälle vergleichbar gelöst werden. Es ist nämlich eine Grundüberzeugung, dass Gleiches gleich zu behandeln ist. Geschieht dies nicht, so wird die Implementation verhindert. Darum ist für die Konfliktfälle unter Umständen ein Entscheidungsverfahren anzuwenden, in dem ein akzeptierter Referenzfall mit dem umstrittenen Konfliktfall verglichen wird. Für den Konfliktfall des Klonens würde das beispielsweise heißen, „von dem Referenzfall einer vergleichbaren und weithin als akzeptabel beurteilten Technik auszugehen. Es braucht dann nur noch nach den Merkmalen gefragt zu werden, in denen sich das Klonen von der akzeptierten Referenzmethode in ethisch relevanter Weise unterscheidet" (Birnbacher 1999, 22). Das Prinzip der Menschenwürde darf in derartigen Fällen also nicht aus interessegeleiteten Gründen bestimmter Gruppen dazu verwendet werden, an sich legitime Forschungen oder Anwendungen zu delegitimieren oder umgekehrt illegitime Forschungen oder Anwendungen zu legitimieren.

Allerdings bleibt damit noch ein wichtiges Problem ungelöst: Warum sollte nicht der eine oder andere, der zwar grundsätzlich die Sinnhaftigkeit des Prinzips einsieht, versuchen, das Prinzip zu verletzen, um auf diese Weise für sich selbst oder Menschen, die er bevorzugt, Vorteile herauszuschlagen? Warum sollte er nicht versuchen, seine Pflichten den anderen gegenüber zu vernachlässigen, also deren Menschenwürde missachten?

Wie wir oben bei der Begründung gesehen haben, würde er sich dabei insofern selbstwidersprüchlich verhalten, als er dann auch das Risiko hätte, dass die anderen seine grundsätzlichen Anspruchsrechte verletzen. Spieltheoretisch ist diese Problematik leicht abbildbar (vgl. Daltrop 1999 und Homann/Suchanek 2000). Wir beschränken uns dabei zur Vereinfachung auf zwei Akteure A und B und gehen davon aus, dass A und B dann für ihre Handlungsfähigkeit ein gutes Ergebnis (nehmen wir fiktiv je drei Nutzenpunkte an) erzielen, wenn sie gegenseitig ihre Menschenwürde achten, wobei diese Achtung die tatsächliche Achtung der Grundrechte des anderen impliziert. Wenn dagegen der eine von beiden die Menschenwürde des anderen missachtet, also defektiert, der andere jedoch umgekehrt dessen Menschenwürde achtet, dann hat rationalitätstheoretisch betrachtet der Defektierer einen höheren Nutzenwert erreicht, während derjenige, der die Menschenwürde achtet, der Verlierer ist. Wenn jedoch beide defektieren, dann ist die ganze Rede von der Menschenwürde wertlos. Dies lässt sich auch in folgender Weise darstellen:

	Achtung der Menschenwürde durch A	Missachtung der Menschenwürde durch A
Achtung der Menschenwürde durch B	3/3	-2/4
Missachtung der Menschenwürde durch B	4/-2	0/0

Das Beispiel macht deutlich: Wenn A und B defektieren, bringen sich beide um den Kooperationsgewinn, der sich aus der gegenseitigen Achtung der Menschenwürde ergeben würde. In diesem Sinn verhalten sie sich nicht rational. Sie streben nicht das für sie bessere Ergebnis an. Andererseits verhalten sie sich auch wieder rational, insofern sie der dominanten Strategie folgen. Dies bedeutet, dass Defektion sich in jedem Fall für den Einzelnen auszuzahlen scheint, denn wenn er dem anderen trotz dessen Achtung seiner Menschenwürde andererseits die Menschenwürde des anderen nicht achtet, dann gewinnt er mehr: Er muss nämlich seine Pflichten gegenüber dem anderen nicht wahren. Wenn jedoch der andere defektiert und seine Pflichten nicht ernst nimmt, dann ist die Defektion erneut die bessere Strategie, denn sie verhindert durch den anderen ausgebeutet zu werden.

Hier kommt die Rolle des Staates ins Spiel. Um die gegenseitige Achtung von Menschenwürde wirklich zu implementieren und Defektionen von diesem Prinzip zu verhindern, wird der Staat die Defektion sanktionieren oder Anreize schaffen, das Prinzip zu wahren. Dies lässt sich beispielsweise für unseren Fall so denken, dass für Missachtung der Menschenwürde eine Strafe ausgesprochen wird, die den Gewinn der Defektion um 4 Nutzenpunkte reduziert:

	Achtung der Menschenwürde durch A	Missachtung der Menschenwürde durch A
Achtung der Menschenwürde durch B	3/3	-2/0
Missachtung der Menschenwürde durch B	0/-2	-4/-4

Das bedeutet: Die Achtung des Prinzips der Menschenwürde ist institutionell abzusichern, damit es tatsächlich seine regulative Kraft entfalten kann. Diese institutionelle Verankerung, die Sanktionen beinhaltet, ist nicht nur wünschenswert, sondern, wie geschichtliche und zeitgeschichtliche Erfahrung zeigt, wohl unabdingbar, soll die Durchsetzbarkeit des Prinzips der Menschenwürde als Konstitutionsprinzip bzw. als regulatives Prinzip nicht gefährdet werden.

2.5 Menschenwürde als Strukturmoment für bioethische Konfliktfälle

Die vier großen Probleme, die sich mit dem Begriff der Menschenwürde stellten, können in der aufgezeigten Weise eine grundsätzliche Klärung finden. Als Ergebnis der semantischen Untersuchung ergab sich die entscheidende Weichenstellung:

Das Prinzip der Menschenwürde regelt bzw. reguliert zwar bioethische Konfliktfälle nicht im strengen Sinn des Wortes, aber es kann sie gemäß den beiden Prinzipien strukturieren, in die es entfaltet wurde:
1. Prinzip grundsätzlicher Subjektstellung;
2. Prinzip grundsätzlicher Gleichheit.

Von daher erklärt sich auch der Begriff „Strukturmoment": Als Strukturmoment wird im Folgenden also die Strukturierung von bioethischen Konfliktfällen gemäß den beiden Grundsätzen verstanden, in die sich das Prinzip der Menschenwürde unterteilt. Es wird als Struktur*moment* bezeichnet, um anzuzeigen, dass es auch noch andere Möglichkeiten gibt, diese Konfliktfälle zu strukturieren, und auf diese Weise zu verdeutlichen, dass der hier angebotene Weg, die bioethischen Konfliktfälle zu behandeln, *ein* Weg unter mehreren möglichen darstellt. Dies dürfte gerade im Rahmen der Behandlung der Extensionsproblematik besonders klar geworden sein. Eine letzte Entscheidung zwischen unterschiedlichen Positionen ist vor dem Hintergrund des Menschenwürdeprinzips nicht mehr möglich.

Dazu kommt: Bioethische Konfliktfälle sind verschiedenartig. Die Bitte um eine aktive Sterbehilfe durch einen sterbenden Patienten wirft andere situationsgebundene Fragen auf als die Frage nach der Zulässigkeit der Forschung mit Stammzellen, die aus der Blastozyste gewonnen werden. Das regulative Prinzip der Menschenwürde dient dabei als Hintergrundüberzeugung, die situativ verschiedenartige Konfliktfälle strukturiert und in eine Ordnung bringt. Auf diese Weise ermöglicht sie eine ethische Bewertung, die freilich – situationsabhängig – weiterer ethischer Kriterien bedarf, die wiederum auf das Prinzip der Menschenwürde bezogen sind. Insbesondere sind dies das ärztliche Berufsethos, das Kriterium der Krankheit und das Kriterium der Öffentlichkeit/Transparenz (vgl. Winnacker u. a. 2002, 19-21).

Das Prinzip der Menschenwürde strukturiert dabei nicht die Zuordnung der einzelnen Konfliktfelder. Es wäre unsinnig zu sagen, dass beispielsweise das Konfliktfeld „Lebensanfang" auf Grund des Prinzips der Menschenwürde von größerer Bedeutung ist als das Konfliktfeld „Lebensende". Jedoch strukturiert dieses Prinzip die einzelnen Konfliktfälle innerhalb eines Konfliktfeldes: Je nach vertretener Position bildet es das Fundament für ein Entscheidungsverfahren zur Lösung von Konfliktfällen am Lebensanfang und Lebensende. Zudem lässt sich vor dem Hintergrund dieses Prinzips und dem Hintergrund der drei genannten Kriterien in manchen Konfliktfeldern bzw. Teilbereichen dieser Konfliktfelder eine Eskalation feststellen.

Ein weiterer wichtiger Gedanke, der aus Überlegungen von Technikfolgenabschätzung entliehen ist, lautet: Das Prinzip der Menschenwürde ist in der gesam-

ten gesellschaftlichen Dimension zu berücksichtigen. Dabei sind Mikro-, Meso-
und Makroebene zu unterscheiden:

1. Auf der Mikroebene geht es um die Menschenwürde von Individuen, z. B. des
   konkreten menschlichen Keims, Embryos, Föten, der konkreten Eltern, der
   konkreten Patienten.
2. Auf der Mesoebene geht es um die Menschenwürde von Individuen, die
   Gruppen zugehören, also die Auswirkungen von bestimmten Konfliktlösungen
   auf bestimmte Gruppen, z. B. die Auswirkungen der Zulässigkeit oder Nicht-
   Zulässigkeit der Präimplantationsdiagnostik und das damit verbundene Gefährdungspotential für geborene Menschen mit vergleichbaren Gendefekten. Es
   geht also um die Frage nach der Verletzung von Menschenwürde Einzelner qua
   Zugehörigkeit zu einer Gruppe.
3. Auf der Makroebene geht es um die Menschenwürde von Individuen in
   weltweiten Bezügen, also die Auswirkungen von bestimmten Konfliktlösungen
   auf Einzelne unter dem Gesichtspunkt weltweiter Regelungen.

In welcher Weise aber strukturiert die Anerkennung des Prinzips der Men-
schenwürde, in dem der grundsätzliche Subjektstatus und die grundsätzliche
Gleichheit von Menschen anerkannt werden, überhaupt bioethische Konfliktfälle?
Das Prinzip der Menschenwürde ist ein Fundamentalüberzeugungen übergreifen-
des Prinzip. Es ist das Prinzip hinter den Prinzipien. Es strukturiert diese Konflikt-
fälle darum auch nicht in der Weise, dass aus dem Prinzip der Menschenwürde
Lösungen deduziert werden können. Vielmehr lassen sich *Verletzungen* der
Achtung der Menschenwürde dadurch sichtbar machen, dass die Verletzungen von
Prinzipien, die vor dem Hintergrund der Geltung des Prinzips der Menschenwürde
Gültigkeit haben, auch und gerade als Missachtung der Menschenwürde sichtbar
gemacht werden können.

„Anerkenntnis der Menschenwürde" war semantisch als Anerkenntnis des
grundsätzlichen Subjektstatus und der grundsätzlichen Gleichheit von allen
Menschen im moralischen Sinn bestimmt worden. Die Verletzung des Lebensrechts, also die Vernichtung menschlichen Lebens, ist zugleich in den meisten
Fällen auch als die Zerstörung des grundsätzlichen Subjektstatus und der grundsätzlichen Gleichheit zu verstehen. Darum lässt sich vor dem Hintergrund des
Menschenwürdeprinzips die Verletzung des Lebensrechts in den meisten Fällen
auch als eine Missachtung der Menschenwürde charakterisieren. Dies gilt zumindest in den Fällen, in denen jemand gegen seinen (mutmaßlichen) Willen getötet
wird und er sich diese Tötung nicht selbst zuzuschreiben hat, beispielsweise
dadurch, dass er das Leben anderer Menschen bedroht und damit ihren grundsätzlichen Subjektstatus und ihre grundsätzliche Gleichheit in Frage gestellt hat. Dies
hat für die Fragen am Lebensanfang und am Lebensende weitreichende Folgen.
Wir können jedoch auch das Leben von Lebewesen schützen, ohne dass wir
bereits die Überzeugung haben, dass ihnen damit ein Recht auf Leben oder
Menschenwürde zukommt. An dieser Stelle wird auf diese Weise eine wesentliche
Strukturierung der an sich verschiedenartigen Konfliktfälle am Lebensanfang, am
Lebensende und bei gentechnischen Eingriffen deutlich.

Wenn wir auf der Mikroebene bei Konfliktfällen am Lebensanfang menschliche Keime oder Embryonen oder Föten als Menschen im moralischen Sinn

verstehen, sodass ihnen Menschenwürde zukommt, dann ist es ausgeschlossen, dass wir ihnen außer in dilemmatischen Fällen das Recht auf Leben absprechen. Umgekehrt dagegen ist es zulässig, dass wir ihr Leben schützen, ohne damit anzuerkennen, dass ihnen bereits ein grundsätzlicher Subjektstatus und eine grundsätzliche Gleichheit, also Menschenwürde zukommt. In diesem letzten Fall ist eine Güterabwägung zwischen dem Lebensschutz und anderen Gütern möglich. Am Lebensende gilt: Wenn wir Menschen am Lebensende als Menschen im moralischen Sinn verstehen, denen Menschenwürde zukommt, die zur Anerkennung verpflichtet, dann ist es ausgeschlossen, dass wir ihnen außer in dilemmatischen Fällen das Recht auf Leben absprechen. Ansonsten ist auch ihre Menschenwürde missachtet. Bei gentechnischen Eingriffen gilt dies ebenso.

Auf der Mesoebene stellt sich die Strukturierung durch das Menschenwürdeprinzip schon schwieriger dar. Gerade bei gentechnischen Diagnostiken und Verfahren wird die Frage eine Rolle spielen, ob diese Techniken als eine Gefährdung von Menschen, die zu bestimmten Gruppen mit einer bestimmten genetischen Ausstattung gehören, verstanden werden kann, vielleicht sogar muss. Hier wäre dann sozusagen mittelbar ebenfalls die Würde dieser Menschen dadurch missachtet, dass ihre grundsätzliche Gleichheit in Frage gestellt und in seltenen Fällen sogar ihr grundsätzlicher Subjektstatus gefährdet ist.

Auf der Makroebene werden diese Fragen ebenso eine Rolle spielen wie beispielsweise bei der Frage nach freiwilliger aktiver Sterbehilfe: Kann mittelbar eine Zulassung dieser Form von Sterbehilfe zu einer Bedrohung der Achtung der Menschenwürde von Menschen führen, indem normenlogisch das Tötungsverbot ausgehöhlt wird? Hierbei wird umso deutlicher, dass das Prinzip der Menschenwürde als Fundamentalprinzip keine einfachen Antworten erlaubt, sondern in einem „Gewebe" von Prinzipien als Hintergrund dieses „Gewebe" zusammenhält und ordnet. Dies ist bei der Behandlung des jeweiligen Konfliktfalls ausführlich zu zeigen.

3 Konfliktfälle am Lebensanfang

Das Berufsethos der Ärzteschaft hat sich in den letzten Jahrzehnten gewandelt. Ärztinnen und Ärzte nehmen in vielen Ländern beispielsweise Abtreibungen, also Tötungshandlungen, vor. Ärzte sind an der Forschung an menschlichen Keimen beteiligt, bei der optischen und genetischen Präimplantationsdiagnostik ebenso wie bei der Pränataldiagnostik tätig. Dennoch gibt es eine entscheidende sich durchtragende Konstante: Das ärztliche Handeln gilt dem Wohl des Patienten. Abtreibungen werden damit gerechtfertigt, dass man entweder davon ausgeht, dass den Embryonen und Föten keine Menschenwürde zukommt, sie also nicht im moralischen Sinn als Menschen verstanden werden, oder weil man das Wohl der Frau über das Wohl des Kindes stellt. Ähnlich verhält es sich mit der Forschung an menschlichen Zellen, die aus der Blastozyste gewonnen werden. Diese Forschung soll dem Wohl von Patienten dienen. Im Folgenden wird untersucht, inwieweit die Wandlungen in der ärztlichen und rechtlichen Bewertung von Konfliktfällen am Lebensanfang durch das ethische Prinzip der Menschenwürde strukturiert werden.

3.1 Stammzellforschung an menschlichen Zellen des Embryoblasten

Ein gerade in den letzten Jahren heftig diskutierter bioethischer Konfliktfall ist die Entnahme von menschlichen Zellen aus der Blastozyste, meist „embryonale Stammzellforschung" genannt. Die Entnahme menschlicher embryonaler Stammzellen aus der inneren Zellmasse der Blastozyste, dem Embryoblasten, vollzieht sich in einem Entwicklungsstadium eines menschlichen Lebewesens, in dem es sich bereits in den Embryoblasten und Trophoblasten ausdifferenziert hat. Derartige entnommene Zellen sind pluripotent, das bedeutet, dass sie sich in praktisch alle unterschiedlichen Gewebetypen eines Menschen entwickeln können. Sie sind aber nicht mehr totipotent, d. h. sie können sich allein nicht mehr zu einem vollständigen Menschen entwickeln. Ein wichtiges ethisches Problem stellt sich dadurch, dass bei der Gewinnung von Stammzellen, die aus der Blastozyste entnommen werden, der betreffende menschliche Keim verbraucht, also vernichtet wird. Es wäre nämlich nicht zu rechtfertigen, einen menschlichen Keim zu implantieren, dem Zellen entnommen wurden. Die Gefahr von Missbildungen oder anderen Schädigungen wäre in diesem Stadium zu groß. Medizinisch-naturwissenschaftlich gesehen dagegen gilt die Stammzellforschung als eine der zukunftsträchtigsten Forschungsmöglichkeiten überhaupt, weil Stammzellen ein medizinisch sehr interessantes Potential bergen (vgl. DeWitt 2001, 87).

Der Streit, ob die kontroverse Stammzellforschung an Zellen aus der Blastozyste überhaupt nötig sei oder aber durch die nicht kontroverse adulte Stammzellforschung ersetzt werden könne, geht unverändert hin und her. Für die adulten Stammzellen spricht, dass sie immunologisch mit dem Spender voll kompatibel sind und zudem ein überraschend großes Entwicklungspotential zu haben scheinen (vgl. z. B. Mezey u. a. 2000, Grant u. a. 2002, Yang u. a. 2002). Jedoch sind gerade in letzter Zeit erneut skeptische Warnungen sehr deutlich geäußert worden (Terada u. a. 2002, Ying u. a. 2002):

> „[Es hatte] Hinweise darauf gegeben, dass embryonale Stammzellen einen Einfluss auf die adulten Zellen im Sinn einer Reprogrammierung in Richtung embryonale Zellen haben könnten. Die Forscher gaben nun also Stammzellen aus dem Gehirn von Mäusen bzw. Knochenmarkszellen zusammen mit embryonalen Stammzellen der Maus in Kultur. Tatsächlich schienen die adulten Zellen sich unter dem Einfluss der Umgebung zu embryonalen Stammzellen reprogrammieren zu lassen und nahmen Eigenschaften von embryonalen Stammzellen an, weshalb die Forscher auch von ‚embryonalen Stammzellen-ähnlichen Zellen' sprachen. Aber eine nähere Untersuchung der Zellen brachte Erstaunliches an den Tag. Es stellte sich nämlich heraus, dass sich die adulten Stammzellen die Fähigkeiten der embryonalen Stammzellen nicht durch Reprogrammierung ihres eigenen Genoms angeeignet hatten, sondern durch bloße Fusion mit den embryonalen Stammzellen. Die adulten Stammzellen besaßen damit in Wahrheit gar nicht das bei ihnen beobachtete Transdifferenzierungspotenzial, sondern spiegelten es nur durch die Vereinnahmung der embryonalen Stammzellen vor! ... Namhafte Stammzellforscher meinten nun, dass die gesamten bisher gesammelten Daten über adulte Stammzelldifferenzierung einer Revision zu unterziehen seien" (Kummer 2002a, 839).

Die herrschende Meinung unter den befassten Forschern lautet jedenfalls, dass zum derzeitigen Zeitpunkt ohne eine Stammzellforschung an Zellen aus der Blastozyste wichtige Ergebnisse und Fortschritte nicht zu erzielen sind, was letztlich (zukünftige) Kranke schädigen würde. Sehr prägnant wird diese Meinung vom Präsidenten der Deutschen Forschungsgemeinschaft ausgedrückt:

> „Immer wieder wird angeführt, es gebe zu den embryonalen Stammzellen eine Alternative, nämlich adulte Stammzellen. ... [Wir wissen] letztlich nicht, was eine adulte zu einer adulten Stammzelle macht und eine embryonale zu einer embryonalen Stammzelle. Solange wir dies nicht wissen, sind alle diese Forderungen, alleine über adulte Stammzellen zu forschen, schlechthin unseriös. ... Nicht wenige unserer Kritiker sind der Meinung, dass sie dem Einsatz embryonaler Stammzellen durchaus dann zustimmen könnten, wenn wir erst einmal mehr wüssten und die Therapien schon funktionierten. Diese Haltung klingt auf den ersten Blick überzeugend, entbehrt aber letztlich jeder Logik ..." (Winnacker 2002, 33).

In der Stammzellforschung an Zellen aus dem Embryoblasten stehen derzeit sieben Optionen zur Verfügung, die von einer völligen Restriktion (Option 1) bis hin zu einer umfassenden Möglichkeit der Forschung an menschlichen Stammzellen reichen (Option 7). Dazu kommt möglicherweise eine achte Option auf Grund der neuen Forschungsergebnisse von Hübner u. a. (2003):

1. Verbot jeglicher Forschung aus Zellen des Embryoblasten;
2. Gewinnung von Stammzellen aus Stammzelllinien, die zu einem früheren Zeitpunkt angelegt wurden (Stichtagregelung);

3. Gewinnung von Stammzellen aus Stammzelllinien, die je nach Bedarf aus Embryoblasten überzähliger Keime erzeugt werden;
4. Gewinnung von Stammzellen aus Stammzelllinien, die je nach Bedarf aus Embryoblasten, die durch IVF erzeugt werden, gewonnen werden;
5. Gewinnung von Stammzellen, die aus gentechnisch veränderten Embryoblasten aus durch IVF erzeugten Keimen gewonnen werden;
6. Gewinnung von Stammzellen, die aus durch somatischen Kerntransfer in eine entkernte menschliche Eizelle erzeugten Embryoblasten gewonnen werden (SCNT, auch therapeutisches Klonen genannt, weil es um eine therapeutische Zielsetzung geht bzw. Forschungsklonen genannt, weil es derzeit ausschließlich Grundlagenforschung ist)[51] und eventuell gentechnisch verändert werden;
7. Gewinnung von Stammzellen, die aus Embryoblasten gewonnen werden, die durch somatischen Kerntransfer in eine entkernte nicht-menschliche Eizelle erzeugt und eventuell gentechnisch verändert werden (Transspezies-SCNT);
8. (möglicherweise) Gewinnung von Stammzellen, die aus Blastozysten gewonnen werden, die durch SCNT in einer Eizelle entstanden sind, wobei sich die Eizelle selbst aus Stammzellen entwickelt hat.

Außer bei dem vollständigen Verbot wurden (Option 2) bzw. werden zur Gewinnung von Stammzellen aus der Blastozyste menschliche Keime verbraucht, wobei die Frage lauten kann, ob man bei Option 7 und Option 8 noch von menschlichen Keimen sprechen kann. Die theoretische, weil von niemanden gewünschte, Option, nämlich Stammzellen zu gewinnen, aber den Restkeim zu implantieren, ist deshalb keine ethisch zulässige und medizinisch sinnvolle Option, weil in diesem Fall ein signifikantes Risiko besteht, dass das später geborene Kind durch diesen Eingriff geschädigt wird. Es wird hier also (je nach Grundüberzeugung bezüglich des Lebensanfangs) direkt oder prospektiv die körperliche Unversehrtheit eines Menschen aufs Spiel gesetzt.

Bei allen Optionen (nur indirekt bei Option 8), bei denen eine Stammzellforschung aus Zellen der Blastozyste als zulässig angesehen wird, ist eine wichtige Voraussetzung, dass die betreffenden Ei-, Samen- oder Körperzellenspender dem Gebrauch ihrer Keime zugestimmt haben. Diese Voraussetzung wird darum im Folgenden nicht mehr im Einzelnen erwähnt.[52]

---

[51] Mieth (2002, 236-240) macht deutlich, wie mit den Begriffen des reproduktiven und therapeutischen Klonens Sprachpolitik betrieben wurde und wird. Zu Recht weist er darauf hin, dass Therapien beim nicht-reproduktiven Klonen noch weit entfernt sind. Was allerdings zu ergänzen ist: Ein bestimmter Sprachgebrauch ist nötig, um Zielsetzungen zu unterscheiden. Ich werde deshalb vom Klonen mit reproduktiver Zielsetzung und vom Klonen mit therapeutischer Zielsetzung sprechen.

[52] Ich danke insbesondere LeRoy Walters vom Kennedy-Institut der Georgetown University, der mit mir die unterschiedlichen politischen Optionen diskutiert hat. Auch möchte ich die Professoren Tom Beauchamp, John Haldane, Maggie Little und Robert Veatch erwähnen, die im Rahmen eines Workshops und in persönlichen Gesprächen wertvolle Diskussionsbeiträge zu diesem Thema gegeben haben. Ich danke auch Roberto dell'Oro vom dortigen Center of Clinical Bioethics für wertvolle Gespräche.

3.1.1 Generelles Verbot

Das generelle Verbot jeglicher Forschung an embryonalen menschlichen Stamm-zellen entspringt einer einfachen Anwendung des Menschenwürdeprinzips in Verbindung mit der Überzeugung, dass bereits dem Embryo in dem Stadium, in dem er verbraucht wird, um aus ihm embryonale Stammzellen zu gewinnen, Menschenwürde zukommt:

1. Menschlichen Keimen kommt Menschenwürde zu.
2. Stammzellforschung an Zellen aus der Blastozyste verbraucht frühe menschli-che Keime.
3. Also ist die Stammzellforschung an Zellen der Blastozyste unzulässig.

Die erste Prämisse ist umstritten, wie die Diskussion zum Lebensanfang gezeigt hat. Unter der Annahme aber, dass sie korrekt ist, und da die zweite Prämisse ebenfalls korrekt ist, scheint sich die Konklusion notwendig zu ergeben. Doch ist diese einfache Anwendung eines regulativen Prinzips sinnvoll möglich? Kann ein heuristisches Prinzip in Anspruch genommen werden, um einen Konfliktfall direkt zu lösen? Haben wir nicht oben festgestellt, dass Menschenwürde und Recht auf Leben nicht dasselbe sind?

In der Tat sind Menschenwürde und das Recht auf Leben nicht dasselbe. Aller-dings ist der Tod das Ende des Subjektstatus und der grundsätzlichen Gleichheit. Darum setzt die Anerkenntnis von Menschenwürde einen lebenden Menschen voraus. Einen Menschen gegen seine Willen zu töten und doch zu behaupten, man würde seine Menschenwürde achten, erscheint von Ausnahmesituationen abgese-hen als falsch, wenn man die Semantik des Begriffs der unbedingten Menschen-würde akzeptiert. Die Begründung der Menschenwürde in Anlehnung an Gewirth hatte zudem gezeigt, dass es rational ist, dass wir gegenseitig unsere Menschen-würde achten.

Die entscheidende Frage lautet daher: Kann der Verbrauch von menschlichen Keimen zu Forschungszwecken als Ausnahmesituation gelten, weil das Ziel dieser Forschung darin besteht, Therapien zu entwickeln, die Kranken unter Umständen das Leben retten? Die Antwort auf diese Frage lässt sich sehr einfach geben, indem wir die Frage ändern: Kann der Verbrauch von geborenen Menschen zu Forschungszwecken als Ausnahmesituation gelten, weil das Ziel dieser Forschung darin besteht, Therapien zu entwickeln, die Kranken unter Umständen das Leben retten? Hier ist der weltweite allgemeine Konsens: Der Verbrauch ist nicht zulässig. Dann ist er aber auch nicht im Blick auf menschliche Keime zulässig, sofern wir zur Überzeugung gelangt sind, dass ihnen Menschenwürde zukommt:

„Wäre der Embryo wirklich Träger von Menschenwürde, könnten auch noch so gravierende medizinische Interessen Dritter an seiner Unverfügbarkeit nichts ändern" (Seelmann 2004, 68).

Dazu kommt ein weiterer Grund, der die Auswirkungen auf gesellschaftliche Gruppen und die Gesellschaft als Ganze betrifft: Die Stammzellforschung an Zellen aus der Blastozyste setzt die Technik der IVF voraus. Ist diese Technik überhaupt zulässig oder verändert sie unser Menschenbild in einer Weise, dass dadurch letztlich auch die Menschenwürde geborener Menschen bedroht ist? So formuliert beispielsweise der Katechismus der Katholischen Kirche (1993, Nr. 2377) bezüglich der IVF als *moralphilosophisches* Argument:

„Der Akt, der die Existenz des Kindes begründet, ist dann kein Akt mehr, bei dem sich zwei Personen einander hingeben. Somit vertraut man, ... ,das Leben und die Identität des Embryos der Macht der Mediziner und Biologen an und errichtet eine Herrschaft der Technik über Ursprung und Bestimmung der menschlichen Person. Eine derartige Beziehung von Beherrschung widerspricht in sich selbst der Würde und der Gleichheit, die Eltern und Kindern gemeinsam sein muss'(DnV 2,5).“

Wer dieses Argument für gültig hält, wird selbst dann, wenn dem menschlichen Keim keine Menschenwürde zukommt, den Weg zur Gewinnung der Stammzellen ablehnen. Der Geschlechtsakt wird nämlich nach dieser Überzeugung in seinem Wesen verfremdet und widerspricht der elterlichen Würde. Selbst die freiwillige Ei- und Samenzellspende ist damit nicht zulässig. Allerdings setzt dieses Argument eine bestimmte philosophische Konzeption voraus: die Verbindung einer neuscholastischen Naturrechtslehre mit Anleihen bei Max Scheler. Sie hat auch weitreichende Konsequenzen für den Gebrauch der Sexualität überhaupt, indem sie beispielsweise auch die Empfängnisverhütung durch mechanische oder chemische Mittel als in sich sittlich schlecht versteht.

Das Argument setzt also ein bestimmtes Verständnis des Gebrauchs menschlicher Sexualität voraus, das sowohl innerhalb der katholischen Kirche umstritten ist, als sich auch generell nicht durchgesetzt hat. Deshalb wird IVF als medizinische Standardmaßnahme weltweit durchgeführt. Vor dem Hintergrund neuer Möglichkeiten, die sich aus dem Gebrauch der IVF ergeben, nimmt allerdings die Kritik an dieser Methode auch bei Nichtkatholiken zu: Hierbei ist das entscheidende Argument die Angst vor dem Missbrauch der Methode. Doch dieser muss im jeweiligen einzelnen Konfliktfall nachgewiesen werden.

Was aber ist davon zu halten, wenn die Stammzelllinien bereits bestehen, wenn also keine menschlichen Keime mehr verbraucht werden müssen? Ist unter diesen Umständen selbst unter der Annahme des Menschenwürdeprinzips für frühe Embryonen diese Forschung zulässig?

3.1.2 Stichtagregelung

In Deutschland gilt per Gesetz eine Stichtagregelung, die erlaubt, dass mit embryonalen Stammzellen dann geforscht wird, wenn diese aus Stammzelllinien gewonnen wurden, die vor dem Stichtag 31. Januar 2002 etabliert waren. Kann dieses Gesetz selbst unter der Annahme, dass menschlichen Keimen Menschenwürde zukommt, ethisch zulässig sein? Die Argumentationslinie würde so laufen:

1. Menschlichen Keimen kommt Menschenwürde zu.
2. Wenn Stammzelllinien existieren, dann ist es nicht mehr möglich, die früheren überzähligen menschlichen Keime zu retten, aus denen sie gewonnen wurden.
3. Es ist nicht falsch, Stammzelllinien zu gebrauchen, selbst wenn deren Gewinnung einer schlechten moralischen Handlung entsprang, wenn es nur möglich ist, weitere moralisch schlechte Handlungen zu vermeiden.

4. Also ist es erlaubt, existierende Stammzelllinien zu gebrauchen, wenn dadurch kein weiterer Verbrauch menschlicher Keime bewirkt wird, um aus ihnen Stammzellen zu gewinnen.

Die entscheidende Prämisse ist die dritte Prämisse: Ist es erlaubt, Stammzelllinien zu nutzen, die gemäß der ersten Prämisse durch einen Verstoß gegen die Menschenwürde entstanden sind, selbst wenn damit zu keinen weiteren Verstößen Anlass gegeben wird? Die Antwort hierauf kann nur lauten: Es ist erlaubt. Hier kann ein historischer Menschenversuch, der nach heutigen medizinethischen Maßstäben (und wohl auch schon zu seiner Zeit) unzulässig war, einen Hinweis geben. Der Landarzt Edward Jenner (1749-1823) hatte auf Grund von Beobachtungen die Hypothese aufgestellt, dass Menschen, die an Kuhpocken infiziert waren, nicht mehr an den gefährlichen Pocken erkranken. Um diese Hypothese zu überprüfen, infizierte einen achtjährigen Jungen absichtlich mit Kuhpocken, weil er vermutete, dass eine Kuhpockeninfektion eine Infektion mit den gefährlichen Pocken verhindern könnte. Nach weiteren sechs Wochen infizierte er das Kind ohne Einwilligung der Eltern und ohne ausdrückliche Einwilligung des Jungen absichtlich mit den gefährlichen Pocken, vollzog also einen lebensbedrohenden Menschenversuch ohne Einwilligung. Das Kind blieb gesund. Die Impfmethode hat sich durchgesetzt und Millionen von Menschen das Leben gerettet, obwohl sie in doppelter Weise nach praktisch allen medizinethischen Ansätzen unzulässig ist.[53] Wir haben heute keine Bedenken, unsere Kinder gegen Masern zu impfen, obwohl die Methode hierfür ursprünglich auf einen ethisch in dieser Form nicht zulässigen Menschenversuch zurückgeht. Wir tun dies, weil wir davon ausgehen, dass dadurch nicht Anreize geschaffen werden, erneut Wissen unrechtmäßig zu gewinnen. Analog zu diesem Beispiel, wäre der Vorwurf einer Doppelmoral also auch im Blick auf eine Stammzellforschung mit Stichtagsregelung nur dann berechtigt, wenn jemand sich „nicht die Hände schmutzig machen will", aber bereits darauf wartet, Erkenntnisse, von denen er sagt, sie seien unrechtmäßig gewonnen, zu nutzen.

3.1.3 Gewinnung aus überzähligen menschlichen Keimen

Wer davon ausgeht, dass dem menschlichen Keim Menschenwürde zukommt, kann einer Gewinnung von Stammzellen aus überzähligen menschlichen Keimen nicht zustimmen. Dabei kann es keine Rolle spielen, dass es sich um menschliche Keime handelt, die als überzählige nicht mehr implantiert werden können und deshalb sowieso zu Grunde gehen werden, denn auch komatöse Sterbende dürfen nicht zu Forschungszwecken verbraucht werden. Anders verhält es sich dagegen, wenn nur aus Vorsichtsgründen davon ausgegangen wird, dass menschlichen Keimen Menschenwürde zukommt. Das Argument lautet dann:
1. Wir sollten Vorsicht walten lassen.

---

[53] Noch heute spricht man ausgehend von dieser ersten Schutzimpfung von Vakzinen (von lateinisch: vacca = Kuh).

2. Aus Vorsichtsgründen wird davon ausgegangen, dass menschlichen Keimen Menschenwürde zukommt.

3. Selbst wenn therapeutische Resultate nicht sicher sind, sollte man aus Vorsichtsgründen eine therapeutische Forschung angehen, wenn diese ansonsten zulässig ist.

4. Therapeutische Forschung mit embryonalen Stammzellen kann dazu führen, dass kranken Menschen geholfen wird.

5. Weltweit gibt es Hunderttausende überzähliger menschlicher Keime, die nicht implantiert werden, selbst wenn sie nicht zu Forschungszwecken gebraucht werden.

6. Also ist es zulässig, mit überzähligen menschlichen Keimen zu forschen.

In diesem Fall hat das zentrale Vorsichtsargument zwei Seiten. Auf der einen Seite achten wir aus Vorsichtsgründen die (mögliche) Menschenwürde der Blastozysten. Andererseits empfiehlt die Vorsicht zum Wohle von Kranken auch eine Forschung, sofern diese zulässig ist. Unzulässig ist eine Forschung aus Vorsicht, wenn dadurch die Achtung der Menschenwürde verletzt wird. Wenn jedoch nur aus Vorsichtsgründen davon ausgegangen wird, dass menschlichen Keimen Menschenwürde zukommt, dann steht Vorsicht gegen Vorsicht.

Kommt nun hinzu, dass die menschlichen Keime sowieso nicht zu retten sind, also ihnen gegenüber die Vorsicht ins Leere läuft, dann scheint es sinnvoll zu sein, unter Vorsichtsgesichtspunkten eine Stammzellforschung mit Zellen die aus überzähligen menschlichen Keimen gewonnen werden, als zulässig anzusehen. Weltweit geht man von mehreren Hunderttausend überzähligen menschlichen Keimen aus, die im Rahmen von IVF-Behandlungen entstanden sind, aber nicht mehr implantiert werden sollen. Sie sind also nicht zu retten. Vor diesem Hintergrund erscheint die Gewinnung von Stammzellen aus Zellen überzähliger menschlicher Keime eine sinnvolle Option darzustellen, es sei denn man erkennt dem menschlichen Keim nicht aus Vorsichtsgründen, sondern absolut Menschenwürde zu.

Allerdings gibt es noch ein wichtiges gesellschaftliches Argument: Es wird die Befürchtung geäußert, dass bereits diese Form der Stammzellforschung langfristig die Hemmschwelle senken könnte, sodass eventuell zu einem späteren Zeitpunkt eben nicht nur überzählige menschliche Keime zu Forschungszwecken verbraucht werden, sondern Föten, eventuell sogar Kleinkinder, die keine Überlebenschancen haben. Tatsächlich wirken unseriöse Darstellungen in Tages- und Wochenzeitungen sowie im Internet in diese Richtung. Winnacker (2002, 36) weist auf eine Wirkung dieser Darstellungen hin:

„Es ist sicherlich kein Zufall, dass diejenigen, die in der Frage der Stammzellherstellung eine eher fundamental-kritische Stellung einnehmen, in ihren Kommentaren und Berichten, niemals formlose Blastozysten abbilden, um die es hier tatsächlich geht, sondern nur Föten. Dadurch wird suggeriert, die Wissenschaftler würden kleine Menschen zerhackstücken, etwas, was in der Tat bei der Abtreibung geschieht, aber eben gerade nicht bei der Stammzellherstellung. Zuletzt fielen mir solche Darstellungen in einer Sonderbeilage zum Katholischen Sonntagsblatt der Diözese Rottenburg-Stuttgart zum diesjährigen Osterfest auf. Als Christ bedaure ich es ganz außerordentlich, dass sich einige Vertreter der Amtskirchen beider Konfessionen nicht zu schade sind, sich derart unseriöser Mittel zu bedienen."

Eine zweite, noch gefährlichere und von unseriösen Journalisten nicht bedachte Wirkung besteht darin, dass dadurch beim nicht gut informierten Leser emotional eventuell eine Hemmschwelle abgebaut wird, sobald diese Forschung erlaubt wird. Es kann sein, dass dann das Gefühl entsteht: Wenn man das darf, warum sollte man nicht auch geborene Menschen in dieser Weise behandeln?[54]

Es wird deshalb eine wichtige gesellschaftliche Aufgabe sein, die Differenz zwischen menschlichen Organismen im Mehrzellstadium, ausgebildeten Föten und geborenen Menschen immer neu deutlich zu machen und ins Bewusstsein zu bringen, damit die Grenze des ethisch Zulässigen und des Nicht-Zulässigen dort gezogen wird, wo sie zu ziehen ist. Diese Grenze zu finden, ist jedoch ein großes Problem, wie wir gesehen haben.

3.1.4 Gewinnung aus zu Forschungszwecken hergestellten IVF-Keimen

Die Herstellung von menschlichen Keimen mit spezifischen Charakteristiken, beispielsweise im Blick auf ein bestimmtes Patientenklientel, bedeutet eine weitere Eskalation. Der Begriff der „Eskalation" impliziert hierbei, dass diese Herstellung als ein weiterer moralisch nochmals umstrittenerer Vorgang verstanden wird, was die Frage der Menschenwürde angeht, denn wer davon ausgeht, dass menschlichen Keimen Menschenwürde zukommt, wird es als eine besondere Verletzung der Achtung und des Schutzes dieser Würde verstehen, wenn ein menschlicher Keim zu einem spezifischen, gerade nicht ihm selbst dienenden Zweck hergestellt wird. Unter der Annahme freilich, dass dem menschlichen Keim keine Menschenwürde zukommt, lautet die grundlegende Argumentation dieser Option:

1. Menschlichen Keimen kommt keine Menschenwürde zu.
2. In der Güterabwägung zwischen dem schützenswerten Gut des Lebens früher menschlicher Keime und der Forschungsfreiheit sowie dem möglichen Gut therapeutischer Fortschritte durch „passende" Stammzellen, ist der Forschungsfreiheit und dem möglichen Gut therapeutischer Fortschritte der Vorrang zu geben.
3. Also ist es erlaubt, frühe menschliche Keime durch IVF für Forschungszwecke herzustellen.

Zwar ist die Konklusion gültig, doch sind sowohl die erste als auch die zweite Prämisse umstritten. Auf die Debatte um die erste Prämisse muss hier nicht mehr

---

[54] „... wenn man darauf insistiert, dass der frühe Embryo ein Mensch ist, kann dies ganz andere Ergebnisse mit sich bringen, als man gedacht hat. Es ist wahrscheinlich, sogar wahrscheinlicher, dass das Ergebnis nicht darin bestehen wird, alle Experimente mit Embryonen zu verbieten, sondern eine Ausnahme von der Regel zuzulassen, dass Menschen nicht für medizinische Ziele getötet werden dürfen oder ohne ihre Einwilligung Experimenten ausgesetzt werden. Wenn Ausnahmen zu dieser Regel zugelassen werden, sind wir mit Sicherheit mit einer erschreckenderen schiefen Ebene ..." (Williams 1995b, 222f).

eingegangen werden. Es genügt, dass auch diejenigen, die davon ausgehen, dass menschlichen Keimen „nur" aus Vorsichtsgründen Menschenwürde zukommt, diese Option nicht werden akzeptieren können.

Aber selbst wer davon ausgeht, dass dem menschlichen Keim keine Menschenwürde zukommt, aber dennoch einen gewissen Lebensschutz dieser Keime für begründet hält, muss nicht notwendigerweise die zweite Prämisse teilen. Entscheidend wird hier weniger die Forschungsfreiheit sein als vielmehr die Frage, inwieweit tatsächlich therapeutische Fortschritte erhofft werden können.

Zudem kommt eine wichtige Frage auf der Mesoebene: Es werden zusätzliche Eizellen benötigt. Werden hiermit Frauen als Eizellspenderinnen missbraucht? Wenn Frauen freiwillig ihre Eizellen zur Verfügung stellen, weil diese bei einer Hyperstimulation zu IVF-Zwecken sowieso anfallen, dann kann von einem Missbrauch oder einer Instrumentalisierung der Frauen in keiner Weise gesprochen werden. Dies wäre nur gegeben, wenn IVF-Behandlungen mit Eizellspenden verbunden würden, so dass Frauen sich dazu genötigt sähen. Darüber hinaus lassen neue Experimente andere Wege der Gewinnung von Eizellen als möglich erscheinen (Hübner u. a. 2003). Was die männliche Samenzellspende angeht, so wird nur derjenige eine solche für unsittlich halten, der jede Trennung der ausgeübten Geschlechtlichkeit vom Zeugungszweck ablehnt, beispielsweise weil ein fundamentaler Wandel unseres Menschenbildes zum Schaden von uns allen befürchtet wird. Es kommen also auch makroethische Überlegungen ins Spiel.

Wenn allerdings therapeutische Fortschritte berechtigt erhofft werden können, so „erfordert" unter den gegebenen Voraussetzungen die Menschenwürde der betroffenen Kranken eine rasche und möglichst weitreichende Forschung mit embryonalen Stammzellen, sofern man die Einwände gegen die IVF generell nicht für zwingend hält. In diesem Fall wäre es allerdings auch gut begründbar, einen oder mehrere Schritte weiterzugehen, also die folgenden Optionen zu berücksichtigen.

3.1.5 Gewinnung aus IVF-Keimen unter Zuhilfenahme der Gentechnik

Jüngste Erfolge mit gentechnisch veränderten Stammzellen haben nicht nur eine Alternative zum Klonen mit therapeutischer Zielsetzung aufgewiesen, sondern die Möglichkeiten dieser Forschung deutlich erweitert, beispielsweise die immunologische Verträglichkeit. Unter den gerade gemachten Voraussetzungen erscheint darum diese Option nur als der folgerichtige nächste Schritt:
1. Menschlichen Keimen kommt keine Menschenwürde zu.
2. In der Güterabwägung zwischen dem schützenswerten Gut des Lebens menschlicher Keime und der Forschungsfreiheit sowie dem möglichen Gut therapeutischer Fortschritte durch „passende" Stammzellen ist der Forschungsfreiheit und dem möglichen Gut therapeutischer Fortschritte der Vorrang zu geben.
3. Gentechnische Veränderungen an menschlichen Keimen oder Stammzellen ermöglichen die Herstellung „passenderer" Stammzellen
4. Also ist es erlaubt, menschliche Keime durch IVF unter Anwendung der Gentechnik für Forschungszwecke herzustellen.

Als neue Fragestellung kommt hier die dritte Prämisse hinzu. Gentechnische Veränderungen bieten auf der Mikroebene neue Chancen, aber auch neue Risiken. Hier ist der Wissenschaftler gefragt, der die Chancen und Risiken gegeneinander abzuwägen und von daher über die Sinnhaftigkeit dieser Forschung und ihrer späteren Anwendung zu entscheiden hat.

Anders verhält es sich bereits auf der Mesoebene. Hier ist nicht mehr nur der Naturwissenschaftler und Mediziner gefragt. Die eigentliche Frage lautet: Sind gesellschaftliche Gruppen vom Einsatz der Gentechnik in diesem konkreten Fall in irgendeiner Weise positiv oder negativ betroffen? Dies dürfte nicht der Fall sein. Dagegen ist anzunehmen, dass der Einsatz von Gentechnik auf der Makroebene eine nicht zu unterschätzende Bedeutung gewinnen kann. Je erfolgreicher Gentechnik nämlich beim Menschen angewendet werden kann, umso mehr wächst der Eindruck, dass sehr viel machbar ist. Manche sprechen hier auch von einem „Machbarkeitswahn". Allerdings lässt sich aus der Möglichkeit „mehr zu machen" gerade nicht schließen: „Wir können alles machen." Aber vielleicht wird über die Anwendung von Gentechnik bei menschlichen Keimen ein Einfallstor in die Keimbahntherapie geöffnet. Hier gilt es zwei Fragen zu unterscheiden. Auf die eine Frage, die der Zulässigkeit der Keimbahntherapie selbst, ist ausführlich im Zusammenhang mit gentechnischen Eingriffen am Menschen einzugehen. Auf die andere Frage, die Frage nach dem Einfallstor, gilt dieselbe Antwort wie oben: Wir müssen die Grenzen dort ziehen, wo sie zu ziehen sind. Wenn durch gentechnische Veränderungen Menschen, denen Menschenwürde zukommt, eventuell das Leben gerettet werden kann, weil sie auf Grund der gentechnischen Veränderung die betreffenden lebensrettenden Stammzellen nicht abstoßen, dann ist dies eine auch auf der Makroebene wünschenswerte Option, da gerade die Bedeutung der Menschenwürde gestärkt wird, sofern man die Prämissen teilt: Diese Option steht im Dienst der Bewahrung der Menschenwürde.

3.1.6 Gewinnung aus menschlichen SCNT-Keimen

Vor dem Hintergrund einer derartigen Argumentation lässt sich auch das Klonen mit therapeutischer Zielsetzung rechtfertigen, also die Gewinnung von menschlichen Stammzellen aus menschlichen Keimen, die durch somatischen Zellkerntransfer, so genannter somatic cell nuclear transfer (SCNT), entstanden sind:

1. Wir wissen nicht, ob menschliche Keime, die durch SCNT entstanden sind, dasselbe Potential haben wie menschliche Keime, die auf natürlichem Weg oder durch IVF entstehen.
2. Menschlichen Keimen, die durch SCNT entstanden sind, kommt keine Menschenwürde zu.
3. In der Güterabwägung zwischen dem schützenswerten Gut des Lebens menschlicher Keime und der Forschungsfreiheit sowie dem möglichen Gut therapeutischer Fortschritte durch „passende" Stammzellen ist der Forschungsfreiheit und dem möglichen Gut therapeutischer Fortschritte der Vorrang zu geben.
4. Menschliche Keime, die durch SCNT hergestellt werden, ermöglichen die Gewinnung „passenderer" Stammzellen.

5. Die Herstellung von menschlichen Keimen durch SCNT erfolgt nur zu therapeutischen Zwecken.
6. Also ist es erlaubt, Stammzellen aus Blastozysten zu gewinnen, die durch
SCNT hergestellt werden.

Die erste Prämisse unterstützt die Annahme der zweiten Prämisse. Unter der
Annahme der Richtigkeit dieser Prämisse und unter der Annahme, dass die
Prämissen drei und vier richtig sind, stellt die fünfte Prämisse ein zentrales
Problem vor: Ist es möglich, die Klonierungstechnik auf Forschung mit therapeu-
tischer Zielsetzung zu beschränken oder ist die Befürchtung berechtigt, dass diese
Technik nach einer gewissen Zeit zu reproduktiven Zwecken Verwendung finden
könnte?

Auch hier sind zwei Fragen wie bei der Gentechnik zu unterscheiden, die Frage
nach der grundsätzlichen Zulässigkeit des Klonens mit reproduktiver Zielsetzung
und die Frage, ob das Klonen mit therapeutischer Zielsetzung dem Klonen mit
reproduktiver Zielsetzung den Weg bereitet. Die zweite Frage ist recht einfach zu
beantworten. Beide Formen des Klonens setzen grundsätzlich dieselbe Technik
voraus. Insofern zeigt das erfolgreiche Klonen mit therapeutischer Zielsetzung,
dass auch das Klonen mit reproduktiver Zielsetzung grundsätzlich möglich sein
könnte. Und doch besteht ein gravierender Unterschied, der die Vermutung, das
Klonen mit therapeutischer Zielsetzung bereite dem Klonen mit reproduktiver
Zielsetzung den Weg, *praktisch* unmöglich macht. Das Klonen mit therapeutischer
Zielsetzung zielt gerade nicht darauf ab, einen lebensfähigen Embryo zu erzeugen.
Es nimmt zur Gewinnung hilfreicher Stammzellen den Umweg über die
Klonierungstechnik, solange es nicht möglich ist, ohne die Herstellung von
menschlichen Keimen derartige Stammzellen zu gewinnen. Dabei darf gerade die
Frage offen bleiben, ob diese Embryonen aus sich heraus lebensfähig wären oder
nicht. Die entscheidende Frage, die überhaupt erst ein Klonen mit reproduktiver
Zielsetzung erwägenswert macht, nämlich ob die Klonierungstechnik für die
zukünftig geborenen zeitversetzten eineiigen Zwillinge – denn nichts anderes sind
Klone – mit Schädigungen verbunden ist, kann damit gerade nicht beantwortet
werden. Genau dieses Problem legen Tierversuche aber nahe. Darum kann das
Klonen mit therapeutischer Zielsetzung dem reproduktiven Klonen nicht den Weg
bereiten, und es ist in der Tat sinnvoll, beide Formen des Klonens streng zu
unterscheiden (so auch Holden/Kaiser 2002). Es lässt sich dann auch das Klonen
mit therapeutischer Zielsetzung befürworten (vgl. Rendtorff u. a. 1999; Winnacker
u. a. 2002, 55f).

Exkurs: Klonen mit reproduktiver Zielsetzung

Es kann kein Zweifel bestehen, dass das Klonen mit reproduktiver Zielsetzung
eine schwere Missachtung der Menschenwürde darstellt. Der Grund hierfür ist
sehr einfach. Die dann geborenen Menschen haben, wie Tierexperimente vermuten lassen, ein sehr hohes Risiko, durch diese Technik ernsthaft geschädigt zu
werden. Von daher wäre selbst unter der, wie zu zeigen sein wird, äußerst umstrittenen Voraussetzung, dass man Embryonen und Föten im Mutterleib töten dürfte,

wenn sie Schädigungen aufweisen, das Risiko so hoch, dass diese Technik bereits auf Grund der Würde der Betroffenen nicht zum Einsatz kommen darf, obwohl dies faktisch bedeutet, dass diese Menschen nicht existieren können.[55]

Gesetzt den Fall aber, diese Technik würde hundertprozentig funktionieren: Wäre dann jedes Klonen mit reproduktiver Zielsetzung ein Verstoß gegen die Menschenwürde, wie beispielsweise eine große Bundestagsmehrheit im Februar 2003 behauptete? Das Hauptargument in der Debatte, bereits 1997 formuliert, lautet:

„Problematisch an der Klonierung von Menschen ist ... die Tatsache, dass ein Mensch als Mittel zu einem Zweck hergestellt wird, der nicht er selbst ist, und dass ihm zu diesem Zweck die genetische Gleichheit mit einem anderen Menschen auferlegt wird. Offenkundig ist dies der Fall, wenn ein Mensch deshalb geklont wird, weil er einen anderen Menschen gleichen Genoms ersetzen, für einen anderen als Organ- oder Gewebespender dienen oder als Kind die genetische Wiederholung des Menschen sein soll, von dem der transplantierte Zellkern stammt, ... Einen Menschen in seiner genetischen Identität zu manipulieren, um ihn den Zwecken Dritter zu unterstellen, stellt ohne Zweifel eine Instrumentalisierung dar, die den Kern der Person berührt und deshalb gegen die mit dem Prädikat der Würde geschützte Selbstzwecklichkeit verstößt, die dem Menschen als Person zukommt" (Eser u. a. 1997, 364f).

Die hier genannten Zielsetzungen sind in der Tat verwerflich und verletzen die Achtung der Menschenwürde der Betroffenen. Zudem sind sie teilweise widersinnig, beispielsweise der Versuch einer Wiedergewinnung eines geliebten Menschen. Wie die Entwicklung von eineiigen Zwillingen zeigt, hat jeder Einzelne von ihnen eine eigene Persönlichkeit. Es wäre also einfach falsch zu behaupten, Zwillinge seien nur Kopien voneinander. Sie haben eben nur ihr Aussehen, den Phänotyp, und ihr Erbgut gemeinsam. Wer sie als Menschen sind, ist aber eben nicht nur durch Aussehen und genetische Veranlagung bestimmt. Vielmehr macht die Weise, wie jeder Einzelne sein Leben meistert, gerade das Eigentümliche und Wesentliche aus. Darum kann kein Mensch je kopiert werden, selbst wenn sein Erbgut durch Klonen weitergegeben wird. Zudem ist bei der Klonierungstechnik nicht einmal sicher, ob der Phänotyp identisch mit dem geklonten Menschen ist. Von daher erweist sich auch der Wunsch, einen Menschen auf Grund seiner besonderen Fähigkeiten zu klonen als unsinnig. Angenommen, wir würden Franz Beckenbauer klonen, dann wäre noch lange nicht gesagt, dass sein Klon gern Fußball spielen würde. Vielleicht faszinieren ihn die neuen Möglichkeiten des Computerzeitalters viel mehr.

Es bleibt darum wohl nur eine einzige Zielsetzung für das somatische Klonen übrig, die diskussionswürdig ist, nämlich das Klonen mit dem Ziel, Unfruchtbar-

---

[55] Davon zu unterscheiden ist allerdings der Fall, dass beispielsweise Embryonen bereits existieren, die durch SCNT oder Embryonensplitting entstanden sind. Wer davon ausgeht, dass derartigen Embryonen Menschenwürde zukommt, kann keinesfalls billigen, dass das deutsche Embryonenschutzgesetz unter Strafe die Implantation derartiger Embryonen verbietet (ESchG § 6 (2)) und sie damit der Vernichtung preisgibt. Im Fall des Embryonensplittings kommt hinzu, dass hier kaum ein Risiko für die Gesundheit des zukünftigen Kindes besteht, da hier nur künstlich eine Zwillingsbildung vollzogen wird, die weltweit millionenfach in der Natur vorkommt.

keit zu behandeln oder leibliche Nachkommen zu bekommen, selbst wenn der eine Partner ein hohes Risiko für eine Erbkrankheit trägt. Diese Ziele sind mit dem Prinzip der Menschenwürde zumindest auf Mikro- und Mesoebene kompatibel. Es wird gerade nicht ein Kind wegen eines bestimmten Designs gewollt, sondern in der Unfruchtbarkeitsbehandlung wird gerade das Daseins eines leiblichen Kindes um seiner selbst willen gewollt.

Zudem ist es keineswegs notwendig, dass ein Klon durch das Wissen um seine werdende phänotypische Gestalt und seine genetische Disposition in seinen Handlungsspielräumen über die Maßen eingeschränkt wird, also eine Verletzung seines Rechts auf Selbstbestimmung und damit seiner Menschenwürde erfährt. Die wachsenden Möglichkeiten genetischer Diagnostik werden nämlich auch viele sonstige Eltern veranlassen, über ihre eigenen Kinder ohne deren Einwilligung ein genetisches Wissen zu erwerben, um präventiv Vorsorge tragen zu können, so wie es heute üblich ist, Neugeborene und kleine Kinder immer wieder zur Untersuchung zu bringen.

Eser u. a. (1997, 365) bringen gegen eine solche Befürwortung die Makroebene ins Spiel:

„Dagegen kann nicht mit Gründen argumentiert werden, die – wie im Fall der Unfruchtbarkeit beider Partner oder der Gefahr der Übertragung einer schweren Erbkrankheit – auf bestimmte Interessenlagen Einzelner oder auf Konstellationen abheben, die die befürchtete Instrumentalisierung nicht notwendig eintreten lassen. Offensichtlich stehen die freie Entfaltung der individuellen Person mit der Wahrung der Struktur der natürlichen Reproduktion in einem so engen ganzheitlichen Zusammenhang, dass um der Würde und Freiheit der individuellen Person willen auch die Würde der mit der menschlichen Gattung verbundenen natürlichen Reproduktion respektiert werden muss."

Menschenwürde „betrifft" nicht nur den einzelnen Menschen, das Individuum, sondern auch die Würde der mit der menschlichen Gattung verbundenen Reproduktion als solcher, freilich um der Würde der individuellen Person willen. Jene Würde wäre in diesem Fall verletzt. Darum ist im Blick auf weltweite gesellschaftliche Auswirkungen zu fragen, ob durch eine Zulässigkeit des Klonens mit reproduktiver Zielsetzung selbst zu sehr hochwertigen Zielen nicht schleichend doch eine Änderung unseres Menschenbilds und damit verbunden eine Gefährdung der Menschenwürde auf den Weg gebracht wird, indem das bewusste Klonen Menschen auf den Weg bringt, deren Genetik feststeht, sodass Menschen machbar zu werden scheinen (vgl. Mieth 2002, 233ff). Dieses Argument ist sehr schwerwiegend und sehr ernst zu nehmen, denn die Ausschaltung des genetischen Zufalls bedeutet einen revolutionären Eingriff durch den Menschen an seinen Nachkommen. Noch deutlich prononcierter äußert sich Taboada (2003, 147):

„Die Missachtung der Bedeutung und Würde menschlicher Fortpflanzung ist durch die Nachahmung der rein biologischen, und die Verleugnung der spezifisch personalen Dimension menschlicher Fortpflanzung gegeben. Das Verfahren stellt eine radikale Manipulation des relationalen und komplementären Charakters menschlicher Sexualität dar, welche dazu noch die grundlegendsten menschlichen Beziehungen entartet (Elternschaft, Kindschaft, Familie, Blutsverwandtschaft usw.)."

Wer diese Überzeugung teilt (und sie entspricht beispielsweise der Position der römisch-katholischen Kirche), wird das Klonen mit reproduktiver Zielsetzung ablehnen. Freilich kann man mit teilweise ähnlichen Argumenten auch jede IVF-

Behandlung in Frage stellen, was ebenfalls der römisch-katholischen Position entspricht.

Wer dagegen diese Überzeugung nicht teilt und von der Zwecksetzung her argumentiert (vgl. Neumann 2004, 51-55; Gerhardt 2004b), der könnte das Klonen mit reproduktiver Zielsetzung dann unter den oben gemachten Voraussetzungen rechtfertigen, wenn es eben eine seltene Ausnahme bleibt, die nur dann als Möglichkeit offen steht, wenn es um Paare geht, deren genetisches Risiko erheblich ist oder bei denen ein Partner unfruchtbar ist.

3.1.7 Gewinnung aus Trans-Spezies-SCNT-Keimen

Eine weitere Form der embryonalen Stammzellforschung geht über die rein menschliche Stammzellforschung hinaus. In tierische entkernte Eizellen werden menschliche somatische Zellen transferiert. Sowohl in China als auch in den Niederlanden haben Ethikkommissionen diese Form der Forschung befürwortet. Die Vorteile liegen auf der Hand. Es werden keine menschlichen weiblichen Eizellen benötigt. Es scheint auch so, dass diese „Keime" nicht lebensfähig sind, sodass sich die Frage nach dem Status des Embryos nicht mehr stellt:

1. Keime, die durch SCNT in entkernte tierische Eizellen entstehen, haben nicht das Potential wie rein menschliche Embryonen, die auf natürlichem Weg oder durch IVF entstehen, sich zu geborenen Menschen zu entwickeln.
2. Keimen, die durch diese Form des SCNT entstanden sind, kommt keine Menschenwürde zu.
3. Keime, die durch SCNT in entkernte tierische Eizellen hergestellt werden, ermöglichen bestimmte Forschungsprojekte, die dienlich sind.
4. Die Herstellung von Keimen durch SCNT in entkernte tierische Eizellen erfolgt nur zur Forschung mit therapeutischer Zielsetzung.
5. In der Güterabwägung zwischen dem schützenswerten Gut des Lebens hybrider Keime und der Forschungsfreiheit sowie dem möglichen Gut therapeutischer Fortschritte durch „passende" Stammzellen ist der Forschungsfreiheit und dem möglichen Gut therapeutischer Fortschritte der Vorrang zu geben.
6. Also ist es erlaubt, Stammzellen aus hybriden Blastozysten zu gewinnen, die durch SCNT hergestellt werden.

Im Unterschied zu den bisherigen Überlegungen liegt hier der kritische Punkt an einer anderen Stelle: Ist es uns erlaubt, menschliche und tierische Zellen miteinander zu verbinden? Welche Auswirkungen auf unser Menschenbild sind dadurch zu erwarten?

Wir werden diesen Fragen immer wieder begegnen. Ihre Beantwortung hat sehr viel mit einer fundamentalen Einstellung zur Technik überhaupt zu tun. Es sind allerdings Fragen, die nicht wirklich argumentieren. Sie äußern Befürchtungen. Nun sind auch Befürchtungen ethisch von Bedeutung (vgl. Warnock 1984). Dennoch empfiehlt gerade der Warnock-Report (1984, Nr. 12.3) im Zusammenhang mit der Frage, ob weibliche Eizellen durch männlichen Samen im Rahmen einer Unfruchtbarkeitsbehandlung befruchtet werden können, eine Chimärenbildung. Indem männliche Samenzellen eine Hamsterzelle erfolgreich befruchten, kann gezeigt werden, dass die Samenzellen eine Eizelle penetrieren können. Der entstandene Keim stirbt nach der ersten Zellteilung rasch ab.

Analog könnte man sagen, dass ein Trans-Spezies-Klonen zur Forschung mit therapeutischer Zielsetzung zulässig ist, wenn dadurch beabsichtigt wird, Menschen, deren Leben auf dem Spiel steht, entscheidend zu helfen. Auch hier sollte klar sein, dass der so entstandene Keim nicht über das Blastozystenstadium hinaus am Leben gehalten werden darf, auch wenn er höchstwahrscheinlich bald danach sowieso von selbst absterben würde.

3.1.8 Eine mögliche Alternative?

Im Mai 2003 publizierte Science[56] einen Beitrag von Hübner u. a., der eine revolutionäre Entdeckung beschrieb: die Entstehung von Mauseizellen aus embryonalen Mausstammzellen. Würde dies auch beim Menschen möglich sein, dann entfiele bereits das Problem, Frauen um Eizellspenden zu bitten. Würde es zudem möglich sein, die Eizellen genetisch so zu verändern, dass sie nicht mehr die Potentialität haben, sich in Verbindung mit einem somatischen Zellkern zu einem geborenen Menschen zu entwickeln, dann würde diese Option eine ethisch viel unproblematischere Alternative zu den übrigen Optionen darstellen[57]:

1. Blastozysten, die durch SCNT in entkernte Eizellen, die selbst wiederum aus menschlichen Stammzellen entstanden sind, hergestellt wurden, haben nicht die Potentialität sich in geborene Menschen zu entwickeln.
2. Der moralische Status von derartigen Blastozysten ist vergleichbar mit dem moralischen Status von nicht-menschlichen Lebewesen, so weit es ihren Lebensschutz angeht.
3. Eine derartige Technik führt nicht zum Klonen mit reproduktiver Zielsetzung.
4. Die Forschung hat eine therapeutische Zielsetzung.
5. Also ist es zulässig, Stammzellen aus Blastozysten zu gewinnen, die durch SCNT in entkernten Eizellen, die selbst wiederum aus Stammzellen entstanden sind, geschaffen wurden.

Das Hauptproblem der ethischen Diskussion um die Stammzellforschung mit Stammzellen, die aus menschlichen Blastozysten gewonnen wurden, wäre damit gelöst. Es würden keine menschlichen Keime verbraucht, die sich in geborene menschliche Lebewesen entwickeln könnten. Zudem würden keine weiblichen Eizellen benötigt und es wäre die Möglichkeit ausgeschlossen, dass sich eine derartige Technik als Einstiegstechnik für das Klonen mit reproduktiver Zielsetzung erweisen könnte.

---

[56] Vgl. Hübner u. a., in: Scienceexpress/ www.scienceexpress.org/ 1 May 2003/Page 1/ 10.1126/ science.1083452.

[57] Wie gezeigt wurde, ist ja auch Option 1 problematisch, weil das generelle Verbot jeglicher Forschung an menschlichen Stammzellen, die aus menschlichen Blastozysten gewonnen wurden, Heilungschancen für ungeborene und geborene Menschen verringern kann.

Medizinisch wären so gewonnene Stammzellen darüber hinaus besonders geeignet, weil sie mit dem Zellkernspender kompatibel wären. Es stünde keine immunologische Reaktion zu erwarten. Und die Wissenschaftler hätten eine nicht mehr verendende Quelle für Stammzellen.

Solange freilich diese Option nur einen hoffnungsvollen Gedanken darstellt, ist es nötig, sich derzeit vor allem mit den anderen Optionen zu beschäftigen und das Erreichte kurz zu bilanzieren.

3.1.9 Fazit

Das Prinzip der Menschenwürde strukturiert den Konfliktfall „Stammzellforschung mit Blastozystenzellen" in folgender Weise: Wenn dem menschlichen Keim Menschenwürde zukommt, dann ist jede Form seines Verbrauchs unzulässig. Dabei ist freilich das gezielte Herstellen noch verwerflicher als der Verbrauch von Keimen, die sowieso keine Überlebenschance haben.

Wenn dem menschlichen Keim keine Menschenwürde zukommt, dann ändert sich das Eskalationsschema. Dann ist eine zu große Vorsicht, also das Verbot einer derartigen Stammzellforschung unzulässig, da es voraussichtlich einen Schaden für Menschen bedeutet, denen bei erfolgreicher Stammzellforschung geholfen werden kann. Das Verbot stellt dann eine Bedrohung für den Schutz der Menschenwürde geborener Menschen dar.

Einen besonderen Fall bilden das gentechnische Verändern von menschlichen Keimen und das Klonieren, insbesondere das Trans-Spezies-Klonen. Obwohl in diesem Fall keine individuelle Menschenwürde bedroht ist, stellt sich dennoch die Frage, ob durch die mögliche Änderung des Menschenbildes indirekt eine Bedrohung zu erwarten ist.

3.2 Präimplantations- und Pränataldiagnostik

Die Präimplantationsdiagnostik (PGD) und die Pränataldiagnostik (PND) bilden zwei revolutionäre Zweige diagnostischer Möglichkeiten. Vor dem Hintergrund des Prinzips der Menschenwürde stellen sie zwei derzeit besonders prominente Beispiele bioethischer Konfliktfälle dar, da in nicht wenigen Fällen Ergebnisse dieser Diagnostiken zur Verwerfung bzw. Tötung menschlicher Keime bzw. menschlicher Embryonen und Föten führen.

Um die unterschiedlichen Dimensionen dieser Problematik besser zu verstehen, ist zuerst eine Begriffsklärung vorzunehmen, denn der Begriff "Präimplantationsdiagnostik" ist mehrdeutig. Bei jeder IVF wird normalerweise eine nicht-invasive, *optische* Präimplantationsdiagnostik vorgenommen, die zum Ziel hat, genetische Veränderungen wie eine Triploidie zu entdecken, um in einem solchen Fall den betreffenden Keim nicht zu implantieren, da der Keim nicht lebensfähig ist.[58] Davon zu unterscheiden ist die invasive Präimplantationsdiagnostik als ein gentechnisches Verfahren an einem *in vitro* befindlichen Keim vor seinem Transfer in den mütterlichen Organismus (vgl. Claussen 2001), die so genannte genetische Präimplantationsdiagnostik (PGD). Unter dem Begriff Pränataldiagnostik versteht man die Diagnostik eines *in vivo* befindlichen Embryos oder Föten nach seiner Implantation in den mütterlichen Organismus bis vor die Geburt. Auch hier ist zwischen invasiven und nicht-invasiven Maßnahmen zu unterscheiden (vgl. Murken 1998).

Für Neugeborene besteht insgesamt ein Fehlbildungs- bzw. Erkrankungsrisiko von 3-5%. Davon machen Chromosomenstörungen und monogene Erkrankungen, also Erkrankungen die von nur einer Gensequenz ausgelöst werden, etwa 1,5% aus. Allerdings steigt das Risiko derartiger Fehlbildungen und Erkrankungen mit dem Alter der Mutter an. Dieser Anstieg ist nicht linear, sondern nimmt ab dem 36. Lebensjahr immer rascher zu. Beispielsweise nimmt die Wahrscheinlichkeit, ein Kind mit der Chromosomenstörung Trisomie 21 (Down-Syndrom), die immer zu einer geistigen Behinderung führt und meist auch Herzfehler und andere körperliche Probleme bewirkt, zur Welt zu bringen, in folgender Weise zu (Zahlen aus: Nationaler Ethikrat 2003, 40):

Alter der Frau	Ratio
18 Jahre	1:1556
30 Jahre	1:909
35 Jahre	1:384
40 Jahre	1:112
45 Jahre	1:28

Ganz anders liegen die Risiken für Kinder mit Chromosomenstörungen und monogenen Erkrankungen, wenn ein oder beide Elternteile ein hohes genetisches Risiko mitbringen. Bei autosomal rezessiven Erkrankungen, also genetischen Veränderungen, die nicht auf den Geschlechtschromosomen liegen, besteht unter der Voraussetzung, dass beide Elternteile Überträger dieser Krankheit sind, ein Risiko von 25%. Ist ein Elternteil nicht nur Überträger, sondern selbst an dieser Krankheit erkrankt oder für ihren Ausbruch disponiert, erhöht sich das Risiko auf 50%, wenn der andere Partner Überträger ist. Ist der andere Partner dagegen nicht Überträger, werden alle Nachkommen Überträger, aber kein Nachkomme erkrankt. Anders verhält es sich, wenn die rezessive Veränderung auf den Geschlechtschromosomen liegt. Bei der Bluterkrankheit z.B., einer Veränderung auf dem X-Geschlechtschromosom, erhöht sich das Risiko für Jungen, wenn die Mutter Überträgerin ist, ebenfalls auf 50%, selbst wenn der Vater gesund ist. Ist der Vater erkrankt, die Mutter aber keine Überträgerin, wird kein Nachkomme an

---

[58] Allerdings, so Graf (1999, 12f), stoßen ca. 14% triploider Embryonen im Tiermodell ihren überflüssigen Chromosomensatz ab und entwickeln sich normal weiter, und 30% der mikroskopisch als haploid eingeordneten Embryonen werden als normal erkannt. Ich danke Markus Peukert für diesen Hinweis.

dieser Krankheit leiden, kein Junge Überträger sein, aber 50% der Mädchen als Überträgerinnen geboren werden.

Bei autosomal dominanten genetischen Veränderungen ist das betreffende Elternteil, das die Veränderung weitergibt, immer selbst von der dadurch ausgelösten Krankheit bzw. Krankheitsdisposition betroffen, denn das kranke Gen dominiert sein gesundes Allel. Damit hat ein Nachkomme eines kranken Elternteils ein Risiko von 50%, von derselben Krankheit betroffen zu sein. Das klassische Beispiel ist hierbei die Chorea Huntington. Diese Krankheit, im Volksmund Veitstanz genannt, tritt meist zwischen dem 35. und 50. Lebensjahr auf. Der Patient verfällt sowohl körperlich als auch geistig und verliert zum Schluss physisch wie psychisch die Fähigkeit, sich selbst zu versorgen. Für diese Krankheit gibt es derzeit keine Therapie. Sie führt ausnahmslos zum Tod. Mittlerweile kennt man jedoch die Ursache dieser Krankheit. Sie wird dadurch ausgelöst, dass eine Gensequenz auf dem kurzen Arm des Chromosoms 4 „unnötige" Wiederholungen aufweist. Je mehr dieser Repetitionen vorhanden sind, umso schwerer wird das Krankheitsbild und umso früher bricht die Krankheit aus. Die Chorea Huntington hat einen autosomal dominanten Erbgang. Wenn also beispielsweise entweder das vom Vater oder der Mutter ererbte Chromosomen 4 das krankmachende Gen trägt, wird die Krankheit mit Sicherheit zwischen dem 35. und dem 50. Lebensjahr ausbrechen. Wenn jemand weiß, dass er oder sein Partner oder beide zu Hochrisikopaaren gehören, so bieten die genetische Präimplantations- und die Pränataldiagnostik eine Möglichkeit herauszufinden, ob der betreffende menschliche Keim, Embryo oder Fötus von dieser Krankheit betroffen ist.

Bei der optischen Präimplantationsdiagnostik kann eine Triploidie erkannt werden, bei der nicht-invasiven PND, dem Abhören, dem Tastbefund, dem Ultraschall und Untersuchungen des mütterlichen Bluts können ebenfalls Auffälligkeiten des Ungeborenen wahrgenommen werden. So dienen das Abhören und der Tastbefund dazu, Herzreaktion und Lage des Ungeborenen zu bestimmen. Der Ultraschall verhilft zu Erkenntnissen über Reifegrad, Phänotyp und Organfunktionen des Ungeborenen. Durch die mütterliche Blutentnahme kann im so genannten Triple-Test ein erster Hinweis auf chromosomale Veränderungen gefunden werden. Diese Untersuchungen bergen praktisch kein Risiko: Die optische Präimplantationsdiagnostik und die nicht-invasive PND sind Routineverfahren, was sich auch darin zeigt, dass beide Standarduntersuchungen darstellen.

Anders verhält es sich dagegen bei der immer invasiven PGD und der invasiven PND. Bei der invasiven PGD werden meist im Sechs- bis Zehnzellstadium, manchmal auch etwas später, d. h. etwa 48 bis 70 Stunden nach der Zygotenbildung, zwei Zellen, so genannte Blastomere, aus dem Gesamtverband des menschlichen Keims entnommen und untersucht. Findet die Entnahme im Sechs- bis Achtzellstadium statt, so ist umstritten, ob die entnommenen Zellen für sich noch totipotent sind, also sich allein zu einem ganzen Embryo entwickeln können. Wäre dies der Fall, dann würde die Diagnostik einen Keim verbrauchen und damit von vornherein für Vertreter der Position, dass dem menschlichen Keim Menschenwürde zukommt, unzulässig.

Je nach Fragestellung verwendet man normalerweise entweder die Polymerase Chain Reaction (PCR), beispielsweise um eine rezessive Erbkrankheit feststellen zu können, oder die Fluorescence in Situ Hybridization (FiSH), beispielsweise um eine Trisomie 21 nachweisen zu können. Die Untersuchung verbraucht dabei die betreffenden Blastomere. Es besteht die Möglichkeit, dass der spätere Mensch, der sich aus einem implantierten Keim nach einer PGD entwickelt, dadurch ein zusätzliches gesundheitliches Risiko hat, das so genannte Imprinting-Phänomen (Claussen 2001, 398). Dies führt zu einer höheren neonatalen Komplikationsrate und in manchen Fällen auch zu kleinerem Wuchs:

Zusätzlich kommen zu diesen Risiken die üblichen Risiken einer IVF, insbesondere das Risiko einer Zwillings- (ca. 23%) bzw. Drillingsschwangerschaft (ca. 1,6%).[59] Aber nicht nur der Keim, Embryo und Fötus, sondern auch die betreffende Mutter hat ein zusätzliches Risiko, da die für die PGD notwendige IVF mit Risiken für ihre Gesundheit verbunden ist. Zu nennen sind hierbei physische Gefährdungen wie das ovarielle Überstimulationssyndrom (bei etwa 0,7% der behandelten Patientinnen in schwerer Form) und psychische Belastungen, da die Erfolgsrate bei einer IVF für eine klinisch verifizierbare Schwangerschaft derzeit bei etwa 26% liegt und in etwa 3% der Fälle eine Fehldiagnostik vorliegt.

Eine Alternative zur PGD, die Polkörperentnahme, hat einen großen Vorteil. Sie kann durchgeführt werden, bevor sich der neue Keim gebildet hat. Der erste Polkörper entsteht vor dem Eisprung und wird ausgestoßen, der zweite Polkörper entsteht nach dem Eindringen der Samenzelle. Ihre Diagnostik gibt Informationen, ob chromosomale Störungen im mütterlichen Erbgut vorhanden sind. Aber die Diagnostik ist nur in bestimmten Fällen anwendbar, da nur das mütterliche Erbgut untersucht werden kann, und sie geschieht so früh, dass sie keine chromosomalen Veränderungen erfasst, die im Lauf des Befruchtungsvorgangs entstehen. Zudem birgt die Polkörperentnahme das Risiko, dass die Eizelle verletzt wird. Insofern ist die Polkörperentnahme kein Ersatz für die PGD. Da aber auch die PGD selbst mit Unsicherheiten behaftet ist, wählen 40% der Patientinnen, die eine PGD gewollt haben, zusätzlich eine PND.

Die invasive PND ist ein diagnostisches Standardverfahren. Über 70% der durchgeführten invasiven PNDs betreffen Frauen mit erhöhtem mütterlichen Alter. Ein Gynäkologe, der eine Frau, die älter als 35 Jahre ist, nicht auf diese Diagnostik hinweist, trägt nach einem Urteil des Bundesgerichtshofs die Unterhaltskosten für ein Kind, wenn dieses mit einer zur Krankheit disponierenden genetischen Veränderung geboren wird, die man durch eine PND hätte entdecken können. Mit etwa 11% stellen die zweitgrößte Gruppe diejenigen Frauen, bei denen der Triple-Test auffällig gewesen ist, bei etwa 8% sind es psychische Gründe; der Rest verteilt sich auf spezielle Fälle, z. B. wenn ein vorhergehendes Kind eine Chromosomenstörung hatte.

Bei der invasiven PND (Murken 1998, 34) finden sich neben der Amniozentese (Fruchtwasserpunktion) die Chorionzottenbiopsie und die Nabelschnurpunktion. Bei der Amniozentese, etwa zwischen der 16. und 20. SSW durchgeführt, werden

---

[59] Es gibt allerdings einige Studien, die darüber hinaus zusätzliche gesundheitliche Risiken für Kinder nach IVF und insbesondere ICSI (Intracellular Sperm Injection), die normalerweise bei der PGD angewandte wird, aussagen. Vgl. dazu Lenzen-Schulte (2003). Der Wert dieser Studien wird allerdings selbst wieder diskutiert.

mit Hilfe kultivierter Zellen Chromosomen analysiert, der Stoffwechsel diagnostiziert oder eine Nabelschnurpunktion vollzogen. Bei der Chorionzottenbiopsie (etwa 10. SSW) wird fetales Gewebe zur DNA-Analyse aus den Chorionzotten gewonnen. Hier kann innerhalb von 24 Stunden mittels einer Direktpräparation eine Chromosomenanalyse erreicht werden. Die Nabelschnurpunktion (etwa 20. SSW) dient der Gewinnung von fetalem Blut, das die nötigen fetalen Zellen für die genetische Diagnostik liefert. Das Risiko, das Kind durch die invasive PND zu verlieren, variiert zwischen 0,5 und 3%.

In Deutschland werden jährlich ca. 63000 Amniozentesen, etwa 4500 Chorionzottenbiopsien und 800 DNA-Analysen auf etwa 800000 Lebendgeburten durchgeführt. Etwa in 700 Fällen verursacht dabei die invasive PND eine Fehlgeburt. In etwa 2000 Fällen wird die Schwangerschaft auf Grund des genetischen Befunds abgebrochen. In manchen Fällen kann durch die Diagnostik eine monogen erbliche Krankheit festgestellt werden, die bereits im Mutterleib diagnostisch behandelt wird. Der Nationale Ethikrat (2003, 43) nennt als Beispiel die autosomal rezessive Erbkrankheit „adrenogenitales Syndrom". Bei dieser Krankheit ist der Fötus zur Cortisol-Synthese unfähig, was zu einem Hormonmangel führt, der wiederum eine Maskulinisierung des weiblichen Föten bedingt. Durch eine Substitutionsbehandlung der Schwangeren kann diese Auswirkung vermieden werden. Der Fötus wird normal phänotypisch weiblich geboren. Auch durch eine PGD ließe sich eine derartige Erbkrankheit diagnostizieren und damit ein derartiger therapeutischer Ansatz denken.

3.2.1 Zur Differenz und Vergleichbarkeit von PGD und PND

Invasive PGD und invasive PND sind dadurch vergleichbar, dass in beiden Fällen eine genetische Diagnostik vorgenommen wird. Nimmt man zudem an, dass der Entschluss zur IVF mit dem Ziel einer Schwangerschaft trotz einer schwer belastenden Anamnese der betroffenen Eltern nach einer eingehenden humangenetischen Beratung erfolgt und der Verzicht auf die Implantation eines genetisch auffälligen Embryos ebenfalls nach eingehender Beratung auf Grund von Nichtzumutbarkeit für die Frau gefasst wird, dann ist die PGD mit der PND auch im Blick auf den Konfliktfall in zentralen Punkten vergleichbar.

Ein entscheidender Unterschied freilich liegt darin, dass im Fall der PGD der Konfliktfall auf einer anderen Ebene ausgetragen wird. Die PGD setzt im Unterschied zur PND eine IVF mit deren spezifischen Risiken voraus, andererseits erfordert sie keine Schwangerschaft. Wird der menschliche Keim nach der genetischen Diagnostik nicht implantiert, so handelt es sich um eine Unterlassungshandlung. Die PND dagegen erfordert keine IVF. Sie setzt eine monatelange Schwangerschaft voraus und wird in den meisten Fällen an einem Fötus vorgenommen, dessen Organogenese abgeschlossen ist. Wird der Konfliktfall zwischen Mutter und Kind in der Weise aufgelöst, dass gegen das Leben des Kindes entschieden wird, so wird dieses gezielt getötet, teilweise sogar zu einem Zeitpunkt, an dem es bereits außerhalb des Mutterleibs lebensfähig gewesen wäre. Wer z. B. nicht davon ausgeht, dass dem menschlichen Keim Menschenwürde zukommt, sehr wohl aber dem Ungeborenen, für den ist letztgenannter Unterschied äußerst gravierend. Im Fall der Nicht-Implantation nach einer PGD wird nämlich kein Mensch im moralischen Sinn am Leben gehindert, während ein Abbruch nach einer PND die Tötung eines Menschen im moralischen Sinn bedeutet.

Zu diskutieren ist ein weiterer Unterschied. Während es sich bei einem Abbruch nach einer PND um eine Entscheidung in einem „Spannungsverhältnis zwischen zwei geschützten Leben, die in besonderer Weise miteinander körperlich verbunden sind" (Nationaler Ethikrat 2003, 86) handelt, fehlt bei der PGD gerade diese Entscheidungssituation, da die körperliche Einheit nicht gegeben ist.[60]

„Bei der Verwerfung nach PID fehlt es an der körperlichen Einheit von Frau und Kind. Während mit der Schwangerschaft eine Beziehung der Fürsorge zwischen Mutter und Kind beginnt, fördert die In-vitro-Situation eher ein Verhältnis der Distanz und der Objektivierung. Zudem fällt bei der PID die Entscheidung nicht für oder gegen die Fortsetzung einer konkreten Schwangerschaft, sondern im Wege der Auslese zwischen mehreren Embryonen" (ebd., 86f).

Freilich lassen sich dazu zwei Fragen formulieren: Die eine Frage argumentiert sozusagen „votumsintern" und nimmt Bezug auf die in demselben Votum formulierte These:

„Der Anspruch ein Kind nur unter selbst gesetzten Bedingungen anzunehmen und die Verantwortung für sein Dasein einseitig zu begrenzen, kann auch dann nicht Bestandteil der reproduktiven Autonomie der Eltern sein, wenn er auf das mutmaßliche Wohl des künftigen Kindes gerichtet ist" (ebd., 77).

Es lässt sich fragen, warum vor dem Hintergrund der körperlichen Einheit von Frau und Kind, die sogar als Fürsorgebeziehung gekennzeichnet ist, überhaupt irgendwelche Bedingungen für die Annahme des Kindes gesetzt werden können. Wer sein Kind nur austragen will, wenn es genetisch unauffällig ist, aber auch wer sein Kind ganz allgemein nur austragen will, wenn seine soziale Situation es zulässt, der setzt Bedingungen für die Annahme des Kindes.

Zweitens lässt sich vor dem Hintergrund der Hochrisikopaare, die um eine PGD nachsuchen, anfragen, ob die hier vorgenommenen Bewertungen korrekt sind. So lässt sich der Begriff „Auslese" nämlich unterschiedlich verstehen. Wenn beispielsweise einer von vier durch PGD getesteten menschlichen Keimen eine genetische Veränderung hat, bei der auch nach einer PND ein Abbruch vorgenommen wird, die übrigen drei aber unauffällig sind, so werden alle drei Keime implantiert. Insofern ist dieses Verfahren lebensdienlicher als eine Tötung nach einer PND, denn zumindest der Wunsch, einem oder mehreren Menschen das Leben zu ermöglichen, wird sichtbar. Dagegen wird bei einem Abbruch nach einer PND außer bei Bedrohung des mütterlichen Lebens ein ausschließliches Nein zum Leben dieses Kindes vollzogen. Zudem haben gerade Hochrisikopaare in vielen Fällen bereits einen Abbruch nach einer PND hinter sich und wollen durch ihr Wissen um das Risiko den für die Frau und auch die betroffenen Keime weniger schmerzhaften Weg der PGD wählen, denn eine Abtreibung stellt eine Gefährdung der mütterlichen Gesundheit dar und ein abgetriebener Fötus ist zumindest

---

[60] In diesem Sinn auch Haker (2002) und Kollek (2000).

empfindungsfähig, was von einem drei Tage alten menschlichen Keim nicht gesagt werden kann.

Ein weiterer wichtiger Unterschied besteht darin, dass die PND einen konkreten Föten betrifft, während die PGD normalerweise voraussetzt, dass mehr als nur drei menschliche Keime bei der vorgängigen IVF erzeugt werden, also einen zusätzlichen Verbrauch dieser menschlichen Organismen mit sich bringt. Allerdings ist gerade im Fall rezessiver Erkrankungen der Unterschied zur üblichen PGD nicht sehr groß. Vergleicht man zudem die Erfolgsrate von natürlich gezeugten menschlichen Keimen mit Keimen, die durch IVF entstanden sind und an denen eine PGD durchgeführt wurde, so ist der Unterschied nicht sehr gravierend. Man nimmt an, dass auch auf natürlichem Weg eine hohe Anzahl der gezeugten Keime absterben, bevor eine klinische Schwangerschaft verifizierbar ist. Dies hängt oft davon ab, welches „Milieu" der weibliche Genitaltrakt zur Verfügung stellt. In seltenen Fällen sterben auf natürlichem Weg sogar alle menschlichen Keime ab, bevor sie die Gebärmutter erreichen.

Ein Unterschied, der Beachtung verdient, besteht darin: Die „Hemmschwelle", einen menschlichen Keim nicht zu implantieren, ist sicherlich niedriger, als einen Föten nach einer PND zu töten, wenn man PGD und PND ohne Indikationenstellung freigeben würde. Diese niedrigere Hemmschwelle bedeutet freilich noch nicht, dass damit zwischen einem menschlichen Keim und dem Ungeborenen ein moralisch relevanter Unterschied bestehen müsste. Eine derartige Schlussfolgerung wäre wiederum ein naturalistischer Fehlschluss. Aus dem Faktum einer niedrigeren Hemmschwelle würde eine normative Schlussfolgerung gezogen.

3.2.2 PGD und Nicht-Implantation als passive Sterbehilfe

Eine Abtreibung nach einer PND impliziert immer eine Tötungshandlung, die Nicht-Implantation nach einer PGD dagegen ist eine Unterlassungshandlung, die freilich – je nach Interpretation der Unterlassung – in manchen Fällen einer Tötungshandlung vergleichbar interpretiert werden kann. Es gibt jedoch eine Gruppe von durch PGD diagnostizierten genetischen Veränderungen, bei denen die Nicht-Implantation nicht als Tötungshandlung zu verstehen ist, sondern einer passiven Sterbehilfe gleichzusetzen ist, falls menschlichen Keimen Menschenwürde zukommt (vgl. im Folgenden Knoepffler 2001b).

Die Anerkenntnis von Menschenwürde bedeutet, wie oben gesagt, dass keine Güterabwägung zulässig ist, bei der der grundsätzliche Subjektstatus und die grundsätzliche Gleichheit des betreffenden Menschen verletzt werden darf. Wenn dem menschlichen Keim Menschenwürde zukommt, kann eine Berufung auf die „Unzumutbarkeit für die Mutter" mit der Ausnahme, dass ihr Leben in Gefahr ist, deshalb eine Tötung eines Embryos oder Föten nicht rechtfertigen. Sie kann auch nicht rechtfertigen, einen menschlichen Keim extrakorporal nicht am Leben zu erhalten, es sei denn, er befindet sich bereits in einem Sterbeprozess. Genau dies ist aber manchmal der Fall, nämlich dann, wenn der menschliche Keim so geschädigt ist, dass das Unterlassen seiner Implantation einer passiven Sterbehilfe vergleichbar wäre, die manchmal Neugeborenen gewährt wird, wenn diese sich in einem Sterbeprozess befinden.

Es sei dies am Beispiel der Trisomie 13 verdeutlicht (Murken/Cleve 1996, 67f). Die Trisomie 13 kommt etwa mit einer Häufigkeit von 1:6000 vor, wobei männliche und weibliche Neugeborene gleich häufig betroffen sind. Die charakteristischen Fehlbildungen sind ein- oder zweiseitige Lippen-Kiefer-Gaumenspalte, Hexadaktylie, Mikroophtalmie und Holoprosencephalie. Die Kinder haben häufig Krampfanfälle sowie Herzfehler und es besteht eine schwere psychomotorische Retardierung. Die mittlere Lebensdauer beträgt unabhängig vom Geschlecht etwa vier Monate.

Wird ein Kind mit einem derartigen Befund geboren, so bieten die Ärzte den Eltern die passive Sterbehilfe an. Die Kinder bekommen, wenn die Eltern dem zustimmen, danach Nahrung nur auf Verlangen. Es gibt keine Sondenernährung, keine zusätzliche Sauerstoffgabe und keine Verabreichung von Antibiotika bei Infektionen. Es wird auf Operationen oder Wiederbelebungsmaßnahmen verzichtet. Ähnliches gilt für andere schwere genetische (und natürlich auch sonstige vergleichbar schwere) Krankheitsbilder.

Unter der Voraussetzung, dass diese Form der passiven Sterbehilfe ethisch zulässig ist, wäre auch eine Nicht-Implantation eines menschlichen Keims mit ähnlichen genetischen Aberrationen ethisch zulässig. Denn die Nicht-Implantation ist keine aktive Tötungshandlung, sondern stellt im Verzicht auf die Implantation eine vergleichbare passive Sterbehilfe dar. In diesem Fall wäre es nicht die Unzumutbarkeit für die Eltern, weswegen auf eine Implantation verzichtet wird, sondern das Leiden des menschlichen Keims, der sich von vornherein in einem Sterbeprozess befindet. Die Eltern wären dann diejenigen, die im Namen des Kindes um diese passive Sterbehilfe der Nicht-Implantation nach einer PGD bitten würden, also auf diese Weise den mutmaßlichen Willen des Kindes ausdrücken würden. Sie würde keine Missachtung der unbedingten Menschenwürde darstellen, wenn sie als passive Sterbehilfe verstanden den mutmaßlichen Willen des Kindes unterstellen würde, der darin besteht, dass sein Leiden nicht in die Länge gezogen wird. Dass zugleich von der Mutter die Risiken einer solchen Schwangerschaft abgewendet würden, wäre ein zusätzlicher wichtiger Aspekt, der im Rahmen dieser Argumentation aber keine Rolle spielt: Die Nicht-Implantation ist allein zum Wohle des menschlichen Keims ethisch zulässig, sofern passive Sterbehilfe zulässig ist.

Dies lässt sich in folgendem Syllogismus darstellen:
1. Passive Sterbehilfe ist bei im Sterbeprozess befindlichen Lebewesen, denen unbedingte Menschenwürde zukommt, ethisch zulässig, wenn ihnen der mutmaßliche Wille unterstellt werden kann, dass sie diese Sterbehilfe wünschen.
2. Es gibt schwere genetische Aberrationen, die mit der Methode der PGD entdeckt werden können und bei denen das menschliche Lebewesen sich bereits in einem diagnostizierbaren Sterbeprozess befindet.[61]

---

[61] Hier ist der Begriff „Sterbeprozess" in einem weiten Sinn gefasst. Als im Sterbeprozess befindlich wird der Keim dann verstanden, wenn das sich daraus entwickelnde geborene Kind eine maximale Lebenserwartung von etwa sechs Monaten besitzt.

3. Die Nicht-Implantation von menschlichen Keimen nach einer PGD kann in bestimmten Fällen als ethisch zulässige passive Sterbehilfe verstanden werden. Die Nicht-Implantation des Keims nach einer PGD würde auf sinnvolle Weise die Möglichkeiten erweitern, die bereits heute eine allgemein gute medizinische Praxis darstellen; denn bei jeder IVF ist der nachfolgende Transfer in die Gebärmutter davon abhängig, ob am Keim pathologische Veränderungen nachweisbar sind, die keine Nidation erwarten lassen oder wohl zu einer Fehlgeburt führen. In einem solchen Fall wird nämlich auf den Transfer in die Gebärmutter verzichtet. Diese „keim-pathische" Indikation, bei der sich der menschliche Keim bereits in einem Sterbeprozess befindet, stellt keine Selektion zwischen „lebenswertem" und „lebensunwertem" Leben dar, genauso wenig wie wir die passive Sterbehilfe bei mutmaßlicher Einwilligung in diesem Sinn deuten würden. Sie bedeuten auch keine Gefährdung für den Umgang mit behinderten Menschen, die sich normalerweise gerade nicht in einem Sterbeprozess befinden und mit diesen Fällen gar nicht vergleichbar sind. Sie können in keiner Weise als ein staatliches Eugenikprogramm missdeutet werden, da es hier um den mutmaßlichen (unterstellten) Willen des kranken Keims geht, nicht um staatliche Programme zur Verbesserung des Genpools. Wer also die IVF für zulässig befindet, kann selbst bei einem etwas höheren Verbrauch von menschlichen Keimen durch die PGD diese Form der PGD rechtfertigen und zugleich vertreten, dass dem menschlichen Keim Menschenwürde zukommt.

Was die Menschenwürde und das Recht auf Wohlergehen der Mutter betrifft, so gilt: Die PGD ist in den genannten Fällen nicht nur ethisch zulässig, sondern sogar ethisch geboten, sofern es die Mütter wünschen; denn jede Schwangerschaft stellt ein gesundheitliches Risiko dar. Es ist medizinisch und ethisch darum unverantwortlich, Frauen im Rahmen einer IVF-Behandlung wegen Unfruchtbarkeit ohne Entscheidungsmöglichkeit über Implantation oder Nicht-Implantation einer Schwangerschaft auszusetzen, wenn die schwere Schädigung des Kindes eine passive Sterbehilfe zulässig macht.

Allerdings gibt es dabei ein Problem: In ca. 3% der Fälle ist die Diagnostik fehlerhaft, was auch zur Folge haben kann, dass ein menschlicher Keim nicht implantiert wird, der eigentlich gar nicht genetisch verändert ist und sehr wohl hätte leben können. Während sich bei Geborenen derartige diagnostische Fehler dadurch selbst korrigieren können, dass die passive Sterbehilfe „versagt", hat der menschliche Keim keine Chance.[62]

Gäbe es diese Schwierigkeit nicht, so wäre von Entscheidungsträgern in Politik und Medizin zu fordern, die betreffenden genetischen Krankheitsbilder zu benennen, die in diesem Sinn verstanden werden können, und zumindest für diese Krankheitsbilder rasch eine PGD im Rahmen von IVF-Behandlungen wegen Unfruchtbarkeit rechtlich zu erlauben, sofern man die IVF selbst für ethisch zulässig erklärt. Da aber diese Schwierigkeit nicht behoben ist, bleibt Vertretern der Position, dass dem menschlichen Keim Menschenwürde zukommt, ein Argument gegen jede Form der PGD.

---

[62] Ich danke Barbara Leube, Institut für Humangenetik, Düsseldorf, für diesen Hinweis.

3.2.3 PGD und Nicht-Implantation bzw. PND und Tötung aus embryopathischen Gründen

Von der Nicht-Implantation nach einer PGD im Sinne passiver Sterbehilfe ist die Nicht-Implantation nach einer PGD bzw. die Tötung nach einer PND aus embryopathischen Gründen zu unterscheiden, die nicht als passive Sterbehilfe gedeutet werden können. Diese embryopathischen Gründe wären genetische Veränderungen, die zu schwerwiegenden Krankheitsbildern oder großen, sei es körperlichen, sei es geistigen Behinderungen führen.

Verfehlt wäre es, würde man die PGD und Nicht-Implantation bzw. PND und Tötung auf Grund eines absehbaren großen Leidens oder einer großen Behinderung des ansonsten zukünftigen Geborenen als eine therapeutische Maßnahme deuten und sagen, diese Methoden würden beispielsweise die Trisomie 21 genau so auslöschen wie früher die Pest.[63] Der gravierende Unterschied im Besiegen von Krankheiten oder Behinderungen auf Grund von Infektionen, man denke an Polio, besteht nämlich darin, dass hier durch die Nicht-Implantation bzw. den Tötungsakt der Träger dieser Krankheit bzw. Behinderung zugleich mit der Krankheit bzw. Behinderung nicht mehr existiert.

Nun erkennen wir gerade geborenen Menschen, die Träger schwerwiegender Krankheitsbilder oder großer, sei es körperlicher, sei es geistiger Behinderungen sind, Menschenwürde zu:

„Die Fundamentalnormen unserer Rechts- und Moralordnung – Menschenwürde, Lebensrecht, Gleichheitssatz – werden über die Grenzen hinaus, die von den Kriterien ihrer genuinen Begründung gezogen würden, *allgemein*, nämlich allen geborenen Menschen garantiert. Die hauptsächlichen Gründe habe ich genannt: Humanität, Stabilität, symbolische Konsistenz, Orientierungskraft der normativen Gesamttextur unserer Gesellschaft. Ein Normensystem, das alle geborenen Mitglieder prinzipiell in gleicher Weise in den Schutzraum seiner fundamentalen Rechte einschließt, ist gegenüber einem, das für jeden individuellen Lebensschutz jeweils eine gewissermaßen persönliche Qualifikation verlangte, bei weitem vorzugswürdig. Darum werden die entsprechenden Grundrechte jedem geborenen Menschen zugeschrieben" (Merkel 2002b, 147).

Dies ist allgemeiner Konsens in praktisch allen Gesellschaften weltweit, wenn die Menschenrechtspakte der Vereinten Nationen, denen fast alle Staaten angehören, als ein solcher Konsens gedeutet werden kann. Umstritten ist nur, ob beispielsweise auch diejenigen Menschen dazu gehören, die von Vertretern einer Teilhirntodhypothese bereits als verstorben angesehen werden, weil sie zu keinerlei Bewusstseinsakten mehr fähig sind, also beispielsweise Anenzephale. Nur wenige wie Peter Singer (1993) vertreten die Ansicht, dass auch geborene Menschen, die sich nicht in einem Sterbeprozess befinden, getötet werden dürfen, wenn ihre Fähigkeit Präferenzen auszubilden und zu leiden geringer ist als die Fähigkeit gesunder Tiere, Präferenzen auszubilden und zu leiden.

Erneut bestimmt eine wichtige Weichenstellung die Diskussion: Wer in der Frage des Lebensanfangs davon ausgeht, dass menschlichen Keimen Menschenwürde zukommt, kann einer Verwerfung nach einer PGD eben so wenig zustimmen wie einer Tötung nach einer PND. Ansonsten gäbe es einen Wertungswider-

---

[63] Leider äußern sich auch renommierte Wissenschaftler manchmal in dieser Weise.

spruch im Umgang mit geborenem und ungeborenem Leben, obwohl nach dieser Überzeugung beiden Formen menschlichen Lebens Menschenwürde zukommt. Schwieriger wird es bereits, wenn aus Vorsichtsgründen davon ausgegangen wird, dass menschlichen Keimen Menschenwürde zukommt. In diesem Fall könnte nämlich eine andere Vorsicht Geltung fordern, die Vorsicht zukünftigen Kindern eine Chance zu lassen: Wenn Eltern aus genetischen Gründen auf eine Implantation nach einer PGD verzichten wollen oder eine Abtreibung vornehmen lassen, so wird es für sie voraussichtlich leichter sein, ein oder mehrere unbelastete weitere Kinder zu haben. Allerdings wirkt eine derartige Vorsichtsabwägung schief, solange das Prinzip der Menschenwürde im Spiel ist, denn im einen Fall ist der konkrete Träger bereits da, im anderen Fall handelt es sich um noch nicht existierende Menschen.

Anders verhält es sich, wenn man davon ausgeht, dass dem menschlichen Keim keine Menschenwürde zukommt. Dann gibt es im strengen Sinn keinen Träger einer Krankheit im Sinne eines Subjekts, weshalb es eine moralisch verantwortete Option sein kann, diesen Keim nach einer PGD aus genannten Gründen nicht zu implantieren. Diese Entscheidung wäre in gewisser Weise der Entscheidung vergleichbar, auf Kinder zu verzichten, wenn man bestimmte genetische Risiken hat. Zwar gibt es auch hier den Unterschied, dass in einem Fall der menschliche Keim schon existiert, während im anderen Fall noch niemand da ist, doch ist eben dieser menschliche Keim noch nicht Mensch im moralischen Sinn und deshalb in der moralischen Bewertung von den nicht genutzten Ei- und Samenzellen, die auch lebendiges menschliches Leben sind, moralisch nicht unterschieden.[64] In beiden Fällen wird davon abgesehen, diesen Formen menschlichen Lebens eine Zukunft zu geben.

Wer davon überzeugt ist, dass auch dem Ungeborenen keine Menschenwürde zukommt, wird eine ähnliche Argumentation für eine Abtreibung nach einer PND aus embryopathischen Gründen formulieren.

Ein wichtiges Argument gegen diese Lösung nimmt nicht auf die Menschenwürde von menschlichen Keimen, Embryonen und Föten Bezug, sondern auf die Menschenwürde geborener Menschen mit Behinderungen. Es lautet:

„Kranke und behinderte Menschen können sich dadurch diskriminiert sehen, dass durch eine PID ebenso wie durch eine PND die Geburt von Menschen mit Krankheiten oder Behinderungen verhindert wird" (Nationaler Ethikrat 2003, 131).

Das eigentliche Gegenargument dazu lautet in derselben Stellungnahme:

„Mit dem Umstand, dass *bestimmte* Paare ein eigenes Kind mit einer Behinderung verhindern wollen, ist kein Unwerturteil gegenüber allen (und in *andere* Familien hineingeborenen) Menschen mit dieser Behinderung verbunden" (ebd., 132).

---

[64] Die christlichen Kirchen haben auch deshalb die Sterilisation verurteilt, weil sie als ein endgültiges Nein zur Fortpflanzung und damit zur Teilhabe an der Schöpfung Gottes verstanden wurde. Bereits der erste Kanon des Konzils von Nizäa verbietet, dass diejenigen, die sich selbst sterilisiert haben, Kleriker bleiben. Der gegenwärtige Katechismus der römisch-katholischen Kirche versteht die gewollte Sterilisation als ein Vergehen gegen das sittliche Gesetz, weil sie die Fruchtbarkeit zerstört (vgl. Katechismus der Katholischen Kirche 1993, Nr. 2297 und 2398).

Die Stärke des Gegenarguments wird sichtbar, wenn man Folgendes bedenkt: Wenn bestimmte Paare auf Grund ihrer genetischen Disposition auf Kinder verzichten, beispielsweise weil sie Überträger einer Mukoviszidosemutation sind, bedeutet dies noch nicht, dass sie damit allen Menschen, die mit dieser Veränderung geboren werden, das Lebensrecht absprechen, sozusagen durch ihre Entscheidung zurufen: „Ihr seid unerwünscht!" Paare, die ein Kind abtreiben lassen, weil sie bereits zwei Kinder haben, stellen keine gesellschaftliche Gefahr für alle diejenigen dar, die wie der Autor dieses Buchs als drittes Kind in eine Familie hinein geboren sind. Es lässt sich auch nachweisen, dass Menschen, die mit einer Trisomie 21 geboren sind, in den letzten Jahrzehnten insgesamt in unserer Gesellschaft besser gestellt worden sind – man denke nur an neue Gesetze und Verordnungen zum Schutz von Behinderten, obwohl gerade Menschen mit Trisomie 21, wenn diese vorgeburtlich diagnostiziert wird, seit langem beispielsweise in Deutschland zu einem sehr hohen Prozentsatz abgetrieben werden.

Darüber hinaus gibt es entgegen einer immer wieder vertretenen Ansicht einen bemerkenswerten Trend: Die Zahl der Abbrüche nach einer Pränataldiagnostik nimmt insgesamt ab, wie folgende Tabelle zeigt (für die jeweiligen Jahre sind die absoluten Zahlen der medizinischen, bis 1995 der medizinischen und embryopathischen Indikation genannt, darunter die Prozentzahl im Verhältnis zu allen vorgenommenen Abbrüchen).[65]

1993	1994	1995	1996	1997	1998	1999	2000
6970	6824	5565	4818	4526	4338	3661	3630
6,46%	6,59%	5,68%	3,68%	3,46%	3,29%	2,81%	2,70%

Zusammenfassend lässt sich vor dem Hintergrund der strukturierenden Funktion der Menschenwürde festhalten: Wer davon ausgeht, dass menschlichen Keimen Menschenwürde zukommt, kann einer Nicht-Implantation aus Gründen nicht zustimmen, die von der genetischen Disposition zu Krankheiten und Behinderungen ausgehen, und natürlich genauso wenig einer Tötung nach einer PND. Wer davon ausgeht, dass dem Ungeborenen zum Zeitpunkt einer PND Menschenwürde zukommt, nicht aber dem menschlichen Keim, kann der Nicht-Implantation zustimmen, nicht jedoch der Tötung nach einer PND. Nur wer davon ausgeht, dass ausschließlich geborenen Menschen Menschenwürde zukommt, kann auch die Tötung nach einer PND in Erwägung ziehen. Er ist dann allerdings mit zwei Schwierigkeiten konfrontiert (vgl. Hepp 1998). Die Möglichkeit, einer Frühgeburt das Leben zu retten, verschiebt sich immer weiter nach vorn. Mittlerweile können bereits Kinder gerettet werden, die mit einem Geburtsgewicht von 500g auf die Welt kommen. Ein solches Kriterium der Menschenwürdeanerkenntnis führt dazu, dass geborenen Kindern mit 500g nach dieser Position Menschenwürde zukommt, Nichtgeborenen im 10. Schwangerschaftsmonat mit 3000g jedoch nicht, obwohl sie in ihrer Entwicklung deutlich weiter sind. Zudem kann es geschehen, dass Kinder den Tötungsversuch überleben und durch ihn nochmals geschädigt lebend

---

[65] Zahlen gemäß dem Statistischen Bundesamt bis 2000, hier zitiert nach: Nationaler Ethikrat 2003, 181.

geboren werden (vgl. Hepp 1998, 94). Diese Kinder haben dann Anspruch auf alle Hilfeleistungen, weil ihnen nach der Geburt nach diesem Kriterium Menschenwürde zukommt.

Hepp (1998, 97) schildert am konkreten Fall einer Frau, die mit einem Kind mit Trisomie 13 schwanger war, eine Alternative zu dieser Tötungshandlung:

„Wir haben den intrauterinen Fetozid abgelehnt. Das Kind kam mit Zeichen des Lebens und dem schweren Krankheitsbild der Trisomie 13 zur Welt. Es wurde in seinem Sterben kinderärztlich betreut, auf Wunsch der Eltern unmittelbar nach der Geburt getauft und verstarb in begleitender Trauerarbeit der Eltern 30 Minuten nach der Geburt."

Eine derartige Alternative ist freilich in Deutschland nach der derzeit in Deutschland geltenden Rechtslage nicht realisierbar, wenn die Mutter die medizinische Indikation geltend macht, also dieses Kind als Bedrohung ihrer Gesundheit empfindet und sich deshalb seine Geburt nicht zumuten will.

3.2.4 PGD und Nicht-Implantation sowie PND und Abtreibung aus Gründen der Nichtzumutbarkeit für die Frau

Frauen können eine Nicht-Implantation nach erfolgter PGD oder eine Abtreibung nach einer PND wünschen, weil sie sich ein Kind mit einer genetischen Veränderung, die zu Krankheiten und/oder Behinderungen disponiert, nicht zumuten möchten. Sie können dies tun, weil sie um ihre eigene Gesundheit fürchten. Sie können dies aber auch tun, weil sie sich beispielsweise die Betreuung eines solchen Kindes nicht zumuten wollen, obwohl sie dies physisch und psychisch wohl gut verkraften würden.

In dieser Konstellation steht das mit der Menschenwürde verbundene Lebens- oder Selbstbestimmungsrecht der Mutter in Konflikt mit dem mit der Menschenwürde des menschlichen Keims bzw. des Embryos und Föten verbundenen Lebensrecht, sofern menschlichen Keimen, Embryonen und Föten Menschenwürde zukommt.

Unter der Voraussetzung einer vitalen Indikation, also wenn das Leben der Mutter gefährdet ist, haben wir es bei einer nach einer PND durchgeführten Abtreibung mit einem Spezialfall der allgemeinen medizinischen Indikation bei der Abtreibung zu tun. Geht es um Unzumutbarkeit für die Mutter, weil ihre Gesundheit gefährdet ist, dann handelt es sich um einen anderen Spezialfall der als medizinisch bezeichneten Indikation, unter der Voraussetzung anderer Gründe haben wir es zumindest ethisch mit einem Spezialfall der „normalen" Abtreibung zu tun. Darauf ist im Zusammenhang mit diesem Konfliktfall einzugehen.

Nicht unbedingt ein derartiger Spezialfall ist die Nicht-Implantation nach einer PGD aus eben diesen Gründen. Wie bereits gesagt, handelt es sich um eine Unterlassungshandlung in einem viel früheren Stadium, zu dem der Referenzfall die Frühabtreibung ist, also die Verhinderung der Einnistung von menschlichen Keimen in vivo durch Nidationshemmer oder die Zerstörung dieser Keime durch Mittel wie die Pille „danach". Kommt dem menschlichen Keim Menschenwürde zu, dann gilt:

1. Dem menschlichen Keim kommt Menschenwürde zu.

2. Durch Frühabtreibungen oder die Nicht-Implantation nach einer PGD aus Nichtzumutbarkeit für die Frau werden menschliche Keime verbraucht.

3. Das mit der Menschenwürde verbundene Selbstbestimmungsrecht der Frau hat ihre Grenze in der mit der Menschenwürde verbundenen Pflicht, den Subjektstatus und die grundsätzliche Gleichheit aller Menschen zu achten.

4. Das mit der Menschenwürde verbundene Recht auf Leben des Keims als Bedingung der Möglichkeit für die Existenz eines Menschenwürdeträgers ist höherwertig als das mit der Menschenwürde verbundene Recht auf Selbstbestimmung.

5. Also sind Frühabtreibungen und Nicht-Implantationen nach einer PGD nicht mit der Unzumutbarkeit für die Frau zu rechtfertigen und daher unzulässig.

Allerdings ist für die Gültigkeit der Konklusion noch eine Zusatzannahme zu machen, die nicht selbstverständlich ist. Sowohl Nidationshemmer als auch die Nicht-Implantation nach einer PGD töten den Keim nicht aktiv, sondern verhindern nur, dass er geeignete Umweltbedingungen findet, um sich weiterzuentwickeln. Man muss also als Zusatzprämisse annehmen, dass eine derartige Unterlassung, nämlich es zu unterlassen, dass der Keim geeignete Umweltbedingungen findet, mit einer Tötungshandlung äquivalent ist.

Nimmt man diese Zusatzprämisse an und erkennt dem menschlichen Keim Menschenwürde zu, dann besteht ein ethischer Wertungswiderspruch, wenn man einerseits Frühabtreibungen in vivo für ethisch zulässig, andererseits aber Nicht-Implantationen nach einer PGD für ethisch unzulässig hält. Zwar wird beispielsweise vom Minderheitenvotum des Nationalen Ethikrats (2003, 86) argumentiert:

„Unzutreffend sind weiter die Folgerungen, die aus der Straflosigkeit der so genannten Nidationshemmung gezogen werden. Einmal zerstören beispielsweise Spiralen in nicht wenigen Fällen bereits den Samen vor der Befruchtung, so dass eine Verschmelzung gar nicht stattfindet. Zum anderen spielt sich der Vorgang im Intimbereich der Sexualität ab und entzieht sich deshalb im Gegensatz zu Vorgängen in einem Labor in aller Regel der rechtlichen Kontrolle und der späteren Beweisführung."

Doch es ist nicht zu verstehen, warum es ethisch eine Rolle spielt, dass der Gebrauch der Spirale den Samen in manchen Fällen bereits vor der Befruchtung zerstört. Dies lässt sich an folgendem Beispiel klarmachen: Wer beispielsweise die Türen seines Gartens offen lässt, keinerlei Warnschilder aufstellt und eine automatische Schussanlage installiert, die in regelmäßigen Abständen feuert, wird mit einer gewissen Wahrscheinlichkeit Menschen töten. Auch wenn er mit Schwellen vor dem Garten dafür sorgt, dass manche Menschen vor Betreten des Gartens stürzen und deshalb nicht eintreten, würden wir seine Handlung nicht für zulässig erklären, weil trotzdem mit einer gewissen Wahrscheinlichkeit Menschen getötet werden.

Darüber hinaus ist nicht nachvollziehbar, warum unter der Voraussetzung der Menschenwürde des menschlichen Keims hier nicht auf der rechtlichen Ebene Regelungen möglich sind. Es ist nämlich gerade nicht der Fall, dass sich der Vorgang im Intimbereich der Sexualität der rechtlichen Kontrolle und der späteren Beweisführung entzieht. So könnte man das Einsetzen von Spiralen und den Verkauf frühabtreibender sonstiger Mittel verbieten. Es ließe sich auch nachweisen, wenn Frauen sich über ein solches Verbot hinwegsetzen würden, indem sie sich eine Spirale einsetzen ließen.

Ganz anders und unter der Voraussetzung, dass dem menschlichen Keim Menschenwürde zukommt, folgerichtig äußert sich in diesem Fall dagegen der Katechismus der Katholischen Kirche (vgl. Nr. 2270ff) und Papst Johannes Paul II (1995, Nr. 58):

„Doch kein Wort vermag die Realität der Dinge zu ändern: die vorsätzliche Abtreibung ist, *wie auch immer sie vorgenommen werden mag, die beabsichtigte und direkte Tötung eines menschlichen Geschöpfes in dem zwischen Empfängnis und Geburt liegenden Anfangsstadium seiner Existenz.* Die sittliche Schwere der vorsätzlichen Abtreibung wird in ihrer ganzen Wahrheit deutlich, wenn man erkennt, dass es sich um einen Mord handelt, ..."

Als Konsequenz dieser Überlegungen gilt auch der Gebrauch frühabtreibender Mittel als Abtreibung mit allen kirchenrechtlichen Konsequenzen.[66]

Völlig anders verhält es sich, wenn dem menschlichen Keim keine Menschenwürde zukommt. In diesem Fall hat das Selbstbestimmungsrecht der Frau Vorrang, sodass sowohl Frühabtreibungen als auch die Nicht-Implantation nach einer PGD zulässig sein können.

Allerdings lässt sich auch in diesem Fall die Frage stellen, ob Frauen eine PGD oder PND verlangen dürfen, weil sie nur Kinder mit bestimmten Eigenschaften für sich zumutbar halten, also beispielsweise indem sie nur einen Jungen oder ein Mädchen akzeptieren würden oder nur Kinder mit bestimmten Eigenschaften, sofern dies bereits diagnostizierbar wäre. Dies wäre eine klare individuelle selektive Intention, die freilich nicht mit Eugenik verwechselt werden darf, denn die klassische, durch Francis Galton eingeführte Bedeutung von Eugenik hat eine gesellschaftliche Dimension. Es geht um die Verbesserung des menschlichen Genpools, die sowohl negativ sein kann (Vermeidung von bestimmten Erbanlagen) als auch positiv (Verbesserung von Erbanlagen).

Welche Folgen könnten individuelle Selektionen haben? Einerseits bedeuten sie möglicherweise für die später geborenen Kinder einen zusätzlichen Druck. Ob dies freilich bereits eine Verletzung der Achtung ihrer Menschenwürde sein kann, ist zweifelhaft. Nur weil die Mutter ausschließlich ein Mädchen für zumutbar hält, wären damit weder individuell das geborene Mädchen besonders unter Druck gesetzt noch allgemein geborene Jungen in ihrer Existenz gefährdet. Und doch wird damit eine wichtige Grenze überschritten. In gewisser Weise wird die genetische Präimplantationsdiagnostik dazu benutzt, Menschen auf technische Weise zu gewinnen. Im Unterschied zu gentechnischen Eingriffen – darauf wird noch einzugehen sein – ist dieses Unterfangen zwar rein negativ: Menschliche Keime mit nicht gewünschten Eigenschaften werden nicht implantiert. Dennoch wird damit ein Anfang der Anthropotechnik gemacht, zumindest im weiten Sinn des Wortes. Nicht mehr gesundheitliche Erwägungen spielen dabei eine Rolle, sondern rein kulturbedingte Normen, deren Wandlungsfähigkeit das vergangene

---

[66] Darum sind auch alle, die diese Mittel gebrauchen, gemäß Can. 1398 des Codex Iuris Canonici der römisch-katholischen Kirche exkommuniziert. Es verwundert deshalb, dass die oben zitierten Sätze des Minderheitenvotums des Nationalen Ethikrats von einem römisch-katholischen Bischof, seinem evangelischen Kollegen und einem römisch-katholischen Moraltheologen mit unterschrieben wurden.

Jahrhundert nur zu deutlich unter Beweis gestellt hat. Eine derartige Anthropotechnik, nach individuellen Maßstäben und Zumutbarkeitskriterien gemacht, ist
sehr problematisch. Dazu ist später (vgl. 5.5) mehr zu sagen.

3.2.5 PGD und PND zur Rettung geborener kranker Geschwisterkinder

Im Vereinigten Königreich sind Fälle dokumentiert, bei denen Eltern die Metho-
den der PGD und PND einsetzen, um für ein bereits geborenes beispielsweise
leukämiekrankes Kind ein Geschwisterkind zu finden, das mit dem kranken Kind
HLA-kompatibel ist, also als Knochenmarksspender in Frage kommt. In dieser
Fallkonstellation erhöht sich die Komplexität, da nicht nur die Frage nach der
Menschenwürde der nicht implantierten oder abgetriebenen menschlichen Lebe-
wesen zu berücksichtigen ist, sondern auch die Menschenwürde des kranken
Kindes, des zukünftigen Kindes und der Mutter.

Im Unterschied zur gerade besprochenen Anthropotechnik sind es nicht individuelle Kriterien, die eine Rolle spielen, sondern medizinische Standards. Insofern
gilt die obige Kritik an der Anthropotechnik in diesem Fall nicht in gleicher
Weise. Lassen sich medizinisch-lebensrettende Gründe tatsächlich klar benennen,
dann kann diese Form der Anthropotechnik nicht aus sich heraus als verwerflich
gelten. Auch besteht dann die Möglichkeit, Missbrauch dieser Technik vom
rechten Gebrauch gemäß medizinischer Standards gut zu unterscheiden. Worum
es bei einer ethischen Bewertung dann eigentlich geht, ist wiederum die Frage, in
welcher Weise das Prinzip der Menschenwürde diesen Konfliktfall reguliert.

Was die nicht implantierten menschlichen Keime und die abgetriebenen Föten
angeht, so gelten vergleichbare Überlegungen: Kommt dem menschlichen Keim
Menschenwürde zu, kann ein derartiges Verfahren nicht gerechtfertigt werden,
selbst wenn dadurch einem geborenen Menschen mit einer hohen Wahrscheinlichkeit das Leben gerettet wird. Die Achtung und der Schutz der Menschenwürde
wären verletzt, wenn jemand für einen anderen Menschen sein Leben geben muss.
Analoges gilt für Abtreibungen zum Zweck der Lebensrettung eines bereits
geborenen Kindes. Kommt dagegen menschlichen Keimen keine Menschenwürde
zu, dann kann einer PGD zum Zweck der Lebensrettung in dieser Hinsicht
zugestimmt werden. Analoges gilt in dieser Hinsicht auch für die PND, falls dem
Ungeborenen keine Menschenwürde zukommt.

Was die Würde des kranken Kindes angeht, so ist seine Lebensrettung Bedingung der Möglichkeit, dass dieses Kind Menschenwürdeträger bleibt. So kann es
in dieser Hinsicht nur wünschenswert sein, PGD und auch PND einzusetzen, um
sein Leben zu retten, sofern eben nicht die Menschenwürde anderer Menschen
dadurch verletzt wird.

Ist dies der Fall beim zukünftigen Kind? Ist seine Menschenwürde verletzt,
weil es in erster Linie deshalb existiert, um seinem Geschwisterkind das Leben zu
retten? Wenn der Grund für seine Existenz auch nach der Lebensrettungsmaß-
nahme Hauptgrund bliebe, also das Kind nicht auch um seiner selbst willen,
sondern bloß um des Geschwisterkinds willen angenommen wäre, dann müsste in

der Tat eine Missachtung seiner Menschenwürde konstatiert werden. Sein grundsätzlicher Subjekt- und Gleichheitsstatus wäre verletzt.

Was die Mutter angeht, so bedeuten sowohl IVF mit PGD als auch PND gesundheitliche Risiken. Gesundheit ist ein hohes Gut, das mit der Menschenwürde über das Recht auf Leben in Verbindung steht. Dieses hohe Gut ist gegen das hohe Gut der Selbstbestimmung und auch der Selbsthingabe abzuwägen.

Auf Grund dieser Überlegungen erscheint eine PGD mit dem Ziel, ein lebensbedrohlich erkranktes Geschwisterkind zu retten, vertretbar, solange dem menschlichen Keim keine Menschenwürde zukommt. Dasselbe gilt nicht für die PND, selbst dann nicht, wenn dem ungeborenen Menschen keine Menschenwürde zukommt. Nicht nur haben wir es hier mit einer aktiven Tötungshandlung an einem Föten zu tun, sondern auch mit einem deutlich höheren gesundheitlichen Risiko für die Frau. Dazu kommt noch die geringere Chance, dem geborenen Kind das Leben zu retten, da bei der PND erst nach verhältnismäßig langer Zeit überprüft werden kann, ob das Ungeborene mit dem Geschwisterkind kompatibel ist. Dagegen wird im Fall der PGD mit hoher Wahrscheinlichkeit ein kompatibler Spenderkeim implantiert, und es wird relativ bald klar, ob sich eine Schwangerschaft manifestiert.

3.2.6 PGD und Nicht-Implantation sowie PND und Abtreibung aus gesellschaftlichen Gründen

Die Möglichkeit, die Methoden der PGD und theoretisch auch der PND als Anthropotechnik zu benutzen, verweist darauf, dass diese Diagnostiken und ihre Folgen nicht nur auf der Mikro- und Mesoebene von Bedeutung sind, sondern weitreichende gesellschaftliche Folgen haben können. Es ist deshalb allgemein im Blick auf PGD und PND zu fragen: Was könnten die langfristigen gesellschaftlichen Folgen sein? Könnten diese Techniken dafür sorgen, dass praktisch Krankheiten und Behinderungen verschwinden würden? Dies ist faktisch ausgeschlossen. Weit über 90% aller Behinderungen sind nämlich nicht genetisch bedingt und die meisten Krankheiten können auch nicht durch Gendiagnostik ausgeschlossen werden. Wir werden also immer in der Gesellschaft genügend Menschen haben, sodass selbst durch Nicht-Implantation nach einer PGD oder Tötung nach einer PND keine Gefahr eines Verlusts des Beitrags dieser Menschen für unsere Gesellschaft einerseits und eine Entsolidarisierung mit geborenen Behinderten andererseits besteht.

Darum fordern manche, dass die solidargemeinschaftlichen Systeme nicht „unnötig" durch Menschen mit Krankheiten und Behinderungen belastet werden, die man rechtzeitig hätte an ihrer Existenz hindern können. Es ließe sich noch radikaler fragen, ob man nicht eine gesellschaftliche Anstrengung zur Verbesserung des Genpools unternehmen sollte, also in der Tat PGD und PND zu eugenischen Zwecken einsetzen müsste.

Unter der Voraussetzung der Menschenwürde menschlicher Keime, Embryonen und Föten ist diese Argumentation menschenverachtend, da sie finanzielle oder eugenische Erwägungen höher gewichtet als den grundsätzlichen Subjekt-

und Gleichheitsstatus von Menschen. Teilt man diese Voraussetzung nicht, dann ist diese Argumentation dennoch in anderer Weise menschenverachtend: Es wird die Menschenwürde der betreffenden Eltern in zweierlei Weise missachtet. Einerseits wird ihnen dann gesellschaftlich vorgeschrieben, was sie bezüglich des Status von menschlichen Keimen, Embryonen und Föten zu glauben haben, denn Eltern die davon ausgehen, dass diesen Menschenwürde zukommt, müssen das Ansinnen einer Nicht-Implantation oder Tötung ablehnen. Zudem würden sie zu einer PGD bzw. PND gezwungen und in ihrer Reproduktionsentscheidung von der Gesellschaft bestimmt, was dem mit der Menschenwürde verbundenen Selbstbestimmungsrecht massiv widerspricht.[67]

3.2.7 Fazit

Das Prinzip der Menschenwürde reguliert und strukturiert den Konfliktfall „Präimplantationsdiagnostik und Pränataldiagnostik" in folgender Weise: Wenn dem menschlichen Keim Menschenwürde zukommt, dann ist unter der Voraussetzung der ethischen Zulässigkeit der IVF nur eine der passiven Sterbehilfe vergleichbare Nicht-Implantation des Keims zu rechtfertigen. Jede Nicht-Implantation aus anderen Gründen und jede Tötung des Ungeborenen nach einer PND ist unzulässig.

Wenn dem menschlichen Keim keine Menschenwürde zukommt, dem Embryo und Föten allerdings schon, dann kann die PGD dazu gebraucht werden, genetische Veränderungen, die zu Krankheiten oder Behinderungen oder beidem disponieren, zu entdecken und deshalb von einer Implantation abzusehen. Selektionsgründe nach bestimmten Merkmalen wie beispielsweise dem Geschlecht dagegen oder eugenische Vorschriften rechtfertigen keine PGD, da hierdurch auf der Makroebene eine Bedrohung der Menschenwürde befürchtet werden muss. Ein Ausnahmefall wäre allerdings die Situation, in der die Auswahl geschieht, um einem kranken Geschwisterkind das Leben zu retten. Dies wäre kein Verstoß gegen die Menschenwürde des nach einer PGD ausgewählten menschlichen Keims, sofern dieser nicht nur aus diesen Gründen gezeugt wurde, sondern nach der Geburt auch um seinetwillen geliebt wird. Was die Tötung nach einer PND angeht, so gilt dasselbe wie oben: Jede Tötung ist unzulässig.

Nur wer davon ausgeht, dass auch dem Ungeborenen zu diesem Zeitpunkt keine Menschenwürde zukommt, kann seiner Tötung unter bestimmten Bedingungen zustimmen. Wenn entweder die genetische Disposition des Kindes für bestimmte Krankheiten oder Behinderungen gegeben ist oder aus medizinischen Gründen im Blick auf die Gesundheit der Mutter eine Weiterführung der Schwangerschaft problematisch ist, können diese Bedingungen erfüllt sein. Doch selbst in diesem Fall sollte die Grenze dort erreicht sein, wo der Fötus außerhalb des

---

[67] Davon zu unterscheiden ist die Frage, ob Menschen, die zu keiner oder nur zu einer eingeschränkten eigenen Selbstbestimmung fähig sind, beispielsweise Menschen mit schwerer geistiger Behinderung, in ihrem Reproduktionsverhalten gesellschaftlich bestimmt werden dürfen. Dieser Frage kann hier nicht näher nachgegangen werden.

Mutterleibs lebensfähig wäre. Deswegen ist beispielsweise die bundesdeutsche Gesetzgebung durch die ausgeweitete medizinische Indikation, die dazu führt, dass lebensfähige Föten nach einer PND straffrei und rechtmäßig abgetrieben werden können, aus ethischen Gründen höchst problematisch.[68]

3.3 Abtreibung

In der Bundesrepublik Deutschland ist die Abtreibung die dritthäufigste Todesursache für menschliche Lebewesen. Gemäß den Angaben des statistischen Bundesamts lauten die Zahlen für die drei häufigsten Todesarten und im Vergleich dazu die Zahl gestorbener Säuglinge und der Lebendgeburten, wie folgt:

	1997	*1998*	*1999*	*2000*
Kreislaufversagen	415892	411400	406122	395043
Tod durch Krebsleiden	210090	212748	210837	210738
Gestorbene Säuglinge	3951	3668	3496	3362
Schwangerschaftsabbrüche	130890	131795	130471	134609
davon medizinische Indikation	4526	4338	3661	3630
dazu im Vergleich:				
Lebendgeburten	812173	785034	770774	766999

Diese Zahlen sprechen eine deutliche Sprache. Auf jeden gestorbenen Säugling kommen im Vergleichszeitraum etwa 35 abgetriebene Embryonen bzw. Föten, auf weniger als zwei Krebstote ebenfalls ein abgetriebener Embryo oder Fötus. Abtreibung ist ein alltägliches Phänomen. Es beschränkt sich nicht auf 2000 Paare in Europa in zehn Jahren wie die PGD, sondern betraf allein in der Bundesrepublik Deutschland im Jahr 2000 134609 Mütter, davon mehr als 130000 nicht aus medizinischer Indikation heraus. Zudem sind dies nur die gemeldeten Fälle. Im Vergleich dazu wurden im selben Jahr in Deutschland etwa 770000 Kinder geboren.

Eine Abtreibung ist eine Tötungshandlung an einem menschlichen Embryo oder Föten in vivo, die ein Arzt unter bestimmten Bedingungen in den meisten westlichen Ländern straffrei vollziehen kann, in manchen Ländern wie beispielsweise Indien sogar vollziehen muss, wenn ihn betroffene Frauen darum bitten. Auch die Frauen werden in diesem Fall nicht bestraft. In China besteht aus populationsstrategischen Gründen ein staatlicher Druck auf schwangere Frauen, die bereits ein Kind haben, eine Abtreibung vornehmen zu lassen.

---

[68] Ausnahmen könnten nur für die Fälle erlaubt sein, in denen ein eineiiger Zwilling das Leben des anderen Zwillings bedroht und nur durch die Tötung des einen das Leben des anderen zu retten wäre.

3.3.1 Grundsätzliche Vorüberlegungen

Eine Schwangerschaft stellt eine besondere Situation dar: Sie nimmt zutiefst Einfluss auf die physische und psychische Integrität der Frau, die in einer engen körperlichen Verbindung zu ihrem Kind steht. Sie bilden in gewisser Weise eine Einheit. Das Ungeborene bewirkt beispielsweise, dass sich der Hormonhaushalt der Mutter radikal umstellen muss und wichtige körperliche Veränderungen geschehen. Auch auf die Psyche der Frau haben diese physischen Veränderungen eine große Wirkung. Umgekehrt ist das Kind von der Mutter vollständig abhängig. Es empfängt beispielsweise von ihr die Nahrung, die es zum Leben braucht, ohne die es sterben würde. Deshalb ist auch der Satz richtig, dass ein ungeborenes Kind nicht gegen den Willen der Mutter am Leben gehalten werden kann, es sei denn man würde Zwangsmaßnahmen einleiten, z. B. eine Einweisung in eine psychiatrische Klinik unter ständiger Beobachtung.

Aus der Richtigkeit des empirischen Satzes, dass ein ungeborenes Kind nicht gegen den Willen der Mutter am Leben gehalten werden kann, kann jedoch gerade nicht auf die Richtigkeit des normativen Satzes geschlossen werden, dass ein ungeborenes Kind nicht gegen den Willen der Mutter am Leben gehalten werden solle. Dies wäre ein klassischer naturalistischer Fehlschluss. Darum ist es sehr wohl möglich, das ungeborene Kind durch gesetzliche Maßnahmen zu schützen. Die Gesetzgeber in den meisten Staaten tragen dem dadurch Rechnung, dass sie es für möglich halten, Fristenregelungen für eine Abtreibung gesetzlich festzuschreiben. Danach ist es bis zu einem gewissen Zeitpunkt erlaubt (oder wird zumindest nicht bestraft), wenn eine Frau ihr Kind töten lässt, während es nach diesem Zeitpunkt verboten ist und unter Strafe gestellt wird – und dies, obwohl natürlich auch nach diesem Zeitpunkt der empirische Satz gilt, dass ein ungeborenes Kind nicht gegen den Willen der Mutter am Leben gehalten werden kann.[69]

Ebenfalls von großer Bedeutung ist, dass aus der empirischen Feststellung, dass ein Schwangerschaftskonflikt ein Konflikt besonderer Art sei, eben auf Grund der besonderen körperlichen Einheit von Frau und Kind, *nicht* normativ die Schlussfolgerung gezogen werden kann, damit hätte die Frau eine Verfügungsgewalt über das Kind. Vielmehr sind gerade die unterschiedlichen Fallkonstellationen zu berücksichtigen, bei denen Frauen eine Abtreibung verlangen. Dabei soll der bereits oben untersuchte Fall der Abtreibung nach einer PND hier nicht mehr behandelt werden:

1. Die Schwangerschaft gefährdet das Leben der Mutter.
2. Die Schwangerschaft wurde durch eine Gewalttat (Vergewaltigung) bewirkt.
3. Die Schwangerschaft soll aus anderen Gründen, die die Frau geltend macht, beendet werden.

Davon zu unterscheiden sind Fallkonstellationen, in denen nicht die Frau, sondern eventuell eine Gesellschaft eine Abtreibung nahe legt, z. B. dass die Schwan-

---

[69] Darum ist der Satz falsch: „Sofern eine Schwangerschaft besteht, kann das Leben des Embryos nur geschützt werden, wenn die Frau freiwillig ihre Fürsorgepflicht wahrnimmt" (Graumann 2004, 141).

gerschaft populationsstrategische Entscheidungen der betreffenden Gesellschaft gefährdet.

3.3.2 Abtreibung wegen Gefährdung des mütterlichen Lebens

Die vitale Indikation, die man auch die strenge medizinische Indikation nennen kann, ist dann gegeben, wenn das Leben der Mutter auf dem Spiel steht oder ihre Gesundheit in einer sehr ernsten Weise bedroht ist. In diesem Fall handelt es sich um einen klassischen Konflikt zwischen dem Leben der Mutter und dem Leben des Kindes. Wie ist dieser Konflikt zu lösen?

Unter der Voraussetzung, dass dem Ungeborenen keine Menschenwürde zukommt, hat die Mutter das Recht, seine Tötung zu verlangen, um ihr Leben zu retten. Unter dieser Voraussetzung ist sogar zu fragen, ob nicht die aus der Menschenwürde entspringende Pflicht gegen sich selbst diese Tötung verlangt.

Ganz anders verhält es sich, wenn dem Ungeborenen Menschenwürde zukommt. Dann kann es diese Pflicht in keinem Fall mehr geben. Hierbei ist freilich die wichtige Fallunterscheidung zu berücksichtigen, die wir oben beim Lebensanfang aufgestellt hatten:

1. Dem Ungeborenen kommt Menschenwürde zu, weil man überzeugt ist, dass das Ungeborene Mensch ist wie jeder geborene Mensch auch.
2. Aus Vorsichtsgründen wird davon ausgegangen, dass dem Ungeborenen Menschenwürde zukommt.

Wird aus Vorsichtsgründen davon ausgegangen, dass dem Ungeborenen Menschenwürde zukommt, dann kann man zur Lösung in Anlehnung an Beyleveld (2000, 72) so argumentieren:

1. Der Mutter kommt kategorisch Menschenwürde zu.
2. Aus Vorsichtsgründen wird davon ausgegangen, dass dem Ungeborenen Menschenwürde zukommt.
3. „Aus Vorsichtsgründen" impliziert, dass dem Ungeborenen Menschenwürde nicht mit Gewissheit zukommt.
4. Der Mutter kommt Menschenwürde aber mit Gewissheit zu.
5. Das Leben der Mutter kann nur durch die Tötung des Ungeborenen gerettet werden.
6. Die Mutter wünscht ihre Lebensrettung.
7. Also ist das Leben der Mutter zu retten, selbst wenn dabei das Ungeborene getötet werden muss.

Dieser Gedankengang ist in sich stimmig und unter der Voraussetzung der Vorsichtsgründe auch nicht kontrovers. Anders dagegen verhält es sich, wenn man davon überzeugt ist, dass dem Ungeborenen ebenfalls Menschenwürde kategorisch zukommt. In diesem Fall haben wir ein klassisches Dilemma. Es steht Menschenwürde gegen Menschenwürde, Lebensrecht gegen Lebensrecht. Wie ist dieser Konflikt unter der Voraussetzung zu lösen, dass die Mutter wünscht, dass ihr Leben gerettet wird?

Wer den menschlichen Fötus als Bedrohung für das Leben der Mutter mit einem Angreifer gleichsetzt, der, wenn auch ohne es zu wissen, ein Leben bedroht, kann das Dilemma als Notwehrsituation konstruieren. Es gilt dann:

1. Der Mutter kommt kategorisch Menschenwürde zu.
2. Dem Ungeborenen kommt kategorisch Menschenwürde zu.
3. Das Ungeborene bedroht durch seine Existenz das Leben der Mutter.
4. Die Rettung des Lebens der Mutter vor dieser Bedrohung ist einem Handeln aus Notwehr gleichzusetzen.
5. Also darf man das Leben der Mutter retten, selbst wenn dabei das Ungeborene getötet werden muss.

Der Haupteinwand gegen diesen Gedankengang liegt darin, nicht zu akzeptieren, dass es sich beim Fötus um einen Angreifer handeln kann, also die Notwehrsituation zu bestreiten:

„... die vorsätzliche Abtreibung ist, *wie auch immer sie vorgenommen werden mag, die beabsichtigte und direkte Tötung eines menschlichen Geschöpfes in dem zwischen Empfängnis und Geburt liegenden Anfangsstadium seiner Existenz.* Die sittliche Schwere der vorsätzlichen Abtreibung wird in ihrer ganzen Wahrheit deutlich, wenn man erkennt, dass es sich um einen Mord handelt, und insbesondere, wenn man die spezifischen Umstände bedenkt, die ihn kennzeichnen. Getötet wird hier ein menschliches Geschöpf, das gerade erst dem Leben entgegen geht, das heißt das absolut *unschuldigste* Wesen, das man sich vorstellen kann: es könnte niemals als Angreifer und schon gar nicht als ungerechter Angreifer angesehen werden! Es ist *schwach*, wehrlos, sodass es selbst ohne jenes Minimum an Verteidigung ist, wie sie die flehende Kraft der Schreie und des Weinens des Neugeborenen darstellt. Es ist *voll und ganz* dem Schutz und der Sorge derjenigen *anvertraut*, die es im Schoß trägt. Doch manchmal ist es gerade sie, die Mutter, die seine Tötung beschließt und darum ersucht und sie sogar vornimmt. Gewiss nimmt der Entschluss zur Abtreibung für die Mutter sehr oft einen dramatischen und schmerzlichen Charakter an, wenn die Entscheidung sich der Frucht der Empfängnis zu entledigen, nicht aus rein egoistischen und Bequemlichkeitsgründen gefasst wurde, sondern weil manche wichtigen Güter wie die eigene Gesundheit ... gewahrt werden sollen. ... *Niemals jedoch können* diese und ähnliche Gründe, mögen sie noch so ernst und dramatisch sein, *die vorsätzliche Vernichtung eines unschuldigen Menschen rechtfertigen*" (Johannes Paul II. 1995, Nr. 58).

Der Syllogismus und damit die Auflösung des Dilemmas lautet in Anlehnung daran dann folgendermaßen:

1. Der Mutter kommt kategorisch Menschenwürde zu.
2. Dem Ungeborenen kommt kategorisch Menschenwürde zu.
3. Das Ungeborene bedroht durch seine Existenz das Leben der Mutter.
4. Das Ungeborene ist jedoch an dieser Bedrohung gänzlich unschuldig.
5. Eine Frau, die sich auf eine Schwangerschaft einlässt, sollte wissen, dass jede Schwangerschaft ein Risiko für das eigene Leben implizieren kann.
6. Also ist die Rettung des Lebens der Mutter vor dieser Bedrohung keinem Handeln aus Notwehr oder Notstand gleichzusetzen.
7. Also darf man das Leben der Mutter nicht retten, wenn dabei das Ungeborene direkt und absichtlich[70] getötet werden muss.

---

[70] Davon zu unterscheiden wäre die nicht intendierte Tötung des Embryos, beispielsweise beim Entfernen eines Eileiters auf Grund einer Eileiterschwangerschaft. Allerdings lässt

Konsequent zu Ende gedacht führt dieser Gedankengang allerdings dazu, dass in freilich sehr seltenen Situationen, in denen das Leben der Mutter nur durch die Tötung des Ungeborenen erreicht werden kann, gleichzeitig jedoch das Ungeborene sich bereits auf Grund bestimmter Ursachen selbst in einem Sterbeprozess befindet, der Tod von Mutter und Kind akzeptiert werden muss. Aus diesem Grund heißt es in dem von der Deutschen Bischofskonferenz im selben Jahr herausgegebenen zweiten Band des Erwachsenenkatechismus:

„In seltenen, aber nicht auszuschließenden Fällen stehen sowohl das Leben der Mutter wie auch das Leben des Kindes auf dem Spiel (vitale Indikation). Hier wird die Situation so dramatisch, dass alle Beteiligten vor einem schweren persönlichen Konflikt stehen; hier scheinen auch die ethischen Kategorien über die Unantastbarkeit des Lebens kaum mehr zu greifen. Die ethische Forderung, in einem solchen Fall der Natur ihren Lauf zu lassen und beide, Mutter und Kind, sterben zu lassen, wird allgemein als unmenschlich empfunden. Man wird in diesem extremen Ausnahmefall aber auch das Argument derer beachten, die es ethisch für vertretbar halten, dass von zwei sonst unrettbaren Leben wenigstens eines gerettet werden dürfe, zumal das Ziel der Handlung die Rettung von Leben sei. Eine solche Abwägung ist jedoch auf keinen Fall mit jenen Eingriffen auf eine Stufe zu stellen, in denen ein ungeborenes Kind auch dann getötet wird, wenn es in keiner Weise mit einem gleichwertigen Gut in Konflikt gerät" (Deutsche Bischofskonferenz 1995, 292).

3.3.3 Abtreibung nach Vergewaltigung

Eine Vergewaltigung stellt eine schwere Verletzung der Menschenwürde der betroffenen vergewaltigten Frau dar. Ist in einem solchen Fall die Tötung des aus dem Akt der Vergewaltigung entstandenen Embryos bzw. Föten zu rechtfertigen?

Die Frage ist leicht zu beantworten, wenn dem Ungeborenen keine Menschenwürde zukommt. Dann geht das mit der Menschenwürde verbundene Selbstbestimmungsrecht der Frau, das durch die Vergewaltigung negiert wurde, vor. Sie hat ein Recht, selbst zu bestimmen, ob diese Schwangerschaft fortgesetzt wird oder nicht.

Schwieriger ist es, wenn dem Ungeborenen Menschenwürde tutioristisch oder kategorisch zukommt. In diesem Zusammenhang ist ein von Judith Thompson (2001 [1971], 26) verfasster konstruierter Vergleichsfall von großer systematischer Relevanz: Angenommen man wird gekidnappt und bewusstlos geschlagen. Am nächsten Morgen erwacht man und ist mit einem bewusstlosen berühmten Violinisten in ein gemeinsames Blutsystem zusammengeschlossen, so dass man mit dem eigenen Blut dafür sorgt, dass der Violinist nicht stirbt. Der Klinikdirektor erklärt: „Die Gesellschaft der Liebhaber klassischer Musik haben ihnen das angetan. Hätten wir gewusst, dass sie nicht freiwillig zugestimmt haben, hätten wir dem nie zugestimmt. Jetzt aber sind sie mit seinem Blutkreislauf verbunden. Doch machen sie sich keine Sorgen! In etwa neun Monaten wird der Violinist von

---

sich philosophisch darüber streiten, ob man das dieser Überlegung zu Grunde liegende Theorem der Handlung mit doppelter Wirkung teilt (intendierte Wirkung, nicht-intendierte Wirkung) oder nicht (vgl. zur Diskussion Harris 1995, 79ff).

seiner Krankheit soweit hergestellt sein, dass wir sie wieder voneinander trennen können."

Die entscheidende Frage lautet: Ist es erlaubt, in einem solchen Fall zu verlangen, von dem Violinisten losgemacht zu werden und ihn damit dem Tod preis zu geben, einem Menschen, dem unzweifelhaft Menschenwürde zukommt und der selbst, so soll die Geschichte weiter gehen, nichts davon wusste, dass sie gegen ihren Willen zur Hilfeleistung gezwungen wurden? Wer diese Frage mit einem „Ja" beantwortet, der kann auch einer Abtreibung zustimmen, selbst unter der Voraussetzung, dass dem Embryo und Fötus Menschenwürde zukommt, zumal der Konflikt auf eine noch erniedrigendere Weise zu Stande kam als in dem konstruierten Vergleichsfall.

Wer dagegen diese Frage verneint, der steht vor einer weiteren Entscheidung. Er kann den Vergewaltigungsfall als so einzigartigen Konfliktfall verstehen, dass genau in diesem Fall eine Ausnahme möglich ist.[71] Die Frau hätte dann nicht die Pflicht, das Ungeborene am Leben zu halten. Allerdings birgt diese Argumentation ein großes Problem. Sie postuliert, was zu beweisen wäre: Warum rechtfertigt diese einzigartige Konfliktsituation eine Ausnahme mit Tötungsfolgen für ein menschliches Lebewesen, dem Menschenwürde zukommt? Deshalb hält beispielsweise die römisch-katholische Kirche aus moralphilosophischen Gründen daran fest:

„Auch das durch Vergewaltigung oder Notzucht empfangene Kind hat ein fundamentales Recht auf Leben, das Vorrang hat vor dem Selbstbestimmungsrecht der Mutter. Sicher sind nicht die vielen Probleme gelöst, die für die Schwangere aus einer aufgezwungenen Schwangerschaft entstehen, aber diese sind nicht dadurch zu lösen, dass das empfangene Kind getötet wird" (Deutsche Bischofskonferenz 1995, 291; vgl. Johannes Paul II. 1995, Nr. 57ff).

Völlig anders stellt sich die ethische Bewertung dar, wenn beispielsweise dem Embryo und Föten Menschenwürde zukommt, nicht jedoch dem menschlichen Keim. Dann bietet sich bei Vergewaltigung an, eine Frühabtreibung vor der Embryogenese vorzunehmen, wenn die Mutter darum bittet. Ihr Selbstbestimmungsrecht steht in diesem Konfliktfall über dem nicht mehr mit der Menschenwürde verbundenen und darum schwächeren Lebensschutz des menschlichen Keims.

Damit verbunden ist auch eine andere Grenzziehung. Da es die Möglichkeit der Frühabtreibung gibt, kann man eine Abtreibung, die die Tötung eines Menschen zur Folge hat, dem Menschenwürde zukommt, nicht mehr mit dem Selbstbestimmungsrecht der Frau rechtfertigen, es sei denn die Frau wäre in den Tagen nach der Vergewaltigung auf Grund der traumatischen Erfahrung zu keiner verantworteten Entscheidung in der Lage. Wenn sie jedoch dazu in der Lage ist, hätte sie ihre Selbstbestimmung bereits vor dem Feststellen einer klinischen Schwangerschaft, also vor dem Beginn der Embryogenese, ausüben können und sogar müssen, falls sie auf jeden Fall eine Schwangerschaft hätte vermeiden wollen.

---

[71] So könnte er auf die unterschiedliche Intention eines Vergewaltigers im Fall einer Vergewaltigung und im obigen konstruierten Fall, wo die Intention in der Lebensrettung eines Schwerkranken besteht, hinweisen. Er könnte auch andere unterschiedliche situative Umstände als für die Bewertung relevant herausheben.

3.3.4 Abtreibung aus anderen Gründen der Frau

In Deutschland wie auch weltweit werden die meisten Abtreibungen aus anderen Gründen vorgenommen. Oft ist der Fall, dass eine Familie die Familienplanung abgeschlossen hat und den „Unfall" durch eine Abtreibung „reparieren" will. So wird die Mehrzahl der Abtreibungen in vielen Ländern von verheirateten Frauen, oft Frauen, die bereits Kinder haben, gewünscht. Dahinter steht in manchen Fällen die Angst, durch ein weiteres Kind zu verarmen.

Erkennt man dem Embryo und Fötus, sei es aus Vorsicht, sei es kategorisch, Menschenwürde zu, dann lautet das Argument für die Abtreibung aus anderen Gründen in etwa folgendermaßen:

1. Der Mutter kommt kategorisch Menschenwürde zu.
2. Dem Ungeborenen kommt tutioristisch oder kategorisch Menschenwürde zu.
3. Wenn das Ungeborene durch seine Existenz Lebensziele der Mutter bedroht, dann besteht ein Konfliktfall zwischen der mit der Menschenwürde verbundenen Selbstbestimmung der Mutter und dem mit der Menschenwürde verbundenen Lebensrecht des Ungeborenen.
4. Das Ungeborene kann nicht gegen den Willen der Mutter in seiner Existenz bewahrt werden.
5. In einem derartigen Konfliktfall hat die mit der Menschenwürde verbundene Selbstbestimmung der Mutter Vorrang vor dem mit der Menschenwürde verbundenen Lebensrecht des Ungeborenen.
6. Solange das Lebensrecht des Ungeborenen keinen Vorrang hat, ist es erlaubt, das Ungeborene zu töten.
7. Also: Wenn das Ungeborene durch seine Existenz Lebensziele der Mutter bedroht, dann ist es bis zu einer bestimmten Zeit erlaubt, das Ungeborene zu töten.

Dieser Argumentationsgang ist sehr problematisch. Akzeptiert man die zweite Prämisse und versteht man die vierte Prämisse rein empirisch (normativ verstanden, würde sie gerade voraussetzen, was zu beweisen ist), dann ist die fünfte Prämisse der entscheidende Angelpunkt: Wie kann es möglich sein, dass das Selbstbestimmungsrecht der Frau Vorrang vor dem mit der Menschenwürde verbundenen Lebensrecht des Embryos oder Föten hat? Schwangerschaften fallen nicht vom Himmel. Außer im Fall der Vergewaltigung hat jede Frau eine Mitverantwortung für die Schwangerschaft. Sie sollte wissen, dass beim Verkehr mit dem Partner ein Kind entstehen kann. Sie gerät gerade nicht „unversehens in einen moralischen Entscheidungskonflikt", wie z. B. Graumann (2004, 141) behauptet, denn sie hätte auch auf Geschlechtsverkehr verzichten können. Unter dieser Rücksicht lässt sich nicht mehr halten, dass das Selbstbestimmungsrecht der Mutter Vorrang vor dem mit der Menschenwürde verbundenen Lebensrecht des Kindes hat. Im Unterschied zur medizinischen und kriminologischen Indikation hat die Frau zuvor wissen können, worauf sie sich einlässt. Sie hat damit auf Grund der mit ihrer Menschenwürde verbundenen Pflichten gegenüber anderen Menschen Verantwortung für ihr Tun. Die Tötungshandlung an einem Wesen, dem Menschenwürde zukommt, ist deshalb in diesem Fall keine moralisch akzeptable Lösung eines Schwangerschaftskonflikts. Von daher ist es – ethisch gesehen – inkonsistent und in der Argumentation nicht nachvollziehbar, wenn das bundesdeutsche Verfassungsgericht einerseits davon ausgeht, dass dem Embryo und Föten Menschenwürde zukommt und er auch ein subjektives Recht auf Leben hat, andererseits aber folgende für den Gesetzgeber verbindliche Maßgaben zur „rechtswidrig" genannten Abtreibung aufgestellt hat (hier nach Merkel 2002b, 65):

- Der Abtreibungsvertrag zwischen Arzt und Schwangeren, also eine nach Aussagen des Bundesverfassungsgerichts rechtswidrige Tötungshandlung einer grundrechtsgeschützten Person, ist entgegen den §§ 134, 138 BGB wirksam, wenn die Frau einen Beratungsschein nachweist.
- Jede Nothilfe zugunsten des Ungeborenen, dessen subjektives Recht auf Leben verletzt wird und dem nach dem Bundesverfassungsgerichtsurteil Menschenwürde zukommt, wird verboten.
- Die um eine Abtreibung nachsuchende Frau hat für die Zeit der rechtswidrigen Tötungshandlung einen Anspruch auf Lohnfortzahlung.
- Der Staat wird dazu verpflichtet, „ein ausreichendes und flächendeckendes Angebot sowohl ambulanter als auch stationärer Einrichtungen zur Vornahme von Schwangerschaftsabbrüchen sicherzustellen" (BVerfGE 88, 328f).

Völlig anders stellt sich die Situation dagegen dar, wenn dem Embryo und Föten keine Menschenwürde zukommt. Dann lautet das Argument nämlich:

1. Der Mutter kommt kategorisch Menschenwürde zu.
2. Dem Embryo und Föten kommt keine Menschenwürde, aber ein gewisser Lebensschutz zu.
3. Das Ungeborene bedroht durch seine Existenz Lebensziele der Mutter.
4. Schwangerschaft ist ein einzigartiger Konfliktfall.
5. Das Ungeborene kann nicht gegen den Willen der Mutter in seiner Existenz bewahrt werden.
6. In einem derartigen Konfliktfall hat die Selbstbestimmung der Mutter Vorrang vor dem für eine Güterabwägung offenen Lebensschutz des Embryos bzw. Föten.
7. Also darf der Embryo bzw. Fötus getötet werden, wenn bestimmte Fristen eingehalten werden und möglicherweise eine Beratung stattfand.

Dies ist eine mögliche Begründung beispielsweise für die Fristenregelungen in Österreich und Italien. Hätte das Bundesverfassungsgericht nicht anders argumentiert, wäre dies auch eine nachvollziehbare Begründung der deutschen Regelung: Die Beratungsregelung würde dabei dem Gut „Lebensschutz des betroffenen Embryos bzw. Föten" Rechnung tragen. Zugleich stellt die Beratungsregelung auch einen Schutz für die Mutter selbst dar, weil manche betroffenen Frauen in einer solchen Konfliktsituation unter einem hohen psychischen Druck stehen und in ihrer Selbstbestimmung eingeschränkt sein können, unter anderem auch durch den Druck beispielsweise eines auf eine Abtreibung drängenden Partners.

Freilich haben alle gradualistischen Lösungen, die nach dem klaren Einschnitt der Ausbildung des Primitivstreifens im Zusammenhang mit der Strukturbildung bei dem Vorgang der Nidation vorgenommen werden, das wesentliche Problem, das bereits im Zusammenhang mit dem Argument der Schiefen Ebene aufgezeigt wurde: Im Unterschied zu der unproblematischen Festlegung von Geschwindigkeitsgrenzen, bei denen es keine Rolle spielt, ob die Grenze bei 49 oder 50 km/h festgelegt wird, geht es in diesem Konfliktfall um Menschenleben und Menschenwürde. Die Setzung von bestimmten Fristen verlangt darum in diesen Konfliktfällen mehr: Sie verlangt, die Grenzen dort zu ziehen, wo sie mit guten Gründen zu ziehen sind, nicht zu früh und nicht zu spät.

3.3.5 Abtreibung aus gesellschaftlichen Gründen

Die chinesische Volksrepublik verfolgt seit Jahrzehnten eine Politik, die Bevölkerung möglichst stabil zu halten und ein rasches Anwachsen der Bevölkerung zu vermeiden. Diese Politik ist insofern verantwortungsvoll, als ein nicht kontrolliertes Bevölkerungswachstum oftmals katastrophale Folgen für das betroffene Volk hat. Hungerkatastrophen drohen und damit verbunden die Gefahr, dass die gesellschaftlichen Strukturen zerstört werden.

Im Rahmen dieser Zielvorgabe nimmt die Abtreibung eine populationsstrategisch wichtige Rolle ein. Frauen, die bereits ein Kind haben, werden unter Druck gesetzt, einer Tötung des zweiten, noch nicht geborenen Kindes zuzustimmen. Dieser Druck ist zwar nicht so stark, dass an ihnen mit Gewalt eine Abtreibung vorgenommen wird, aber er ist klar gegeben. Neben finanziellen Einbußen können noch andere Nachteile auf die betreffenden Frauen und ihre Männer warten.

Unter der Voraussetzung, dass dem Ungeborenen Menschenwürde zukommt, ist diese populationsstrategische Methode in keiner Weise zu rechtfertigen. Selbst wenn im anderen Fall möglicherweise Menschen des Hungers sterben könnten, so steht hier doch die Gewissheit der Tötung eines Menschen gegen mögliche Gefährdungen seines Lebens, für die es auch andere Lösungswege geben könnte.

Selbst unter der Voraussetzung, dass dem Ungeborenen keine Menschenwürde zukommt, ist durch ein derartiges staatliches Vorgehen das Selbstbestimmungsrecht der betroffenen Eltern im Blick auf ihre Nachwuchsgestaltung betroffen. Nun lässt sich fragen, ob das mit der Menschenwürde verbundene Selbstbestimmungsrecht in diesem Fall gegen die mit der Menschenwürde verbundenen Pflichten abgewogen werden kann. Sicherlich handelt unverantwortlich, wer Kinder in die Welt setzt, ohne zumindest eine gewisse Möglichkeit zu haben, diesen Kindern ein Leben zu ermöglichen, sie also beispielsweise vor dem Hungertod zu bewahren. Rechtfertigt dies jedoch bereits einen derart massiven Eingriff in das Reproduktionsverhalten? Ließen sich nicht „mildere" Formen vorstellen, die ohne den Druck auskommen, Schwangerschaftsabbrüche vorzunehmen? Zudem handeln viele Familien nicht verantwortungslos, da sie fähig wären, auch mehr als ein Kind zu ernähren. Sie erfahren darum den Druck umso leidvoller.

Gerade unter der Voraussetzung, dass die Frage, ab wann menschlichen Organismen Menschenwürde zukommt, als nicht gelöst bezeichnet werden muss, und unter der Voraussetzung, dass es zum Selbstbestimmungsrecht der Frau gehört, schwanger werden zu dürfen und zu bleiben, kann darum ein staatliches Programm, das unter bestimmten Bedingungen zur Abtreibung drängt, nicht mit

Berufung auf das Prinzip der Menschenwürde gerechtfertigt werden. Es widerspricht diesem vielmehr.

3.3.6 Fazit

Auch beim Konfliktfall der Abtreibung spielt eine entscheidende Rolle, in welcher Weise man den Status des Embryos und Föten bestimmt. Wer überzeugt ist, dass dem Embryo und Föten Menschenwürde zukommt, kann eine Abtreibung ethisch nur rechtfertigen, wenn das Leben der Mutter ernstlich bedroht ist. Und selbst in diesem Fall handelt es sich um eine dilemmatische Situation. Nur wenn Embryonen und Föten bis zu einem bestimmten Zeitpunkt keine Menschenwürde zukommt, kann eine Fristenregelung bis zu diesem Zeitpunkt gerechtfertigt werden. Nimmt man dabei ernst, dass Embryonen und Föten zumindest ein Lebensschutz zukommt, dann sind zusätzlich Bedingungen zu setzen, beispielsweise eine Beratungsregelung. Zugleich schützen derartige Bedingungen die Mutter vor einer vorschnellen Entscheidung und setzen einem möglichen innerfamiliären Druck ein Gegengewicht entgegen. Darum gilt unter beiden Voraussetzungen:

„Abbruch einer Schwangerschaft ist in jedem Fall ein tief reichender Konflikt. Deswegen kann die ethische Erörterung in keinem Fall in die Richtung gehen, den Schwangerschaftsabbruch in den Rang eines normalen oder der Normalität zuzuführenden Handelns zu erheben. Es gibt in diesem Sinne keine ,positive' Lehre vom Schwangerschaftsabbruch zur Begründung für ein Zusammenleben von Frau und Mann mit dem erklärten Ziel, eine auftretende Schwangerschaft in jedem Fall abzubrechen. Geschlechtsverkehr mit dem absichtlichen Kalkül des Schwangerschaftsabbruchs ist nicht zu rechtfertigen. Schwangerschaftsabbruch kann nicht als Inhalt einer frei gewählten und im Grundsatz bejahten Lebenspraxis gelten. Unter dieser Voraussetzung gilt aber auch umgekehrt: Es wird dem Lebenskonflikt, der mit dem ,Schwangerschaftskonflikt' verbunden ist, nicht gerecht, wenn dieser Konflikt einfach und ohne jede Differenzierung unter das Tötungsverbot subsumiert und von dort aus normiert wird. Den Schwangerschaftsabbruch schlicht als Mord zu klassifizieren, wird der gestellten ethischen Aufgabe nicht gerecht" (Rendtorff 1991, 186).

Gesellschaften müssen zu rechtlichen Regelungen kommen, die diesen sich ausschließenden Positionen möglichst gerecht werden. Eine Lösung kann dabei darin bestehen vor dem Hintergrund des Menschenwürdeprinzips einen Kompromiss zu versuchen. Ein solcher Kompromiss würde Befürworter der Menschenwürde des Ungeborenen davor schützen, in irgendeiner Weise an Abtreibungen beteiligt zu werden: Ärzte dürfen nicht zu Abtreibungen verpflichtet werden, sondern müssen frei entscheiden können. Mitglieder der Gesellschaft dürfen nicht über Steuergelder oder Beiträge zur Krankenkasse dazu gezwungen werden, direkt finanziell zu Abtreibungen beizutragen. Auf der anderen Seite würden Frauen, die nach einer Beratung um eine Abtreibung nachsuchen, und Ärzte, die diese Abtreibung vollziehen, nicht bestraft werden.

Dieser Kompromiss bleibt freilich zweifelhaft. Wir werden normalerweise keinen Kompromiss dulden, der die Tötung von Menschen, denen Menschenwürde zukommt, billigt, auch wenn wir an dieser Tötung nicht direkt beteiligt sind. Wir haben beispielsweise in Deutschland sogar das Recht zur Nothilfe, wenn ein unschuldiger Mensch getötet wird. Hier kann dann tatsächlich nur der Verweis darauf helfen, dass die Alternative zu einem solchen Kompromiss ein noch schlechterer Kompromiss wäre. Dann wäre der obige Kompromiss zwar nicht gerechtfertigt, aber zumindest als minus malum, als kleineres Übel, zulässig. In diesem Sinn äußert sich beispielsweise auch Johannes Paul II. (1995, Nr. 73):

„Ein besonderes Gewissensproblem könnte sich in den Fällen ergeben, in denen sich eine parlamentarische Abstimmung als entscheidend dafür herausstellen würde, in Alternative zu einem bereits geltenden oder zur Abstimmung gestellten ungleich freizügigeren Gesetz ein restriktiveres Gesetz zu begünstigen, das heißt ein Gesetz, das die Anzahl der erlaubten Abtreibungen begrenzt. ... In dem hypothetisch angenommenen Fall ist es einleuchtend, dass es einem Abgeordneten, dessen persönlicher absoluter Widerstand gegen die Abtreibung klargestellt und allen bekannt wäre, dann, wenn die Abwendung oder vollständige Aufhebung eines Abtreibungsgesetzes nicht möglich wäre, gestattet sein könnte, Gesetzesvorschläge zu unterstützen, die die *Schadensbegrenzung* eines solchen Gesetzes zum Ziel haben und die negativen Auswirkungen auf das Gebiet der Kultur und der öffentlichen Moral vermindern. Auf diese Weise ist nämlich nicht eine unerlaubte Mitwirkung zu einem ungerechten Gesetz gegeben; vielmehr wird ein legitimer und gebührender Versuch unternommen, die ungerechten Aspekte zu begrenzen."

4 Konfliktfälle am Lebensende

Die aktive Sterbehilfe und damit die Tötung von Patienten auf deren Willen hin ist seit diesem Jahrtausend in den Niederlanden und Belgien erlaubt, die passive Sterbehilfe wird weltweit ausgeübt. Auf Grund des Hirntodkriteriums entnehmen in vielen Ländern Ärztinnen und Ärzte unter bestimmten Bedingungen Hirntoten Organe. Sowohl die aktive Sterbehilfe als auch die Organentnahme sind umstritten. Im Folgenden geht es darum zu untersuchen, wie das Prinzip der Menschenwürde die Konfliktfelder von Sterbehilfe und Organtransplantationen strukturiert.

4.1 Sterbehilfe

Wir Menschen haben die Gewissheit, sterben zu müssen. Dabei ist der Wunsch nach einem guten Tod (griechisch: Euthanasia) ein ganz natürlicher und verständlicher Wunsch. Bereits in der Antike wurde darüber debattiert, ob ein guter Tod auch aktiv herbeigeführt werden darf, ob also aktive Sterbehilfe zulässig ist (vgl. zum Folgenden Knoepffler 2000c).

In Deutschland haben sich Krankenhäuser und die Hospizbewegung im Blick auf Sterbende das Ziel gesetzt, für ein möglichst gelingendes Sterben zu sorgen. Sie leisten Sterbehilfe in Form der Begleitung. Diese Sterbehilfe ist begrifflich als passive Sterbehilfe zu verstehen, weil das Sterben selbst nicht aktiv ausgelöst oder beschleunigt, sondern nur begleitet wird. Es ist eine Sterbe*hilfe* im Sinne einer Hilfe beim Sterbeprozess, wenn bestimmte Handlungen unterlassen werden, die den Sterbeprozess hätten verlängern können. Als passive Sterbehilfe sind alle Formen der Sterbehilfe zu verstehen, bei denen auf lebensverlängernde Maßnahmen verzichtet wird (z. B. durch Verzicht der Gabe von Antibiotika).

Allerdings wird oftmals der Einwand vorgebracht, dass die Bezeichnung „passive Sterbehilfe" in diesem Fall eigentlich nicht ganz korrekt sei (Quante 1998, 213), denn entweder würde aktiv das Sterben verlängert oder aktiv die Entscheidung getroffen, bestimmte Formen der Therapie zu unterlassen, beispielsweise die Gabe von Antibiotika. In letzterem Fall würde damit eine indirekte, aktive Sterbehilfe geleistet. Diese Konzeption einer indirekten aktiven Sterbehilfe hat aber die Schwäche, dass sie Formen indirekter Sterbehilfe, wie die Gabe von Schmerzmitteln, die als „Nebeneffekt" den Tod beschleunigen oder das Abstellen von Geräten als aktive Handlungen von Unterlassungen nicht unterscheiden. Man kann mit Harris einen Unterschied zwischen Tun und Unterlassen zumindest auf der moralischen Ebene (Harris 1995, 84f) bestreiten. Allerdings lässt sich dagegen argumentieren: Es ist zwar korrekt zu sagen, dass Unterlassen in manchen Fällen keinen moralischen Unterschied zum Tun macht, beispielsweise, ob man jemand aus Rache erschießt oder verhungern lässt; Unterlassungen können, wie das Beispiel zeigt, moralisch sogar noch verwerflicher sein, doch daraus lässt sich gerade nicht ableiten, dass *jede* Unterlassung moralisch indifferent zum korrespondierenden Tun ist. Niemand kann bestreiten, dass wir täglich hinter dem zurückbleiben, was möglich wäre, um Menschenleben zu retten. Wir unterlassen dies, weil uns beispielsweise das Leid der Verhungernden im Südsudan nicht *nah* genug geht. Umgekehrt würde es jedoch allgemein als moralisch verwerflich angesehen werden, wenn wir aktiv jemand töten würden, weil er uns nicht nahe steht. Anders formuliert: Auf Grund unserer menschlichen Begrenztheit unterlassen wir oftmals Handlungen, die sinnvoll und wichtig wären. Es besteht aber in vielen Fällen ein Unterschied zwischen diesen Unterlassungen und Handlungen. Darum hat die Unterscheidung zwischen Tun und Unterlassen ihren Sinn. Von daher lässt sich auch die semantische Unterscheidung von passiver und aktiver Sterbehilfe verteidigen. Allerdings sind zusätzlich als weitere Unterscheidungen die indirekte Sterbehilfe und die Beihilfe zur Selbsttötung zu unterscheiden. Diese Unterscheidung entspricht nicht der juristischen Unterscheidung, wie sie in Deutschland üblich ist. So wird nach herrschender juristischer Meinung das Abschalten lebenserhaltender Apparatur durch den Arzt als ein „Unterlassen durch Tun" interpretiert (Roxin 1987; vgl. Roxin 2001) und der passiven Sterbehilfe zugerechnet, hier dagegen unter der indirekten Sterbehilfe verhandelt.

Wenn ich davon ausgehe, dass aktive Sterbehilfe von der Beihilfe zur Selbsttötung sowie von indirekter und passiver Sterbehilfe unterscheidbar ist, dann gilt dies also nicht nur auf der deskriptiven Ebene, sondern in den meisten Fällen auch in Bezug auf die ethische Bewertung. Dies genügt jedoch noch nicht. Es sind nämlich weitere wichtige Voraussetzungen für eine ethische Bewertung sowohl der passiven als auch der aktiven Sterbehilfe zu berücksichtigen.

So spielt es eine große Rolle, und zwar sowohl für die aktive als auch für die passive Sterbehilfe, ob diese Sterbehilfe freiwillig, mutmaßlich freiwillig, unfreiwillig oder nicht-freiwillig ist (vgl. Harris 1995, 129). Eine Sterbehilfe ist freiwillig, wenn derjenige Mensch, der Sterbehilfe erfährt, selbst um diese Form der Sterbehilfe, welcher Art auch immer, in einer Atmosphäre der Zwanglosigkeit und Offenheit bittet. Sie ist mutmaßlich freiwillig, wenn der Patient seinen Willen zum Zeitpunkt der Sterbehilfe nicht mehr ausdrücken kann, aber sich zuvor z. B. durch eine Patientenverfügung klar geäußert hat oder sein mutmaßlicher Wille auf andere Weise herausgefunden werden kann. Sie ist nicht-freiwillig, wenn der betroffene Mensch nicht mehr imstande ist, seinen eigenen Willen zu äußern und kein mutmaßlicher Wille zu eruieren ist. Dies gilt beispielsweise für komatöse und geistig schwerst behinderte Menschen, die ihren Willen nicht mehr zu äußern vermögen und auch keine Patientenverfügung hinterlassen haben. Sie ist unfreiwillig, wenn gegen seinen Willen eine bestimmte Form der Sterbehilfe ausgeübt wird. Als Beispiel hierfür benennt Harris (1995, 132f) die in seinem Land mangelnde Behandlungsmöglichkeit für Patienten mit Nierenerkrankungen, die jährlich etwa Tausend Menschen gegen ihren Willen durch passive Sterbehilfe den Tod bringt. Freilich lässt sich darüber streiten, ob man Verteilungsprobleme, die zur Konsequenz haben, dass Menschen dadurch sterben, als unfreiwillige passive Sterbehilfe bezeichnen kann.

Mit diesen begrifflichen Unterscheidungen ist noch nicht genug geleistet, denn es lässt sich fragen, ob der Wille der Betroffenen sich an ihren momentanen oder an ihren fundamentalen Interessen orientiert (Dworkin 1994, 222f). So könnte jemand um seinen Tod bitten, wenn er momentan wegen Liebeskummer „zu Tode betrübt" ist. Doch entspräche es mit hoher Wahrscheinlichkeit nicht seinen fundamentalen Interessen, wenn man seinem momentanen Wunsch nachgeben würde. Bereits eine Woche später könnte die betreffende Person sagen: „Ich bin darüber hinweg. Gut, dass ich noch lebe!"

Ein Beispiel, um zu verstehen, warum ein momentanes Interesse nicht einem fundamentalen Interesse gleich zu setzen ist, bietet die Erzählung von Odysseus am Mastbaum. Odysseus lässt sich von den Gefährten fesseln, als sie mit ihrem Schiff das Gebiet der Sirenen durchfahren. Die Gefährten haben ihre Ohren mit Wachs verstopft und den Befehl erhalten, die folgende Zeit keinen Befehl von Odysseus zu befolgen, sondern einfach weiterzufahren. Odysseus lauscht dem verlockenden Gesang dieser gefährlichen Wesen, die jeden Menschen vernichten, der ihrem Ruf nachkommt. Odysseus bittet eindringlich die Gefährten, ihn loszubinden und anzuhalten, doch die Gefährten folgen nicht diesem für Odysseus tödlichen momentanen Interesse, sondern dem fundamentalen Interesse, das er vor Beginn dieser Etappe benannt hat. Von hier aus wird auch verständlich, warum in der Debatte um die Sterbehilfe von Freiwilligkeit nur dann gesprochen werden kann, wenn sie im fundamentalen Interesse des betroffenen Menschen ist.

Allerdings besteht zwischen diesem Beispiel und der vorher geschilderten Situation des Liebeskranken ein wesentlicher Unterschied. Odysseus hat vorher ausdrücklich selbst darum gebeten, nicht auf ihn zu hören. Er hat sich bewusst vor seiner voraussehbaren temporären Irrationalität vor sich selbst geschützt. Das tut ein Liebeskranker nicht. Damit ist eine Intervention gegen das momentane Interesse eines Liebeskranken nicht ohne weiteres analog zu Odysseus zu rechtfertigen.[72]

Aber auch im Blick auf die medizinethische Problematik sind noch weitere Unterscheidungen nötig. Es sollen vor allem zwei Fallgruppen von Patienten Berücksichtigung finden:

1. Es gibt Patienten, die an einer Krankheit leiden, die unheilbar ist und mit sehr hoher Wahrscheinlichkeit binnen weniger als sechs Monaten zum Tod führen wird, und die man auch als Sterbende im weiteren Sinn verstehen kann.
2. Patienten, die so schwer leiden oder so schwer geschädigt sind, dass sie zwar bei Ausschöpfung aller therapeutischen Möglichkeiten länger als sechs Monate werden leben können, also nicht Sterbende im gerade festgelegten Sinn sind. Die zweite Fallgruppe selbst ist wieder in zwei Untergruppen zu teilen: a) Patienten, die den Tod ersehnen und freiwillig um Sterbehilfe bitten, und b) Patienten, die ihren Willen nicht mehr ausdrücken können und deren mut-

---

[72] Ich danke Heiko Zude für diesen Hinweis.

maßlicher Wille nach Sterbehilfe stellvertretend von den Anverwandten geltend gemacht wird.[73]

Nach dieser Vorklärung stellt sich die eigentliche Frage umso dringlicher: Was für eine Form der Sterbehilfe kann unter welchen Bedingungen dem Prinzip der Menschenwürde entsprechen?

4.1.1 Grundsätzliche Strukturierung durch das Prinzip der Menschenwürde

Vielfach strukturiert man das Problemfeld „Sterbehilfe" nach den Unterscheidungen in „passiv" und „aktiv". Die passive Sterbehilfe wird für zulässig erklärt, die aktive für unzulässig. So formuliert beispielsweise der Katechismus der Katholischen Kirche (1993, Nr. 2277):

„Eine Handlung oder eine Unterlassung, die von sich aus oder der Absicht nach den Tod herbeiführt, um dem Schmerz ein Ende zu machen, ist ein Mord, ein schweres Vergehen gegen die Menschenwürde und gegen die Achtung, die man dem lebendigen Gott, dem Schöpfer schuldet."

Warum wird dies als ein schweres Vergehen gegen die Menschenwürde verstanden? Eine Begründung hierfür lautet: Durch die Tötung wird einerseits die mit der Menschenwürde verbundene Pflicht, sein eigenes Leben als Bedingung der Möglichkeit dieser Menschenwürde zu wahren, verletzt (vgl. Kant 1968 [1785], 397f), andererseits wird die mit der Menschenwürde verbundene Pflicht nicht gewahrt, mit dem eigenen Leben auch anderen Solidarität zu zeigen, denn mit dem Tod ist jede Möglichkeit dazu beendet:

„Keiner hat über den Wert oder Unwert eines anderen menschlichen Lebens zu befinden – selbst nicht über das eigene. Dies entzieht sich schlicht unserer Kenntnis: Denn jeder ist ungleich mehr und anderes, als er von sich weiß. Keiner lebt nur für sich; und was einer für andere bedeutet, das wird er nie genau wissen. Im Glauben daran, dass Gott das Leben jedes Menschen will, ist jeder mit seinem Leben, wie immer es beschaffen ist, unentbehrlich" (Kirchenamt der Evangelischen Kirche in Deutschland/Sekretariat der Deutschen Bischofskonferenz 1989, 107).

Die Konsequenz hierzu ist dann:

„Auch wenn sie nicht durch die egoistische Weigerung motiviert ist, sich mit der Existenz des leidenden Menschen zu belasten, muss die Euthanasie [aktive Sterbehilfe] als *falsches Mitleid*, ja als eine bedenkliche ‚Perversion' desselben bezeichnet werden: denn echtes ‚Mitleid' solidarisiert sich mit dem Schmerz des anderen, tötet nicht den, dessen Leiden unerträglich ist. Die Tat der Euthanasie erscheint um so perverser, wenn sie von denen ausgeführt wird, die – wie die Angehörigen – ihrem Verwandten mit Geduld und Liebe beistehen sollten, oder von denen, die – wie die Ärzte – auf Grund ihres besonderen Berufes den Kranken auch im leidvollsten Zustand seines zu Ende gehenden Lebens behandeln müssten" (Johannes Paul II. 1995, Nr. 66).

---

[73] Nicht berücksichtigt werden Konfliktfälle, in denen ein gesunder Mensch um seinen Tod bittet und dieser Tod auch seinem fundamentalen Interesse entspricht, beispielsweise wenn in einem Unrechtsregime ein Inhaftierter einen Mitgefangenen bittet, ihn zu töten, weil er die Folterungen nicht mehr ertragen kann.

Was ist dazu zu sagen? Theologisch lässt sich fragen, ob es wirklich der Willensrichtung Gottes, der Barmherzigkeit will und nicht Opfer, entspricht, wenn Menschen, die sich in einem Sterbeprozess oder einem dauernden nach ihrer Überzeugung unerträglichen Leid befinden und die Tötung wünschen, keinesfalls sich selbst töten dürfen und keinesfalls getötet werden dürfen. Gerade im Zusammenhang der Sterbehilfedebatte in den Niederlanden und Belgien haben evangelische und katholische Theologen mit Berufung auf die göttliche Barmherzigkeit für die Möglichkeit der Selbsttötung, der Beihilfe zur freiwilligen Selbsttötung und der aktiven Sterbehilfe auf Verlangen argumentiert. Bereits Karl Barth (1951, 467f) hatte die Behauptung aufgestellt:

„Also: vom Evangelium her ist es klar gegen alle stoische Vernünftelei: exitus non patet und gegen alle moderne Sentimentalität: es gibt keinen ‚Freitod'. Selbst*mord* ist *nur* verwerflich. ... Wenn das unzweideutig feststeht, dann ist freilich zum Schluss die Erinnerung an den *Grenzfall* unvermeidlich: die Erinnerung, dass *nicht* jede Selbst*tötung* an sich und als solche auch Selbst*mord* ist. Selbsttötung muss ja nicht notwendig ein Nehmen des eigenen Lebens sein. Ihr Sinn und ihre Absicht könnte ja auch eine bestimmte, allerdings extremste Form der dem Menschen befohlenen *Hingabe* seines Lebens sein. ... Wer will es nun eigentlich für ganz und gar unmöglich erklären, dass der gnädige Gott selbst einem Menschen in der Anfechtung damit beisteht, dass er ihn diesen Ausweg wählen heißt? Dass er ihn also in der ihm von Gott geschenkten Freiheit wählen und begehen darf und soll? Dass er das nicht als falscher Souverän und nicht in jener Verzweiflung über die Leere seines Daseins, nicht im Sinne einer letzten, höchsten, meisterlosen Selbstbehauptung, sondern im Gehorsam tut? Wer will nun eigentlich wissen, dass Gott ein Leben, das ja ihm gehört, nicht auch einmal in *dieser* Form aus den Händen des Menschen zurückverlangen könnte? Und wer will bestreiten, dass der Mensch es dann in derselben Dankbarkeit und Freudigkeit mit eigenen Händen herzugeben hat, in der er es, wenn es so Gottes Wille ist, bis auf weiteres behalten darf?"

Denkt man diese Gedanken im Blick auf die Frage der Sterbehilfe weiter, so lassen sie zumindest die Möglichkeit offen, die Selbsttötung, die Beihilfe zur freiwilligen Selbsttötung und unter Umständen sogar die aktive Sterbehilfe auf Verlangen hin als mit Gottes Wille vereinbar zu verstehen.

Philosophisch lässt sich fragen, ob nicht gerade die Selbsttötung bzw. die Bitte um Tötung auf Verlangen als letzte große solidarische Tat der Liebe zu sich selbst und der Liebe zum Nächsten verstanden werden kann, beispielsweise weil er so keine kostbaren Ressourcen mehr für sich verbraucht. Thomas Morus hat in seiner *Utopia* seinen Erzähler, dem er bezeichnenderweise den Namen Raphael, zu Deutsch „Gott heilt" gibt, genau diese Argumente sowohl für passive als auch aktive Sterbehilfe formulieren lassen (Morus 1981, 130f):

„Die Kranken pflegen sie, wie ich sagte, mit großer Hingebung, und sie tun alles, um ihnen die Gesundheit zurückzugeben, sei es durch Verabreichung von Arznei, sei es durch sorgfältige Diät. Unheilbaren suchen sie das Leiden erträglich zu machen, indem sie bei ihnen sitzen, sie unterhalten und alle verfügbaren Linderungsmittel anwenden. Ist aber die Krankheit nicht nur aussichtslos, sondern dazu noch dauernd schmerzhaft und qualvoll, dann geben die Priester und die Behörden dem Menschen zu bedenken, dass er zu allen Verrichtungen unfähig, den Mitmenschen beschwerlich, sich selber lästig, nachgerade ein lebender Leichnam sei, und ermahnen ihn, nicht länger den Todeswurm in seinem Leibe zu füttern ... da das Leben für ihn eine Qual sei, solle er nicht zögern zu sterben, sondern solle getrost und guter Hoffnung aus diesem unerfreulichen Dasein, diesem wahren Kerker und

Foltergehäuse, sich entweder selber befreien oder andere ihn daraus entführen lassen; da ihm der Tod keine Freuden, sondern nur Martern abkürze, werde er klug daran tun, und zudem werde er fromm und gottesfürchtig handeln, weil er damit dem Rate der Priester, das heißt der Deuter des göttlichen Willens, gehorsam sei."

Da Thomas Morus um die Gefährdungen der Selbstbestimmung der Patienten weiß, betont er, dass derjenige, der eine freiwillige Sterbehilfe ablehnt, in dieser Gesellschaft „nicht weniger aufmerksam" behandelt werden darf (ebd., 131).

Wir haben es also mit zwei Argumentationsstrategien zu tun, die nicht mehr weiter miteinander vermittelt werden können. Entweder versteht man Selbsttötung und aktive Sterbehilfe theologisch als schwere Sünde und philosophisch als schweres sittliches Vergehen oder man rechtfertigt sie theologisch und philosophisch und versteht sie unter bestimmten Umständen als sittlich zulässig, unter bestimmten Umständen sogar als sittlich vorzugswürdig.

Dagegen sind Vertreter beider Richtungen darin eins, dass es eine klare Verletzung der Menschenwürde darstellt, wenn Sterbende bzw. Schwerstkranke gegen ihren Willen getötet werden. Von daher erscheint folgende Gliederung in angemessenerer Weise als die übliche Strukturierung nach „passiv" und „aktiv" die Strukturierung der einzelnen Konfliktfälle im Rahmen des Konfliktfelds „Sterbehilfe" durch das Prinzip der Menschenwürde wiederzugeben:[74]

1. Sterbehilfe bei Freiwilligkeit;
2. Sterbehilfe bei mutmaßlicher Freiwilligkeit;
3. Sterbehilfe bei Nicht-Freiwilligkeit;
4. Sterbehilfe gegen den Willen des Betroffenen.

Die einzelnen Konfliktfälle lassen sich dann weiter gemäß der Kriteriologie des Handlungstyps, also nach Passivität, Indirektheit, Beihilfe und Aktivität, die bisher üblicherweise das Konfliktfeld strukturierte, differenzieren. Diese Unterscheidung ist sinnvollerweise ausführlich bei der freiwilligen Sterbehilfe zu berücksichtigen.

Bei den einzelnen Konfliktfällen ist dabei zudem neben der Mikroebene der Arzt-Patienten-Beziehung auch die Mesoebene der Auswirkungen auf bestimmte Gruppen in der Gesellschaft und die Makroebene der allgemeingesellschaftlichen Auswirkungen in die ethische Bewertung einzubeziehen.[75]

4.1.2 Freiwillige passive Sterbehilfe

Es besteht ein weitreichender internationaler gesetzlicher und ethischer Konsens, dass eine passive Sterbehilfe bei Freiwilligkeit eines moribunden Patienten und wohl auch bei Patienten mit infauster Prognose im Sinne „tödlich Kranker" (Roxin 2001, 98) zulässig und mit der Menschenwürde vereinbar ist.

---

[74] Von daher halte ich meine Strukturierung in Knoepffler (2000c) für überholt. Ich danke Heiko Zude dafür, mich auf die Schwächen der alten Strukturierung aufmerksam gemacht zu haben.

[75] Da besonders die ersten vier Konfliktfälle besondere Beachtung erfahren, werden sie im Verhältnis zu den Übrigen einzeln behandelt.

Freilich könnte man sich fragen, warum wir nicht die Verpflichtung haben, das Lebensrecht jedes Menschen so lange zu bewahren, so lange dies irgend möglich ist. Die Antwort darauf lautet: Geht man von einem Verständnis der Menschenwürde aus, wonach jeder Mensch ein Recht auf Leben hat, gleichzeitig jedoch auch das Selbstbestimmungsrecht, auf dieses Recht zu verzichten, dann erscheint es als plausibel, einen Menschen, in dessen momentanem wie fundamentalem Interesse es steht, sterben zu dürfen, nicht zu lebensverlängernden Maßnahmen zu zwingen. Diese Ansicht wird auch von den Kirchen allgemein geteilt (Kirchenamt der Evangelischen Kirche in Deutschland/Sekretariat der Deutschen Bischofskonferenz 1996). Dabei legen die Kirchen jedoch großen Wert darauf, die Sterbenden liebevoll zu begleiten. Auf diese Weise wird verhindert, dass Menschen, die eigentlich noch möglichst lange leben möchten, sich dazu gedrängt fühlen, keine lebensverlängernden Maßnahmen mehr für sich in Anspruch zu nehmen.

Damit sind wir bereits bei einer auch für die folgenden Fälle entscheidenden Frage: Wie ist Freiwilligkeit festzustellen? Anders formuliert: Wie lässt sich verhindern, dass Menschen unter Druck gesetzt werden, auf lebensverlängernde Maßnahmen zu verzichten? Praktisch kann nicht ausgeschlossen werden, dass durch Verwandte oder Autoritätspersonen auf den sterbenden Patienten Einfluss genommen wird, sei es verbal oder non-verbal, auf weitere Leben bewahrende Maßnahmen zu verzichten. Nimmt man die Würde des Sterbenden ernst, nimmt man sein Lebensrecht auch in dieser extremen, vom Tod bedrohten Situation ernst, dann gibt es eine gesellschaftliche Pflicht, darauf hinzuarbeiten, dem Sterbenden seine Freiheit immer neu zu schaffen.

Einen Grenzfall stellt ein schwer geschädigter bewusster Patient dar, der sich nicht im Sterbeprozess befindet, aber sterben möchte. Ist es hier vertretbar, von passiver Sterbehilfe zu sprechen, wenn ein solcher Mensch nur noch begleitet wird, aber keine Nahrung mehr erhält? Macht man sich in einem solchen Fall nicht der unterlassenen Hilfeleistung schuldig bzw. leistet Beihilfe zur schleichenden Selbsttötung? Auch in einem solchen Fall kann man wohl von passiver Sterbehilfe sprechen, wenn der Patient auf Grund seiner infausten Prognose selbst darauf verzichtet, sich aktiv zu töten und die Sterbebegleitung seine Autonomie respektiert, ohne selbst eine Tötungshandlung zu vollziehen, denn letztlich ist der Unterschied zum Abbruch einer Therapie oder zu einem Therapieverzicht wohl nur graduell, wenn die Therapie eine gewisse Erfolgschance hat. Wenn beispielsweise eine krebskranke Patientin Chemotherapie verweigert, obwohl die Überlebenschance größer als 25% ist, dann dürfte dieser Therapieverzicht ja auch nicht als Selbsttötungshandlung zu interpretieren sein.[76] Er kann auch als Änderung des Therapieziels gedeutet werden.

---

[76] Für Deutschland gilt, was die Rechtslage angeht, sogar noch viel mehr. Selbst wenn ein Patient keine infauste Prognose hat und sich nicht im Sterbeprozess befindet, ist es unzulässig, ihn gegen seinen Willen zu behandeln. „Auch wenn also eine Mutter von vier Kindern aus religiösen Gründen den Ärzten verbietet, bei ihre eine lebensrettende Bluttransfusion vorzunehmen – der Fall ist wirklich vorgekommen [BVerfGE 32,98ff] –, müssen die Ärzte sich dem beugen und die Frau sterben lassen" (Roxin 2001, 100).

Juristisch zählt auch als passive Sterbehilfe, wenn ein technischer Behandlungsabbruch vorgenommen wird. Roxin (2001, 101f) hält hierzu fest:

„Ein klassischer Fall ist der, dass ein Beatmungsgerät auf den Wunsch des Patienten abgeschaltet wird. Der Druck auf den Schaltknopf ist ein Tun. Trotzdem handelt es sich dabei nicht um eine grundsätzlich als Tötung auf Verlangen (§ 216 StGB) strafbare aktive Euthanasie. Denn nach seiner sozialen Bedeutung stellt sich der Vorgang als eine Einstellung der Behandlung und damit als ein Unterlassen weiterer Tätigkeit dar. Die Grenze zwischen strafbarer aktiver und strafloser passiver Euthanasie ist also nicht naturalistisch nach der Vornahme oder Nichtvornahme von Körperbewegungen zu ziehen. Vielmehr kommt es normativ darauf an, ob ein Tun als Behandlungseinstellung zu deuten ist. Dann liegt im juristischen Sinn ein Unterlassen vor, das, wenn es auf dem Willen des Patienten beruht, straflos ist."

Ethisch erscheint diese Zuordnung als passive Sterbehilfe problematisch. Beim Abstellen von Maschinen ist die Grenze zur aktiven Sterbehilfe äußerst schmal, denn das Abstellen von lebenserhaltenden Maschinen ist eine Handlung und kann ethisch, wenn dadurch der Patient stirbt, als Tötungshandlung interpretiert werden. Die juristische Einordnung, das Abstellen als Unterlassen zu verstehen und unter die passive Sterbehilfe zu subsumieren, wird diesem Sachverhalt nicht voll gerecht, auch wenn zu Recht die Nähe zu Unterlassungshandlungen, z. B. dem Verzicht auf Nahrungszufuhr, gegeben ist. Das Abstellen ist in gewisser Weise der Verzicht auf eine Handlung, nämlich auf das Fortführen einer Behandlung. In diesem Sinn lässt sich deuten, was die Bundesärztekammer in ihren Grundsätzen zur ärztlichen Sterbebegleitung 1998 dargelegt hat:

„Maßnahmen zur Verlängerung des Lebens dürfen in Übereinstimmung mit dem Willen des Patienten unterlassen oder nicht weitergeführt werden, wenn diese nur den Todeseintritt verzögern und die Krankheit in ihrem Verlauf nicht mehr aufzuhalten ist."

Allerdings entspringt, wie gesagt, dieser Verzicht einer konkreten Handlung, die indirekt den Tod bewirkt. Das aktive Element ist nicht zu leugnen (vgl. Quante 1998). Die Grenze zwischen Tun und Unterlassen verschwimmt hier, weswegen die Gesetzgebungen mancher Länder derartige Handlungen auch der aktiven Sterbehilfe zurechnen.

Vor dem Hintergrund des Menschenwürdeprinzips ist dies jedoch für die ethische Beurteilung zumindest auf der Mikroebene nicht notwendig problematisch. Wenn Sterbende freiwillig um diese Form der Sterbehilfe bitten, so kann sie als Erfüllung ihres Selbstbestimmungsrechts verstanden werden. Eine Gefährdung der Menschenwürde auf Meso- und Makroebene kann vermieden werden, wenn jeweils eine Einzelfallentscheidung getroffen wird.

Aus ärztlicher Sicht lässt sich ein derartiger Behandlungsabbruch zudem auch anders verstehen: Es wird nicht die Behandlung abgebrochen, sondern es ändert sich vielmehr das Therapieziel. So werden oftmals Maschinen abgestellt, gleichzeitig aber palliative Maßnahmen eingeleitet oder verstärkt.[77]

---

[77] Ich danke dem Präsidenten der Thüringischen Landesärztekammer, Eggert Beleites, für diesen Hinweis.

4.1.3 Freiwillige indirekte Sterbehilfe

Eine Schmerztherapie, die zu einer Verkürzung der Lebenszeit führt, stellt einen typischen Fall indirekter Sterbehilfe bei Freiwilligkeit dar. Diese Therapieform nimmt zwar eine Verkürzung der Lebenszeit billigend in Kauf, sie wird aber nicht mit diesem Ziel eingesetzt. Wenn dagegen das eigentliche Ziel der Schmerztherapie die Lebensverkürzung ist, dann ist sie eine Form direkter aktiver Sterbehilfe und ist somit unter der aktiven Sterbehilfe zu behandeln. Immerhin gaben 6% der holländischen Ärzte, die eine Schmerzbehandlung bei moribunden Patienten intensivierten, an, dass sie damit vor allem eine Lebensverkürzung beabsichtigten.

Die eigentliche Frage lautet: Wenn das Ziel der Schmerztherapie das Wohlbefinden und die Lebensqualität des Moribunden bzw. des Menschen mit infauster Prognose ist, darf, seine Einwilligung vorausgesetzt, in Kauf genommen werden, dass unter Umständen eine Verkürzung der verbleibenden Lebensspanne erfolgt? Die Antwort lautet: Dies entspricht dem grundlegenden Recht des Einzelnen, nach Abwägen von Chancen und Risiken einer Therapieform eine Bewertung vorzunehmen, im konkreten Fall die Chance, auf Grund von Schmerzminderung besser zu leben, dem Risiko, dadurch eventuell Lebenszeit zu verlieren, vorzuziehen. Eine wirksame Schmerztherapie versucht nämlich, selbst auf die Gefahr hin, dass als Nebeneffekt eventuell ein früherer Tod eintritt, große Schmerzen, ja sogar bereits die große Angst vor diesen Schmerzen zu bekämpfen. Auf diese Weise wird in vielen Fällen der Wunsch, möglichst rasch zu sterben, beseitigt. Die Patienten gewinnen neuen Lebensmut, selbst wenn es sich dabei nur um Tage handeln mag.

Letztlich unterliegen viele Operationen derartigen Abwägungen. So ist beispielsweise eine Knieoperation mit einem gewissen, wenn auch geringen Risiko einer tödlichen Infektion behaftet. Der Patient entschließt sich aber normalerweise für eine derartige Operation, wenn die Alternative darin besteht, dass er ansonsten nicht mehr normal gehen könnte. Wie einstimmig mittlerweile die Frage der Schmerztherapie gesehen wird, belegt beispielsweise der Deutsche Juristentag 1986. Bei einer Abstimmung sprachen sich alle 82 Anwesenden für die Schmerztherapie aus, selbst „wenn sie als ‚unvermeidbare Nebenfolge' möglicherweise den Eintritt des Todes beschleunige" (Benzendörfer 1999, 191). Die herrschende juristische Meinung geht sogar davon aus, dass Ärzte sich strafbar machen, wenn sie moribunden Patienten Schmerzmittel verweigern, obwohl diese ausdrücklich darum bitten.

„Denn die Garantenstellung des Arztes und naher Angehöriger (das Einstehenmüssen im Sinne des §13 StGB) erstreckt sich darauf, dem Patienten unnötiges Leid zu ersparen; auch die Nichtbehebung oder Nichtverminderung von Schmerzen ist eine Misshandlung (§223 StGB). Fehlt im Einzelfall eine Garantenstellung, kommt immer noch eine unterlassene Hilfeleistung (§323c StGB) in Frage" (Roxin 2001, 95).

Auch von kirchlicher Seite wird diese Form der Therapie mit möglicher doppelter Wirkung akzeptiert, da die intendierte Wirkung (Verminderung des Schmerzes) lebensdienlich ist, selbst wenn die nicht-intendierte Wirkung (Verringerung der Lebenserwartung) die Lebensquantität möglicherweise reduziert (Kirchenamt der Evangelischen Kirche in Deutschland/Sekretariat der Deutschen

Bischofskonferenz 1999). So betont bereits Pius XII. (1957, 147, wieder aufgenommen von Johannes Paul II. 1995, Nr. 65), dass es erlaubt sei, Schmerzmittel selbst dann einzusetzen, wenn dadurch eventuell die Verkürzung des Lebens die Folge ist. Freilich hat die Kongregation für die Glaubenslehre 1980 in diesem Zusammenhang betont:

„Nach christlicher Lehre erhält der Schmerz jedoch, zumal in der Sterbestunde, eine besondere Bedeutung im Heilsplan Gottes. Er gibt Anteil am Leiden Christi und verbindet mit dem erlösenden Opfer, das Christus im Gehorsam gegen den Willen des Vaters dargebracht hat. Es darf deshalb nicht verwundern, wenn einzelne Christen schmerzstillende Mittel nur mäßig anwenden wollen, um wenigstens einen Teil ihrer Schmerzen freiwillig auf sich zu nehmen und sich so bewusst mit den Schmerzen des gekreuzigten Christus vereinigen zu können (vgl. *Mt* 27,34)."

4.1.4 Beihilfe zur freiwilligen Selbsttötung

Eine sehr schwierige und konfliktreiche Frage stellt sich, wenn der Patient auf Grund seines Selbstbestimmungsrechts auf sein Lebensrecht nicht nur verzichten will und selbst tötet, sondern sogar darum bittet, dass ihm dabei geholfen wird, sich selbst zu töten.

In Deutschland ist ein prominenter Vertreter der Beihilfe zur Selbsttötung Professor Hackethal. Er hatte im Jahr 1984 einer schwerstkranken Patientin Beihilfe zur Selbsttötung geleistet. Die Frau litt an einem Oberkieferhöhlentumor, der in die Schädelbasis und in die Augenhöhle hineinwuchs. Die Frau bat Hackethal mehrfach um seine Mithilfe zur Selbsttötung. Der Arzt nahm das letzte derartige Gespräch auf Video auf und übergab einen mit Kaliumzyanid gemischten Wasserbecher ihrer Ziehtochter. Diese brachte ihn zur Patientin, die sich damit tötete. Das Oberlandesgericht München verstand Hackethals Handlung als straflose Beihilfe zur Selbsttötung, weil die Frau das Geschehen beherrscht habe. Ausdrücklich urteilte es:

„Auch ein Arzt bleibt jedenfalls straffrei, soweit er sich lediglich als Gehilfe aktiv an einer freiverantwortlich verwirklichten Selbsttötung beteiligt" (hier zitiert nach Benzendörfer 1999, 193).

Auch wurde vom Gericht verneint, dass Hackethal seine ärztliche Pflicht vernachlässigt habe, als er auf ärztliche Hilfemaßnahmen verzichtete, denn das Gift sei so wirksam, dass jede Hilfe zu spät gekommen wäre. In den USA hat eine ähnliche Debatte um den Arzt Jack Kevorkian die Gemüter bewegt. Nach vielen Prozessen wurde er 1999 verurteilt, nachdem das Oberste Gericht der USA 1997 entschieden hatte, dass kein Amerikaner das verfassungsmäßige Recht auf Selbsttötung habe und der betreffende Bundesstaat einen entsprechenden Straftatbestand geschaffen hatte.

Die Schweiz hat das Problem in der Weise gelöst, dass die Beihilfe zur Selbsttötung straffrei ist, aber gerade nicht zum ärztlichen Behandlungskatalog zählt. Damit wird versucht, vor dem Hintergrund des ärztlichen Berufsethos dezidiert die Beihilfe bei Tötungshandlungen vom Ärztestand fernzuhalten.

Bereits diese unterschiedliche Handhabung der Frage nach der Beihilfe zur Selbsttötung auf Gesetzesebene zeigt eine wichtige Problematik. Sie besteht darin, dass ein Mensch auf Grund seines Selbstbestimmungsrechts um eine bereits aktive Beihilfe zu einer Selbsttötungshandlung bittet, also nicht nur von sich aus sein Lebensrecht nicht mehr in Anspruch nehmen möchte, sondern auch andere Menschen zu einer „Mittötung" beansprucht. Sie sollen ihm bei der Selbsttötung helfen. Eine zweite Problematik betrifft die Selbsttötung selbst.

Eine mögliche Bewertung argumentiert etwa in folgender Weise (vgl. Johannes Paul II. 1995, Nr. 397f; vgl. bereits Thomas von Aquin 1951ff [1267ff], II-II q64 a5) und Kant 1968 [1797], 422):

1. Die Selbsttötung verstößt gegen die Eigen-, Nächsten- und Gottesliebe.
2. Also ist Selbsttötung eine schwer unsittliche Tat.
3. Die Beihilfe zu einer schwer unsittlichen Tat ist selbst eine schwer unsittliche Tat.
4. Also ist Beihilfe zur Selbsttötung eine schwer unsittliche Tat.

In der Tat ergeben sich die Sätze 3 und 4 logisch aus Satz 2. Umstritten ist vor allem Satz 1: Wer theologisch ein anderes Verständnis von Gottesliebe hat und die Selbsttötung als mit der Gottesliebe für vereinbar hält, wie eingangs bei Karl Barth gezeigt, hat damit nicht den Teil des Satzes entkräftet, der gerade nicht religiös gebunden ist. In dieser Hinsicht bringt der kritische Kant, der das Prinzip der Menschenwürde in prominenter Weise philosophisch formulierte, ein zusätzliches Argument (Kant 1968 [1785], 421f):

„Einer, der durch eine Reihe von Übeln, die bis zur Hoffnungslosigkeit angewachsen ist, ein Überdruss am Leben empfindet, ist noch so weit im Besitze seiner Vernunft, dass er sich selbst fragen kann, ob es auch nicht etwa der Pflicht gegen sich selbst zuwider sei, sich das Leben zu nehmen. Nun versucht er, ob die Maxime seiner Handlung wohl ein allgemeines Naturgesetz werden könne. Seine Maxime aber ist: Ich mache es mir aus Selbstliebe zum Prinzip, wenn das Leben bei seiner längeren Frist mehr Übel droht, als es Annehmlichkeit verspricht, es mir abzukürzen. Es fragt sich nur noch, ob dieses Prinzip der Selbstliebe ein allgemeines Naturgesetz werden könne. Da sieht man aber bald, dass eine Natur, deren Gesetz es wäre, durch dieselbe Empfindung, deren Bestimmung es ist, zur Beförderung des Lebens anzutreiben, das Leben selbst zu zerstören, ihr selbst widersprechen und also nicht als Natur bestehen würde, mithin jene Maxime unmöglich als allgemeines Naturgesetz stattfinden können und folglich dem obersten Prinzip aller Pflicht gänzlich widerstreite."

Dieser Gedanke lässt sich in Verbindung mit dem obigen Syllogismus in folgender Weise formal weiterführen:

1. Die Würde des Menschen gründet in seiner Fähigkeit, sittlich zu handeln.
2. Sittliches Handeln setzt die eigene Existenz voraus.
3. Die Selbsttötung zerstört die eigene Existenz.
4. Die Selbsttötung zerstört die Möglichkeit, sittlich zu handeln.
5. Sittliches Handeln ist Handeln gemäß der Pflicht zur Eigen- und Nächstenliebe.
6. Die Selbsttötung verstößt gegen die sich aus der Menschenwürde ergebende Pflicht zur Eigen- und Nächstenliebe.
7. Also ist Selbsttötung eine schwer unsittliche Tat.
8. Die Beihilfe zu einer schwer unsittlichen Tat ist selbst eine schwer unsittliche Tat.
9. Also ist Beihilfe zur Selbsttötung eine schwer unsittliche Tat.

Was ist die Stärke dieser Überlegung? Sie zeigt, warum das Prinzip der Menschenwürde und der damit verbundenen Autonomie nicht notwendig impliziert, über den Zeitpunkt des eigenen Todes zu verfügen, zumal in kantischer Bedeutung, wie bereits gesagt, Autonomie nicht mit dem modernen Begriff von Selbstbestimmung verwechselt werden darf, sondern eine Selbstgesetzgebung meint, die allgemeines Gesetz sein kann. Wenn jemand sein Lebensrecht nicht mehr wahrnehmen will, dann kann er nicht wollen, dass dies ein allgemeines Gesetz wäre. Zudem widerspricht eine derartige Handlung auch der sittlichen Verpflichtung zum Dienst am Nächsten.

Allerdings haben wir es hier mit einer besonderen Situation zu tun: Der Wunsch nach Lebensbeendigung entsteht hier, weil der Mensch in schrecklicher Weise physisch oder psychisch leidet. Der Mensch möchte eigentlich leben, doch das Leben ist zur Qual geworden. Der Mensch verfügt, wenn er um Beihilfe zur Selbsttötung bittet, deshalb nicht über den eigenen Todeszeitpunkt in der Weise, dass er unabhängig von der Situation wollen kann, dass dies ein allgemeines Gesetz wäre. Sein Wunsch ist jenseits der kantischen Kategorien von Autonomie, aber auch Heteronomie. Zwar entspringt der Wunsch nach Selbsttötung aus dem „fremden" Leid, aber dieser Wunsch ist dennoch mehr als ein reiner Reflex auf qualvolle Lebensbedingungen, er ist als menschlicher Wunsch ein reflektierter Wunsch vor dem Hintergrund des Leidens und kann auf diese Weise Selbstliebe ausdrücken.

Wer also für die moralische Erlaubtheit der Beihilfe zur Selbsttötung und der Selbsttötung argumentiert, wird von der spezifischen Fallkonstellation, dem spezifischen Konflikt her argumentieren. Es geht nicht allgemein um Selbsttötung, sondern um die Selbsttötung von Sterbenden oder schwerst Kranken. Vor dem Hintergrund, dass in etwa 10% der Fälle bei sterbenden Krebspatienten eine Schmerztherapie nicht den gewünschten Erfolg hat, kann man darum eine Selbsttötung auch als eine Tat der Eigenliebe deuten. Kommt hinzu, dass diese Tat auch für die Nahestehenden eine Erleichterung bringen soll und gesellschaftlich Ressourcen nicht beansprucht (im Sinne der Utopia des Thomas Morus), deren bleibende Verfügbarkeit anderen Menschen zu Gute kommt, dann kann diese Tat auch als Tat der Nächstenliebe gedeutet werden. Die Argumentationslinie würde dann völlig andere Konklusionen aufweisen:
1. Die Würde des Menschen gründet in seiner Fähigkeit, sittlich zu handeln.
2. Sittliches Handeln ist Handeln gemäß der Pflicht zur Eigen- und Nächstenliebe.
3. Es ist eine sittliche Tat, sein Leben für andere Menschen hinzugeben.
4. Die Selbsttötung von Sterbenden und schwerst Kranken kann aus Pflicht gegen sich selbst und gegen den Nächsten geschehen.
5. Also kann die Selbsttötung eine sittliche Tat sein.
6. Die Beihilfe zu einer sittlichen Tat ist selbst eine sittliche Tat.
7. Also kann die Beihilfe zur Selbsttötung eine sittliche Tat sein.

Wie eingangs zum Abschnitt der Sterbehilfe festgestellt wurde: Zwischen diesen beiden Überzeugungen, der Überzeugung, Selbsttötung ist immer sittlich verwerflich, und der Überzeugung, Selbsttötung kann in manchen Fällen eine sittliche Tat sein, und den entsprechenden Überzeugungen bezüglich der Beihilfe zur Selbsttötung, kann es keinen Ausgleich geben.

Jedoch bleibt damit noch offen, ob bei einer Freigabe der Selbsttötung und der Beihilfe zu dieser auf der Meso- oder Makroebene schleichend Veränderungen vor sich gehen, sodass auf der Mikroebene Druck ausgeübt wird, mit der Folge, dass sich Menschen das Leben nehmen, die dies eigentlich nicht wollen. Im Zusammenhang mit der Frage nach der freiwilligen aktiven Sterbehilfe werden wir uns diesem Problem ausführlich stellen müssen.

4.1.5 Freiwillige aktive Sterbehilfe

In Deutschland wird aktive Sterbehilfe bei Freiwilligkeit als Tötung auf Verlangen beurteilt und ist grundsätzlich nach § 216 StGB strafbar. Jedoch liegt das Strafmaß deutlich unter dem Strafmaß von Totschlag oder Mord, nämlich zwischen sechs Monaten und fünf Jahren. Die deutsche Gesetzespraxis entspricht damit einem weitreichenden internationalen Konsens, aktive Sterbehilfe als strafbewehrte Handlung zu verstehen. Dieser internationale Konsens beginnt sich aber aufzulösen. So trat im Juni 1994 in den Niederlanden eine Regelung in Kraft, die einen Arzt von Strafe freistellte, wenn er nach Ansicht der Staatsanwaltschaft aktive Sterbehilfe unter Berücksichtigung vorgeschriebener Vorsichtsmaßnahmen geleistet hatte. Diese Freistellung von Strafe wurde mit dem Tatbestand „Übermacht" im Sinne eines Notzustandes begründet. Das bedeutete, dass die medizinisch assistierte Selbsttötung und die Tötung mit und ohne Verlangen des Patienten an sich zwar strafbar blieb, aber die Staatsanwaltschaft von der Verfolgung absah. Eine Untersuchung, durchgeführt von November 1995 bis Februar 1996, ergab, dass etwa 3600 Todesfälle in den Niederlanden im Jahr 1995 durch ein aktives Mitwirken des Arztes erfolgten. Das waren 2,7% der Todesfälle. Davon entfielen auf die aktive Sterbehilfe 2,3%, auf eine ärztliche Mitwirkung bei der Selbsttötung 0,4%, die im Unterschied zu Deutschland in den Niederlanden grundsätzlich unter Strafe stand. Darüber hinaus erfolgten 0,7% der aktiven Sterbehilfe bei Patienten, die zu einer direkten Zustimmung nicht fähig waren (van der Maas u.a. 1996; Benzendörfer 1999, 182). Da die Regelung aber immer noch eine gewisse Grauzone darstellte, da die Staatsanwaltschaft von Strafverfolgung einer an sich unter Strafe stehenden Handlung unter bestimmten Bedingungen absehen sollte, waren im Jahr 1995 nur 41% der Fälle gemeldet worden (van der Wal u.a. 1996). Darüber hinaus sind bis heute einige Fälle aufgezeigt worden, in denen unheilbar kranke Patienten dazu gedrängt wurden, einer aktiven Sterbehilfe zuzustimmen (Benzendörfer 1999, 183). In einem Fall leistete sogar ein Arzt einer depressiven Patientin Beihilfe zur Selbsttötung. Auch aus diesen Gründen trat im November 2000 ein neues Sterbehilfegesetz in Kraft, das in das Strafgesetzbuch einen besonderen Strafausschlussgrund für Ärzte aufnimmt, die aktive Sterbehilfe ausüben oder Hilfe zur Selbsttötung leisten, wenn ausführliche Sorgfaltskriterien erfüllt sind. Im Unterschied zur bisherigen Regelung kann sich der Arzt nur dann auf Ausschluss von Strafe berufen, wenn er die geforderte Meldepflicht erfüllt hat und damit den so genannten Sorgfaltsbedingungen genügt:

„Wir, Beatrix, Königin der Niederlanden von Gottes Gnaden, Prinzessin von Oranien-Nassau, usw. usf. Heil all jenen, die dies lesen oder hören! Wir geben bekannt: In Erwägung dessen, dass es wünschenswert ist, in das Strafgesetzbuch einen Strafausschließungsgrund aufzunehmen für den Arzt, der unter Einhaltung gesetzlich festzulegender Sorgfaltskriterien Lebensbeendigung auf Verlangen ausführt oder Hilfe bei der Selbsttötung leistet, und hierzu per Gesetz ein Melde- und Überprüfungsverfahren festzulegen, haben wir nach Anhörung des Staatsrates und im Einvernehmen mit den Generalstaaten gutgeheißen und beschlossen, was wir hiermit gutheißen und beschließen."

Dann folgen im ersten Kapitel Begriffsbeschreibungen, an die sich die einzelnen Sorgfaltskriterien, also die Bedingungen für eine rechtmäßige Beihilfe zur Selbsttötung und zu einer rechtmäßigen aktiven Sterbehilfe, anschließen:

„1. Die Sorgfaltskriterien im Sinne von Artikel 293, Absatz 2 Strafgesetzbuch beinhalten, dass der Arzt:

a. zu der Überzeugung gelangt ist, dass der Patient freiwillig und nach reiflicher Überlegung um Sterbehilfe gebeten hat,

b. zu der Überzeugung gelangt ist, dass der Zustand des Patienten aussichtslos und sein Leiden unerträglich war,

c. den Patienten über seinen Zustand und dessen Aussichten informiert hat,

d. mit dem Patienten zu der Überzeugung gelangt ist, dass es in dem Stadium, in dem sich der Patient befand, keine angemessene andere Lösung gab,

e. mindestens einen anderen, unabhängigen Arzt hinzugezogen hat, der den Patienten gesehen und sein schriftliches Urteil über die in den Punkten a) bis d) bezeichneten Sorgfaltskriterien abgegeben hat, und

f. die Lebensbeendigung medizinisch sorgfältig ausgeführt hat.

2. Wenn ein Patient von 16 Jahren oder älter nicht mehr in der Lage ist, seinen Willen zu äußern, jedoch in einem früheren Zustand, als davon ausgegangen werden konnte, dass er zu einer angemessenen Einschätzung seiner diesbezüglichen Belange in der Lage war, eine schriftliche Erklärung mit der Bitte um Lebensbeendigung abgelegt hat, kann der Arzt dieser Bitte nachkommen. Die Sorgfaltskriterien im Sinne von Absatz 1 gelten entsprechend.

3. Wenn der minderjährige Patient zwischen sechzehn und achtzehn Jahren alt ist und davon ausgegangen werden kann, dass er zu einer angemessenen Einschätzung seiner diesbezüglichen Belange in der Lage ist, kann der Arzt einer Bitte des Patienten um Lebensbeendigung oder Hilfe bei der Selbsttötung nachkommen, nachdem das Elternteil oder die Eltern, das/die die elterliche Sorge über das Kind ausübt/ausüben, bzw. sein Vormund bei der Beschlussfassung einbezogen worden sind.

4. Wenn der minderjährige Patient zwischen zwölf und sechzehn Jahren alt ist und davon ausgegangen werden kann, dass er zu einer angemessenen Einschätzung seiner diesbezüglichen Belange in der Lage ist, kann der Arzt, wenn sich das Elternteil oder die Eltern, das/die das elterliche Sorgerecht über das Kind ausübt/ausüben bzw. sein Vormund sich mit der Lebensbeendigung oder Hilfe bei der Selbsttötung einverstanden erklärt/erklären, der Bitte des Patienten nachkommen. Absatz 2 gilt entsprechend."

Das folgende Kapitel III enthält detaillierte Angaben, wie die Kontrollen funktionieren können, Kapitel IV enthält die notwendigen Änderungen in Gesetzen, die durch dieses Gesetz betroffen sind, Kapitel V Schlussbestimmungen. Mit diesem Gesetz wird erstmals in einem europäischen Land unter bestimmten Bedingungen aktive Sterbehilfe für rechtmäßig erklärt.

Für diejenigen, die überzeugt sind, dass Selbsttötung, die Beihilfe dazu und das aktive Töten ethisch in keiner Weise zulässig sein kann, gilt:

„Die Gesetze, die ... Euthanasie zulassen und begünstigen, stellen sich nicht nur radikal gegen das Gut des Einzelnen, sondern auch gegen das Gemeinwohl und sind daher ganz und gar ohne glaubwürdige Rechtsgültigkeit. Tatsächlich ist es die Nicht-Anerkennung des Rechts auf Leben, die sich, gerade weil sie zur Tötung des Menschen führt – in dessen Dienst zu stehen die Gesellschaft ja den Grund ihres Bestehens hat –, am frontalsten und irreparabel der Möglichkeit einer Verwirklichung des Gemeinwohls entgegenstellt. Daraus folgt, dass ein staatliches Gesetz, wenn es ... Euthanasie billigt, eben darum kein wahres, sittlich verpflichtendes staatliches Gesetz mehr ist" (Johannes Paul II. 1995, Nr. 72).

Wer dagegen überzeugt ist, dass es mit der Menschenwürde des Einzelnen vereinbar ist, dass aktiv auf sein Bitten hin sein Tod bewirkt wird, kann diesem Gesetz als einer auch ethisch sinnvollen Leitlinie, mit der Frage aktiver Sterbehilfe umzugehen, zustimmen. Er wird sich dann allerdings auf der Mikro, Meso- und Makroebene gewichtigen Anfragen stellen müssen.

Auf der Mikroebene besteht die Gefahr, dass der Einzelne physisch durch sein Leiden und psychisch durch seinen Verfall, aber auch einen möglichen Druck von Anverwandten in seiner Selbstbestimmung beeinflusst wird. Auf der Mesoebene lässt sich fragen, ob nicht durch derartige Tötungshandlungen der Berufsstand der Ärzte Vertrauen verliert sowie Personengruppen mit ähnlichen Krankheitsbildern unter Druck geraten, aktive Sterbehilfe zu wählen und auf der Makroebene ist problematisch, dass die Möglichkeit im Gesundheitswesen Ressourcen einzusparen sozusagen „Druck von oben" hin zur aktiven Sterbehilfe schleichend bewirken könnte. Dies könnte durch neue Regelungen im Versicherungswesen geschehen, sodass Kinder für ihre Eltern mehr zahlen müssten. Damit wäre wiederum auf der Mikroebene ein finanzieller Anreiz geschaffen, dass Kinder ihre Eltern zur aktiven Sterbehilfe beeinflussen.

Gerade vor dem Hintergrund der Leistungsgesellschaft wächst der psychische Druck auf Menschen, die nicht mehr zu gesellschaftlich anerkannten Leistungen fähig sind, sich den Tod zu wünschen. Dazu kommt, dass eine gewisse Wahrscheinlichkeit besteht, dass Anverwandte die Einzelnen dazu drängen, um aktive Sterbehilfe nachzusuchen. Dadurch ist die Selbstbestimmung der betroffenen Patienten zusätzlich zu ihrem physischen Leiden, das diese Selbstbestimmung ebenfalls bedroht, nochmals gefährdet. Auf Grund dieses Gefährdungspotentials jedoch Menschen das Recht abzusprechen, aus Selbstbestimmung heraus um aktive Sterbehilfe nachzusuchen und die aktive Sterbehilfe zu bestrafen, ist ein problematisches Argument:

„Dieses Argument aber lehne ich persönlich ab, denn es stellt eine indirekte Form da, ein Individuum leiden zu lassen zu Gunsten eines sehr ungenau bestimmbaren sozialen Nutzens. Diese weiche Form eines Utilitarismus kann man mit kräftigen Argumenten in Frage stellen" (Kodalle 2003, 26).

Was sind diese kräftigen Argumente? Das kräftigste lautet: „In dubio pro libertate" (ebd., 27). Im Zweifelsfall ist der Freiheit Vorrang zu geben. Ein derartiger Utilitarismus ist mit dem Prinzip der Menschenwürde nicht vereinbar: Der Subjekt- und Gleichheitsstatus des Einzelnen darf nicht Nutzenerwägungen nachgeordnet werden. Wenn die Sorgfaltskriterien, beispielsweise Sorgfaltskriterien im Sinne des niederländischen Sterbehilfegesetzes, eingehalten werden, kann davon ausgegangen werden, dass wir es mit einer freiwilligen Bitte um aktive Sterbehilfe zu tun haben. Lässt sich nachweisen, dass Missbrauch getrieben wurde, dann ließe sich das Vergehen hart sanktionieren. Es würden in diesem Fall die Regeln bei unfreiwilliger aktiver Sterbehilfe gelten.

Dazu kommt: Würde man das Argument mit dem Gefährdungspotential konsequent zu Ende denken, käme auch keine passive Sterbehilfe in Frage. Auch bei der passiven Sterbehilfe sind ähnliche „Druckszenarien" denkbar. Auch die passive

Sterbehilfe bietet ein nicht zu unterschätzendes Gefährdungspotential. Man wäre in der Logik des Gedankens grundsätzlich zur Maximaltherapie verurteilt, wenn das Gefährdungspotential das entscheidende Argument wäre und man dieses Argument teilen würde.

Was das Berufsethos des Arztes angeht, so sind zwei Dimensionen zu berücksichtigen. Auf der Mikroebene geht es um eine konkrete Person, die den ärztlichen Beruf ausübt. Hier könnte eine Regelung ähnlich der Regelung zur Abtreibung ausfallen. Kein Arzt darf gegen sein Selbstbestimmungsrecht zu einer Tötung auf Verlangen oder einer Beihilfe zur Selbsttötung verpflichtet werden. Seine mit der Menschenwürde verbundene Gewissensfreiheit in dieser Frage ist zu wahren, denn, wie wir gesehen haben, gibt es ernst zu nehmende theologische und philosophische Gründe die Selbsttötung und die aktive Sterbehilfe abzulehnen.

Auf der Mesoebene geht es nicht um den einzelnen Arzt, sondern um die Rolle des Arztes. Sein Berufsethos ist fundamental darauf ausgerichtet, zum Wohl des Patienten tätig zu sein. Es bestand lange Zeit ein Konsens darüber, dass die zentrale Aufgabe des Arztes im Erhalt des Lebens besteht. Von daher besteht die Befürchtung, dass die Möglichkeit der aktiven Tötung auf Verlangen hin zu einem Vertrauensverlust in den ärztlichen Stand führen könnte. Es wäre vorstellbar, dass Patienten auf Grund der angenommenen Praxis einer aktiven Sterbehilfe befürchten würden, vom Arzt dazu gedrängt zu werden, sich töten zu lassen.

Dieses Argument ist jedoch in Zweifel zu ziehen: Bereits in der Abtreibungsdebatte konnte ähnlich argumentiert werden: Wenn dem Embryo und Fötus Menschenwürde zukommt, wird ein Mensch, der seinen Tod in keiner Weise verlangt hat, durch einen Arzt getötet. Damit ist bereits ein fundamentaler Wandel in der Berufsrolle des Arztes vollzogen. Dennoch lässt sich nicht nachweisen, dass damit ein Vertrauensverlust einhergehen würde. Auch bei der aktiven Sterbehilfe erscheint diese Befürchtung nicht realistisch, wenn Patienten nur dann getötet werden, wenn es zu ihrem Wohl gemäß ihrer Vorstellung von ihrem Wohl ist und weitere Sorgfaltskriterien, vor allem diejenigen, die die Freiwilligkeit sicher stellen, erfüllt sind.[78]

---

[78] Dagegen geschieht der wirkliche Vertrauensverlust dann, wenn Patienten über für sie wesentliche, teils lebensentscheidende Möglichkeiten nicht informiert werden und diese Maßnahmen beispielsweise aus Kostengründen nicht mehr vorgenommen werden können. Wenn Patienten, die auf der Warteliste für Organe stehen, keine Kenntnis davon erhalten, dass sich das entsprechende Klinikum von Eurotransplant abgemeldet hat, nachträglich aber davon erfahren, dann zerstört dies das Vertrauen massiv. Wenn Medikamente nicht verordnet werden, weil dadurch das von den Kassen zugestandene Budget gesprengt wird, diese Medikamente aber teilweise sogar lebensrettende Wirkungen zeigen könnten, wird ebenfalls massiv Vertrauen zerstört, sobald Patienten davon Kenntnis erhalten. Die diesbezügliche Alternative, das Medikament einzusetzen und stattdessen Pflegekräfte zu entlassen, würde die Qualität der Behandlung absenken und damit ebenfalls einen Vertrauensverlust in die Ärzte und das Pflegepersonal mit sich bringen. Das Grundübel ist in jedem Fall mangelnde Transparenz. Diese mangelnde Transparenz bedeutet eine Missachtung der betroffenen Menschen. Sie führt in erster Linie zum Vertrauensverlust, „wenn die Dinge an den Tag kommen".

Ließen sich darüber hinaus Ausnahmesituationen vorstellen, in denen Patienten eine aktive Sterbehilfe gewährt werden könnte? Beispielsweise ließe sich ein moribunder junger Patient vorstellen, der sich in der letzten Phase seines Lebens für höchstgefährliche medizinische Experimente meldet, um auf diese Weise durch sein Lebensopfer dem medizinischen Fortschritt und damit anderen Menschen zu dienen und so seinem Leben einen heroischen Abschluss zu geben. Es wäre zu fragen, ob es möglich ist, Rahmenbedingungen zu schaffen, die derartige supererogatorische Taten, also Taten, die über das geforderte Maß hinausgehen, erlauben, ohne dass auf andere Menschen in ähnlichen Situationen Zwang ausgeübt wird.

Damit sind wir aber bereits bei einem weiteren Problem: Könnte nicht die Sterbehilfe für einzelne Patienten mit bestimmten Krankheitsbildern zu einem gewissen Automatismus führen? Wenn ein Patient in diesem oder jenem Stadium ist, dann wird ihm aktive Sterbehilfe angeboten. Man denke beispielsweise an die amyotrophische Lateralsklerose (Lou Gehrig's disease). Bei dieser Krankheit werden die Muskeln nicht mehr ernährt. Der Mensch wird schwächer und schwächer und kann am Ende nicht einmal seine eigenen Finger bewegen. Dabei bleibt er bei klarem Bewusstsein. Es wäre nun vorstellbar, dass man sozusagen mit einem gewissen Automatismus derartigen Patienten ab einem gewissen Punkt in der Krankheitsentwicklung aktive Sterbehilfe anbieten würde. Dies könnte aber ein weiteres Argument gegen die Freigabe der freiwilligen aktiven Sterbehilfe sein, falls dieses Angebot in der Weise erfahren würde, dass man es schwer abschlagen kann. Doch lässt sich gerade hier sehr gut die Grenze ziehen. Aktive Sterbehilfe muss immer eine individuelle Entscheidung bleiben. Dies ist durch die entsprechenden Sorgfaltskriterien abzusichern. Jede Ausweitung auf Gruppen von Patienten ist zu verhindern.

Viel problematischer wäre die Absicht, die aktive Sterbehilfe dazu zu nutzen, um sich „kostenintensiver" Patienten zu entledigen, also Ressourcen im Gesundheitswesen zu sparen. Es ließe sich auf der Makroebene sozusagen Druck aufbauen, damit Menschen „freiwillig" um aktive Sterbehilfe bitten, um nicht das Erbe ihrer Kinder zu verbrauchen. In gewisser Weise könnte man dies aus Elternperspektive als eine heroische Tat deuten. Sie wollen am Ende ihres Lebens und ihrer Lebensmöglichkeiten für ihre Kinder möglichst gute Lebensperspektiven wahren. Aus der Perspektive der Gesellschaft als ganzer dagegen wäre es eine Verletzung der Selbstbestimmung und des Rechts auf Leben und ließe sich vor dem Hintergrund des Konstitutionsprinzips der Menschenwürde nicht rechtfertigen.

Zudem lässt sich auf der Makroebene die Frage stellen, ob die Zulässigkeit von Tötungshandlungen durch Fremde sozusagen die Schwelle senkt, Tötungshandlungen zu vollziehen. In diesem Sinn argumentieren Beauchamp/Childress (2001, 146):

„Regeln in unserem moralischen Regelwerk gegen das aktive oder passive Verursachen des Todes einer anderen Person sind nicht isolierte Fragmente. Sie sind Fäden in einem Regelwerk, das Achtung vor menschlichem Leben unterstützt. Je mehr Fäden wir entfernen, umso schwächer wird das Regelwerk. Wenn wir auf *Verhaltens*änderungen unsere Aufmerksamkeit richten, nicht nur auf Regeln, könnten Verschiebungen in der öffentlichen Handhabung die allgemeine Einstellung zur Achtung vor dem Leben aufweichen. Verbote sind oft sowohl instrumentell als auch symbolisch von Bedeutung, und ihre Aufhebung kann eine Menge von Verhaltensweisen ändern ..."

Eine wesentliche Aufgabe des Staates im Rahmen der Achtung von Menschenwürde und der Sicherung des auch subjektiven Rechts auf Leben besteht darin, Entwicklungen vorzubeugen, die die Hemmschwelle zu töten senken. Der Staat und jede Gesellschaft muss deshalb klug abwägen, in welcher Form Sterbehilfe zulässig sein kann, damit alles vermieden wird, was die Freiwilligkeit gefährdet.

Eine Lösung könnte darin bestehen, aktive Sterbehilfe nur unter so engen Grenzen zuzulassen, dass fast allen, die auf Grund der infausten Prognose und ihrer Leiden aktive Sterbehilfe wünschen, anstelle einer Fremdtötung eine Selbsttötung ermöglicht wird.[79] Wir hätten es in diesen Fällen dann mit einer Beihilfe zur Selbsttötung zu tun. Es würde also vermieden, dass Dritte eine Tötungshandlung vollziehen. Nur in den wenigen Fällen, in denen die Betreffenden eine derartige Handlung nicht mehr ausführen können, könnte unter einem strikten Reglement eine aktive Tötung erlaubt sein. Ob diese im Rahmen ärztlicher Tätigkeit auszuüben wäre, wie es die weiter gehende holländische Regelung erlaubt, oder gerade der ärztliche Berufsstand auf Grund seines ärztlichen Berufsethos davon auszuschließen ist, wie es im Rahmen der Beihilfe zur Selbsttötung die schweizerische Regelung vorsieht, braucht hier nicht entschieden werden.

Freilich lässt sich dann wiederum fragen, ob tatsächlich die prinzipielle Bereitschaft zur Selbsttötung notwendige Bedingung dafür ist, dass in bestimmten Fällen auch eine aktive Sterbehilfe geleistet werden darf. Die aktive Sterbehilfe würde dann nur deshalb zur Anwendung kommen, weil der Patient faktisch nicht mehr in der Lage ist, seinen Willen zur Selbsttötung in die Tat umzusetzen, beispielsweise weil er auf Grund einer vollständigen Lähmung durch die Erkrankung an amyotrophischer Lateralsklerose dazu nicht mehr in der Lage ist. Im Rahmen des Schutzes der Menschenwürde Einzelner durch Regelungen, die auf der Makroebene von Bedeutung sind, gibt es für eine solche Bedingungssetzung nämlich die oben genannten guten Gründe.

4.1.6 Sterbehilfe bei mutmaßlicher Freiwilligkeit

Die Frage der Zulässigkeit von Sterbehilfe stellt sich in anderer Weise, wenn der Wille des Patienten mit infauster Prognose bzw. in einem Sterbeprozess im weiten Sinn nicht mehr direkt erhoben werden kann. Derartige Problemfälle kommen nicht selten vor Gericht, meist im Zusammenhang mit dem Problem indirekter Sterbehilfe. In den USA beschäftigten besonders die Fälle von Karen Ann Quinlan und Nancy Cruzan die Gerichte. Beide waren nach Atemstillständen so schwer geschädigt, dass sie zu Apallikerinnen (Wachkomatösen) wurden. Hier entwickelte sich ein Rechtsbewusstsein, das den Willen der Patienten als letzte Instanz

---

[79] Vgl. Siep (2004, 351): „Die Prüfung der Ernsthaftigkeit des Willens kann verlangen, dass der Sterbewillige sein Leben selbst beendet. In allen Fällen, wo dies mit der gleichen Sicherheit durchgeführt werden kann wie aktive Sterbehilfe, ist das sicher der vorzuziehende Weg."

berücksichtigte, so zumindest im Fall von Nancy Cruzan durch den Obersten Gerichtshof der USA im Juni 1990 (Dworkin 1994, 181). Auch Großbritanniens höchstes Gericht erlaubte im November 1992 im Fall des schwerst hirngeschädigten, siebzehnjährigen Tony Bland mit Rücksicht auf dessen früher geäußerten Willen den Verzicht auf invasive Pflege.

In Deutschland brandete die Diskussion im Juli 1998 auf. Durch die deutsche Presse ging der Fall einer fast fünfundachtzigjährigen Frau, die sich seit Ende 1997 nach einem Herzinfarkt im Koma befand (Benzenhöfer 1999, 199ff). Die Frau wurde über eine Magensonde ernährt und gepflegt. Ihre Tochter beantragte, kurz nachdem sie zur Betreuerin bestellt war, im März 1998 die Einstellung der Sondenernährung und die Umstellung auf die Gabe von Tee. Als Begründung gab sie an, dass ihre Mutter zu früherer Zeit geäußert habe, dass sie kein langes Sterben erdulden wolle. Nachdem das Vormundschaftsgericht und trotz eidesstattlicher Erklärungen auch das Landgericht Frankfurt ihren Antrag bzw. ihre Beschwerde abgelehnt hatten, kam das Oberlandesgericht Frankfurt zu einem anderen Urteil. Dieses Urteil argumentierte folgendermaßen (hinter 3. und 4. stehen Vorwürfe der Anklage):

1. Es geht um den Abbruch einer lebenserhaltenden Maßnahme ohne unmittelbare Todesnähe.
2. Bei dieser Maßnahme muss der Wille des Patienten berücksichtigt werden, was die Bedeutung der Patientenverfügung steigert, wenn der Zustand des Patienten eine aktuelle Willensäußerung nicht zulässt.
3. Der Vorwurf, der Richter sei Herr über Leben und Tod, wird zurückgewiesen, da der Patient direkt bzw. in diesem Fall vorgängig die Entscheidung getroffen hat.
4. Der Vergleich mit nationalsozialistischen Tötungsprogrammen ist darum auch nicht korrekt, da der Patientenwille berücksichtigt wird.

Mit diesem Urteil ging das Oberlandesgericht konsequent den bereits 1994 durch den Bundesgerichtshof beschrittenen Weg weiter. Dieser qualifizierte den Versuch, die Sondenernährung bei einer Apallikerin ebenfalls mit Berufung auf den mutmaßlichen Willen der Patientin abzubrechen, zwar als versuchten Totschlag, verwies aber an das Landgericht Kempten zurück; denn das Landgericht sei bei der Ablehnung des unvermeidbaren Verbotsirrtums, den die Angeklagten für sich in Anspruch nahmen, unzutreffenderweise davon ausgegangen, „dass zulässiges Sterbenlassen (auch) in einem Fall wie dem vorliegenden von vornherein ausscheide" (BGHSt 40, 257, 262). Entscheidend sei vielmehr der mutmaßliche Wille der Patientin, auf den das Vormundschaftsgericht bei einer Genehmigung des Behandlungsabbruchs entsprechend § 1904 BGB abzustellen hätte (die Angeklagten hatten das Vormundschaftsgericht nicht angerufen). Nachdem der mutmaßliche Wille der Patientin in der Weise erkennbar geworden war, dass sie nicht künstlich hätte am Leben bleiben wollen, sprach die 2. Strafkammer des Landgerichts Kempten die Angeklagten, Arzt und Sohn frei. Allerdings wurde deutlich gemacht, dass ausreichende Maßnahmen zu ergreifen seien, um den Willen des Patienten tatsächlich zu berücksichtigen.

Die Bundesärztekammer argumentiert 1998 in ihren Grundsätzen zur ärztlichen Sterbebegleitung in ähnlicher Weise:

„Patienten mit einer lebensbedrohenden Krankheit, an der sie trotz generell schlechter Prognose nicht zwangsläufig in absehbarer Zeit sterben, haben, wie alle Patienten, ein Recht auf Behandlung, Pflege und Zuwendung. Lebenserhaltende Therapie einschließlich - ggf. künstlicher - Ernährung ist daher geboten. Dieses gilt auch für Patienten mit schwersten cerebralen Schädigungen und anhaltender Bewusstlosigkeit (apallisches Syndrom, so genanntes Wachkoma). Bei fortgeschrittener Krankheit kann aber auch bei diesen Patienten eine Änderung des Therapiezieles und die Unterlassung lebenserhaltender Maßnahmen in Betracht kommen. So kann der unwiderrufliche Ausfall weiterer vitaler Organfunktionen die Entscheidung rechtfertigen, auf den Einsatz substituierender technischer Hilfsmittel zu verzichten. Die Dauer der Bewusstlosigkeit darf dabei nicht alleiniges Kriterium sein. Alle Entscheidungen müssen dem Willen des Patienten entsprechen. Bei bewusstlosen Patienten wird in der Regel zur Ermittlung des mutmaßlichen Willens die Bestellung eines Betreuers erforderlich sein."

Allerdings hat 2003 ein Bayerisches Gericht das Entfernen einer Magensonde bei einem Patienten als für die behandelnden Pflegekräfte nicht zumutbar erklärt, obwohl der Patient bei einem missglückten Selbsttötungsversuch ins Koma fiel. Sein mutmaßlicher Wille dürfte also eindeutig sein. Das Urteil verlagert in diesem Fall das Problem auf die Mesoebene und fällt hier eine Entscheidung, bei der die Selbstbestimmung eines Einzelnen den Interessen einer Gruppe geopfert wird. Langfristig zeichnet sich trotz dieses Urteils wohl ein Konsens ab bei einem mutmaßlichen Willen des Patienten, möglichst rasch sterben zu wollen, passive oder indirekte Sterbehilfe auf rechtlicher Ebene zuzulassen. Vor dem Hintergrund des Prinzips der Menschenwürde ist dies sinnvoll. Das mit der Menschenwürde verbundene Selbstbestimmungsrecht lässt keine andere Bewertung zu. Eine Ausnahme hiervon wäre nur dann möglich, wenn die Menschenwürde mit Eigentumsrechten von Gott an den betreffenden Menschen begründet und zugleich angenommen wird, dass Gott derartige, das Leben verkürzende Maßnahmen, missbilligt.

Die heute in Deutschland rechtlich und vom ärztlichen Berufsethos gedeckte Praxis der passiven und indirekten Sterbehilfe bei mutmaßlicher Freiwilligkeit lässt sich also ethisch vor dem Hintergrund der Menschenwürde rechtfertigen, wenn der Wille des Patienten, auf sein Recht weiterzuleben zu verzichten, feststellbar ist, beispielsweise durch eine Patientenverfügung. Dann ist dieser Fall trotz des unterschiedlichen Zeitfaktors mit dem Fall der passiven Sterbehilfe bei Freiwilligkeit ähnlich. Ein Mensch verzichtet auf Grund seines Selbstbestimmungsrechts auf sein Lebensrecht.

Allerdings ließe sich fragen, ob eine Patientenverfügung bzw. der angenommene Patientenwille nicht ein gefährliches Instrument ist. Zumindest ist die Gefahr nicht vollständig auszuräumen, dass Patienten dadurch sterben müssten, die vielleicht doch wieder zum vollen Bewusstsein hätten kommen können. Außerdem gibt es nicht wenige Patienten, die sehr froh sind, dass Ärzte ihre Verfügung missachtet haben. Beispielsweise operierten Ärzte einen Patienten gegen seinen ausdrücklichen Wunsch in der Patientenverfügung, bei einem Schlaganfall keine Operation vorzunehmen. Nach der Operation und einer recht gut gelungenen Rehabilitation war der betreffende Patient den Ärzten außerordentlich dankbar und erfreut sich bis heute verhältnismäßig guter Gesundheit. Es erscheint von daher sinnvoll, dass Ärzte in Ausnahmefällen das Recht zur Therapie haben, wenn

2

Jetzt i

*1&1 Surf-Flat 6.000: Jetzt ohne Mindest-Laufz
Inklusive Internet-Flat. Inklusive Telefonie (Priv
(Hardware-Versand 9,60 €). Einmaliger Bereits

der mutmaßliche Wille des Patienten nach dem besten Wissen ärztlicher Kunst gerade nicht durch den niedergeschriebenen Willen in einer solchen Verfügung gedeckt wäre. Allerdings müsste in einem solchen Fall genau dokumentiert sein, warum der betreffende verantwortliche Arzt zu seiner widersprechenden Urteilsbildung gekommen ist und sich über den in der Patientenverfügung ausgedrückten Patientenwillen hinwegsetzt. Die Rechtfertigung hierfür würde darin bestehen, dass für den Arzt Umstände erkennbar sind, dass der Patient seine Autonomie tatsächlich in der Weise ausgeübt hätte, wenn er sich des Sachverhalts bewusst gewesen wäre. Anders gesagt: Der Arzt unterstellt, wenn er sich gegen den dokumentierten Willen des Patienten zur Therapie entschließt, dass der Patient in Kenntnis der Sachlage zu einer anderen Willensäußerung gekommen wäre.

Wie ist eine Beihilfe zur Selbsttötung oder aktive Sterbehilfe zu bewerten, wenn nur ein mutmaßlicher Wille zu erheben ist? Darf beispielsweise einem psychisch kranken und sich im Sterbeprozess befindlichen Menschen Beihilfe zur Selbsttötung geleistet oder er aktiv getötet werden, wenn dieser vor seiner Erkrankung ausdrücklich den Wunsch geäußert hat, dass sein Leben für den betreffenden Fall in dieser Weise zu Ende gehen solle? Wenn analog zur Beihilfe zur Selbsttötung und zur aktiven Sterbehilfe bei Freiwilligkeit ein Missbrauch durch angemessene Sorgfaltskriterien ausgeschlossen werden kann, dann lassen sich diese Formen der Sterbehilfe in ähnlicher Weise beurteilen wie bei Freiwilligkeit.

4.1.7 Sterbehilfe bei Nicht-Freiwilligkeit

Sterbehilfe, selbst passive Sterbehilfe wird sehr problematisch, wenn die Einwilligung des Patienten mit infauster Prognose dazu fehlt, sei es weil der Patient komatös ist und kein mutmaßlicher Wille erhebbar ist, sei es weil der Patient aus anderen Gründen zu einer Zustimmung nicht in der Lage ist, beispielsweise ein neugeborenes Kind, das sich bereits in einem Sterbeprozess befindet.

Nach geltendem deutschem Recht darf bei Neugeborenen mit schwersten Fehlbildungen oder schweren Stoffwechselstörungen im Einvernehmen mit den Eltern, wenn keine Aussicht auf Heilung oder Besserung besteht, auf lebenserhaltende Maßnahmen verzichtet werden, also passive und indirekte Sterbehilfe geleistet werden. Hier wird sozusagen die Willensbildung an die Eltern delegiert.

Warum wird es Eltern zugemutet, über das Schicksal ihres schwerstgeschädigten Kindes zu entscheiden? Eltern sind in einer solchen Situation oft unter Schock und sind doch gezwungen, sich ausdrücklich zu äußern, wie mit dem Kind weiter zu verfahren ist. Die Antwort auf diese Frage lautet: Auf diese Weise wird eine weitere Sicherheitsbarriere eingeschoben, die „anonymen" Entscheidungsprozessen einen Riegel vorschiebt, wenn es um Leben oder Tod geht. Es wäre von daher freilich wünschenswert, die betroffenen Eltern psychologisch gut zu betreuen, damit sie zu einer Entscheidung finden, die sie auch in ihrem späteren Leben durchtragen können.

Wie man Eltern sozusagen die Stellvertretung für die Autonomie ihrer Kinder überantwortet, so wird heute für einwilligungsunfähige Patienten ein gesetzlicher

Vertreter bestellt. Die betreffende Person ist verpflichtet, zum Wohl des Patienten zu entscheiden. Der Arzt ist auch in diesem Fall die Kontrollinstanz wie bereits im Blick auf die Patientenverfügung. Diese Regelung ist vor dem Hintergrund des Prinzips der Menschenwürde vertretbar, denn es kann bei fehlendem aktualem Selbstbestimmungsrecht dieses nicht verletzt werden, wenn man versucht, im besten Interesse des Patienten zu handeln. Die außerordentlich schwierige Aufgabe wird für den gesetzlichen Vertreter und für den Arzt darin bestehen, dieses Interesse des Patienten in angemessener Weise zu vermuten.[80] Darum ist indirekte Sterbehilfe – das zeigen auch Gerichtsverfahren in verschiedenen Ländern – in diesem Bereich bereits problematischer, da das Missbrauchspotential bei Nicht-Freiwilligkeit höher ist.

Eine Beihilfe zur Selbsttötung bei Nicht-Freiwilligkeit, beispielsweise bei einem psychisch kranken Patienten, dessen mutmaßlicher Wille nicht bekannt ist, und aktive Sterbehilfe bei Nicht-Freiwilligkeit, beispielsweise bei Neugeborenen im Sterbeprozess, ist ethisch außerordentlich problematisch. Wer diese Form der Sterbehilfe wie beispielsweise Harris (1995, 67ff) in Betracht zieht, argumentiert etwa bezüglich aktiver Sterbehilfe bei Neugeborenen folgendermaßen: Ein schwerstbehindertes Kind, von dem man annehmen muss, dass es in den nächsten Tagen, Wochen oder Monaten selbst bei intensiver Betreuung wird sterben müssen, wird in vielen Fällen auf Grund der Entscheidung zur passiven Sterbehilfe nur noch selektiv behandelt. Es werden beispielsweise keine Antibiotika mehr verabreicht. Warum sollten wir das Kind nicht rasch von seiner Krankheit erlösen und ihm eine todbringende Spritze geben, anstelle es auf Grund einer unbehandelten Infektion langsam sterben zu lassen? Sind nicht beide Fälle, die passive Sterbehilfe bei Nicht-Freiwilligkeit und die aktive Sterbehilfe bei Nicht-Freiwilligkeit letztlich identisch? In beiden Fällen stirbt nämlich das Kind.

Sie sind es nicht, da die Ärzte keine Tötungshandlung vollziehen müssen bzw. im Fall der Beihilfe zur Selbsttötung bei einem psychisch Moribunden keine Beihilfe leisten müssen. Freilich lässt sich fragen, ob die Eltern mehr entlastet werden, wenn das Kind durch die Tötung rasch stirbt, als wenn sein Leben über mehrere Tage oder Wochen langsam zu Ende geht. Ein Grund gegen die Beihilfe zur Selbsttötung oder die aktive Sterbehilfe bei Nicht-Freiwilligkeit könnte darin bestehen, in der Gesellschaft nicht eine Mentalität zu befördern, aus der heraus Druck auf die entsteht, möglichst rasch ein menschliches Leben zu beenden, das nach „objektiven" Kriterien nicht mehr lebenswert zu sein scheint. Durch ein Verbot der Beihilfe zur Selbsttötung und der aktiven Sterbehilfe werden diese Menschen davor geschützt, „aus dem Leben gelobt zu werden". Erneut wird hier deutlich, dass Menschenwürde mehr bedeutet als Leistungsfähigkeit. Das Recht auf Leben beschränkt sich nicht auf die Leistungsfähigen bzw. diejenigen, die noch zur Leistung fähig sind, sondern umfasst alle Menschen. Darum beseitigt ein Verbot dieser Formen der Sterbehilfe in der Gesellschaft ein Angstpotential, selbst

---

[80] Noch einmal anders verhält es sich, wenn man unter Annahme des Teilhirntodkriteriums in bestimmten Fällen davon ausgeht, dass der betreffende Mensch bereits tot ist. Doch dann würde es sich gar nicht mehr um Sterbehilfe handeln, weswegen darauf hier nicht weiter einzugehen ist.

einmal aus „gesellschaftlich vereinbarten" Gründen nicht-freiwillig aus dem Leben gebracht zu werden.

4.1.8 Sterbehilfe gegen den Willen der Betroffenen

Eine oft übersehene Form passiver Sterbehilfe ist die Sterbehilfe bei Unfreiwilligkeit, allerdings in einer sehr weiten Verwendung des Begriffs der passiven Sterbehilfe. Es geht hier nämlich um Menschen, die gegen ihren Willen mit hoher Wahrscheinlichkeit sterben müssen, weil auf der Meso- und Makroebene bestimmte Rahmenbedingungen gelten. Auf der Mesoebene, den Strukturen des Gesundheitssystems, und der Makroebene, der gesellschaftlichen Rahmenordnung, von der das Gesundheitssystem ein Teilsystem darstellt, sind die Weichen in einer Weise gestellt, dass dem mit dem Prinzip der Menschenwürde verbundenen Lebensrecht nicht genügend Rechnung getragen wird. Patienten müssen gegen ihren Willen sterben, weil eine mögliche Therapieform nicht zur Anwendung kommt. Freilich ist dabei der Begriff der Möglichkeit zu präzisieren. Eine mögliche Therapieform ist eine Therapieform, die in der betreffenden Situation realisierbar wäre, aber auf Grund gewisser Umstände nicht realisiert wird. Diese Umstände können beispielsweise Geldmangel oder bestimmte Gesetze sein, die Krankenversicherungen davon entbinden, Operationen ab einem bestimmten Lebensalter zu finanzieren. Diese Umstände führen dazu, dass viele Menschen auf dieser Erde keine lebenswichtigen Operationen erhalten und deshalb gegen ihren Willen sterben müssen. Da die vorhandenen ökonomischen Ressourcen nicht sozial gerecht verteilt sind, ist die Lage der in der Gesellschaft am schlechtesten Gestellten gerade in der Frage einer lebenswichtigen Operation oft auch am schlechtesten.

Es ist in mehrfacher Hinsicht eine Menschenwürdeverletzung, wenn Patienten gegen ihren ausdrücklichen Willen zu Operationen gedrängt werden, die beispielsweise ihr Krebsleiden nur verlängern, während andererseits Menschen eine dringend benötigte Herzoperation nicht rechtzeitig bekommen können. Drastisch hat Harris (1995, 132f) diese Situation für sein Land, Großbritannien, in folgenden Worten beschrieben:

„Seit mindestens einem Jahrzehnt weiß man, dass ‚jedes Jahr mindestens 2000 oder mehr Patienten sterben, weil nicht genügend Behandlungsmöglichkeiten für alle bereitstehen', und dies allein im Bereich der Nierenerkrankungen. Wenn wir all die anderen Bereiche hinzunehmen würden, in denen der Ressourcenmangel den vermeidbaren Tod von Patienten zur Folge hatte, wäre diese Zahl noch um ein Vielfaches größer. Einen solchen Bereich stellt die Behandlung von Herzerkrankungen dar. ‚Herzpatienten des Wythenshawe Hospital in Manchester, die durch offene Herzchirurgie hätten gerettet werden können, sterben wegen der durch die Krise bei der Krankenhausfinanzierung hervorgerufenen Bettenknappheit und des Mangels an Pflegepersonal. ... Vor Weihnachten starben innerhalb von vier Wochen sechs Patienten, die alle auf eine Operation warteten.'"

Menschen, die hätten gerettet werden können, sterben gegen ihren ausdrücklichen Willen. Dies wäre allerdings nur dann eine eindeutige Verletzung der Achtung und des Schutzes der Menschenwürde, wenn entsprechende Handlungen vorliegen würden. Zwar sind es in vielen Fällen zweifelhafte politische, aber auch

ärztliche Entscheidungen, die zur Verknappung der Ressourcen im Gesundheits-
wesen führen, doch ist damit gerade noch nicht Menschenwürde im Sinne eines
Konstitutionsprinzips verletzt, das ein objektives, aber gerade nicht ein subjektives
Recht auf Leben begründet. Der subjektive Anspruch kann eben nicht in allen
Fällen eingeholt werden.

Unbeschadet dessen, ist es eine gesellschaftliche Herausforderung, auch diesem
subjektiven Rechtsanspruch auf Leben Genüge zu tun, ohne dass die Nichterfül-
lung von vornherein als Menschenwürdeverletzung zu brandmarken wäre. So
führt jede „unnötige" Operation dazu, dass an einer anderen Stelle Mittel fehlen,
jede falsche Abrechnung führt dazu, dass dem System Geld zu eigenen Gunsten
entzogen wird, jede unnötige Diagnostik entzieht Ressourcen für sinnvollere
Zwecke. Dazu kommt, dass die Zuordnung von Ressourcen für das Gesundheitswesen problematisch ist. Eine Vielzahl verschriebener Medikamente hat für den
spezifischen Fall keine nachgewiesene Wirkung, kostet aber die Solidargemeinschaft erhebliche Summen. Es wird also auch darauf ankommen, in welcher Weise
verfügbare Ressourcen verteilt werden. Ein anderes Beispiel ist die optimale
Vorbeugung und die dabei oft fehlerhafte Zuweisung der Ressourcen. So ist die
frühzeitige Behandlung von Brustkrebs nur möglich, wenn Ärzte die modernsten
Geräte der Mammographie zur Verfügung haben, was freilich Geld kostet. Der
Arzt, der die besten Geräte anschafft, bekommt jedoch keinen besseren Satz als
der Arzt, der durch schlecht auflösende, technisch überholte Geräte die Gesundheit seiner Patientinnen aufs Spiel setzt.[81]

Eine entscheidende Frage der nächsten Zukunft wird darum darin bestehen,
sowohl auf der Mesoebene des Gesundheitswesens als auch auf der Makroebene
der Gesellschaft nach Lösungen zu suchen, damit eine derartige passive „Sterbehilfe" bei Unfreiwilligkeit die Ausnahme bedeutet. So wird es eine wichtige
Aufgabe sein, Ärzte durch kontinuierliches Lernen zu befähigen, auf der Höhe der
therapeutischen Möglichkeiten zu sein, damit möglichst wenig medizinische
Fehler passieren, also auch in diesem Bereich möglichst wenig Menschen gegen
ihren Willen sterben müssen.

Was die Frage der fehlenden Organe für Menschen angeht, die Organe benötigen, so ist im Blick auf Organe von Hirntoten darauf später einzugehen. Was
dagegen die Lebendspende angeht, so ist es, dies sei jedoch bereits in diesem
Zusammenhang gesagt, eine unangemessene politische Entscheidung, dass
Menschen in unserem Land nicht das Recht haben, anderen Menschen ein Organ
als Lebendspende zur Verfügung zu stellen, es sei denn, sie können eine enge

---

[81] Auf Grund unserer Rahmenordnung hat der Arzt einen Anreiz, ältere Geräte zu verwenden, da er vielfach praktisch ohne Nachteile auf neue Geräte verzichten kann und damit
die Neuanschaffung spart. Dagegen trägt die Solidargemeinschaft eine zusätzliche
Belastung, denn bei einigen Patientinnen wird dadurch der Krebs erst in einem viel
späteren Stadium erkannt. Dann zahlt die Solidargemeinschaft die aufwendige Behandlung mitsamt der nötigen Operation(en). Die betroffenen Patientinnen müssen erheblich
mehr leiden und manche bezahlen diesen Missstand mit dem Tod. Anderen Patienten
kann nicht geholfen werden, weil die Ressourcen für derartige Operationen verbraucht
werden.

Beziehung nachweisen. Hier wird dem Prinzip gehuldigt, dass es besser ist, ein Mensch stirbt, als dass möglicherweise mit der Lebendspende Missbrauch getrieben wird. Der Einzelne wird hiermit für gesellschaftliche Erwägungen geopfert, statt Regeln aufzustellen, die einen rechten Gebrauch der Lebendspende ermöglichen, den Missbrauch dagegen sanktionieren.

Auf der anderen Seite ist zu berücksichtigen, dass wir in unserem Leben oft Güterabwägungen und Risikoabwägungen vornehmen müssen. Wir können es uns nicht leisten, in jedem Haus eine hochspezialisierte intensivmedizinische Betreuungsmöglichkeit einzurichten, obwohl dadurch einige Menschen, die an Herzversagen sterben, gerettet werden können. Wir können dies genau so wenig, wie wir allen Menschen ein Fahrzeug zur Verfügung stellen können, das wie Formel-1-Fahrzeuge mit einer Kohlenfaserstoffkarosserie ausgestattet ist und darum jeden Zusammenprall in den tragenden Teilen unversehrt übersteht.

Wenn darum alle vernünftigen[82] Möglichkeiten zur Lebensrettung eines Menschen, der leben möchte, ausgeschöpft sind, dann kann man nicht mehr von einer unfreiwilligen passiven Sterbehilfe sprechen. Wir haben es dann mit der für alle Menschen gültigen Krankheit zum Tode zu tun, die nicht mehr abwendbar ist. Auch wenn viele Menschen durch Krankheiten und Unfälle unfreiwillig sterben, so wurde ihnen doch dabei nicht von anderen Menschen gegen ihren Willen geholfen. In diesem Fall verbietet sich die Rede von unfreiwilliger passiver Sterbehilfe.

Noch problematischer ist es, wenn mit Berufung auf die ärztliche Kunst Maschinen abgestellt werden, sodass Patienten rascher sterben. So kann beispielsweise bei einem Patienten mit amyotrophischer Lateralsklerose dadurch das Sterben beschleunigt werden, dass man ihn von der Herz-Lungen-Maschine nimmt und ihn palliativ so versorgt, dass er kaum merkt, wenn die Atmung aussetzt. Bei Freiwilligkeit ist dies eine angemessene Behandlungsmethode. Den Patienten jedoch gegen seinen erklärten Willen mit Berufung auf die Aussichtslosigkeit einer Fortsetzung der Behandlung von der Maschine zu trennen, ist eine Verletzung seines Rechts auf Selbstbestimmung. Dies kann nur dann gerechtfertigt werden, wenn ein anderer Mensch, dessen Leben mit Hilfe dieser Maschine zu retten ist, Vorrang hat. Dann kann man eine derartige – juristisch als Unterlassung gedeutete – Handlung ethisch rechtfertigen.

Eine eindeutige Verletzung der Achtung der Menschenwürde stellen die Beihilfe zur unfreiwilligen Selbsttötung und die unfreiwillige aktive Sterbehilfe dar. Wer einen Patienten täuscht, sodass er beispielsweise Tabletten nimmt, die ihn töten, oder Menschen im Sterbeprozess gegen ihren Willen aktiv tötet, selbst in der Überzeugung, damit etwas Gutes zu tun, steht mit jeder Tötung eines Menschen auf derselben Stufe, bei der Menschen getötet werden, weil der Tötende dabei etwas Gutes tun will. Die nationalsozialistischen Ärzte, die sich an Programmen beteiligten, in denen Menschen gegen ihren Willen aktiv getötet wurden, waren zum Teil tatsächlich davon überzeugt, langfristig der Menschheit damit zu dienen. Es ließe sich auch ein Arzt vorstellen, der durch das aktive Töten eines

---

[82] Die Frage, was als „vernünftig" gelten kann, wäre die Aufgabe einer eigenen Studie zur Reform des Gesundheitswesens. Diese Aufgabe zu lösen, wird immer dringlicher.

Patienten und die Entnahme seiner Organe zu Gunsten von mehreren Menschen, die dringend jeweils eines der Organe benötigen, glaubt, etwas Gutes zu tun, nämlich einen Menschen zu opfern, um fünf Menschen zu retten. Diese Tötungshandlungen sind vor dem Hintergrund des Menschenwürdeprinzips verwerfliche, nicht zu rechtfertigende Handlungen. Auch ein noch so „guter" Zweck heiligt dabei nicht die Mittel. Die Tötungshandlung negiert den Subjektstatus und die grundsätzliche Gleichheit des Getöteten. Sie missachtet sein Lebens- und Selbstbestimmungsrecht.

Dazu kommt, dass in dem Moment, in dem Einzelne, gesellschaftliche Gruppen oder ganze Gesellschaften, Menschen gegen ihren Willen töten, obwohl diese Menschen in keiner Weise eine Bedrohung darstellen, also Notwehr bzw. Notstand nicht geltend gemacht werden kann, der Zusammenhalt der Gesellschaft nicht mehr nur gefährdet, sondern zerstört wird.

4.1.9 Fazit

Das Konfliktfeld der Sterbehilfe lässt sich nicht in einfacher Weise durch den Rückgriff auf Prinzipien und Regeln lösen. Es lässt sich aber, wie gesehen, strukturieren. Die Grundentscheidung, in welcher Weise diese Strukturierung durch das Prinzip der Menschenwürde möglich ist, lautet: Wer jede aktive Tötungshandlung an einem Menschen außer bei Notwehr, Notstand und Nothilfe für sittlich verwerflich erachtet, kann nur der passiven Sterbehilfe bei Freiwilligkeit zustimmen. Er kann selbst dieser Sterbehilfe nur zustimmen, wenn sie nicht als ein Nein zum Leben verstanden wird und kommt bereits bei der indirekten Sterbehilfe in einen problematischen Grenzbereich. Ob hier das Prinzip der Handlung mit doppelter Wirkung hilfreich ist, bleibt moralphilosophisch umstritten (vgl. Harris 1995, 80ff). Wer dagegen die Menschenwürde dann nicht bedroht sieht, wenn ein Mensch, der freiwillig oder mutmaßlich freiwillig um seinen Tod bittet, aktiv getötet wird, der wird auch der aktiven Sterbehilfe unter strikten Sorgfaltskriterien zustimmen können. Allerdings wird man hier aus normenlogischen Gründen die Frage stellen müssen, ob nicht doch das Tötungsverbot auf diese Weise gefährdet wird und damit langfristig eine unerwünschte gesellschaftliche Entwicklung auf den Weg gebracht wird. Die nicht-freiwillige Sterbehilfe ist für Vertreter beider Positionen problematisch, wobei die aktive nicht-freiwillige Sterbehilfe für Vertreter des strikten Tötungsverbots in keinem Fall in Erwägung zu ziehen ist. Das Unrecht der unfreiwilligen passiven Sterbehilfe ist durch die in vielen Fällen anonymen Meso- und Makrostrukturen, die dieses Unrecht bewirken, verdeckt. Die Frage nach der passiven Sterbehilfe bei Unfreiwilligkeit zeigt, dass ein brennendes und mit der sich ändernden Altersstruktur noch weiter zunehmendes Problem die Frage nach der Verteilung der Ressourcen im Gesundheitswesen sein wird. Es wird eine der zentralen zukünftigen Aufgaben sein, eine Linie zu finden, wie wir als Gesellschaft hier entscheiden wollen. Dagegen bedarf es keiner weiteren Überlegungen, dass die aktive Tötung eines Menschen gegen seinen Willen, egal wie es um ihn gesundheitlich bestellt ist, immer einen Verstoß gegen seine Menschenwürde darstellt.

4.2 Organtransplantationen

In Deutschland warten mehr als 10000 Menschen auf ein Spendeorgan, darunter mehr als 9000 Menschen auf eine Niere. Doch in den Jahren 2001 und 2002 sah das Verhältnis von verfügbaren Organen und Transplantationen so aus:[83]

Organe	2001 (Gabe nach Hirntod/transplantiert)	2002 (Gabe nach Hirntod/transplantiert)	jährlich benötigt
Niere	1964/1940	1882/1865	3.500
Herz	409/374	395/347	900
Leber	662/608	667/610	1.100
Lunge	139/135	198/186	400
Pankreas	212/176	163/154	400

Diese Zahlen verdeutlichen, dass jährlich vermutlich mehr als tausend Menschen allein in Deutschland sterben, weil nicht genügend Organe zur Verfügung stehen. Organe, die hätten Leben retten können, werden in Krematorien verbrannt oder sie verfaulen im Grab. Darüber hinaus sind Tausende in ihrer Lebensqualität schwer eingeschränkt, weil viele, die eine Niere benötigen, mehrmals wöchentlich an die Dialysemaschine müssen, andere auf Grund eines schweren Herzleidens beständig in der Furcht leben, die nächsten Wochen nicht zu überstehen. Dazu kommen auf der Makroebene Auswirkungen auf die Gesamtversorgung mit gesundheitsrelevanten Leistungen. So erfordert eine über einen längeren Zeitraum vorgenommene Dialyse einen erheblich höheren Finanzbedarf als eine Transplantation. Diese Gelder stehen für andere Leistungen nicht mehr zur Verfügung.

Versteht man Hirntote freilich nicht als tote Menschen, sondern als sterbende Menschen, dann lesen sich die Zahlen genau anders herum. Dann wurde an Tausenden aktive Sterbehilfe mit dem Ziel verübt, anderen Menschen Organe zur Verfügung zu stellen. Versteht man dagegen Hirntote wirklich als tot, dann haben allein in diesem Land mehr als tausend Menschen unfreiwillig passive Sterbehilfe erhalten, denn es wäre bei einer anderen Gesetzeslage möglich gewesen, vielen von ihnen das Leben zu retten. Noch dramatischer sieht die Situation aus, wenn man eine Teilhirnhypothese vertritt. Wie auch immer die Grundentscheidung im Blick auf das Lebensende aussieht, die jetzige Gesetzeslage in Deutschland ist höchst problematisch.

Der seit Jahren weltweit bestehende chronische Mangel an Organen hat eine weitere bestürzende Folge, die an einigen Beispielen klar wird: In Indien wurde vor einigen Jahren ein Skandal aufgedeckt. Jungen Männern der unteren Schicht wurde unter Narkose eine gesunde Niere für Transplantationszwecke entnommen, während der Eingriff als Behandlung einer Krankheit getarnt war. In China ist es üblich, hingerichteten Gefangenen die Organe zu entnehmen, auch wenn sie dem nicht zugestimmt haben. Es sind auch Fälle vorgekommen, in denen Menschen von verbrecherischen Organisationen verschleppt und dann getötet wurden, um

---

[83] Zahlen gemäß der Deutschen Stiftung Organtransplantation (http://www.dso.de).

ihnen Organe zu entnehmen. In der Transplantationsmedizin geht es wirklich um Leben und Tod.

Es sprechen, wie oben gezeigt, gute Gründe dafür, Hirntote als verstorbene Menschen anzusehen.[84] Dann ist es prinzipiell unmöglich, davon auszugehen, dass ihnen wie übrigens auch allen anderen Verstorbenen Menschenwürde zukommt, da es sich bei ihnen nicht mehr um Menschen im Vollsinn des Wortes handelt, sondern eben um verstorbene Menschen. Die Rede von verstorbenen Menschen kann dabei in dem Sinn missverstanden werden, als ob wir es hier mit Menschen zu tun hätten, die eben in einem bestimmten Zustand wären, so wie andere Menschen eben in einem anderen Zustand sind, also beispielsweise schlafen oder wach sind. Wenn das Verfassungsgericht Art. 1 GG auf Verstorbene in diesem Sinn beziehen würde, dann würde es einen unverzeihlichen Kategorienfehler begehen. Es würde nämlich Lebende und Verstorbene, obwohl sie kategorial völlig verschieden sind, in einer Logik behandeln. Wenn dagegen damit gemeint ist, dass wir auf Grund unserer Würde als Menschen im Blick auf unseren Körper, selbst wenn er tot ist, ein Selbstbestimmungsrecht haben, dann ist dies eine andere Sache, wie noch zu zeigen sein wird.

Ein Beispiel aus der deutschen Gesetzeslage zeigt das Problem an: Im Gesetz über Spende, Entnahme und Übertragung von Organen (Transplantationsgesetz – TPG, BGBl. I, 2631) wird der Begriff der Würde in einer unklaren Weise gebraucht. Der einschlägige Paragraph 6 lautet nämlich:

„(1)   Die Organentnahme und alle mit ihr zusammenhängenden Maßnahmen müssen unter Achtung der Würde des Organspenders in einer der ärztlichen Sorgfaltspflicht entsprechenden Weise durchgeführt werden.

(2)   Der Leichnam des Organspenders muss in würdigem Zustand zur Bestattung übergeben werden. Zuvor ist den nächsten Angehörigen Gelegenheit zu geben, den Leichnam zu sehen."

Der Begriff der Würde des Organspenders ist nicht klar bestimmt (Enders 1997, 470). Ist damit gemeint: „Würde hat, was Menschenantlitz trägt, im Leben wie im Tode!" (Bleyl 1999, 293)? In diesem Fall ist die Begrifflichkeit von „Würde" in (1) und „würdig" in (2) äquivok. Es kommen zwei unterschiedliche Würdekonzepte zur Anwendung (vgl. Birnbacher 2004). Es besteht nämlich gerade ein kategorialer Unterschied zwischen der Würde der Lebenden im strengen Sinn von Menschenwürde und der Würde der Toten als einer kontingenten sozialen Würde.

Verstünde man dagegen den Organspender im Moment der Organentnahme noch als Sterbenden, dann wäre seine Würde tatsächlich die Menschenwürde im Sinne grundsätzlicher Gleichheit und grundsätzlichen Subjektstatus. Dies ist die Position Herdegens (2003, Rdnr. 52): Die Organentnahme ist nach seiner Ansicht deshalb gerechtfertigt, weil der Betroffene selbst eingewilligt hat oder die Angehörigen an seiner Statt seinen mutmaßlichen Willen wiedergebend eingewilligt haben. Wir hätten es dann mit einer aktiven Tötung eines Menschen mit seiner Einwilligung aus altruistischen Motiven zu tun. Dies hätte weitreichende Folgen für die Debatte um die aktive Sterbehilfe, sofern Einwilligung vorliegt. Allerdings

---

[84] Vgl. 2.3.2.2 und im Folgenden teils wörtlich Knoepffler 2000a. Ich danke Ulrich Schroth für wichtige Hinweise.

entspricht Herdegens These weder der herrschenden juristischen noch der öffentlich-politischen Meinung.

Nach herrschender juristischer Meinung haben wir es bei der Organentnahme im beschriebenen Fall mit einem Leichnam zu tun. Dabei bestehen unterschiedliche Meinungen darüber, ob eine Leiche noch Relikt der Person oder eine Sache sei. Die herrschende Meinung geht davon aus, dass die Leiche eine Sache sei, aber eine Sache in dem Sinn, dass mit ihr kein Handel betrieben werden darf (res extra commercium). Der Grund für diese Einschränkung liegt darin, dass der Leiche ein ihr fortwirkendes Persönlichkeitsrecht zugesprochen wird, das sich aus der Menschenwürde der Person ableitet, die die Leiche vorher war. Es soll „ein gewissermaßen ‚unantastbarer‘ Kern, ein Mindestbestand an Errungenschaften abendländischer Kultur und rechtstaatlicher Tradition auch rechtlich gewahrt werden. Hierher gehört etwa auch die Art und Weise, wie eine Gemeinschaft mit ihren Toten umgeht" (Enders 1997, 471). Von daher ist es juristisch gesehen notwendig, das fortwirkende Persönlichkeitsrecht gegenüber anderen Rechtsgütern, beispielsweise durch Organgabe das Leben eines Menschen zu retten oder entscheidend in seiner Lebensqualität zu verbessern, abzuwiegen.

Das bisher Erreichte lässt sich so zusammenfassen: Menschliche Leichname fallen nicht unter den Schutz der Menschenwürde im strengen Sinn und wären deshalb im Prinzip für lebensrettende Maßnahmen verfügbar. Freilich besteht hier die Grenze an dem Punkt, wo die Menschenwürde der Anverwandten und dessen, der sich einst in dem jetzt toten Körper ausdrückte, verletzt zu werden droht. Darum kann über den Leichnam eines Menschen nicht *einfach* verfügt werden.

Darum lautet die entscheidende *ethische* Frage: Hat jeder Einzelne ein so weit verstandenes Recht, darüber zu verfügen, was mit seinem Leichnam nach seinem Tod passiert, bzw., wenn er sich dazu nicht geäußert hat, seine Angehörigen bzw. Menschen, die dem Verstorbenen besonders nahe standen, dass die Frage nach der Organentnahme darin eingeschlossen ist? Die Gesetzeslage in der Bundesrepublik Deutschland ist hier, wie gesagt, eindeutig. Sie verbietet eine Organentnahme ohne vorherige Zustimmung des Verstorbenen. Liegt keine schriftlich fixierte Bereitschaftserklärung vor, so haben die Angehörigen sich an dem Willen des jetzt Verstorbenen zu orientieren, falls sie ihn kennen, um gegebenenfalls zuzustimmen oder aber eine Organentnahme abzulehnen.

Unter der Voraussetzung des Menschenwürdeprinzips und unter der Voraussetzung, dass Hirntote als Verstorbene zu verstehen sind, stellt sich die Frage, ob nicht das mit der Menschenwürde verbundene Recht auf Leben praktisch Konsequenzen haben muss. Selbst wenn man den Leichnam als eine Art Erbteil versteht, so würde die Organentnahme aus Solidarität mit den Menschen, deren Leben auf dem Spiel steht und die ihr subjektives Recht auf Leben geltend machen, die angemessene Lösung sein. Ein über den Tod reichendes Persönlichkeitsrecht sollte dort seine Grenze haben, wo das Leben anderer Menschen auf dem Spiel steht. Da allein in unserem Land Tausende von Menschen auf Grund einer mangelnden Bereitschaft zur Organspende vom Tod bedroht sind, sollte das Selbstbestimmungsrecht der Lebenden im Blick auf ihren Körper, sobald sie verstorben sind, und damit auch das fortwirkende Persönlichkeitsrecht und ebenfalls die Menschenwürde der Angehörigen hier ihre Grenze haben. So wie der Staat berechtigt

ist, um sozialer Gerechtigkeit willen Erbschaftssteuern zu erheben und das Selbstbestimmungsrecht und die Verfügungsmöglichkeiten der Einzelnen im Blick auf
ihr Eigentum zu beschränken, so wäre er nicht nur berechtigt, sondern könnte
sogar dazu verpflichtet sein, seinen Bürgerinnen und Bürgern im Todesfall die
Organentnahme zuzumuten, solange es einen Mangel an Organen gibt, die lebens-
notwendig sind – und dazu gehören auf lange Sicht trotz Dialysemöglichkeit auch
die Nieren. Wenn man nämlich einen Menschen sterben lässt, dessen Leben hätte
gerettet werden können, ohne dass das eigene Leben davon betroffen ist (es geht
um die Organentnahme im Todesfall), dann verletzt man eine grundlegende Verpflichtung, nämlich keinen Menschen gegen seinen Willen sterben zu lassen,
wenn dies möglich ist (Harris 1995, 129ff). Gerade vor dem Hintergrund, dass
zum Zweck der Verbrechensaufklärung, eine Gemeinpflichtigkeit besteht und an
Verstorbenen auch gegen den Willen der Anverwandten eine Autopsie angeordnet
und durchgeführt werden kann, sollte von der Makroebene her das Allgemeininte-
resse zumindest eine strenge Widerspruchsregelung vorschreiben.

Das Selbstbestimmungsrecht hat dort seine Grenze, wo seine Ausübung unmittelbar mitverantwortlich für den Tod von Menschen ist, die hätten gerettet werden
können. Nur wenn jemand durch den Gedanken, seinem Leichnam würden einmal
Organe entnommen, psychisch so beeinträchtigt würde, dass ihm diese Pflicht
nicht auferlegt werden kann, müsste eine Freistellung von dieser Verpflichtung
möglich sein. Eine derartige Person dürfte nicht wegen ihrer Überzeugung diskriminiert werden; jedoch müsste diskutiert werden, ob jemand, der eine Organentnahme ablehnt, selbst Organtransplantationen annehmen dürfte. Die einfache
Rechnung, dass der- oder diejenige, der bzw. die nicht bereit ist, eine Organentnahme zuzulassen, auch davon ausgeschlossen sein sollte, selbst Organe empfangen zu können, geht nicht auf. So ließe sich beispielsweise vorstellen, dass jemand
psychisch nicht in der Lage ist, die Organentnahme bei seinem eigenen Körper auf
Grund antizipativer Vorstellungen zu verkraften, aber umgekehrt gern bereit wäre,
ein Organ im Notfall zu empfangen, wenn dieses Organ von einem Toten kommt,
der dazu freiwillig bereit war. Dies ist gerade deshalb eine ernst zu nehmende
Einschränkung einer Absolutsetzung von Gemeinpflichtigkeit, weil hier die
Vertrauensfrage berührt ist. Nicht wenige befürchten, dass ihre Bereitschaft,
Organe zu spenden, dazu führen könnte, dass sie als Patienten nicht alle therapeu-
tischen Möglichkeiten bekommen, damit man „an ihre Organe herankommt". Es
wird deshalb die Aufgabe der Gesellschaft (Makroebene) und der Ärzteschaft
(Mesoebene) sein, diese Ängste aufzulösen, damit auf der Mikroebene die
Entscheidung für die Organgabe umso leichter fällt.

Allerdings ließe sich fragen, ob eine solch strenge Regelung, die in Persönlich-
keitsrechte eingreift und Ängste auslöst, gerechtfertigt ist, falls es eine Alternative
gibt, die das Problem ebenfalls lösen könnte. In diesem Sinn haben Oberender und
Thomas (2003) den Vorschlag gemacht, monetäre Anreize zu schaffen. Es ließe
sich denken, dass diejenigen, die bereit sind, nach Feststellung ihres Hirntods sich
Organe entnehmen zu lassen, dafür finanziell entschädigt werden. Es ließe sich
auch denken, dass beispielsweise die Beerdigungskosten bis zu einer gewissen
Obergrenze durch den Staat übernommen werden, wenn durch die Organe des
Verstorbenen einem Not leidenden Menschen geholfen werden konnte. Es wäre

abzuwägen, ob diese Alternative zuerst zu erproben wäre, ehe eine strenge Widerspruchsregelung einzuführen ist. Freilich lässt sich diese Alternative gerade auf der Makroebene in Frage stellen: Besteht hier nicht die Gefahr eines Einstiegs in einen Organhandel, der die Schwelle senkt, sodass mit der Zeit auch für Organe von Lebenden Geld bezahlt wird? Oder sollte man sogar wie im Iran einen Schritt weiter gehen und Lebende für Nieren- oder Leberspenden bezahlen?

Wenn Menschen aus freiem Willen bereit sind, für andere Menschen Organe zu *spenden*, sich also bereits zu Lebzeiten Organe entnehmen lassen, so verzichten sie auf ein ihnen zustehendes Recht; denn die körperliche Unversehrtheit gehört zumindest als objektives Recht zu den fundamentalen Rechten, die vom Prinzip der Menschenwürde begründet werden. Das subjektive Grundrecht, dass niemand durch andere in seiner körperlichen Unversehrtheit ohne seine Zustimmung (dazu gehört auch die Akzeptanz eines gewissen Lebensrisikos) in erheblicher Weise beeinträchtigt werden darf, ist als Optimierungsgebot mit dem objektiven Recht zwar nicht identisch, aber doch von diesem mitgetragen. Die Möglichkeit, auf zustehende Rechte zu verzichten, steht nicht im Widerspruch zum Prinzip der Menschenwürde. Sie stellt vielmehr eine „heroische" Tat dar, weil ein Mensch ein Risiko eingeht, um einem anderen Menschen das Leben zu retten. Freilich ist gerade bei der Lebendspende ein großes Problem, in welcher Weise man die Einflussnahme auf den potentiellen Spender so verringern kann, dass dieser tatsächlich frei entscheiden kann. Jedoch stellt sich die Frage, warum die anonyme Lebendspende ohne kommerzielle Interessen nach dem neuen Transplantationsgesetz nicht mehr erlaubt ist (vgl. Schroth 2000). Dieses Gesetz schränkt nämlich ausdrücklich den Spenderkreis auf „Verwandte ersten und zweiten Grades, Ehegatten, Verlobte oder andere Personen, die dem Spender in besonderer persönlicher Verbundenheit offenkundig nahe stehen" (TPG § 8) ein, zumal die Situation des anonymen Spenders erheblich einfacher sein dürfte. Sind nämlich Gratifikationen ausgeschlossen, so dürfte der Spender bzw. die Spenderin aus echter Überzeugung diese Tat der Nächstenliebe leisten, bei Verwandten ist diese freie Entscheidung nicht immer gegeben, ohne dass gerade hier Schutzmechanismen gegen familiären Druck vorgesehen sind. Oder sollte es Gratifikationen geben? Diese Möglichkeit erscheint deshalb problematisch, weil Menschen normalerweise ihre Organe nur verkaufen werden, wenn sie sich in einer Notlage befinden. Damit aber schafft die Möglichkeit eines Organhandels mit Organen von Lebenden eine neue Form der Ausbeutung bedürftiger Menschen und führt damit gesellschaftlich zu Entwicklungen, die noch erheblich größere Ängste erzeugen dürfte als eine strenge Widerspruchsregelung. Insofern scheint diese Lösung, nämlich dem Organmangel durch eine strenge Widerspruchsregelung Herr zu werden, die insgesamt sinnvollste Lösung zu sein.

Damit ergibt sich: Die im vergangenen Jahrhundert neu entstandene Möglichkeit, Organe erfolgreich zu transplantieren, ermöglicht uns, Menschenleben zu retten. Auf Grund der Menschenwürde der Menschen, die gerettet werden können, wäre eine Verpflichtung zur postmortalen Organgabe sinnvoll, unbeschadet nötiger Ausnahmeregelungen aus Gewissensgründen, also beispielsweise für Vertreter der Position, dass nur der Tod im Sinne Shewmons Tod des Menschen ist, was zur Konsequenz hat, dass durch die Organtransplantation ein Mensch getötet wird, was unzulässig ist. Eine Lebendspende dagegen dürfte nur bei Freiwilligkeit und ohne Gratifikationen zulässig sein. Der Gesetzgeber könnte die Aufgabe haben, die postmortale Organgabe zur Verpflichtung mit entsprechenden Ausnahmeregelungen zu machen und bezüglich der Lebendspende nicht hemmend, sondern ermutigend zu wirken. Freilich ist bei der Lebendspende generell zu beachten, dass sie ein nicht unerhebliches Risiko für den Spender birgt, das je nach Organ variiert.

5 Konfliktfälle bei gentechnischen Eingriffen am Menschen

Fast alle Lebewesen auf dieser Erde teilen den genetischen Code. Was heißt das? Wer Legobausteine kennt, kann sich davon eine gute Vorstellung machen. Einige wenige Steintypen genügen, um eine praktisch unbeschränkte Anzahl unterschiedlicher Bauwerke entstehen zu lassen. Wie sozusagen die Konfiguration der Steine ermöglicht, dass wir beispielsweise etwas als Haus und etwas als Turm identifizieren, so bewirkt die Konfiguration der Gene, dass wir es mit Mücken oder Menschen zu tun haben, obwohl die Grundbausteine und ihre Wirkungsweise, biologisch der genetische Code, gleich sind. Der genetische Code arbeitet dabei mit vier Zeichen, nämlich vier Basen. Es kann nun nicht darum gehen, die genaue Wirkungsweise darzulegen. Es genügt, sich die Wirkungsweise des genetischen Codes ähnlich vorzustellen wie ein gutes Kochrezept. Der Unterschied besteht freilich darin, dass hier das Rezept selbst, vereinfacht gesprochen, für seine konkrete Realisierung sorgt. Das ist dadurch möglich, dass auf biologischer Ebene Anziehungskräfte bestehen. Die unterschiedliche Zusammensetzung der vier Basen, also der Grundbausteine, sorgt so dafür, dass sich bestimmte Proteine bilden. Diese wirken Gestalt gebend und haben auch eine enzymatische Wirkung.

Wir teilen aber nicht nur den genetischen Code miteinander, es geht sogar soweit, dass die Genkonfigurationen beispielsweise des Menschen, der aus etwa 100 Billionen Zellen besteht, und des Einzellers Hefe in verblüffender Weise verwandt sind. Die Hälfte aller Gene, die in unserer Spezies als Ursachen oder Auslöser von Krankheiten entdeckt wurden, ist auch bei der Hefe zu finden. Das ist der Fall, obwohl es bereits mehr als 700 Millionen Jahre her ist, dass Hefe und Mensch gemeinsame Vorfahren hatten. Ein weiteres Beispiel für diese große Verwandtschaft: Der Wurm Caenorhabditis elegans verliert seine Fähigkeit, Eier zu legen, wenn in ihn ein Gen eingebracht wird, das beim Menschen Alzheimer Krankheit auslöst. Umgekehrt sorgt das gesunde menschliche Gen, in den Wurm eingebracht, dafür, dass er wieder normal Eier legen kann (vgl. Winnacker 1998, 17f).

Was bei Tieren bereits routinemäßig angewandt wird, nämlich die gentechnische Veränderung des Erbguts, ist auch beim Menschen zumindest prinzipiell möglich. Eine wichtige Bedingung dafür, nämlich eine umfassende Gendiagnostik wird bald zur Verfügung stehen. Mittlerweile ist das gesamte menschliche Genom kartographiert. Es ist zu vermuten, dass in den nächsten Jahren ein so genannter DNA-Chip verfügbar sein wird, also ein Chip, auf dem man seine persönliche genetische Konfiguration speichern lassen kann: der gläserne Mensch, genetisch betrachtet. Vom Herzinfarktrisiko bis zum Risiko für bestimmte Krebskrankheiten dürfte sozusagen aus dem Genlabor ein Gesundheits-Check verfügbar sein. Die Gendiagnostik würde verraten, welche Krankheiten in uns stecken.

Die Diagnostik wird auf jeden Fall den Therapiemöglichkeiten in den meisten Fällen vorausgehen. Wer sich der Diagnostik unterzieht, wird seine Risiken besser kennen, dagegen Vorsichtsmaßnahmen ergreifen können, aber auch in nicht wenigen Fällen mit der Erwartung einer bestimmten Erkrankung leben müssen. Würde freilich die Gentherapie in den nächsten Jahrzehnten ihren Durchbruch schaffen, dann würden gentechnische Eingriffe am Menschen zu einer zentralen medizinischen Aufgabe werden.

Gentechnische Eingriffe beim Menschen sind am konfliktträchtigsten. Es stellen sich hier Fragen nicht nur auf der Mikroebene der einzelnen betroffenen Patienten und Ärzte, sondern auch auf der Mesoebene – es betrifft ganze Gruppen von Menschen mit bestimmten genetischen Merkmalen – und auf der Makroebene, denn es geht um unser Menschenbild insgesamt und um die Ausrichtung unserer Gesellschaft: Sollen wir die Evolution in die eigenen Hände nehmen, soweit wir dazu technisch in der Lage sind?[85]

5.1 Grundsätzliche Strukturierung durch das Prinzip der Menschenwürde

Gentechnische Eingriffe beim Menschen können unterschiedliche Eingriffstiefen haben und unterschiedlichen Zwecken dienen.

Die Eingriffstiefe eskaliert von Substitutionsbehandlungen, also Behandlungen, in denen Menschen spezifische Proteine, die durch gentechnische Eingriffe an nicht-menschlichen Lebewesen hergestellt wurden, verabreicht werden, bis hin zur Keimbahnbehandlung selbst, bei der nicht nur der betroffene Mensch, sondern mit einer gewissen Wahrscheinlichkeit auch seine Nachkommen die genetische Veränderung, die durch den gentechnischen Eingriff bewirkt wurde, haben werden.

Die Zwecke eskalieren von reinen therapeutischen Anwendungen über Eingriffe zur Prävention von Krankheiten bis hin zu genetischen Eingriffen, die der Optimierung zu nicht-therapeutischen Zwecken dienen.

In gewisser Weise vergleichbar mit der Problematik der Sterbehilfe lassen sich auch im Fall gentechnischer Eingriffe zwei mögliche Strukturierungen durch das Prinzip der Menschenwürde vorstellen, eine Strukturierung nach der Eingriffstiefe und eine Strukturierung gemäß des bezweckten Ergebnisses. Würde man gemäß der Eingriffstiefe strukturieren, so käme folgendes Modell zu Stande:

---

[85] Im Folgenden greife ich insbesondere auf Winnacker u. a. 2002, Haniel 2000 und Knoepffler 2000b teilweise wörtlich zurück; darüber hinaus auf Peterson 2001, 231ff, Buchanan u. a. 2000, Knoepffler 1999b; Knoepffler/Dettweiler 2002. Der entscheidende Unterschied zu diesen Arbeiten besteht in der neu entwickelten Strukturierung des Problems vor dem Hintergrund des Menschenwürdeprinzips. Auf das geltende Recht kann hier nicht eingegangen werden. Vgl. dazu Romeo Casabona 2002.

1. Substitutionstherapie bzw. Behandlung mit gentechnisch hergestellten Substanzen
   - zu therapeutischen Zwecken
   - zur Prävention
   - zur Prävention von Risiken und Normabweichungen
   - zur Optimierung
2. Somatische Genbehandlung
   - zu therapeutischen Zwecken
   - zur Krankheitsprävention
   - zur Prävention von Risiken und Normabweichungen
   - zur Optimierung
3. Keimbahnbehandlung
   - zu therapeutischen Zwecken
   - zur Prävention
   - zur Prävention von Risiken und Normabweichungen
   - zur Optimierung

In diesem Modell wird vorausgesetzt, dass für die Menschenwürde, also den prinzipiellen Subjekt- und Gleichheitsstatus, die Eingriffstiefe von größerer Bedeutung ist als der Zweck. Nimmt man jedoch an, dass alle technischen Probleme auf den verschiedenen Ebenen lösbar sind – es wird zu zeigen sein, dass dem nicht so ist, was ethische Konsequenzen hat –, dann ist eine Strukturierung nach der Eingriffstiefe nicht sinnvoll. Warum sollte es nicht wünschenswert sein, eine Erbkrankheit mit tödlichen Folgen für alle weiteren Generationen mittels einer Keimbahntherapie auszumerzen?

Dagegen wird es selbst unter der Voraussetzung einer perfekten Technik eine zentrale Frage bleiben, ob wir wirklich die Evolution derart in die Hand nehmen sollten, dass wir Menschen nach bestimmten, nicht-therapeutischen Kriterien optimieren. Es ist eine zentrale Frage im Blick auf das einzelne betroffene Individuum (Mikroebene), betroffene gesellschaftliche Gruppen (Mesoebene), aber auch für die Menschheitsfamilie als ganze (Makroebene). Deshalb strukturiert das Prinzip der Menschenwürde den Konfliktfall gentechnischer Eingriffe am Menschen nach den Zwecken, denen dann die Eingriffstiefe untergeordnet ist:

1. Gentechnische Eingriffe zu therapeutischen Zwecken
   - Substitutionstherapie
   - Somatische Gentherapie
   - Keimbahntherapie
2. Gentechnische Eingriffe zur Prävention von Krankheiten
   - Behandlung mit gentechnisch hergestellten Substanzen
   - Somatische Genbehandlung
   - Keimbahnbehandlung
3. Gentechnische Eingriffe zur Prävention von Risiken und Normabweichungen
   - Behandlung mit gentechnisch hergestellten Substanzen
   - Somatische Genbehandlung
   - Keimbahnbehandlung
4. Gentechnische Eingriffe zur Optimierung

- Behandlung mit gentechnisch hergestellten Substanzen
- Somatische Genbehandlung
- Keimbahnbehandlung

Diese Strukturierung darf freilich nicht „buchhalterisch" verstanden werden, wie ein einfaches Beispiel deutlich macht. Nicht wenige Menschen trinken Kaffee, nicht weil sie diesen genießen wollen, sondern um Müdigkeitsphasen zu überwinden. In gewisser Weise kann man dies als eine Optimierung einer ursprünglich in der menschlichen Natur nicht vorhandenen Fähigkeit verstehen, eben länger fit zu bleiben. Dennoch wird man dem konkreten Trinken von Kaffee nicht mit demselben reflexiven Aufwand begegnen müssen wie einer Untersuchung der Keimbahntherapie, die zwar eine Therapie ist und keine Optimierungstechnik darstellt, aber auf Grund ihrer Eingriffstiefe als eine höchst konfliktträchtige Technik verstanden wird, die langfristig auch auf der Makroebene erhebliche Auswirkungen zeitigen kann. Darum wird es im Folgenden darum gehen, zumindest am ersten Konfliktfall, dem therapeutischer Zielsetzungen, die unterschiedlichen Eingriffstiefen ausführlich zu behandeln, während bei den übrigen Konfliktfällen die prinzipielle Frage nach der Zulässigkeit gentechnischer Eingriffe zum Zweck von Prävention oder Optimierung im Vordergrund stehen wird.

5.2 Gentechnische Eingriffe zu therapeutischen Zwecken

Gentechnische Eingriffe mit einer therapeutischen Zielsetzung im engen Sinn liegen vor, wenn es darum geht, Krankheiten zu heilen, im weiteren Sinn, wenn es auch darum geht, die Risiken von Krankheiten zu verhindern oder Normabweichungen zu korrigieren. Dabei sind die Grenzen zwischen therapeutischen und nicht-therapeutischen Zielsetzungen allerdings fließend, weil unser Krankheitsbegriff an den Rändern unscharf ist. So wehren sich die Mitglieder der Gesellschaft kleinwüchsiger Menschen in Amerika vehement gegen gentechnische Eingriffe, damit sie eine normale Größe erreichen können. Für sie ist dies keine Therapie, sondern der Terror einer genetischen Norm. Gerade dieses konkrete Beispiel erhält seine besondere Bedeutung dadurch, dass es einerseits Menschen gibt, deren Kleinwuchs durch eine bestimmte genetische Veränderung ausgelöst wird, die beispielsweise durch Gabe von Medikamenten korrigiert werden kann, andererseits jedoch durch die grundsätzliche genetische Konstitution von Eltern bestimmt ist, die einfach einer Rasse angehören, die im Durchschnitt kleinwüchsiger ist.

Doch wie sich die Nacht vom Tag zumindest meistens unterscheiden lässt und nur in der Dämmerung gewisse Schwierigkeiten der Zuordnung möglich sind, so lassen sich auch die meisten gentechnischen Eingriffe entweder als therapeutisch im engen Sinn, als Prävention oder als nicht-therapeutisch einordnen.

Grundsätzlich sind drei Stufen der Gentherapie zu unterscheiden, wenn man von der Tiefe des Eingriffsgrades ausgeht, also davon, ob die Gentherapie indirekt mittels gentechnisch hergestellter Medikamente (Substitutionstherapie), direkt aber nur auf das bestimmte Individuum (somatische Gentherapie) oder mit einer

Zukunftsdimension für folgende Generationen (Keimbahntherapie) angewendet wird.

Auf der ersten Stufe, der Substitutionstherapie mit gentechnisch hergestellten Medikamenten, wird ein fehlendes Protein durch einen Ersatzstoff, im Fachbegriff ein Substitut ersetzt. So sorgt beispielsweise in Bakterien gentechnisch hergestelltes menschliches Insulin dafür, dass Zuckerkranke ohne den Umweg über tierisches Insulin und damit risikoärmer zu ihren Infusionen kommen. Zudem werden Tiere nicht mehr zum Zweck der Insulingewinnung für das menschliche Wohl verbraucht. Vor dem Hintergrund des Prinzips der Menschenwürde ist ein derartiges gentechnisches Verfahren auf Grund seiner Risikoarmut eine sinnvolle Anwendung, für die die üblichen weiteren Kriterien einer Technikfolgenabschätzung gelten.

Schwieriger gestaltet sich die Frage, inwieweit eine somatische Gentherapie zulässig ist, also eine Therapieform, bei der Körperzellen (griechisch: soma = Körper) eines einzelnen Menschen gentechnisch verändert werden, denn hier werden Körperzellen umprogrammiert. Die somatische Gentherapie kann unterschiedliche therapeutische Ziele haben. Der gentechnische Eingriff kann dazu dienen, einen körpereigenen genetischen Defekt zu reparieren, so dass die Umprogrammierung keine genetische Neuerung darstellt, zumindest bei der somatischen Gentherapie im strengen Sinn. Er kann aber beispielsweise in der Krebstherapie auch dem Ziel dienen, Tumorzellen genetisch so zu verändern, dass diese durch das Immunsystem entdeckt und vernichtet werden können. Hier lässt sich die Frage der Zulässigkeit erneut vor dem Hintergrund des Menschenwürdeprinzips als erlaubt und sogar geboten verstehen, wenn der Nutzen für das Wohl des Patienten größer ist als der mögliche Schaden. So hat die somatische Gentherapie im Fall einer seltenen Erbkrankheit, der Adenosindeamylase-Defizienz (ADA), die zu einer extremen Schwäche des Immunsystems führt, bereits 1990 Erfolg gezeigt. Zwei Mädchen, die an dieser Immunschwäche litten, wurden Blutzellen entnommen. Diese wurden in einer Ex-vivo-Therapie mit intakten Kopien des ADA-Gens ausgestattet und anschließend den Mädchen durch Infusion wieder zugeführt. Gleichzeitig wurde die konventionelle ADA-Therapie weitergeführt. Nach den Infusionen besserte sich der Gesundheitszustand der Mädchen deutlich. War zuvor eine einfache Erkältung lebensbedrohlich, so können sie seitdem ein fast normales Leben führen. Allerdings sind mittlerweile zwei Leukämiefälle nach der somatischen Gentherapie gegen ADA dokumentiert, sodass auch diese Therapie als risikoreich zu gelten hat. Die Gefährlichkeit der Gentherapie ist durch den Todesfall von Jesse Gelsinger im Rahmen einer klinischen Gentherapiestudie 1999 ebenfalls sehr deutlich geworden. Dem jungen Mann waren hochdosiert Adenoviren direkt in die Leber injiziert worden. Sein Immunsystem reagierte auf die hohe Virenzahl so, dass keine Rettung mehr möglich war. Gelsinger, der an einer Stoffwechselerkrankung, der Transcarbamylase-Defizienz litt, hatte sich den Versuchen ohne Notwendigkeit unterzogen. Seine Erkrankung hatte er durch Diät und Medikamente recht gut im Griff. Dieser Todesfall, der durch eine sorgfältigere Analyse der vorausgehenden Tierversuche vermutlich hätte vermieden werden können, zeigt, wie schwierig es bereits im Bereich der somatischen Gentherapie ist, eine sorgfältige und lebensdienliche Technikfolgenabschätzung zu leisten.

Andererseits führt eine sehr große Vorsicht im Rahmen der Bekämpfung von Krebserkrankungen dazu, dass gentechnische Eingriffe zur Tumorbekämpfung in klinischen Studien aus Vorsichtsgründen praktisch nur zum Einsatz kommen, wenn die Patienten ansonsten austherapiert sind. Die Erfolgsquote ist dementsprechend gering, was für die Weiterentwicklung dieser Therapieform ein großes Problem darstellt.

Unter der Annahme, diese Technik würde funktionieren, lässt sich auf Grund der rein aufs Individuum bezogenen Eingriffstiefe dennoch mit Winnacker u. a. (2002, 35) festhalten:

„[Die] Somatische Gentherapie unterscheidet sich *grundsätzlich* in der Art der Behandlung nicht von anderen, ‚konventionellen' Therapieformen. Therapie von Krankheiten, wie auch Prävention und Impfung gehören in den Bereich ärztlichen Auftrags. Auch die qualitativ neue Art des Eingriffs (beispielsweise statt eines chirurgischen Eingriffs etwa die Ersetzung eines mutierten Gens durch ein intaktes Gen) bedeutet in Zielsetzung und Folgen der Behandlung keine Problematisierung ärztlichen Handelns, solange sie sich auf Therapie von Krankheit oder Erhaltung von Gesundheit bezieht, der potentielle Nutzen höher ist als denkbare Schäden und sie mit der informierten Zustimmung des Patienten vorgenommen wird."

Allerdings ist ein weiteres Problem zu bedenken: Zwar ist es Ziel der gentherapeutischen Forschung und Anwendung, organspezifische Transportvehikel zur Verfügung zu stellen. Doch ist derzeit umstritten, ob eine völlige Organspezifität erreicht werden kann. Zwar können auch andere Behandlungsformen wie etwa Strahlen- oder Chemotherapien Auslöser genetischer Veränderungen von Keimbahnzellen sein, doch hätten gentherapeutische Eingriffe eine ungleich breitere Anwendbarkeit, insbesondere auch bei jungen, von Erbkrankheiten betroffenen Patienten. Dieses Problem wäre lösbar und nicht problematisch, wenn die Keimbahntherapie selber vor dem Hintergrund des Menschenwürdeprinzips als zulässig zu beurteilen wäre.

Bei der Keimbahntherapie ist nicht nur ein einzelnes menschliches Individuum betroffen, sondern möglicherweise auch seine potentiellen Nachkommen. Unter der Keimbahntherapie versteht man dabei derzeit alle Verfahren, die einer dauerhaften Veränderung des Erbguts von Keimzellen einschließlich menschlicher Keime oder ihrer Vorläuferzellen dienen und in therapeutischer Absicht erfolgen. Derzeit ist die Keimbahntherapie keinesfalls zulässig und deshalb zu Recht in Deutschland verboten, denn nach unserem heutigen gentechnischen Stand würden weitaus mehr Menschen durch misslingende Versuche zu Schaden kommen als einen Nutzen von dieser Therapie haben. Außerdem besteht für fast alle Fälle eine erheblich risikoärmere und bereits klinisch eingesetzte Alternative, die genetisch Präimplantationsdiagnostik. Freilich wäre diese Diagnostik mit einer funktionierenden Keimbahntherapie nicht zu vergleichen, denn die Therapie heilt einen Erbdefekt, während die Diagnostik dafür verwendet wird, dass der erbkranke Keim nicht implantiert wird.

Unter der Voraussetzung, dass eine Keimbahntherapie ohne Risiken funktionieren würde – wir sind davon sehr, sehr weit entfernt (vielleicht zu weit) –, wäre sie nicht nur ethisch zulässig, sondern in manchen Fällen ethisch sogar geboten, sofern man nicht nur auf der Mikro-, sondern auch auf der Meso- und Makroebene ungewünschte Folgen praktisch ausschließen könnte. Dies wäre beispielsweise der

Fall, wenn eine Gentherapie eines Partners mit einem Gendefekt auch dessen
Keimbahn so verändern würde, dass die Nachkommen den Defekt nicht erben
würden und wenn das Verfahren sicher gemäß üblicher Parameter wäre. Der
Einwand auf der Mikroebene, dass hier zukünftige Menschen in ihrer Selbstbestimmung beeinträchtigt wären, verfängt nicht, da bei Krankheiten analog zu
Behandlungen von Ungeborenen und Kleinkindern eine mutmaßliche Einwilligung unterstellt werden kann:

„Solange der medizinische Eingriff vom klinischen Ziel der Heilung einer Krankheit
oder der Vorsorge für ein gesundes Leben dirigiert wird, kann der Behandelnde das Einver-
ständnis des – präventiv behandelten – Patienten unterstellen" (Habermas 2001, 91).

Der Einwand auf der Mesoebene, dass eine derartige Keimbahntherapie möglicherweise ganze Patientengruppen beseitigen würde und damit die Gesellschaft in
der Weise ärmer machen würde, dass es – theoretisch vorausgesetzt, dies wäre
möglich – keine Bluter mehr geben würde, weil man diese Genmutation beseitigen
könnte, verfängt nicht. Dies macht ein konventionelles Beispiel deutlich. Durch
die Schutzimpfung ist Polio fast ausgerottet. Es wäre unsinnig zu behaupten, dass
unsere Gesellschaften dadurch verarmt wären, weil es kaum mehr Menschen gibt,
die an den Folgen einer solchen Erkrankung leiden. Auch der Einwand, dass wir
nicht wissen, ob bestimmte Genveränderungen nicht später einmal von Bedeutung
für unser Überleben sein könnten, erscheint wenig plausibel. Es gibt Erbkrankheiten, bei denen die Betroffenen gar nicht reproduktionsfähig sind. Es gibt eine
Vielzahl von Erbkrankheiten, bei denen die Betroffenen sterben, ehe sie Nachkommen haben können. Andere Erbkrankheiten wie die Mukoviszidose führen
ohne die moderne Medizin ebenfalls sehr frühzeitig zum Tod. Zudem hat dieses
Argument eine Struktur, die wir bereits oben kennen gelernt haben: Es wird ein
Mensch und seine Nachkommen, die durch eine derartige Therapie in ihrem
Wohlergehen eindeutig große Vorteile gehabt hätten, für ein mögliches, relativ
unwahrscheinliches gesellschaftliches Fernziel geopfert. Dies aber widerspricht
dem Prinzip der Menschenwürde, das verbietet, den Einzelnen utilitaristisch für
ein mögliches gesellschaftliches Wohl zu opfern oder massiv in seinem Wohlergehen einzuschränken.[86]

5.3 Gentechnische Eingriffe zur Prävention von Krankheiten

Eine weitere Zielsetzung von gentechnischen Eingriffen am Menschen könnte
etwa in der Einführung neuer Gene in das menschliche Erbgut liegen, um analog
einer Impfung beispielsweise ein Gen einzuführen, das Immunität gegen eine
bestimmte Infektionskrankheit bewirkt. So wäre es denkbar, ein Gen, das Pavia-

---

[86] Darum kann auch der Erwachsenenkatechismus der Deutschen Bischofskonferenz (1995,
301) vorsichtig formulieren: „Nach Auffassung vieler [katholischer] Ethiker wäre grundsätzlich ethisch nichts dagegen einzuwenden, eine genetisch bedingte Anomalie in einem
menschlichen Embryo auf gentechnologischem Weg zu korrigieren."

nen eine Abwehrkraft gegen das Aids-Virus verleiht, im Rahmen eines gentechnischen Eingriffs auf Menschen zu übertragen.

Eine Behandlung mit gentechnisch hergestellten Substanzen zur Krankheitsprävention wäre wohl nicht anders zu bewerten als eine Krankheitsprävention mit nicht-gentechnisch hergestellten Medikamenten. Gäbe es beispielsweise gentechnisch hergestellte Medikamente, die gegen Malaria schützen, so wären diese nicht anders zu bewerten als handelsübliche Medikamente zum Schutz vor dieser Krankheit.

Was die somatische Genbehandlung zur Krankheitsprävention angeht, so wird eine Abwägung nötig sein zwischen den Risiken einer derartigen Präventionsmaßnahme und dem entsprechenden Nutzen. Bereits im Rahmen der „direkten" somatischen Gentherapie zeigen sich derzeit große Probleme. Bei Präventionsmaßnahmen sind die Kriterien strenger anzuwenden, denn im Unterschied zur bereits bestehenden Krankheit kann es mehrere denkbare Alternativen geben. Eine somatische Gentherapie gegen den Aids-Virus beispielsweise wird in den meisten Fällen überflüssig, wenn alternativ Vorsichtsmaßnahmen bei der Partnerwahl oder beim Geschlechtsverkehr ergriffen werden.

Was die Keimbahnbehandlung zur Krankheitsprävention angeht, so ist derzeit nicht absehbar, welche mittel- und langfristigen Folgen es für die Funktion des menschlichen Erbguts haben könnte, wenn seine Integrität durch die Neueinfügung fremden Erbguts verändert wird. Eine breite Anwendung einer solchen „gentechnischen Impfung" auf Keimbahnebene kann weitgehende Folgen haben. Sie ist darum Angelegenheit der Gesellschaft. Bei der derzeitigen technischen Unausgereiftheit und der mangelnden Kenntnis der mittel- und langfristigen Wirkungen solcher Eingriffe ins Erbgut ist vor dem Hintergrund des Menschenwürdeprinzips eine Keimbahnbehandlung zur Krankheitsprävention nicht zulässig. Dies bedeutet aber gerade nicht, dass derartige Behandlungen prinzipiell nicht zulässig wären, im Gegenteil: Ließe sich zeigen, dass die Technik sehr gut funktioniert und die mittel- und langfristigen Folgen auf Mikro-, Meso- und Makroebene lebensdienlich wären, wäre eine Keimbahnbehandlung zur Krankheitsprävention nicht nur zulässig, sondern sogar geboten. Eine derartige Behandlung würde nämlich neue Freiheitsspielräume schaffen, Leid verringern und so den prinzipiellen Subjekt- und Gleichheitsstatus des Einzelnen stärken.

5.4 Gentechnische Eingriffe zur Prävention von Risiken und Normabweichungen

Weitaus problematischer in prinzipieller Hinsicht sind gentechnische Eingriffe zur Prävention von Risiken und Normabweichungen. Ein konkretes Beispiel dafür war bereits eingangs erwähnt worden: Die Körpergröße von uns Menschen ist in hohem Maß variabel. Sie ist teilweise genetisch prädisponiert, aber auch von Umweltbedingungen abhängig, von Ernährungsgewohnheiten und -möglichkeiten sowie medizinischer Versorgung. Welche Größe als normal angesehen wird, ist von Region zu Region verschieden. Während in unseren Breiten Menschen, die kleiner als 150 cm sind, als kleinwüchsig angesehen werden, gelten sie anderswo vielleicht als klein, aber noch keineswegs als kleinwüchsig.

Es ist nun möglich, Kleinwuchs in bestimmten Fällen dadurch zu verhindern, dass Kinder frühzeitig konventionell medikamentös behandelt werden. Wenn dies konventionell medikamentös zulässig ist, wären auch gentechnisch hergestellte Präparate wohl zulässig, wenn ansonsten Vergleichbarkeit der Medikamente nachweisbar wäre.

In anderen Fällen, wenn einfach beide Elternteile oder ein Elternteil selbst klein sind, ist dies so nicht möglich. Hier könnte die somatische Genbehandlung oder gar eine Keimbahnbehandlung ansetzen. Das Hauptargument für eine derartige Behandlung, unterstellt, sie wäre ohne größere Risiken möglich, würde lauten: Was den einen erlaubt ist, nämlich der Gruppe derjenigen, deren Kleinwuchs konventionell medikamentös behandelbar ist, muss auch den anderen erlaubt sein.

Was die somatische Genbehandlung angeht, so ließe sich unter dem Gleichheitsgesichtspunkt ein gentechnischer Eingriff rechtfertigen, sofern die Risikoabwägung dafür stehen würde. Anders dagegen sieht es bei einem genetischen Eingriff in die Keimbahn zur Korrektur solcher oder anderer Normabweichungen aus. Das Grundproblem besteht hier darin, dass die Definition dessen, was „die Norm" ist, zumindest zum Teil willkürlich ist und kein Mensch in einem statistischen Sinne völlig „normal" ist. Es ist von daher fraglich, ob ein Eingriff in die Keimbahn, selbst dann, wenn die Technik prinzipiell sicher wäre, zulässig sein könnte: Ist eine derartige, Generationen überschreitende Eingriffstiefe zu rechtfertigen, die eine kulturelle, dem Wandel der Zeiten unterworfene Sichtweise von „Normalität" auf alle nachfolgenden Generationen überträgt? Diese Frage verschärft sich, wenn die Grenze zur Anthropotechnik im Sinne einer Optimierung des Menschen aus nicht-therapeutischer Zielsetzung überschritten wird.

5.5 Gentechnische Eingriffe zur Optimierung

Eindeutig überschritten ist die Grenze zur Anthropotechnik im Sinne einer nicht-therapeutischen Optimierung, wenn das menschliche Erbgut zu Zwecken verändert wird, die keinerlei Bezug zur Krankheit mehr haben.

Der Nobelpreisträger James Watson, zusammen mit Francis Crick 1953 Entdecker der Struktur der Erbsubstanz, ist einer der führenden Verfechter eines Einsatzes von Gentechnik in nicht-therapeutischer Absicht, also beispielsweise zur Verbesserung unserer Veranlagung für Intelligenz. Und Rawls (2002 [1971], 129) formulierte bereits 1971:

„... es liegt im Interesse jedes Einzelnen, bessere natürliche Gaben mitzubekommen. Das hilft ihm bei der Verfolgung seines bevorzugten Lebensplanes. Im Urzustand also möchten die Menschen ihren Nachkommen die besten Erbeigenschaften mitgeben."

Auch hier lassen sich die obigen Stufen unterscheiden.

Als Behandlung mit gentechnisch hergestellten Substanzen könnte man ein gentechnisch hergestelltes Dopingmittel ansehen, das in gewisser Weise unsere genetische Disposition für intelligentes Handeln „optimiert". Wie gentechnisch hergestelltes Insulin Zuckerkranken hilft, so könnten gentechnisch hergestellte Mittel helfen, unser Erinnerungsvermögen zu erhöhen.

Nach James Watson besteht das einzige ethische Problem darin, ob nicht durch die hohen Kosten zunächst nur Menschen, die Geld oder Glück haben, in den Genuss der Technik kämen. Wäre das ethische Problem tatsächlich eine reine Frage der Ressourcen-Allokation, also der Verteilung der vorhandenen Mittel, dann ließe sich die ethische Frage prinzipiell entscheiden: Nicht-therapeutische Genbehandlung wäre ethisch zulässig, wenn die gerechte Verteilung gewährleistet ist, wenn also allen der Zugang zu einer derartigen nicht-therapeutischen Genbehandlung offen stünde. Aber Watson hat drei entscheidende Punkte vollständig außer Acht gelassen: Wie verhält es sich mit den betroffenen gentechnische veränderten Menschen? Welche Folgen hat dies für all diejenigen, die nicht mitmachen wollen, denn es ist nicht klar, welche Veranlagungen wünschenswert für eine nicht-therapeutische Optimierung sind?

Die erste Frage lenkt den Blick auf die betroffenen gentechnisch veränderten Menschen. Es stellt sich das Problem in folgender Weise:

„Eine genetische Intervention eröffnet nicht den kommunikativen Spielraum, das geplante Kind als eine zweite Person anzusprechen und in einen Verständigungsprozess einzubeziehen. Aus der Perspektive des Heranwachsenden lässt sich eine instrumentelle Festlegung nicht wie ein pathogener Vorgang der Sozialisation auf dem Weg der ‚kritischen Aneignung' revidieren. Sie erlaubt einem Adoleszenten, der auf den vorgeburtlichen Eingriff zurückblickt, keinen *revisionären* Lernprozess. Die *hadernde* Auseinandersetzung mit der genetisch fixierten Absicht einer dritten Person ist ohne Ausweg" (Habermas 2001, 107f).

Freilich könnte man darauf erwidern:

„Ein genetisch manipulierter Mensch hingegen, der über eigene Einsicht, einen eigenen Willen und über eigene Bewegungsfreiheit verfügt, kann alles, was er an sich vorfindet, als seine Natur begreifen, auch wenn er von der Disposition durch die anderen weiß. Die Natur aber macht niemanden unfrei; sie ist im Gegenteil – gerade durch ihre strikte Gesetzlichkeit – die notwendige Bedingung einer jeden Freiheit. Die Freiheit aber beginnt mit jedem Menschen neu, und sie liegt in nichts anderem als darin, dass er mit dem ‚was er an sich selbst und eben damit in der Welt vorfindet, so umgeht, wie er es selbst für richtig hält" (Gerhardt 2004b, 285).

Dennoch bleibt die Problematik auf der Mikroebene bestehen, dass im Unterschied zu einer Keimbahntherapie nicht unterstellt werden kann, dass der betroffene Mensch in diese Veränderung seines Erbguts eingewilligt, also die Zielsetzungen der Eltern bejaht hätte.

Die zweite Frage erinnert in einer gewissen Analogie an die Problematik des Dopings. Wenn Doping zulässig ist, werden diejenigen, die nicht dopen, praktisch keine Wettkampfchancen mehr haben. Analog könnte es bedeuten, dass diejenigen, die für sich selbst auf nicht-therapeutische Genbehandlungen verzichten, und diejenigen, die ihren Kindern diese Möglichkeit nicht eröffnen, beispielsweise im alltäglichen Wettbewerb um attraktive Arbeitsplätze benachteiligt sein könnten. Damit ist die Keimbahnbehandlung aus nicht-therapeutischer Zielsetzung auch auf der Mesoebene problematisch. Darum kommen Winnacker u. a. (2002, 62f) zu dem Urteil:

„Diese Anthropotechnik, diese gentechnische Verfeinerung und Herstellung des Menschen, wäre ein maßloses Unterfangen, denn wo sollten wir in unserer pluralistischen Welt die Maßstäbe gewinnen, wann ein derartiger Eingriff zulässig sein könnte und wann nicht. Im geltenden Recht gibt es die Kategorie der mutmaßlichen Einwilligung. Wie ließe sich jedoch bei derartigen Eingriffen sicherstellen, dass sie auch von den kommenden Generationen gewollt wären? Es steht in keiner Weise fest, welche Form von Intelligenz oder sozialen Verhaltensmustern in Zukunft vorteilhaft wäre. Es gäbe für solche Eingriffe keine allgemein und wissenschaftlich ausweisbaren Gründe und Kriterien. Eine Wissenschaft, die sich derartigen Zielen widmen würde, machte den Wissenschaftler tendenziell zum übermenschlichen Konstrukteur des Menschen."

Wenn bereits auf der Mikro- und Mesoebene aus diesen Gründen eine nicht-therapeutische gentechnische Optimierung des Menschen sehr problematisch ist, so verstärkt sich diese Problematik auf der Makroebene, also wenn es um staatliche Programme ginge, die zur Verbesserung des Genpools das Ziel formulieren würden, dass wir den optimierten Menschen schaffen sollten. Derartige Eugenikprogramme würden den Einzelnen bereits in seiner biologischen Verfasstheit für Staatsziele instrumentalisieren. Das seit Platons Staat faszinierend-erschreckende Ziel, eine Menschenzüchtung vorzunehmen (Platon 1990, 460dff), wäre damit erstmals umgesetzt. Es würde damit nicht mehr gelten: Der Staat ist für den Menschen da, sondern: Der Mensch ist für den Staat da. Darum kann ein derartiges Ziel, das den Einzelnen den Staatszielen sogar in seiner biologischen Grundkonstitution unterwirft, vor dem Hintergrund des Prinzips der Menschenwürde nicht bestehen.

Was ist in diesem Zusammenhang zu Überlegungen zu sagen, wie sie Sloterdijk (1999, 44f) formuliert hat?

„Es ist die Signatur des technischen und anthropotechnischen Zeitalters, dass Menschen mehr und mehr auf die aktive und subjektive Seite der Selektion geraten, auch ohne dass sie sich willentlich in die Rolle des Selektors gedrängt haben müssten. Man darf zudem feststellen: Es gibt ein Unbehagen in der Macht der Wahl, und es wird bald eine Option für die Unschuld sein, wenn Menschen sich explizit weigern, die Selektionsmacht auszuüben, die sie faktisch errungen haben. Aber sobald in einem Feld Wissensmächte positiv entwickelt sind, machen Menschen eine schlechte Figur, wenn sie – wie in den Zeiten eines früheren Unvermögens – eine höhere Gewalt, sei es den Gott oder den Zufall oder die Anderen, an ihrer Stelle handeln lassen wollen. Da bloße Weigerungen oder Demissionen an ihrer Sterilität zu scheitern pflegen, wird es in Zukunft wohl darauf ankommen, das Spiel aktiv aufzugreifen und einen Codex der Anthropotechniken zu formulieren. Ein solcher Codex würde rückwirkend auch die Bedeutung des klassischen Humanismus verändern – denn mit ihm würde offen gelegt und aufgeschrieben, dass Humanitas nicht nur die Freundschaft des Menschen mit dem Menschen beinhaltet, sie impliziert auch immer – und mit wachsender Explizitheit –, dass der Mensch für den Menschen die höhere Gewalt darstellt."

Ein entscheidender Punkt dieser Äußerung ist die Verknüpfung von Anthropotechnik und Selektion. Bereits im Zusammenhang mit der Präimplantations- und Pränataldiagnostik war deutlich geworden, dass es technische Möglichkeiten gibt, die uns in Stand setzen, zu entscheiden, welche menschlichen Keime implantiert werden sollen. Die Möglichkeit, passive Sterbehilfe bereits in einem so frühen Stadium menschlicher Existenz zu leisten, hat gleichzeitig die neu erwachsene Verantwortung deutlich werden lassen, die uns zukommt. Es wäre in der Tat töricht, Gott für einen Abgang wegen einer Trisomie 15 nach IVF „anzuklagen", wenn bereits ein diagnostisches Mittel verfügbar gewesen ist, um die Nicht-Lebensfähigkeit des Keims vor der Implantation festzustellen. Es war dann die

Entscheidung der Gesellschaft, eine derartige genetische Präimplantationsdiagnostik nicht zuzulassen, oder falls diese Diagnostik in der Gesellschaft zugelassen ist, die Entscheidung des betroffenen Paars. Hier hat Sloterdijk Recht: Es ist ein Codex der zulässigen und der nicht-zulässigen Anthropotechniken in mühsamer und sorgfältiger Kleinarbeit zu erarbeiten und gesellschaftlich zu implementieren. Dieser Codex hat dabei Maß am Prinzip der Menschenwürde zu nehmen. Dies bedeutet auf der Makroebene, dass keine Gesellschaft das Recht hat, Menschen nach ihrem Bild zu machen und einzelne Mitglieder der Gesellschaft zu zwingen, ihren Nachwuchs nach vorgegebenen Kriterien auszuwählen.

5.6 Fazit

Das Prinzip der Menschenwürde reguliert das Konfliktfeld gentechnischer Eingriffe am Menschen. Dabei sind therapeutische Maßnahmen am wenigsten kontrovers, selbst wenn die Bestimmung dessen, was als Krankheit zu verstehen ist, in manchen Fällen umstritten ist. Selbst die Keimbahntherapie wäre im Prinzip gefordert, wenn sie lebensrettend oder in signifikanter Weise der menschlichen Gesundheit dienen könnte. Freilich kann beim derzeitigen technischen Stand davon nicht die Rede sein, weswegen die Keimbahntherapie derzeit nicht zulässig ist.

Eine deutliche Eskalation geschieht, wenn gentechnische Eingriffe nicht mehr gesundheitliche Zielsetzungen haben, sondern auf der bereits sehr kulturimprägnierten Stufe von Risiken und Normabweichungen Anwendung finden sollen. Hier spielt die Eingriffstiefe eine entscheidende Rolle, weswegen selbst bei prinzipieller technischer Machbarkeit eine Keimbahnbehandlung aus gesellschaftlichen Gründen nicht mehr zulässig sein dürfte.

Die höchste Eskalationsstufe ist erreicht, wenn es um eine eindeutig nicht mehr therapeutische Zielsetzung geht, sondern Menschen anthropotechnisch verbessert werden sollen. Auf der Ebene einer Behandlung mit gentechnisch hergestellten Substanzen sind dabei die Auswirkungen zu mit nicht-gentechnisch hergestellten Substanzen, die unsere Möglichkeiten optimieren, zu vergleichen. Sind diese nicht unterschiedlich, dann wird auch die Bewertung vergleichbar sein müssen. Bereits auf somatischer und auf der Ebene der Keimbahn sind derartige Behandlungen jedoch höchst problematisch, selbst dann, wenn die Keimbahnbehandlung ausgereift wäre. Derartige gentechnische Eingriffe auf Keimbahnebene könnten eine in keiner Weise kalkulierbare Langzeitfolge für unser Menschenbild haben. Dabei bestünde das eigentliche Problem nicht darin, dass eventuell mittels einer derartigen Technik eine neue Art von Menschen entstehen würde – ihnen käme Menschenwürde in gleicher Weise zu wie uns, sondern darin, dass hier eine Anthropotechnik Anwendung findet, für die es keine allgemein ausweisbaren Gründe gibt und deren Folgen sowohl für diejenige, die mitmachen, als auch für diejenigen, die nicht mitmachen, nicht abzuschätzen sind.

6 Ergebnis

Die Untersuchung ist von der Fragestellung ausgegangen, ob und wenn ja in welcher Weise Menschenwürde als regulatives Prinzip in exemplarischen Konfliktfeldern der Bioethik eine handlungsleitende Funktion ausüben kann.

Als grundlegendes Resultat lässt sich festhalten: Dieses Prinzip ist faktisch als *Begriff* ein weltweites Konsensprinzip in internationalen Konventionen und nationalen Verfassungen. Es stellt für Deutschland auf Grund seiner prominenten Stellung im Grundgesetz die Basis der Verfassung dar. Es ließ sich zeigen, dass – juristisch gesehen – das Menschenwürdeprinzip Konstitutionsprinzip der Verfassung in einem doppelten Sinn ist. Einerseits ist es die Basis, das Fundament, auf dem die Verfassung erbaut ist (constituere). Andererseits konstituiert es als Recht der Rechte die Grundrechte in dem Sinn, dass es den Rahmen bzw. den Hintergrund abgibt, vor dem diese Grundrechte stehen. „Konstituieren" besagt dabei, das war bereits das entscheidende Ergebnis juristischer Überlegungen, dass sich beispielsweise die Grundrechte aus dem Menschenwürdeprinzip gerade nicht deduzieren ließen. Vielmehr ist dieses Prinzip eben die Basis als „Recht der Rechte" (Enders).

Für ethisch relevante Fragestellungen bietet es sich auf Grund dieser Funktion des Menschenwürdeprinzips an, es „regulativ" zu nennen. Die regulative Funktion der Menschenwürde besteht in Anlehnung an die juristischen Überlegungen darin, als Hintergrund für die *verschiedenen* ethischen Konzeptionen zu dienen und die Festlegung auf ein bestimmtes Interpretations- und Bewertungsmodell zu vermeiden. Ein regulatives Prinzip ist von daher nicht konkreter „Gegenstand" des Handelns. Die Funktion des Menschenwürdeprinzips besteht nicht darin, in jedem Fall eine Entscheidung vorzugeben, wann und wie es zu achten und zu schützen ist, sondern darin, das Fundament verschiedener Einzelbestimmungen empirischer und normativer Art zu sein und so als Regulativ für die ethische Reflexion zu dienen. Entscheidungen sollten vor dem Hintergrund dieses Prinzips geschehen, obwohl es für die konkrete Handlungsebene nicht direkt relevant sein muss.

Damit ist eine formale Bestimmung des Prinzips der Menschenwürde erreicht, die der Komplexität der Anwendungsproblematik gerechter wird. In diesem Sinn kann man sagen, dass das Prinzip der Menschenwürde ein konsensfähiges Prinzip in unserer pluralistischen Welt sein kann. Dieser Konsens ist gerade nicht als Minimalkonsens und kleinster gemeinsamer moralischer Nenner zu verstehen. Er ist vielmehr als moralisch bedeutsamer Grundkonsens zu bezeichnen.

Auch inhaltlich ist das Prinzip der Menschenwürde konsensfähig. Es lässt sich dabei in zwei Prinzipien entfalten:

1. Prinzip einer grundsätzlichen Subjektstellung, d. h., der Einzelne darf nicht für das Volk oder andere allgemeine Ziele aufgeopfert werden.

2. Prinzip der Gattungsgleichheit im Sinne einer grundsätzlichen Gleichheit aller Menschen, wonach jeder Mensch jedem Menschen die Anerkennung als gleichen schuldet.

Diese inhaltliche Bestimmung erweist das Prinzip der Menschenwürde gerade nicht als ein materiales Recht oder Grundrecht. Das Prinzip der Menschwürde bildet kein eigenständiges subjektives Recht aus, weil alle Rechtsverletzungen, auf die dieses Prinzip materiell bezogen werden könnte, immer auch Verletzungen von Grundrechten darstellen.

Will man das Prinzip der Menschenwürde jedoch nicht nur als faktische Setzung beispielsweise des Grundgesetzes annehmen, so erfordert dies eine Begründung. Die Begründung kann eine weltanschauliche Tiefendimension haben wie die theologischen Begründungen, beispielsweise mit der menschlichen Gottebenbildlichkeit, oder die kantische Begründung mit der menschlichen Moralfähigkeit und Autonomie im Sinne einer Selbstgesetzgebung. Sie kann aber auch recht voraussetzungsarm geleistet werden, wie dies Gewirth versucht. Vor dem Hintergrund der an Gewirth angelehnten Argumentation wurde deutlich, dass die Ablehnung des Menschenwürdeprinzips dialektisch selbstwidersprüchlich ist, da ein Mensch, der anderen Menschen Menschenwürde nicht zuerkennt, auch nicht mehr erwarten kann, dass ihm Menschenwürde zuerkannt wird. Damit aber räumt er indirekt ein, dass man ihm die grundlegenden Bedingungen des Handelns und damit des Menschseins bestreiten könne.

Die Begründungen können aber keine Antwort auf die Frage geben, wem genau Menschenwürde zukommt. Für eine gehaltvolle Strukturierung bioethischer Konfliktfälle, gerade am Lebensanfang und am Lebensende, ist dies jedoch zentral. Die Strukturierungsmöglichkeit durch das Prinzip der Menschenwürde ist genauer nur zu fassen, wenn das Extensionsproblem hinreichend untersucht ist. Eine einfache Lösung gibt es nicht. Vielmehr zeichnen sich mehrere Lösungen des Extensionsproblems ab, die miteinander nicht verträglich sind. Am Lebensanfang sind vier nicht mehr miteinander verträgliche Lösungen auszumachen, die von der Annahme, dass Menschenwürde dem Keim ab der Befruchtung zukommt, bis zur Überzeugung reichen, dass Menschen erst zu einem bestimmten Zeitpunkt nach der Geburt Menschenwürde zukommt. Was das Lebensende angeht, sind die nach ihrem derzeit wichtigsten Vertreter Shewmon hier Shewmon-Todeshypothese genannte Hypothese von der Ganzhirntodhypothese und der Teilhirntodhypothese zu unterscheiden, sodass zumindest drei unterschiedliche Positionen vorhanden sind, ab wann ein Mensch tot ist und ihm von daher keine Menschenwürde im oben bestimmten Sinn mehr zukommen kann. Zudem ist sowohl bei den Positionen am Lebensanfang und Lebensende zu unterscheiden, ob die jeweilige Position als gewisse Überzeugung oder aus tutioristischen Gründen angenommen wird.

Diese Klärungen bezüglich Lebensanfang und Lebensende ermöglichen grundlegende Fallunterscheidungen. Diese sind ein zentrales Element bei der Entfaltung der systematischen Bedeutung des Menschenwürdeprinzips für ausgewählte, verschiedenartige Konfliktfälle. Das Menschenwürdeprinzip strukturiert diese Konfliktfälle und ermöglicht die Erstellung eines ethischen Leitfadens für das

Handeln entsprechend den unterschiedlichen Grundpositionen zu Lebensanfang und Lebensende. Um der Komplexität gerechter zu werden, waren für diese Strukturierung die Mikro-, Meso- und Makroebene zu unterscheiden. Es waren also nicht nur die Fallunterscheidungen, die im Rahmen der Extensionsproblematik nötig waren, zu machen, sondern zusätzlich galt es zu berücksichtigen, dass Entscheidungen zu bioethischen Konfliktfällen Auswirkungen über die Mikroebene der unmittelbar Betroffenen hinaus haben. Es waren also auch Auswirkungen auf von der Entscheidung mittelbar Betroffener von Bedeutung: der Betroffenen als Zugehöriger zu bestimmten gesellschaftlichen Gruppen (z. B. der Gruppe der Menschen mit Behinderung) und der Betroffenen auf nationaler und übernationaler Ebene, also sofern sie Bürgerinnen und Bürger eines Staates mit entsprechenden Regelungen sind bzw. insofern sie zur Menschheitsfamilie gehören.

Eine derartige Lösung der Anwendungsproblematik ist allerdings nur sinnvoll, wenn überhaupt gezeigt werden kann, dass sie auch gesellschaftlich implementierbar ist. Mit Hilfe von Anleihen bei der Spieltheorie ist ein Lösungsmodell des Implementationsproblems vorstellbar. Die Menschenwürde zu achten, muss für die einzelnen Bürgerinnen und Bürger lohnenswerter sein, als sie zu missachten. Dies kann dadurch geleistet werden, dass die Gesellschaft denjenigen, der Achtung zeigt, dafür belohnt, denjenigen jedoch, der die Menschenwürde missachtet, dagegen sanktioniert.

Was die exemplarisch ausgewählten Konfliktfelder am Lebensanfang angeht, hängt die Strukturierung durch die Menschenwürde vom Zeitpunkt ab, wann dem menschlichen Lebewesen Menschenwürde zukommt. Kommt diese Würde bereits dem menschlichen Keim zu oder dem menschlichen Embryo nach der Nidation, dem Fötus oder gar erst dem Geborenen?

Wer die erste Position bezieht, wird jeden Verbrauch von menschlichen Keimen als Tötung eines Menschen verstehen und von daher ablehnen. Eine Nicht-Implantation nach einer Präimplantationsdiagnostik käme nur in Frage, wenn diese strukturell der passiven Sterbehilfe vergleichbar wäre. Anders sieht es bereits aus, wenn die erste Position aus Vorsichtsüberlegungen bezogen wird. Dann stehen sich Vorsichtsüberlegungen gegenüber, beispielsweise dass das Verbot einer Stammzellforschung aus Vorsicht zugleich nicht berücksichtigt, dass diese Vorsicht voraussichtlich einen Schaden für Menschen bedeutet, denen bei erfolgreicher Stammzellforschung geholfen werden kann. Das Verbot stellt dann eine Bedrohung für den Schutz der Menschenwürde geborener Menschen dar. Dies ist ein typischer Fall, bei dem die Funktion der Menschenwürde als regulatives Prinzip deutlich wird. Es löst diesen Konflikt nicht, hilft aber, ihn besser zu verstehen.

Völlig anders stellen sich die Konfliktlösungen dar, wenn man davon ausgeht, dass dem menschlichen Keim keine Menschenwürde zukommt. Dann ist es eine Frage, ob die verbleibende Schutzwürdigkeit in der Abwägung beispielsweise gegen das gentechnische Verändern von menschlichen Keimen und das Klonieren, insbesondere das Trans-Spezies-Klonen, Bestand hat. Hier spielt in der Abwägung auch eine Rolle, ob durch derartige Verfahren vielleicht nicht im Einzelfall, aber auf gesellschaftlicher Ebene mehr Schaden als Nutzen angerichtet werden könnte.

Dies gilt auch für die Anwendung der Präimplantationsdiagnostik, die im Einzelfall unter der Voraussetzung, dass dem menschlichen Keim keine Menschenwürde
zukommt, sehr sinnvoll sein kann, aber auf Grund der damit verbundenen Auswirkungen auf der Meso- und Makroebene noch nicht von vornherein ethisch
zulässig sein muss. So würden, selbst unter der Annahme, der Keim selbst sei
nicht schutzwürdig, Selektionsgründe nach bestimmten Merkmalen wie beispielsweise dem Geschlecht oder eugenische Vorschriften keine PGD rechtfertigen, da
hierdurch auf der Makroebene eine Bedrohung der Achtung der Menschenwürde
befürchtet werden muss. Für die Fragen nach der Pränataldiagnostik und anschlie-
ßendem Abbruch und den Konfliktfall „Abtreibung" allgemein entscheidet sich
ebenfalls sehr viel daran, in welcher Weise man den Status des Embryos und
Föten bestimmt. Wer davon ausgeht, dass dem Embryo und Fötus Menschenwürde und damit verbunden ein Recht auf Leben zukommt, wird diesem Lebensrecht Vorrang vor dem mütterlichen Selbstbestimmungsrecht geben, wenn die
Mutter für die Schwangerschaft mitverantwortlich ist. Ausnahmen sind dann nur
bei Vergewaltigung möglich, bei der die Mutter keine Verantwortung für die
Schwangerschaft hat und ihr Selbstbestimmungsrecht durch den Vergewaltiger
massiv verletzt wurde, oder wenn im Rahmen einer medizinischen Indikation ihr
Leben bedroht ist. Wer dagegen überzeugt ist, dass Embryonen und Föten bis zu
einem bestimmten Zeitpunkt keine Menschenwürde zukommt, kann einer Fristenregelung bis zu diesem Zeitpunkt als gerechtfertigt erachten. Er wird dann viel
mehr Gewicht auf das Beziehungsverhältnis von Mutter und Kind legen und die
Annahme oder Nichtannahme des Kindes durch die Mutter anders gewichten.

Was die Sterbehilfe angeht, so hat sich gezeigt, dass das Prinzip der Menschenwürde qua Prinzip bereits zwei Strukturierungsmöglichkeiten zulässt: einerseits
nach der Art der Handlung (passiv, indirekt, aktiv), andererseits nach der Freiwilligkeit bzw. Nicht-Freiwilligkeit oder Unfreiwilligkeit dessen, der die Sterbehilfe
erhält. Als Ergebnis zeigt sich: Wer jede aktive Tötungshandlung an einem
Menschen außer bei Notwehr, Notstand und Nothilfe für sittlich verwerflich
erachtet, kann nur der passiven Sterbehilfe bei Freiwilligkeit zustimmen und
kommt bereits bei der indirekten Sterbehilfe in einen problematischen Grenzbereich. Wer dagegen die Menschenwürde dann nicht bedroht sieht, wenn ein
Mensch, der freiwillig oder mutmaßlich freiwillig um seinen Tod bittet, aktiv
getötet wird, der wird auch der aktiven Sterbehilfe unter strikten Sorgfaltskriterien
zustimmen können. Allerdings wird man hier aus normenlogischen Gründen die
Frage stellen müssen, ob nicht doch das Tötungsverbot auf diese Weise gefährdet
wird und damit langfristig eine unerwünschte gesellschaftliche Entwicklung auf
den Weg gebracht wird. Die nicht-freiwillige Sterbehilfe ist für Vertreter beider
Positionen problematisch, wobei die aktive nicht-freiwillige Sterbehilfe für
Vertreter des strikten Tötungsverbots in keinem Fall in Erwägung zu ziehen ist.
Die Frage nach der passiven Sterbehilfe bei Unfreiwilligkeit zeigt, dass ein
brennendes und mit der sich ändernden Altersstruktur noch weiter zunehmendes
Problem die Frage nach der Verteilung der Ressourcen im Gesundheitswesen sein
wird. Es wird eine der zentralen zukünftigen Aufgaben sein, eine Linie zu finden,
wie wir als Gesellschaft hier entscheiden wollen. Dagegen bedarf es keiner
weiterer Überlegungen, dass die aktive Sterbe„hilfe" gegen den Willen des

Betroffenen, egal wie es um ihn gesundheitlich bestellt ist, immer eine Verletzung der Achtung seiner Menschenwürde darstellt.

Was die Strukturierung des Konfliktfalls „Organtransplantation" angeht, wäre vor dem Hintergrund des Menschenwürdeprinzips eine Verpflichtung zur postmortalen Organgabe sinnvoll, unbeschadet nötiger Ausnahmeregelungen aus weltanschaulichen Gründen. Diese könnten beispielsweise Vertreter der Position, dass der Tod des Menschen nur nach der gesamten Desintegration des Organismus eingetreten ist, geltend machen. Eine Lebendspende dagegen sollte nur bei Freiwilligkeit zulässig sein. Freilich ist bei der Lebendspende generell zu beachten, dass sie ein nicht unerhebliches Risiko für den Spender birgt, das je nach Organ variiert.

Das Prinzip der Menschenwürde strukturiert auch das Konfliktfeld gentechnischer Eingriffe am Menschen. Es lässt sich vor seinem Hintergrund ein Eskalationsschema entwickeln, das von therapeutischen Maßnahmen bis zu gentechnischen Veränderungen mit Optimierungsabsicht reicht. Eine entscheidende Aufgabe wird darin bestehen, globale Regeln aufzustellen, in welcher Weise eine mögliche Anthropotechnik vor dem Hintergrund des Prinzips der Menschenwürde zu verantworten sein könnte.

Zitierte Literatur

Die Zitate wurden nach der neuen deutschen Rechtschreibung wiedergegeben. Zum besseren Verständnis habe ich in einigen Zitaten in eckigen Klammern eine kurze Ergänzung eingefügt. Hervorhebungen in Zitaten sind grundsätzlich von den jeweiligen Verfassern. Übersetzte Zitate stammen von mir, sofern nicht Übersetzungen zitiert wurden. Als Verlagsort ist immer nur der erste Ort angegeben.

Anselm, R. 1999: Die Würde des gerechtfertigten Menschen. Zur Hermeneutik des Menschenwürdearguments aus der Perspektive der evangelischen Ethik, in: Zeitschrift für Evangelische Ethik 43, 123-136.

— 2000: Menschenwürde als regulatives Prinzip in der Bioethik, in: Knoepffler/Haniel (Hg.) 2000, 221-226.

Anselm, R. u. a. 2003: Starre Fronten überwinden. Eine Stellungnahme evangelischer Ethiker zur Debatte um die Embryonenforschung, in: Anselm/Körtner (Hg.) 2003, 197-208 (erstmals abgedruckt in etwas gekürzter Form in: Frankfurter Allgemeine Zeitung, Nr. 19 (23.01.2002), 9).

Anselm, R./Körtner, U. (Hg.) 2003: Streitfall Biomedizin. Urteilsfindung in christlicher Verantwortung, Göttingen (Vandenhoeck & Ruprecht).

Aristoteles 1986: Die Nikomachische Ethik (hg. und übersetzt von O. Gigon), 6. Aufl., München (dtv).

Balzer, P./Rippe, K. P./Schaber, P. 1998: Menschenwürde vs. Würde der Kreatur. Begriffsbestimmung, Gentechnik, Ethikkommissionen, Freiburg i. Br. (Alber).

Barth, K. 1951: Die Kirchliche Dogmatik III. Die Lehre von der Schöpfung IV, Zollikon-Zürich (Evangelischer Verlag).

Baumgartner, H. M. u. a. 1997: Menschenwürde und Lebensschutz. Philosophische Aspekte, in: Rager (Hg.) 1997, 161-242.

Bavastro, P. u. a. 1996: Organtransplantation. Fakten und Fragen. Gesichtspunkte aus der Anthroposophie, 2. Aufl., Bad Liebenzell (Verein für Anthroposophisches Heilwesen).

Bayertz, K. (Hg.) 1996: Sanctity of Life and Human Dignity, Dordrecht (Kluwer).

Beauchamp, T. L. /Childress, J. F. 2001: Principles of Biomedical Ethics, 5. Aufl., Oxford.

Beckermann, A. (Hg.) 1985: Analytische Handlungstheorie II. Handlungserklärungen, Frankfurt a. M. (Suhrkamp).

Beckermann, A. 2001: Einführung in die Philosophie des Geistes, 2. Aufl., Berlin (De Gruyter).

— 2003: Einführung in die Logik, 2. Aufl., Berlin (De Gruyter).

Bernat, J. L. u. a. 1981: On the definition and criterion of death, in: Annals International Medicine 94, 389-394.

Beyleveld, D. 1991: The Dialectical Necessity of Morality. An Analysis and Defense of Alan Gewirth's Argument to the Principle of Generic Consistency, Chicago (The University of Chicago Press).
— 2000: The Moral Status of the Human Embryo and Fötus, in: Haker/Beyleveld (Hg.) 2000, 59-86.
Beyleveld, D./Brownsword, R. 2001: Human Dignity in Bioethics and Biolaw, Oxford (Oxford University Press).
Birnbacher, D. 1990: Gefährdet die moderne Reproduktionsmedizin die menschliche Würde?, in: Leist, A. (Hg.) 1990: Um Leben und Tod. Moralische Probleme bei Abtreibung, künstlicher Befruchtung, Euthanasie und Selbstmord, Frankfurt a. M. (Suhrkamp), 266-281.
— 1999: Klonen von Menschen. Auf dem Weg zur Versachlichung der Debatte, in: ForumTTN 2, 22-34.
— 2001: Wo beginnt die Menschenwürde. Therapeutisches Klonen von Embryonen, in: Universitas 56, 398-401.
— 2004: Menschenwürde – abwägbar oder unabwägbar, in: Kettner (Hg.) 2004, 249-271.
Blackburn, S. 2001: Being Good. A short Introduction to Ethics, Oxford (Oxford University Press).
Bleyl, U. 1999: Würde als rechtsethische Norm aus kulturellem Gedächtnis, in: Zeitschrift für medizinische Ethik 45, 291-301.
Board of Social Responsibility (Hg.) 1996: Personal Origins, 2. Aufl., London.
Bodden-Heidrich, R. u. a. 1997: Beginn und Entwicklung des Menschen: Biologisch-medizinische Grundlagen und ärztlich-klinische Aspekte, in: Rager (Hg.) 1977, 15-159.
Böckenförde, E.-W. 2003: Die Würde des Menschen war unantastbar, in: Frankfurter Allgemeine Zeitung Nr. 204 (03.09.), 33.
Braun, K. 2000: Menschenwürde und Biomedizin. Zum philosophischen Diskurs der Bioethik, Frankfurt a. M. (Campus).
Brechter, H. S. (Hg.) 1967: Das Zweite Vatikanische Konzil. Konstitutionen, Dekrete und Erklärungen (lateinisch und deutsch), Kommentare, Teil II, Freiburg i. Br. (Herder).
Brüntrup, G. 1996: Das Leib-Seele-Problem. Eine Einführung, Stuttgart (Kohlhammer).
Buchanan, A. u. a. 2000: From Chance to Choice: Genetics and Justice, Cambridge (Cambridge University Press).
Bundesärztekammer 1998: Grundsätze der Bundesärztekammer zur ärztlichen Sterbebegleitung, in: Deutsches Ärzteblatt 95.
Bundesministerium der Justiz (Hg.) 1998: Das Übereinkommen zum Schutz der Menschenrechte und der Menschenwürde im Hinblick auf die Anwendung von Biologie und Medizin – Übereinkommen über Menschenrechte und Biomedizin des Europarats vom 4. April 1997. Informationen zu Entstehungsgeschichte, Zielsetzung und Inhalt, Bonn (ohne Verlag).
Busch, R. J./Knoepffler, N. (Hg.) 2001: Grenzen überschreiten. Festschrift zum 70. Geburtstag von Trutz Rendtorff, München (Utz).
Busch, R. J. u. a. 2002: Grüne Gentechnik. Ein Bewertungsmodell, München (Utz).
Caffarra, C. 1989: „Humanae Vitae". Venti anni dopo, in: Atti dello II Congresso Internazionale di Teologia morale (Roma, 9-12 novembre 1988), Mailand.
Cicero, M. T. 1994: De officiis (hg. von M. Winterbottom), Oxford (Oxford University Press).
Claussen, U. 2001: Präimplantationsdiagnostik (PID) – Eine kritische Stellungnahme, in: Ärzteblatt Thüringen 12/7, 392-398.

Daltrop, S. 1999: Die Rationalität der rationalen Wahl. Eine Untersuchung von Grundbegriffen der Spieltheorie, München (Utz).

Damschen, G./Schönecker, D. (Hg.) 2002: Der moralische Status menschlicher Embryonen. Pro und contra Spezies-, Kontinuums-, Identitäts- und Potentialitätsargument, Berlin (De Gruyter).

— 2002b: In dubio pro embryone. Neue Argumente zum moralischen Status menschlicher Embryonen, in: Damschen/Schönecker (Hg.) 2002a, 187-268.

Dante, A. 1979 (1312-1321): La Divina Commedia, 9. Aufl., Roma (Edizione Pauline).

Della Mirandola, G. Pico 1997: Oratio de hominis dignitate/Rede über die Würde des Menschen (lateinisch und deutsch; hg. und übersetzt von G. von der Gönna), Stuttgart (Reclam).

Demel, S. 1994: Was für ein Wesen ist der Fötus?, in: Theologie und Philosophie 69, 224-237.

Denker, H.-W. 2002: Forschung an embryonalen Stammzellen. Eine Diskussion der Begriffe Totipotenz und Pluripotenz, in: Oduncu/Schroth/Vossenkuhl 2002, 19-35.

— 2003a: Embryonale Stammzellen als entwicklungsbiologisches Modell, in: Rager/Holderegger 2003, 23-71.

— 2003b: Totipotenz oder Pluripotenz? Embryonale Stammzellen, die Alleskönner, in: Deutsches Ärzteblatt 100/42, A2728-2730.

Denzinger, H./Hünermann P. (Hg.) 2001: Kompendium der Glaubensbekenntnisse und kirchlichen Lehrentscheidungen/Enchiridion symbolorum, definitionum et declarationum de rebus fidei et morum, 39. Aufl., Freiburg i. Br. (Herder).

Deutsche Bischofskonferenz (Hg.) 1995: Katholischer Erwachsenenkatechismus II: Leben aus dem Glauben, Freiburg i. Br. (Herder).

DeWitt, N. 2001: Nature Insight Stem Cells, in: Nature 414 (1. November), 87.

Dicke, K. 2002: The Founding Function of Human Dignity in the Universal Declaration of Human Rights, in: Kretzmer/Klein (Hg.) 2002, 111-120.

Drews, U. 1993: Taschenatlas der Embryologie, Stuttgart (Thieme).

Dürig, G. 1951ff: Art. 1 Abs. 1, in: Maunz/Dürig 1951ff.

Dworkin, R. 1993: Life's Dominion. An Argument about Abortion, Euthanasia, and Individual Freedom, New York (Knopf).

Eibach, E. 2002: Menschenwürde, Lebensbeginn und verbrauchende Embryonenforschung. Eine Beurteilung aus christlicher Sicht, in: Oduncu u. a. (Hg.) 2002, 170-200.

Enders, C. 1997: Die Menschenwürde in der Verfassungsordnung. Zur Dogmatik des Art. 1 GG, Tübingen (Mohr-Siebeck).

Eser, A. u. a. 1997: Klonierung beim Menschen. Biologische Grundlagen und ethisch-rechtliche Bewertung, in: Jahrbuch für Wissenschaft und Ethik 2, Berlin, 357-373.

Europarat 1997: Convention pour la protection des Droits de l'Homme et de la dignité de l'être humain à l'égard des applications de la biologie et de la médecine: Convention sur les Droits de l'Homme et la biomédecine (= Menschenrechtsübereinkommen zur Biomedizin), Straßburg (ohne Verlag).

Frankfurt, H. G. 1988: Freedom of the will and the concept of a person, in: ders., The Importance of what we care about. Philosophical Essays, Cambridge (Cambridge University Press), 11-25.

Franzen, W. 2003: Die Frage nach dem Status des Ethischen – gestellt vor dem Hintergrund der Sterbehilfeproblematik, in: Kodalle (Hg.) 2003, 87-95.

Geddert-Steinacher, T 1990: Menschenwürde als Verfassungsbegriff, Berlin (Springer).

Gerhardt, V. 2001: Der Mensch wird geboren. Kleine Apologie der Humanität, München (Beck).

— 2004a: Die angeborene Würde des Menschen, Berlin (Parerga).

— 2004b: Geworden oder gemacht? Jürgen Habermas und die Gentechnologie, in: Kettner (Hg.) 2004, 272-290.

Gewirth, A. 1978: Reason and Morality, Chicago (University of Chicago Press).

— 1992: Human Dignity as the Basis of Rights, in: Meyer, M. J./Parent, W. A. (Hg.) 1992: The Constitution of Rights. Human Dignity and American Values, Ithaca (Cornell University Press).

— 1998: The Justificatory Argument for Human Rights, in: Sterba, J. P. (Hg.) 1998: Ethics. The Big Questions, Oxford (Blackwell), 93-98.

Graf, R. 1999: Ethik in der medizinischen Forschung rund um den Beginn des menschlichen Lebens, Darmstadt (Wissenschaftliche Buchgesellschaft).

Grant, M. B. u. a. 2002: Adult hematopoietic stem cells provide functional hemangioblast activity during retinal neovascularization, in: Nature Medicine 8, 607-612.

Graumann, S. 2004: Präimplantationsdiagnostik, embryonale Stammzellforschung und das Regulativ der Menschenwürde, in: Kettner (Hg.) 2004, 122-144.

Gröschner, R. 1995: Menschenwürde und Sepulkralkultur in der grundgesetzlichen Ordnung. Die kulturstaatlichen Grenzen der Privatisierung im Bestattungsrecht, Stuttgart (Boorberg).

— 1997: Die Würde des Menschen, in: Bavastro, P. (Hg) 1997: Individualität und Ethik, Stuttgart (Urachhaus).

Habermas, J. 2001: Die Zukunft der menschlichen Natur. Auf dem Weg zu einer liberalen Eugenik?, Frankfurt a. M. (Suhrkamp).

Haeffner, G. 1996: Hirntod und Organtransplantation. Anthropologisch-ethische Überlegungen, in: Stimmen der Zeit 214, 807-817.

— 2001: Rezension von „Menschenwürde und medizinethische Konfliktfälle", in: Theologie und Philosophie 76, 155-158.

Haker, H. 2002: Ethik der genetischen Frühdiagnostik, Sozialethische Reflexionen zur Verantwortung am Beginn des menschlichen Lebens, Paderborn (mentis) 2002.

Haker, H./Beyleveld, D. (Hg.) 2000: The Ethics of Genetics in Human Procreation, Aldershot (Ashgate).

Haniel, A. 2000: Gentechnische Eingriffe am Menschen, in: Knoepffler/Haniel (Hg.) 2000, 49-54.

Hare, R. M. 1972: Die Sprache der Moral, Frankfurt a. M. (Suhrkamp).

Harris, J. 1990: Embryos and hedgehogs: on the moral status of the embryo, in: Dyson/Harris (Hg.) 1990, 65-81.

— 1995: Der Wert des Lebens. Eine Einführung in die medizinische Ethik (hg. von U. Wolf), Berlin (Akademie Verlag).

Harris, J. (Hg.) 2001: Bioethics, Oxford (Oxford University Press).

Heaney, S. J. 1992: Aquinas and the Presence of the Human Rational Soul in the Early Embryo, in: The Thomist 56, 19-48.

Heidegger, M. 1979: Sein und Zeit, 15. Aufl., Tübingen (Niemeyer).

Hepp, H. 1998: Probleme der neugefassten medizinischen Indikation, in: Knoepffler (Hg.) 1998, 77-100.

Herdegen, M. 2003: Art. 1 Abs. 1, in: Maunz/Dürig 1951ff (Band 1, Lfg. 42).

Hinrichsen, K. V. (Hg.) 1990: Humanembryologie, Berlin (Springer).

Höffe, O. 2002: Menschenwürde als ethisches Prinzip, in: Höffe u. a. 2002, 111-141.

Höffe, O. u. a. 2002: Gentechnik und Menschenwürde. An den Grenzen von Ethik und Recht, Köln (DuMont).

Hölscher, L. 1999: Die Realität des Geistes. Eine Darstellung und phänomenologische Neubegründung der Argumente Augustins für die geistige Substantialität der Seele, Heidelberg (Winter).

Hoerster, N. 1982: Zur Bedeutung des Prinzips der Menschenwürde, in: Juristische Schulung 2, 93-96.

— 2002: Ethik des Embryonenschutzes. Ein rechtsphilosophischer Essay, Stuttgart (Reclam).

Hofstätter, H. 2000: Der embryopathisch motivierte Schwangerschaftsabbruch. Recht und Rechtswirklichkeit, Frankfurt a. M. (Lang).

Holden, C./Kaiser, J. 2002: Human Cloning. Report Backs Ban; Ethics Panel Debuts, in: Science 295, 601f.

Homann, K. 1996: Sustainibility. Politikvorgabe oder regulative Idee?, in: Lüder, G. 1996: Ordnungspolitische Grundfragen einer Politik der Nachhaltigkeit, Baden-Baden (Nomos), 33-47.

Homann, K./Suchanek, A. 2000: Ökonomik. Eine Einführung, Tübingen (Mohr-Siebeck).

Honnefelder, L. (Hg.) 1996: Ethische Probleme der Humangenetik, in: Beckmann, J. P. (Hg.) 1996: Fragen und Probleme einer medizinischen Ethik, Berlin (De Gruyter), 332-354.

— 2002a: Die Frage nach dem moralischen Status des menschlichen Embryos, in: Höffe u. a. 2002, 79-110.

— 2002b: Pro Kontinuumsargument: Die Begründung des moralischen Status des menschlichen Embryos aus der Kontinuität der Entwicklung des ungeborenen zum geborenen Menschen, in: Damschen/Schönecker (Hg.) 2002a, 61-98.

Hübner, K. u. a. 2003: Derivation of Oocytes from Mouse Embryonic Stem Cells. Science, Vol. 300, Issue 5623, 1251-1256, May 23.

Hunold, G. W. (Hg.) 2003: Lexikon der christlichen Ethik, Bd. 1: A-K, Freiburg i. Br. (Herder).

Hwang, W. S. u. a. 2004: Evidence of a Pluripotent Human Embryonic Stem Cell Line Derived from a Cloned Blastocyst (online publiziert am 12. Februar [Doi: 10.1126/science.1094515).

Jaber, D. 2003: Über den mehrfachen Sinn von Menschenwürdegarantien. Mit besonderer Berücksichtigung von Art. 1 Abs. 1 Grundgesetz, Frankfurt a. M. (ontos).

Jarass, H. D./Pieroth, B. 1997: Grundgesetz für die Bundesrepublik Deutschland. Kommentar, 4. Aufl., München (Beck).

Jerouschek, G. 1988: Lebensschutz und Lebensbeginn. Die Geschichte des Abtreibungsverbots, Stuttgart (Enke).

Johannes Paul II. 1995: Evangelium Vitae (hg. vom Sekretariat der Deutschen Bischofskonferenz), 4. Aufl., Bonn (ohne Verlag).

Kant, I. 1968 (1781/87): Kritik der reinen Vernunft, 1. und 2. Auflage (Akademie-Textausgabe III-IV (1-252)), Berlin (De Gruyter).

— 1968 (1784): Idee zu einer allgemeinen Geschichte in weltbürgerlicher Absicht (Akademie-Textausgabe VIII), Berlin (De Gruyter), 15-32.

— 1968 (1785): Grundlegung zur Metaphysik der Sitten (Akademie-Textausgabe IV), Berlin (De Gruyter), 385-464.

— 1968 (1790): Kritik der Urteilskraft (Akademie-Textausgabe V), Berlin (De Gruyter), 165-486.

— 1968 (1797): Metaphysik der Sitten (Akademie-Textausgabe VI), Berlin (De Gruyter), 203-494.

— 1968 (1798): Anthropologie in pragmatischer Hinsicht (Akademie-Textausgabe VII), Berlin (De Gruyter), 117-334.

— 2003/1925 (1753-1803): Reflexionen (Phase α - λ), in: Kant im Kontext II Komplettausgabe – Release (XP) 06/2003: Werke, Briefwechsel und Nachlass (hg. von K. Worm und S. Boeck), Berlin 2003 (= Akademieausgabe XVII, Berlin 1925).

Kanzian, C. u. a. (Hg.) 2002: Personen. Ein interdisziplinärer Dialog. Akten des 25. Internationalen Wittgensteinsymposiums, Kirchberg am Wechsel (öbv & hpt).

Katechismus der Katholischen Kirche 1993 (zitiert nach den Randnummern), München (Oldenbourg).

Kaufmann, M. 2002: Contra Kontinuumsargument. Abgestufte moralische Berücksichtigung trotz stufenloser biologischer Entwicklung, in: Damschen/Schönecker (Hg.) 2002a, 83-98.

Kettner, M. (Hg.) 2004: Biomedizin und Menschenwürde, Frankfurt a. M. (Suhrkamp).

Kirchenamt der Evangelischen Kirche in Deutschland/Sekretariat der Deutschen Bischofskonferenz (Hg.) 1989: Gott ist ein Freund des Lebens. Herausforderungen und Aufgaben beim Schutz des Lebens, Gütersloh (Gütersloher Verlagshaus).

— 1996: Im Sterben: Umfangen vom Leben. Gemeinsames Wort zur Woche für das Leben 1996 „Leben bis zuletzt - Sterben als Teil des Lebens", Hannover und Bonn (ohne Verlag).

— 1999: Christliche Patientenverfügung. Handreichung und Formular der Deutschen Bischofskonferenz und des Rates der EKD in Verbindung mit den übrigen Mitglieds- und Gastkirchen der Arbeitsgemeinschaft christlicher Kirchen in Deutschland, Hannover (ohne Verlag).

Klein, E. 2002: Human Dignity in German Law, in: Kretzmer/Klein (Hg.) 2002, 145-159.

Knoepffler, N. (Hg.) 1998: Am Ursprung des Lebens, München (Utz).

Knoepffler, N. 1999a: Forschung an menschlichen Embryonen. Was ist verantwortbar?, Stuttgart (Hirzel).

— 1999b: Ethical Evaluation of Different Levels of Gene Therapy, in: Nordgren (Hg.) 1999, 151-158.

— 2000a: Folgt aus der Menschenwürde eine Verpflichtung zur Organgabe?, in: Knoepffler/Haniel (Hg.) 2000, 119-126.

— 2000b: Fortschritt ohne Maß und Grenzen? Plädoyer für eine lebensdienliche Gestaltung der bio- und gentechnischen Entwicklung, in: Deutscher Hochschulverband (Hg.) 2000: Glanzlichter der Wissenschaft 2000 – ein Almanach, Stuttgart (Lucius & Lucius), 101-110.

— 2000c: Zur Frage nach einer menschenwürdigen Sterbehilfe: Ein Eskalationsmodell, in: Knoepffler/Haniel (Hg.) 2000, 163-182.

— 2001a: Menschenwürde als regulatives Prinzip in bioethischen Konfliktfällen, in: Busch (Hg.) 2001, 53-75.

— 2001b: Nicht-Implantation des Embryos nach Präimplantationsdiagnostik (PGD) als passive Sterbehilfe in bestimmbaren Fällen, in: Medizinische Genetik 13, 305-308.

— 2002: Das Theorem der „Locked-in-Person", in: Kanzian u. a. (Hg.) 2002, 115-117.

— 2003: Was definiert den Anfang des Menschen? Die Frage nach dem moralischen Status des Embryos, in: Schweidler, W. u. a. (Hg.) 2003, 243-256.

Knoepffler, N./Dettweiler, U. 2002: Human Experimentation. Legal Regulation and Ethical Justification in Germany, in: Revista de Derecho y Genoma Humano/Law and the Human Genome Review 17, 57-74.

Knoepffler, N./Haniel, A. (Hg.) 2000: Menschenwürde und medizinethische Konfliktfälle, Stuttgart (Hirzel).

Knoepffler, N./Haniel, A./Simon, J. 2000: Präimplantationsdiagnostik und therapeutisches Klonen. Was ist verantwortbar?, in: ForumTTN 4,21-40.

Kodalle, K.-M. (Hg.) 2003: Das Recht auf ein Sterben in Würde. Eine aktuelle Herausforderung in historischer und systematischer Perspektive, Würzburg (Königshausen & Neumann).

Kodalle, K.-M. 2003: Ein Tabu bröckelt. Über Suizid, „Tötung auf Verlangen", aktive Sterbehilfe, in: Kodalle (Hg.) 2003, 11-28.

Körtner, U. 2001: Unverfügbarkeit des Lebens? Grundfragen der Bioethik und der medizinischen Ethik, Neukirchen-Vluyn (Neukirchener Verlag).

Kollek, R. 2000: Präimplantationsdiagnostik. Embryonenselektion, weibliche Autonomie und Recht, Tübingen (Francke).

Kongregation für die Glaubenslehre 1980: Erklärung zur Euthanasie (http://www.vatican.va/roman_curia/congregations/cfaith/documents/rc_con_cfaith_doc_19800505_euthanasia_ge.html).

— 1987: Donum Vitae – Instruktion über die Achtung vor dem beginnenden menschlichen Leben und die Würde der Fortpflanzung, Antworten auf einige aktuelle Fragen (hg. vom Sekretariat der Deutschen Bischofskonferenz), Bonn (ohne Verlag).

Korff, W. u. a. (Hg.) 2000: Lexikon der Bioethik (3 Bde), Gütersloh (Gütersloher Verlagshaus).

Kretzmer, D. 2002: Human Dignity in Israeli Jurisprudence, in: Kretzmer/Klein (Hg.) 2002, 161-178.

Kretzmer, D./Klein, E. (Hg.) 2002: The Concept of Human Dignity in Human Rights Discourse, Dordrecht (Kluwer).

Krieger, H. (Hg.) 1980: Handbuch des Geschichtsunterrichts V: Die neueste Zeit 1850-1945. Materialien für den Geschichtsunterricht, 4. Aufl., Frankfurt a. M. (Diesterweg).

Kripke, S. 1980: Naming and Necessity, 2. Aufl., Oxford (Blackwell).

Kummer, C. 2002a: Adult oder embryonal? Zu gegenwärtigen Trends in der Stammzellforschung, in: Stimmen der Zeit 220, 834-846.

— 2002b: Lässt sich ein Zeitpunkt für den Beginn des personalen Menschseins angeben, in: Oduncu u. a. (Hg.) 2002, 148-162.

Lenzen-Schulte, M. 2003: Krank aus der Retorte, in: Spektrum der Wissenschaft (Ausgabe Dezember 2003, 36-44.

Lexikon der Biologie 2001 (Band 6), Heidelberg (Spektrum Akademischer Verlag).

Luhmann, N. 1999: Grundrechte als Institution. Ein Beitrag zur politischen Soziologie, 4. Aufl., Berlin (Duncker & Humblot).

Lutherisches Kirchenamt der VELKD (Hg.) 2001: Stellungnahme der Bischofskonferenz der Vereinigten Evangelisch-Lutherischen Kirche Deutschlands (VELKD) zu Fragen der Bioethik, Hannover (ohne Verlag).

Margalit, A. 1999: Politik der Würde. Über Achtung und Verachtung, Frankfurt a. M.. (Fischer).

Maunz, T./Dürig, G. 1951ff: Grundgesetz. Kommentar, München (Beck).

Merkel, R. 2002a: Contra Speziesargument, in: Damschen/Schönecker (Hg.) 2002a, 35-58.

— 2002b: Forschungsobjekt Embryo. Verfassungsrechtliche und ethische Grundlagen der Forschung an menschlichen embryonalen Stammzellen, München (dtv).

Mezey, E. u. a. 2000: Turning blood into brain: cells bearing neuronal antigens generated in vivo from bone marrow, in: Science 290, 1779-1782.

Mieth, D. 2002: Was wollen wir können? Ethik im Zeitalter der Biotechnik, Freiburg i. Br. (Herder).

Mollaret, P./Goulon, M. 1959: Le coma dépassé (Mémoire préliminaire), in: Revue Neurologique 101, 3-15.

Moore, K. L. 1996: Embryologie: Lehrbuch und Atlas der Entwicklungsgeschichte des Menschen, 4. Aufl., Stuttgart (Schattauer).

Morsink, J. 1993: World War Two and the Universal Declaration, in: HRQ 15, 357-405.

Morus, T. 1981 (1516): Utopia, Zürich (Diogenes).

Murken, J. 1998: Was können wir am ungeborenen Menschen diagnostizieren, in: Knoepffler (Hg.) 1998, 29-39.

Murken, J./Cleve H. 1996: Humangenetik, 6. Aufl., Stuttgart (Enke).

Nationaler Ethikrat (Hg.) 2002: Zum Import menschlicher embryonaler Stammzellen. Stellungnahmen, Berlin (ohne Verlag).

— 2003: Genetische Diagnostik vor und während der Schwangerschaft. Stellungnahme, Berlin (ohne Verlag).

Neumann, U. 1998: Die Tyrannei der Würde. Argumentationstheoretische Erwägungen zum Menschenwürdeprinzip, in: Archiv für Rechts- und Sozialphilosophie, 153-166.

— 2004: Die Menschenwürde als Menschenbürde – oder wie man ein Recht gegen den Berechtigten wendet, in: Kettner (Hg.) 2004, 42-62.

Nicht, W./Wildfeuer, A. (Hg.) 2002: Person - Menschenwürde - Menschenrechte im Disput, Münster (Lit).

Nida-Rümelin, J. 2002: Wo die Menschenwürde beginnt, in: ders. 2002: Ethische Essays, Frankfurt a. M. (Suhrkamp), 405-410.

Nordgren, A. (Hg.) 1999: Gene Therapy and Ethics, Uppsala (Uppsala University Library).

Nüsslein-Volhard, C. 2001: Wann ist ein Tier ein Tier, ein Mensch kein Mensch? Eine wunderbare Symbiose: Die Befruchtung ist nur der halbe Weg zur Entwicklung des Individuums, in: Frankfurter Allgemeine Zeitung, Nr. 229 (02.10.), 55.

Oberender, P./Thomas, R. 2003: Das belohnte Geschenk – Monetäre Anreize auf dem Markt für Organtransplantate, Bayreuth (ohne Verlag).

Oduncu, F. 1998: Hirntod und Organtransplantation. Medizinische, juristische und ethische Fragen, Göttingen (Vandenhoeck & Ruprecht).

— 2000: Organtransplantationen. Verteilungsprobleme und Alternativen, in: Stimmen der Zeit 218, 85-98.

— 2001: Der Hirntod als Todeskriterium – Biologisch-medizinische Fakten, anthropologisch-ethische Fragen, in: Roxin/Schroth (Hg.) 2001, 199-249.

Oduncu, F. u. a. (Hg.) 2002: Stammzellforschung und therapeutisches Klonen, Göttingen (Vandenhoeck & Ruprecht).

Oeing-Hanhoff, L. 1976: Individuum II. Hoch- und Spätscholastik, in: Ritter, J./Gründer, K. 1976: Historisches Wörterbuch zur Philosophie 4: I-K, 303-310.

Pasnau, R. 2002: Thomas Aquinas on Human Nature: A Philosophical Study of Summa Theologiae 1a, 75-89, Cambridge (Cambridge University Press).

Paul, G. 2001: Konfuzius. Meister der Spiritualität, Freiburg i. B. (Herder).

Pius XII. 1957: Ansprache an eine internationale Gruppe von Ärzten, in: Acta Apostolici Sedis 49, 147.

Platon 1990: Politeia/Der Staat (griechisch und deutsch, hg. von G. Eigler), 2. Aufl., Darmstadt (Wissenschaftliche Buchgesellschaft).

Putnam, H. 1975: The meaning of 'meaning', in: dies. 1975: Mind, Language and Reality. Philosophical Papers II, Cambridge (Cambridge University Press), 215-271.

— 1993: Von einem realistischen Standpunkt. Schriften zur Sprache und Wirklichkeit (hg. von V. C. Müller), Reinbek (rororo).

Quante, M. 1998: Passive, indirekt und direkt aktive Sterbehilfe – deskriptiv und ethisch tragfähige Unterscheidungen?, in: Ethik in der Medizin 10, 206-226.

— 2002: Personales Leben und menschlicher Tod. Personale Identität als Prinzip der biomedizinischen Ethik, Frankfurt a. M. (Suhrkamp).

Rager, G. (Hg.) 1997: Beginn, Personalität und Würde des Menschen, Freiburg i. Br. (Alber).

Rahner, K. 1999 (1976): Grundkurs des Glaubens. Studien zum Begriff des Christentums (Sämtliche Werke 26), Freiburg i. Br. (Benziger/Herder).

— 2002 (1967): Zum Problem der genetischen Manipulation, in: Verantwortung der Theologie. Im Dialog mit Naturwissenschaften und Gesellschaftstheorie (Sämtliche Werke 15), Freiburg i. Br. (Benziger/Herder), 498-524.

Rawls, J. 1996: Political Liberalism with a New Introduction and the „Reply to Habermas", New York (Columbia University Press).

— 2000: Lectures on the History of Moral Philosophy (hg. von B. Herman), Cambridge (Harvard University Press).

— 2002 (1971) Eine Theorie der Gerechtigkeit, 12. Aufl., Frankfurt a. M. (Suhrkamp).

Rendtorff, T. 1990: Ethik. Grundelemente, Methodologie und Konkretionen einer ethischen Theologie, Band 1, 2. Aufl., Stuttgart (Kohlhammer).

— 2000: Jenseits der Menschenwürde? Zum ethischen Diskurs über humane, embryonale Stammzellen. Ein Kommentar, in: Jahrbuch für Wissenschaft und Ethik 5, 183-195.

Rendtorff, T. u. a. 2000: Das Klonen von Menschen. Überlegungen und Thesen zum Problemstand und zum Forschungsprozess, in: Knoepffler/Haniel (Hg.) 2000, 9-24.

Romeo Casabona, C. M. 1994: El derecho y la bioética ante los límites de la vida humana, Madrid (Editiorial Centro de Estudios Ramón Areces).

— 2002: Los genes y sus leyes. El derecho ante el genoma humano, Granada (Comares).

Roxin, C. 1987: Die Sterbehilfe im Spannungsfeld von Suizidteilnahme, erlaubtem Behandlungsabbruch und Tötung auf Verlangen, in: Neue Zeitschrift für Strafrecht 7, 345-350.

— 2001: Zur strafrechtlichen Beurteilung der Sterbehilfe, in: Roxin/Schroth (Hg.) 2001, 93-119.

Roxin, C./Schroth, U. (Hg.) 2001: Medizinstrafrecht: Im Spannungsfeld von Medizin, Ethik und Strafrecht, 2. Aufl., Stuttgart (Boorberg).

Runggaldier, E. 1996: Was sind Handlungen? Eine philosophische Auseinandersetzung mit dem Naturalismus, Stuttgart (Kohlhammer).

Sacksofsky, U. 2001: Der verfassungsrechtliche Status des Embryos in vitro. Gutachten für die Enquete-Kommission des Deutschen Bundestages „Recht und Ethik der modernen Medizin" (ohne Verlag).

Schlake, H.-P./Roosen, K. 2001: Der Hirntod als Tod des Menschen, 2. Aufl., Neu Isenburg.

Schockenhoff, E. 2002: Pro Speziesargument: Zum moralischen und ontologischen Status des Embryos, in: Damschen/Schönecker (Hg.) 2002a, 11-33.

Schöpf, A. 2003: Individuum, Individualität, Individualismus, in: Hunold (Hg.) 2003, 856f.

Schöne-Seifert, B. 1993: Philosophische Überlegungen zu Menschenwürde und Fortpflanzungsmedizin, in: Archiv des Öffentlichen Rechts 118, 442-473.
— 1996: Medizinethik, in: Nida-Rümelin (Hg.) 1996, 552-648.
— 2002: Contra Potentialitätsargument: Probleme einer traditionellen Begründung für embryonalen Lebensschutz, in: Damschen/Schönecker (Hg.) 2002a, 169-185.
Schopenhauer, A. 1950 (1840): Preisschrift über die Grundlage der Moral, in: SW 4, 166.
— 1947 (1851): Parerga und Paralipomena 2, in: SW 6.
Schrader, R. 2002: Framing-Ansätze und die Standardtheorie der Person, in: Kanzian u. a. (Hg.) 2002, 221-224.
Schreiber, H.-L. u. a. 1995: Rechtliche Bewertung der im Zusammenhang mit der Gentherapie auftretenden Probleme, in: Bayertz, K. u. a. (Hg.) 1995: Somatische Gentherapie – Medizinische, ethische und juristische Aspekte des Gentransfers in menschliche Körperzellen, Stuttgart (Fischer), 251-283.
Schroth, U. 2000: Beschränkungen der Freiheit altruistischen Handelns, in: Knoepffler/Haniel (Hg.) 2000, 127-130.
Schwartländer, J. 2000: Menschenwürde/Personenwürde, in: Korff u. a. (Hg.) 2000, Band II, 683-688.
Schweidler, W. 2003: Zur Analogie des Lebensbegriffs und ihrer bioethischen Relevanz, in: Schweidler, W. u. a. (Hg.) 2003, 13-29.
Schweidler, W. u. a. (Hg.) 2003: Menschenleben – Menschenwürde. Interdisziplinäres Symposium zur Bioethik, Münster (Lit).
Seelmann, K. 2004: Haben Embryonen Menschenwürde? Überlegungen aus juristischer Sicht, in: Kettner, M. (Hg.) 2004, 63-80.
Seifert, J. 2003: Dimensionen und Quellen der Menschenwürde, in: Schweidler, W. u. a. (Hg.) 2003, 51-92.
Sekretariat der Deutschen Bischofskonferenz (Hg.) 2001: Der Mensch: Sein eigener Schöpfer? Wort der Deutschen Bischofskonferenz zu Fragen von Gentechnik und Biomedizin, Bonn (ohne Verlag).
Shann, F. 1991: The Cortically Dead Infant Who Breathes, in: Sanders, K./Moore, B. (Hg.) 1991: Anencephalics, Infants and Brain Death Treatment Options and the Issue of Organ Donation, Melbourne (Law Reform Commission).
Shewmon, A. 2003: „Hirnstammtod", „Hirntod" und Tod: Eine kritische Re-Evaluierung behaupteter Äquivalenz, in: Schweidler, W. u. a. (Hg.) 2003, 293-316.
Siep, L. 2004: Konkrete Ethik. Grundlagen der Natur- und Kulturethik, Frankfurt a. M. (Suhrkamp).
Simon, J. 1999: Rechtliche Aspekte der Präimplantationsdiagnostik in Europa, in: Düwell, M./Mieth, D. (Hg.) 1999: Von der Prädiktiven zur Präventiven Medizin – Ethische Aspekte der Präimplantationsdiagnostik, Berlin (Springer), 62-69.
— 2000: Die Menschenwürde als regulierendes Prinzip in der Bioethik, in: Knoepffler/Haniel (Hg.) 2000, 227-238.
Singer, P. 1993: Practical Ethics, 2. Aufl., Cambridge (Cambridge University Press).
— 1998: Leben und Tod. Der Zusammenbruch der traditionellen Ethik, Erlangen (Fischer).
Sloterdijk, P. 1999: Regeln für den Menschenpark. Ein Antwortschreiben zu Heideggers Brief über den Humanismus, Frankfurt a. M. (Suhrkamp).
Smith, B. 1997: On Substances, Accidents and Universals: In Defense of a Constituent Ontology, in: Philosophical Papers, 26, 105-127.

Spaemann 1996: Personen. Versuche über den Unterschied zwischen ‚etwas' und ‚jemand', Stuttgart (Klett-Cotta).

Spittler, J. F. 1999: Krankheitsbedingte Bewusstseinsstörungen, in: Fortschritte der Neurologie und Psychatrie 67, 37-47.

— 2003: Zur Kontroverse um den Hirntod. Differenzierung und Besonnenheit im Umgang mit dem Konzept, in: Schweidler. W. u. a. (Hg.) 2003, 317-327.

Starck, C. 2002: Verfassungsrechtliche Grenzen der Biowissenschaften und Fortpflanzungsmedizin, in: Juristenzeitung 22, 1065-1116.

Steigleder, K. 1995: Die Unterscheidung zwischen dem „Tod der Person" und dem „Tod des Organismus" und ihre Relevanz für die Frage nach dem Tod eines Menschen, in: Hoff, J./In der Schmitten, J. 1995: Wann ist der Mensch tot? Organverpflanzung und Hirntodkriterium, 2. Aufl., Reinbek (rororo), 95-118.

Taboada, P. 2003: Stammzellenforschung und Menschenwürde, in: Schweidler, W. u. a. (Hg.) 2003, 129-149.

Terada, N. u. a. 2002: Bone marrow cells adopt the phenotype of other cells by spontaneous cell fusion, in: Nature 416, 542-545.

Thomas von Aquin 1951ff (1267ff): Summa Theologiae, Madrid (La Editorial Catholica).

Thompson, J. J. 2001 (1971): A Defence of Abortion, in: Harris (Hg.) 2001, 25-41.

Van der Maas, P. J. u. a. 1996: Euthanasia, physician assisted suicide and other medical practices involving the end of life in the Netherlands, in: New England Journal of Medicine 335, 1699-1705.

Veatch, R. M. 2003: The Basics of Bioethics, 2. Aufl., Upper Saddle River (Prentice Hall).

Vossenkuhl, W. 2002: Der ethische Status von Embryonen, in: Oduncu u. a. (Hg.) 2002, 163-169.

Wiggins, D. 1980: Sameness and Substance, Oxford (Blackwell).

Wildfeuer, A. 2002: Menschenwürde – Leerformel oder unverzichtbarer Gedanke, in: Nicht/Wildfeuer (Hg.) 2002, 19-116.

Williams, B. 1995a: A philosopher's point of view, in: Nature 376, 10.

— 1995b: Which slopes are slippery?, in: ders. 1995c, Making sense of humanity and other philosophical papers. 1982-1993, Cambridge (Cambridge University Press), 213-223.

Winnacker, E.-L. 1998: Das Genom als „Schlüssel" zum Geheimnis des Lebens?, in: Knoepffler (Hg.) 1998, 13-27.

— 2002: Jenseits des Genoms, jenseits der Stammzelldiskussion - Wissenschaft als Kommunikationsproblem, in: ForumTTN 8, 31-44.

Winnacker, E.-L. u. a. 2002: Gentechnik. Eingriffe am Menschen. Ein Eskalationsmodell zur ethischen Bewertung/Gene Technology. Interventions in Humans. An Escalation Model for the Ethical Evaluation, 4. Aufl., München (Utz).

Wissenschaftlicher Beirat der Bundesärztekammer 1993: Der endgültige Ausfall der gesamten Hirnfunktion („Hirntod") als sicheres Todeszeichen, in: Deutsches Ärzteblatt 90, 2177-2179.

— 1997: Kriterien des Hirntodes, in: Deutsches Ärzteblatt 94, 1ff.

Wogrolly, M. 2002: Menschen im Wachkoma: Personen oder nicht, in: Kanzian u. a. 2002, 287-290.

Working Party 1996: Personal Origins. The Report of a Working Party on Human Fertilisation and Embryology of the Board for Social Responsibility, 2. Aufl., London (HMSO).

Yang, L. u. a. 2002: In vitro trans-differentiation of adult hepatic stem cells into pancreatic endoctrine hormone-producing cells, in: Proceedings of the National Academy of Sciences USA 99, 8078-8083.

Ying, Q. L. u. a. 2002: Changing potency by spontaneous cell fusion, in: Nature 416, 545-548.

Glossar

Glossar medizinisch-naturwissenschaftlicher Begriffe[87]

Aberration: Abweichung in Zahl (z. B, Trisomie) (s. dort) oder Struktur des Chromosomensatzes (s. dort).

Adenosindeamylase-Defizienz: Autosomal-rezessiv vererbte Stoffwechselstörung, deren Folge ein schwerer Immundefekt ist.

Adenovirus: Virenfamilie, die sich durch eine fehlende Virushülle und das Vorhandensein von DNA als Erbgut auszeichnen.

Allel: Ausprägung von Genen, die auf homologen Chromosomen am gleichen Ort (Genlokus) zu finden sind.

Amniozentese: Methode der PND (s. dort). Punktion der Fruchtblase zur Entnahme von Fruchtwasser, welches genetisch, laborchemisch und mikroskopisch zur Diagnose von Krankheiten untersucht werden kann.

Amyotrophische Lateralsklerose: Fortschreitende Nervenerkrankung der die Muskulatur versorgenden Nervenzellen, die meist im Alter von 40 bis 65 Jahren auftritt und meist tödlich verläuft (nach 5 Jahren leben noch ca. 20% der Betroffenen), da die Atemmuskulatur ausfällt.

Anamnese: Krankengeschichte, die im Zuge der medizinischen Untersuchung erhoben wird.

Anenzephalus: Fehlbildung mit Fehlen von Schädeldach und großen Teilen des Gehirns

Antidiuretisches Hormon: Im Hypothalamus (Teil des Zwischenhirns) gebildetes Hormon, welches die Harnausscheidung in der Niere senkt und das Verengen von Gefäßen hervorruft.

Apallisches Syndrom: Auch Wachkoma genanntes Syndrom, bei welchem, in Folge von Großhirnschäden der Patient zwar bei intakten Vitalfunktionen (Herz, Kreislauf, Atmung) die Augen geöffnet hat, jedoch keinerlei Reaktionen auf die Umwelt erfolgen die nicht reflexhaft sind.

Blastomere: die einzelnen Zellen der Blastozyste (s. dort).

Blastozyste: Stadium der vorgeburtlichen Entwicklung, in dem der Keim aus einer Flüssigkeitsgefüllten Kugel besteht. Ein innen liegender verdickter Teil ist der Embryoblast (s. dort), die äußere Hülle der Kugel ist der Trophoblast (s. dort).

---

[87] Ich danke Markus Peukert für die Hilfe bei der Erstellung dieses Glossars sowie Romy Arnold, Claudia Häfner und Gisela Schmidt für wertvolle Hinweise bei der Endredaktion des gesamten Textes.

Chimäre: genetische Kreuzung verschiedener Spezies, also beispielsweise von menschlicher Samenzelle und Hamstereizelle zur Untersuchung der Samenpenetrationsfähigkeit. Diese Chimäre stirbt nach den ersten Zellteilungen ab.

Chorea Huntington: Erkrankung deren Ursache im Zentralnervensystem liegt. Sie äußert sich in plötzlichen Bewegungen, die der willkürlichen Kontrolle entzogen sind. Eine häufige Form der Chorea (ca. 1:20000) ist die Chorea Huntington, die autosomal-dominant vererbt wird und mit einem fortschreitenden Verlust von Nervenzellen unweigerlich zum Tode führt. Betroffene erfahren erste Symptome meist erst mit 30 bis 50 Jahren.

Chorionzottenbiopsie: Invasive Form der PND (s. dort), bei der Gewebe aus dem embryonalen Teil Plazenta entnommen wird um genetische Untersuchungen durchzuführen.

Chromosom: Chromosomen sind verschlungene DNA-Stränge die im Zellkern zu finden sind. Der Mensch hat insgesamt 46 Chromosomen, wobei die Elternteile je 23 Chromosomen beisteuern. Je eines davon ist geschlechtsbestimmend und wird als Gonosom bezeichnet. Die 22 anderen, die so genannten Autosomen, liegen nach der Vereinigung der beiden Chromosomensätze während der Befruchtung paarweise vor.

Cortisol: Hormon, welches in der Nebennierenrinde gebildet wird und der Stoffwechselregulation sowie in der Entwicklung der Differenzierung von Organen dient.

Dialyse: Verfahren zur Blutreinigung, bei der das Blut gefiltert wird und Stoffe auf Grund von Ladung und Größe selektiert werden. In vivo findet dieses Verfahren in der Niere statt, bei Nierenschädigungen kann die Dialyse durch ein Dialysegerät durchgeführt werden, in dem das Blut außerhalb des Körpers gereinigt wird und dann in den Körper zurückfließt.

DNA (desoxyribonucleic acid, deutsch: Desoxyribonukleinsäure): Träger der Erbinformation des Menschen (mit Ausnahme der ribosomalen RNA, s. dort). Die DNA ist aus vier unterschiedlichen Bausteinen, so genannten Nukleotiden aufgebaut. Diese vier Bausteine sind jeweils mit einer von vier Basen besetzt, aus denen der genetische Code besteht.

Embryo: Stadium der vorgeburtlichen Entwicklung, hier normalerweise verwendet für die Zeit der -Organentstehung nach der Implantation in der mütterlichen Schleimhaut etwa ab dem 14. Tag

Embryoblast: Teil der Blastozyste (s. dort), der sich zum Embryo entwickelt.

Fetozid, intrauteriner: Tötung des Fötus innerhalb des Mutterleibes.

FiSH (Fluorescence in Situ Hybridization): Verfahren in der genetischen Diagnostik bei dem besonders markierte DNA-Stücke als Sonden genutzt werden um Aberrationen (s. dort) aufzuspüren.

Fötus: Stadium der Ontogenese nach Abschluss der Organentstehung und damit nach Ende des Embryonalstadiums nach etwa 12 Schwangerschaftswochen

Formatio reticularis: Gebiet im Hirnstamm in dem wichtige funktionelle Zentren, wie z. B. das Atemzentrum, das Brechzentrum oder das Miktionszentrum sind.

Gen: Teilabschnitt der DNA (s. dort) oder RNA (s. dort), welcher für die Entstehung eines bestimmten Genproduktes, also eines Polypeptides (s. dort) oder eines RNA-Moleküls, notwendig ist.

Genexpression: Biosynthese eines bestimmten Genprodukts d.h. durch Gene kodierten Polypeptids.

Genom: Gesamtheit der Gene eines Individuums

Hexadaktylie: Sechsfingrigkeit.

HLA-Kompatibilität: HLA ist die Abkürzung von human leucocyte antigen. Hierbei handelt es sich um Faktoren die auf der Oberfläche beinahe aller Zellen vorkommen und dem Immunsystem zur Erkennung dienen, dass es sich um körpereigene Zellen handelt. Bei Transplantationen muss das HLA-System des Spenders mit dem des Empfängers kompatibel sein, da sonst das Immunsystem das transplantierte Gewebe als fremd erkennt und abstößt.

Holoprosencephalie: Schwere Fehlbildung des Gehirns mit unterschiedlichen Ursachen. Patienten mit dieser Fehlbildung sterben bis zum Alter von 12 Monaten.

ICSI (Intracellular Sperm Injection): Form der künstlichen Befruchtung, bei der eine einzelne Samenzelle in die Eizelle zur Befruchtung eingebracht wird.

Infauste Prognose: lateinisch infaustus: unheilvoll, unglücklich, aussichtslos.

In-vitro: Im Reagenzglas/ außerhalb des Organismus.

In vivo: Im lebenden Organismus.

IVF (In-vitro-Fertilisation): Befruchtung einer Eizelle außerhalb des Körpers.

Keim: Stadium der Ontogenese des Menschen, zwischen Befruchtung und Implantation.

Klonierung: Herstellung eines Klons, einer genetisch identischen Zelle/bzw. eines genetisch identischen Organismus. Man unterscheidet das Klonen je nach Methode, also ob es sich um Embryonensplitting handelt, wobei künstlich zeitgleiche eineiige Zwillinge geschaffen werden, oder somatischen Zellkerntransfer handelt. (dabei wird ein Zellkern einer Körperzelle (griechisch soma = Körper) in eine entkernte Eizelle implantiert) und nach Zielsetzung. Der somatische Zellkerntransfer kann aus therapeutischer oder reproduktiver Zielsetzung heraus vorgenommen werden.

Koma: Bewusstlosigkeit ohne Möglichkeit der Erweckung durch äußere Reize

Locked-in-Syndrom: Auf Grund von Erkrankungen des Zentralennervensystems entstandenes Syndrom, bei welchem der Patient zwar bei Bewusstsein ist aber weder Sprache noch Arme oder Beine zur Kommunikation verwenden kann.

Mammographie: Röntgenuntersuchung der weiblichen Brust zur Feststellung von Tumoren.

Mikrophtalmie: Verkleinertes Auge, meist als Folge einer genetischen Erkrankung, z. B. der Trisomie 13 (s. dort).

Morula: Stadium der vorgeburtlichen Entwicklung in der der Keim als Zellkugel aus 16 Zellen besteht.

Mukoviszidose: Synonym: zystische Fibrose. Autosomal-rezessiv vererbliche Erkrankung bei der es zu einer Verdickung und Überproduktion des von Schleimhäuten produzierten Schleimes kommt, was zu Infektionen und Komplikationen im Magen-Darmtrakt und den Atemwegen führen kann. Die Erkrankung kommt in einer ungefähren Häufigkeit von 1:2000.

Nidation: Einnistung des menschlichen Keims in der mütterlichen Schleimhaut.

Oozyte: menschliche Eizelle.

Ovarielles Überstimulationssyndrom: Durch die Hormonbehandlung, welche zur Entnahme von Eizellen vor IVF notwendig ist, welches mit zystischen Veränderungen der Eierstöcke und Gewebswassereinlagerungen in Brust und Bachhöhle einhergeht, die Häufigkeit liegt bei ca. 0,7 % der behandelten Frauen. Ein tödlicher Ausgang ist möglich aber sehr selten.

Ovulation: Eisprung.

PCR (polymerase chain reaction): dt. Polymerase-Kettenreaktion: Technische Methode zur -Herstellung von DNA-Kopien.

PGD *(Preimplantation genetic diagnosis):* Untersuchung des Genoms des durch IVF hergestellten menschlichen Keims vor dem Rücktransfer in die weibliche Gebärmutter. Im deutschsprachigen Raum oft als PID abgekürzt. Diese Abkürzung ist jedoch in der internationalen Terminologie für das pelvic inflammatory disease reserviert und zudem ungenau, da es auch eine optische Präimplantationsdiagnostik gibt.

Phänotyp: Begriff, mit dem das durch den Genotyp bestimmte Erscheinungsbild eines Individuums bezeichnet wird.

Plazenta: Mutterkuchen: Ernährendes Organ des Embryos, welches sich z. T. aus dem – Trophoblasten, z. T. aus dem mütterlichen Gebärmuttergewebe entwickelt.

Pluripotenz: Möglichkeit einer Zelle sich in unterschiedliche andere Zelle, aber nicht mehr in einen ganzen Organismus weiterzuentwickeln.

PND *(Pränataldiagnostik):* nicht-invasive (z. B. Ultraschall) oder invasive Untersuchung des sich entwickelnden Kindes im Mutterleib.

Polypeptid: Ein aus 20 unterschiedlichen Bausteinen, den so genannten proteinogenen Aminosäuren, zusammengesetztes Molekül. Die Anordnung der Aminosäuren wird durch den genetischen Code vorgegeben.

Positionseffekte: 1. genetisch: Gegenseitige Beeinflussung verschiedener Gene, 2. der Gebärmutterschleimhaut: Faktoren die eine Einnistung des Keimes fördern, bzw. möglich machen und ihn am Leben erhalten.

Primitivstreifen: primitives Axialorgan, erste Organanlage des Embryos.

Pronucleus: Vorkern (s. Vorkernstadium).

RNA *(ribonucleic acid):* Ribonukleinsäure, ähnlich der DNA aufgebauter Träger von Erbinformationen, der beim Menschen als DNA-Kopie zur Informationsübertragung (Messenger-RNA) auf die Ribosomen (Produktionsorganelle von Polypeptiden) dient, anhand des Messenger-RNA-Codes werden Polypeptide hergestellt. Die einzelnen Bausteine (=Aminosäuren) werden hierzu von passenden RNA-Molekülen übertragen (Transfer-RNA). Ribosomen selbst verfügen über eigene Erbinformation die ebenfalls aus RNA besteht (ribosomale RNA).

SCNT *(somatic cell nuclear transfer):* Synonym für eine Klonierungsmethode (s. Klonierung). Übertragung des Zellkerns einer differenzierten Körperzelle, z. B. einer Herzmuskelzelle, in eine entkernte Eizelle.

Spontanabort: Plötzlicher Abgang der noch nicht lebensfähigen Leibesfrucht.

Stammzelle: Unbegrenzt teilbare Zelle, deren Tochterzellen nach der Zellteilung neue Stammzellen oder weiter differenzierte Zellen sind. Stammzellen werden unterschieden: 1. nach ihrer Herkunft in embryonale und adulte Stammzellen. *Embryonale Stammzellen* sind im sehr frühen Stadium (Totipotenz s. u.) in der Lage, sich zu einem Klon zu entwickeln (dies wäre dann eine Form des Embryonensplittings). *Adulte Stammzellen* sind beim ausgewachsenen Menschen in fast jedem Organ zu finden und dienen der Regeneration von Organen wie z. B. die Blutstammzellen; 2. nach Fähigkeit der Differenzierung in mono- pluri- und totipotente Stammzellen. *Monopotente Stammzellen* (= unipotente St.) sind zwar unbegrenzt teilbar, haben jedoch nur noch die Möglichkeit sich in einen bestimmten Zelltyp zu differenzieren. *Pluripotente Stammzellen,* die noch die Fähigkeit haben sich in viele Zelltypen zu differenzieren, jedoch nicht zu allen Zelltypen und *totipotente Stammzellen* (omnipotente Stammzellen, wobei Omnipotenz normalerweise als Eigenschaft Gottes gilt), die diese Fähigkeit besitzen und aus denen ein gesamter Organismus entstehen kann.

Totipotenz: Fähigkeit einer Zelle zu einem ganzen Organismus zu werden.

Transcarbamylase-Defizienz: Stoffwechselerkrankung, die erblich ist.

Triploidie: Dreifacher Chromosomensatz. Ein triploider Keim ist nicht lebensfähig, es sei denn er kann einen der drei Chromosomensätze sehr früh in der Entwicklung abstoßen.

Trisomie 13= Pätau-Syndrom: genetische Erkrankung, bei der das 13. Chromosom dreimal vorhanden ist. Alle männlichen Betroffenen sterben bis zum 5. Lebensjahr, betroffene Mädchen leben mit 10 Jahren noch zu 10%. Symptome sind schwere Schädel--Hirnfehlbildungen, Mikrophtalmie (s. dort), Hexadaktylie (s. dort), Herzfehlbildungen und vieles mehr. Betroffen ist eine von 10.000 Geburten.

Trisomie 15: Erkrankung bei der das 15. Chromosom dreifach vorliegt. Träger sind nicht lebensfähig und sterben meist bei der Organogenese, etwa sechste bis achte Woche.

Trisomie 21 = Down-Syndrom: Erkrankung bei der das 21. Chromosom dreifach vorliegt. Symptome sind geistige Zurückgebliebenheit und ein charakteristisches äußeres Erscheinungsbild, aber auch Organfehlbildungen in unterschiedlicher Schwere, häufig sind Leukämien, Herzfehlbildungen (40%) und Fehlbildungen im Magendarmtrakt. Die Sterblichkeit liegt bis zum 20. Lebensjahr bei 50%. Betroffen ist eines von 700 geborenen Kindern.

Trophoblast: Teil der Blastozyste (s. dort), der sich zu den ernährenden Organen des Embryos entwickelt.

Vorkern: s. Vorkernstadium.

Vorkernstadium: Das Stadium nach Vereinigung der Keimzellen jedoch vor Vereinigung der beiden Kerne der Keimzellen wird als Vorkernstadium bezeichnet.

Zygote: Bezeichnung für die befruchtete Eizelle nach Vereinigung der Vorkerne und erster Zellteilung.

Glossar philosophischer und theologischer Begriffe

Altruismus: Der Begriff wurde von Auguste Comte im 19. Jahrhundert in die ethische Diskussion eingeführt und bezeichnet einen ethischen Ansatz, bei dem der „andere" (lateinisch: alter) im Mittelpunkt der Überlegungen steht (konträrer Ansatz: Egoismus), bei dem „ich", lateinisch: ich = ego, im Mittelpunkt steht).

Anthropologie, philosophische: von griechisch: anthropos = Mensch, logos = vernünftige Rede; Disziplin der Philosophie, die auf die Frage, was der Mensch sei, antwortet.

Argument: von lateinisch: arguere = behaupten; in der Logik „eine Folge von Aussagesätzen, mit der der Anspruch verbunden ist, dass ein Teil dieser Sätze (die Prämissen) einen Satz der Folge (die Konklusion) in dem Sinne stützen, dass es rational ist, die Konklusion für wahr zuhalten, falls die Prämissen wahr sind" (Beckermann 2003, 4). Hier in einem weiteren Sinn verwendet, nämlich im ursprünglichen Sinn einer Behauptung, für die Gründe angegeben werden, die aber nicht den gerade genannten Anspruch haben müssen. Für den Begriff „Argument" im logischen Sinn wird in diesem Buch der eindeutigere Begriff „Syllogismus" verwendet.

Aufklärung I: Epoche der Geistesgeschichte, insbesondere im 17. und 18. Jahrhundert, bei dem mit Berufung auf Vernunft und Erfahrung die bisherigen Autoritäten (Kirche, absolutistischer Staat) in Frage gestellt wurden.

Aufklärung II: in der Medizin die Pflicht des Arztes zur sachkundigen und umfassenden Information des Patienten als Ausdruck der Achtung vor dessen Selbstbestimmungsrecht.

Autonomie I: Begriff der kantischen Philosophie, der in strenger Anlehnung an seine Herkunft aus dem Griechischen (autos = selbst, nomos = Gesetz) Selbstgesetzgebung im Bereich des Moralischen besagt. Dies bedeutet, dass der Einzelne auf Grund seiner Teilhabe an der überindividuellen praktischen Vernunft imstande ist, im Moralischen selbst die Gesetze zu finden, wonach er (und damit auch alle anderen vernunftbegabten Lebewesen) handeln soll (Gegenbegriff: Heteronomie (von Griechisch: heteros = der andere), wo der andere, z. B. der absolute König oder ein heiliges Buch die moralischen ‚Gesetze' gibt)

Autonomie II: in der modernen Medizinethik (und nicht nur dort) Synonym für das Selbstbestimmungsrecht des Einzelnen.

Bioethik: Disziplin der Angewandten Ethik, die sich moralischen Fragen zuwendet, in denen es um den verantwortlichen Umgang mit Lebendigen (einschließlich des Menschen) geht. Ursprünglich Anfang der 70er Jahre entstanden als Synonym für Medizinethik wird dieser Begriff heute dreifach verstanden: 1. als Synonym für Medizinethik (so die Verwendung in diesem Buch), 2. als Synonym für eine utilitaristische Medizinethik, 3. als weiter Begriff, der auch Fragestellungen umfasst, die normalerweise der ökologischen Ethik zugerechnet werden (so z. B. Korff u. a. 2000).

Deskriptiv: von lateinisch: describere = beschreiben; Fachbegriff für ein beschreibendes Vorgehen; in der Ethik ist der Gegenbegriff: normativ (s. dort).

Dilemma/dilemmatisch: Situationen, in denen jede Handlungsweise mit bindenden moralischen Prinzipien in Widerspruch gerät.

Dualismus: im Rahmen der Diskussion des Leib-Seele-Verhältnisses als interaktionistischer Substanzendualismus nach Platon und Descartes diejenige Position, wonach Leib und Seele zwei (lateinisch: zwei = duo) eigenständige Entitäten sind, die miteinander interagieren, also miteinander in eine Beziehung treten können.

Entität: von lateinisch: entitas = dasjenige, dem Seinscharakter zukommt; Fachbegriff der scholastischen Philosophie, der reale Dinge bezeichnet, wobei Dinge hier nicht nur Sachen, sondern auch Lebewesen sein können.

Entwurfsvermögen: das Vermögen, sich selbst in seinem Lebensentwurf zu bestimmen (erstmals in der Sache von Pico della Mirandola vertreten)

Ethik, philosophisch: von griechisch: ethos = Sitte, Gewohnheit); philosophische Disziplin, die methodisch Antworten auf die Frage, was wir tun sollen und warum wir dies tun sollen, sucht. Damit verbunden ist die Reflexion auf ethische Begriffe wie beispielsweise „gut", „Handlung" usw. Der Begriff kann synonym mit Moralphilosophie gebraucht werden. Dabei gibt es unterschiedliche Ansätze.

Extensionsproblem: von lateinisch: extendere = sich erstrecken; hier das Problem, wem Menschenwürde zukommt.

Fehlschluss: Irrtum im Denken, bei dem aus bestimmten Prämissen ein Schluss gezogen wird, den die Prämissen nicht hergeben. Der berühmteste Fehlschluss ist der naturalistische Fehlschluss, bei dem aus deskriptiven (s. dort) Sätzen, sei es metaphyisischen oder empirischen Sätzen, normative Schlussfolgerungen gezogen werden, ohne dass erklärt wird, woher die Normativität kommt. (der auch nach Formulierungen von Hume in Anlehnung daran Sein-Sollen-Fehlschluss genannt wird). Davon zu unterscheiden ist der von Moore aufgezeigte naturalistische Fehlschluss im engeren Sinn, bei dem der Begriff „sittlich gut" durch empirische oder metaphysische Begriffe definiert wird, ohne dass gezeigt wird, warum diese Begriffe „sittlich gut" definieren können.

Gattungssolidarität, menschlich: These, dass die Mitglieder der Gattung „Mensch" sich gegenseitig Solidarität schulden, konkret, einander Menschenwürde zuerkennen sollen.

Gewissen: Nach bestimmten ethischen Theorien, insbesondere ausgebildet in der Hochscholastik (Thomas von Aquin), die grundsätzliche Fähigkeit des Menschen, zwischen gut und schlecht zu unterscheiden (Gewissen als synderesis), sowie die konkrete, auf die Situation bezogene innere ,Stimme' (conscientia).

Gleichheit, grundsätzliche: Grundsätzliche Gleichheit bedeutet, dass alle Menschen bezüglich den Grundbedürfnissen und fundamentalen Freiheitsspielräumen gleich sind. Es bedeutet aber nicht, dass alle Menschen in allem gleich zu behandeln sind.

Gnadentheologie: derjenige Teilbereich der Theologie, der vom Erlösungshandeln Gottes am Menschen handelt.

Gottebenbildlichkeit: die Annahme, dass der Mensch von Gott als sein Bild geschaffen ist (nach Gen 1, 26f).

Gradualismus: von lateinisch: gradus = Stufe; die Annahme, dass die unterschiedlichen Entwicklungsstadien am Lebensanfang moralisch unterschiedlich zu bewerten sind, also beispielsweise dem menschlichen Keim noch keine Menschenwürde zukommt, er also nicht denselben moralischen Status genießt wie ein geborener Mensch.

Historismus, antimetaphysischer: philosophische Strömung insbesondere im 19. Jahrhundert, die Fragen der Geltung mittels geschichtlicher Ereignisse und nicht durch metaphysische Annahmen, beispielsweise den Satz vom zureichenden Grund (Rationalismus) zu lösen suchte.

Homo noumenon: von lateinisch: homo = Mensch, griechisch: noumenon = das, was gedacht wird; Begriff der kantischen Philosophie, wonach der Mensch als Ding an sich, begabt mit Freiheit und einer unsterblichen Seele, nur gedacht werden kann, aber nicht aus der Erfahrung gewonnen wird. Gegenbegriff: homo phaenomenon

Homo phaenomenon: von griechisch: phainomenon: das, was erscheint; Begriff der kantischen Philosophie, wonach uns der Mensch als Gegenstand der Erfahrung als vollständig determiniert erscheint und so Gegenstand der Naturwissenschaften ist. Gegenbegriff: homo noumenon.

Hylemorphismus: Position im Rahmen der Ontologie, der philosophischen Disziplin, die vom Seienden (griechisch: to on = das Seiende) handelt, wonach alles, was ist aus Form (griechisch: morphä = Form, Gestalt) und Materie (griechisch: hyle = Materie) so zusammengesetzt ist, dass es immer nur geformte Materie geben kann, d. h. Form und Materie sind zwei ,Hinsichten' einer Sache (einschließlich der Lebewesen). Im Rahmen der Debatte um das Verhältnis von Leib und Seele unterscheidet sich der Hylemorphismus darum sowohl vom interaktionistischen Substanzendualismus (s. dort) als auch vom Monismus, der alles auf ein einziges Seiendes reduziert, im physikalistischen Monismus auf die kleinsten physikalischen Teilchen.

Identität: von lateinisch: idem = derselbe; Fachbegriff der Ontologie (s. dort), der in unterschiedlicher Bedeutung gebraucht wird. Im Rahmen dieser Arbeit geht es um die Frage, inwieweit der menschliche Keim identisch mit dem späteren Menschen ist und was dies für seinen moralischen Status bedeutet.

Implementationsproblem: Problem, wie bestimmte Regeln oder Normen gesellschaftlich durchsetzbar sind. Das Implementationsproblem ist nicht mit dem Anwendungsproblem zu verwechseln, bei dem es nicht um die *Durch*setzbarkeit von Regeln und Normen geht, sondern um die Frage, wie diese in konkreten Situationen *um*zusetzen sind.

Imperativ: seit Kant in der Ethik ein normatives Vernunftgebot, der als kategorischer ein unbedingtes Sollen als ein objektives Gesetz der praktischen Vernunft ausspricht.

Indexikalität (von Ausdrücken): Ausdrücke, deren Referenz/Bezug abhängig vom Kontext, also von Zeit und Ort ist, z. B. „ich". Auf wen sich dies bezieht, hängt davon ab, wer dieses Wort gebraucht und ob er es dabei auf sich bezieht. Im Blick auf natürliche Arten ist das, was als Musterexemplar ausgewiesen wird, abhängig von Ort und Zeit der Einführung dieses Begriffs.

Individuum I, begrifflich: von lateinisch: individuus = untrennbar, unteilbar, als Substantiv individuum = Atom: das Unteilbare; bezeichnet eine unteilbare Substanz.

Individuum II, naturwissenschaftlich: a. verwendet für ein Lebewesen, das die Fähigkeit besitzt, sich aus sich selbst zu entwickeln oder seine Stabilität zu erhalten.

Individuum III, philosophisch und theologisch: „Eine der bedeutendsten Früchte der Geschichte des abendländischen Denkens ist die Herausarbeitung des Bewusstseins, dass der Mensch Individuum ist. Dies bedeutet, dass er nicht nur, wie im Biologischen, Exemplar einer Spezies oder Gattung ist, sondern dass ihm aus der Vereinzelung seiner Lebenstätigkeit das Bewusstsein seiner Einzigartigkeit (Individualität) erwächst. ... In der christlichen Philosophie bei Augustinus wird die Individualität durch das Personsein des Menschen zusätzlich gestützt, welches sich aus dem Angerufensein durch das Wort Gottes und dem Antwortgeben des Menschen begründet" (Schöpf 2003, 856f).

Intention/Intentionalität: Eine Intention zu haben bedeutet, in einem mentalen Zustand zu sein, der darauf ausgerichtet ist, etwas zu tun ...

Kompatibilismus: diejenige Position, die davon ausgeht, dass ein gehaltvoller Freiheitsbegriff mit der Annahme, dass alle Ereignisse vollständig durch Anfangsbedingungen und Naturgesetze determiniert sind, vereinbar ist.

Konflikt/Konfliktfälle (bioethisch): von lateinisch confligere = zusammenstoßen; meint in der Ethik das Aufeinandertreffen konträrer Bedürfnisse, Normen und Werte. Eine wesentliche Aufgabe der Ethik besteht in der Konfliktlösung. Konflikte erweisen sich als dilemmatisch (s. dort), wenn sie nicht aufgelöst werden können, ohne dass ein bindendes moralisches Prinzip verletzt wird.

Konklusion: von lateinisch: concludere = schließen, Fachbegriff der Logik, s. Argument

Konstitutionsprinzip: s. Menschenwürde.

Lebensrecht/Lebensschutz: s. 2.1.2.

Menschenwürde: Es gibt unterschiedliche Menschenwürdekonzeptionen. Die hier vertretene Bestimmung geht davon aus, dass jedem Menschen eine unbedingte, also nicht an Bedingungen geknüpfte Menschenwürde zukommt. Dies bedeutet: Jedem Menschen kommt grundsätzlicher Subjektstatus (s. dort) und grundsätzliche Gleichheit (s. dort) zu. Diese unbedingte Menschenwürde ist nicht verlierbar, solange der Mensch existiert. Sie kann unterschiedlich begründet werden. Man kann das Prinzip der Menschenwürde im Rahmen der deutschen Diskussion als *Konstitutionsprinzip* bezeichnen, weil es einerseits das Fundament bildet, auf dem unser Staat rechtlich aufgebaut (lateinisch: constituere = aufbauen) ist, andererseits auf Grund seiner Position in Art. 1 im Grundgesetz als deutscher Verfassung (lateinisches Lehnwort: Konstitution). Man kann dieses Prinzip auch als *regulatives Prinzip* bezeichnen, insofern es Hintergrund für die verschiedenen ethischen Konzeptionen zu dienen und die Festlegung auf ein bestimmtes Interpretations- und Bewertungsmodell zu vermeiden vermag und dennoch eine regulierende Funktion hat: Es gibt einen Maßstab an, woran sich das Handeln zu orientieren hat, ohne dass sich das Handeln logisch aus diesem Prinzip deduzieren ließe.

Metaphysik: Disziplin der Philosophie, die sich mit den philosophischen Fragen befasst, die nicht durch die Naturwissenschaften beantwortet werden können, z. B. mit der Frage, warum überhaupt etwas ist und nicht nichts. Klassisch unterscheidet man die allgemeine Metaphysik, die vom Seienden als solchen handelt, von der speziellen Metaphysik, die sich mit der Frage nach dem Menschen (philosophische Anthropologie, s.

dort), der Frage nach der Welt (philosophische Kosmologie) und der Frage nach Gott (philosophische Theologie) befasst.

Metaprinzip: von griechisch: meta = nach, hinter, lateinisch: principium = Grund; bezeichnet ein Prinzip (s. dort), das auf einer anderen Ebene als die „üblichen" Prinzipien von Bedeutung ist.

Moral: von lateinisch: mos = Sitte, Gewohnheit; die lebensweltliche Antwort auf die Frage, was wir tun sollen.

Moralphilosophie: anderes Wort für philosophische Ethik; insofern präziser als die philosophische Ethik sich auch mit Fragen beschäftigt, die terminologisch ganz korrekt metaethische Fragen sind, z. B. die Frage nach der Bedeutung des Begriffs „gut".

Naturrechtslehre: Familie von philosophischen und theologischen Konzeptionen, wonach die menschliche Natur kraft ihrer Vernünftigkeit aus sich heraus (als von Gott geschaffene) das natürliches Sittengesetz findet.

Normativ: von lateinisch: norma = Richtschnur, Regel; Fachbegriff für ein Vorgehen in der Ethik, bei dem Regeln und Sollensforderungen aufgestellt werden.

Ontologie/ontologisch: von griechisch: to on = das Seiende, logos = vernünftige Rede; Disziplin der Philosophie, die sich mit der Frage beschäftigt, was Sein und Seiendes bedeutet. Die aristotelisch-thomistische Ontologie ist eine hylemorphistische (s. dort) Substanzontologie, d. h. sie geht davon aus, dass es nicht nur Ereignisse, sondern auch Substanzen (s. dort) gibt.

Overlapping consensus: von englisch: overlapping = übergreifend, consensus = Konsens; Fachausdruck der Philosophie von John Rawls, wonach ein wichtiges Ziel moderner politischer Philosophie darin besteht, dass Menschen unterschiedlicher Glaubensüberzeugungen und Weltanschauungen zu brennenden gesellschaftlichen Fragen gemeinsam Lösungen erarbeiten und diese Lösungen unbeschadet ihrer Überzeugungen mittragen können.

Person: von lateinisch: persona = Rolle, Maske, Persönlichkeit, später auch im Sinne von Individuum, Mensch; Fachbegriff der Theologie und Philosophie, heute insbesondere der praktischen Philosophie, um den Menschen als moralfähiges Lebewesen zu kennzeichnen, dem Worte und Taten zugeschrieben werden können.

Positivismus: von lateinisch: ponere = setzen, philosophische Richtung des 19. Jahrhunderts, verbunden mit der Philosophie von Auguste Comte. Sie vertritt die These, das die höchste und einzige Form, um zu Wissen zu gelangen, die Beschreibung sinnenhafter Wahrnehmungen ist, von dem also, was durch die „Natur" gesetzt ist.

Potentialität: von lateinisch: posse = können; Fachbegriff, der in unterschiedlicher Bedeutung verstanden werden: Potentialität als logische Möglichkeit, Potentialität als passive, Potentialität als aktive im allgemeinen, Potentialität als aktive eines Organismus. Dieser letzte Begriff von Potentialität, der in der Diskussion um den moralischen Status des menschlichen Keims, Embryos und Föten von besonderer Bedeutung ist, hängt in seiner Bedeutung eng mit der aristotelisch-thomistischen Ontologie zusammen, wonach ein Organismus bereits aktual die dispositionelle Potentialität zu allem hat, was er einmal wird. Allerdings ist beispielsweise bei Thomas von Aquin für den menschlichen Keim und Embryo diese aktive Potentialität noch nicht gegeben, sondern nur eine passive Potentialität.

Prämisse: s. Argument.

Prinzip: von lateinisch: principium = Grund; Fachausdruck mehrerer Wissenschaften. In ethischen Fragestellungen gehören Prinzipien zur normativen Ethik und im Rahmen der normativen Ethik zum Ethiktypus der Prinzipienethiken. Im Rahmen dieser Arbeit wird also eine Prinzipienethik vertreten, bei der das Prinzip der Menschenwürde (s. dort) das zentrale Prinzip darstellt.

Regulativ/regulative Prinzipien: s. Menschenwürde.

Seele/Geistseele: Fachbegriff der Philosophie und Theologie. In der Philosophie bezeichnet dieser Begriff im Rahmen des Leib-Seele-Problems, dass der Mensch sich als ein Lebewesen erfährt, das Bewusstseinsvollzüge vollzieht. Dabei ist eine umstrittene Frage, ob diesen Bewusstseinsvollzügen eine eigene Entität entspricht (so die Position des interaktionistischen Substanzendualismus, s. dort), oder ob Seele als Form des Körpers zu verstehen ist (so die Position des Hylemorphismus, s. dort), oder ob Seele eigentlich auf eine physikalische Basis reduzierbar ist (so der physikalistische Monismus), um nur einige Positionen zu nennen. In der christlichen und muslimischen Theologie wird meist davon ausgegangen, dass die individuelle Seele den körperlichen Tod überlebt.

Selbstbestimmung/Selbstgesetzgebung: s. Autonomie I und II.

Selbstzweck: Fachbegriff der kantischen Philosophie, wonach der Mensch nicht bloß als Mittel, sondern immer auch als Zweck an sich selbst zu brauchen ist, also einen Anspruch auf Anerkennung seiner Würde hat, die keiner Güterabwägung unterliegt.

Simultanbeseelung: die Annahme, dass die Beseelung mit der Geistseele simultan mit dem Befruchtungsvorgang geschieht.

Speziesismus: von lateinisch: species = Gattung, Art; Fachbegriff der Philosophie Peter Singers, wonach es moralisch unzulässig ist, Menschen nur deshalb bevorzugt zu behandeln, weil sie zur Spezies Mensch gehören.

Subjekt: von lateinisch: sub = unter, iectum = geworfen; philosophische Fachbegriff, der heute meist den Menschen als vernunft- und moralfähiges Lebewesen bezeichnet.

Subjektstellung, grundsätzliche: s. Menschenwürde.

Substanz: von lateinisch sub = unter, stare = stehen; Fachbegriff der scholastischen Ontologie (s. dort), gedanklich vorweggenommen in der aristotelischen Philosophie, wonach alle Dinge ein konkret bestimmbares „dieses da" sind (1. Substanz) und als „dieses" deshalb identifizierbar sind, weil sie ein bestimmtes „Wesen" verkörpern (2. Substanz), das in Gegenständen und Lebewesen im Gegensatz zu den wechselnden Zuständen und Eigenschaften, den so genannten Akzidentien, sich selbst gleich bleibt und in diesem Sinn diesen wechselnden Zuständen, z. B. Peter als 1. Substanz ist als Mensch (2. Substanz) identifizierbar. Im Lauf der Philosophiegeschichte hat der Begriff mehrfach Wandlungen durchgemacht.

Substanzendualismus: s. Dualismus.

Substanzontologie: s. Ontologie.

Sukzessivbeseelung: die Annahme, dass die Beseelung mit der Geistseele nicht sofort im Rahmen des Befruchtungsvorgangs geschieht, sondern nachfolgend (lateinisch: succedere = nachfolgen).

Syllogismus: s. Argument.

Transzendentalphilosophie: hier: anderer Namen für die Philosophie Kants, die deshalb von ihm transzendental genannt wird, weil sie ihre Prinzipien nicht aus der Erfahrung gewinnt, sondern im Überstieg (lateinisch: transcendere = übersteigen) hin zu den Erkenntnismöglichkeiten im Subjekt selbst.

Tutiorismus: von lateinisch: tutior = sicherer; ethische Position, die Handlungen danach beurteilt, ob bei ihnen mit größerer Sicherheit gewährleistet ist, dass aktiv kein Schaden angerichtet wird.

Utilitarismus: von lateinisch: utilis = nützlich, Klasse ethischer Ansätze, bei denen es nach der klassischen Form um die Maximierung des Glücks der größtmöglichen Zahl geht.

Personen- und Sachregister

Das Personen- und Sachregister bezieht sich auf den Text ohne Vorwort, Inhalts- und Literaturverzeichnis. Die kursiv gedruckte Zahl verweist darauf, dass der Begriff an dieser Stelle im Glossar erklärt wird. Zum Begriff „Menschenwürde" sind nur einige Stellen angegeben (vgl. zur systematischen Suche das Inhaltsverzeichnis).

Druck und Bindung: Strauss GmbH, Mörlenbach

Lightning Source UK Ltd.
Milton Keynes UK
17 February 2010

150200UK00002B/28/A